COLLECTION
FOLIO DOCUMENTS

Alain Bauer
Xavier Raufer

La guerre ne fait que commencer

Réseaux, financements, armements, attentats... les scénarios de demain

Nouvelle édition révisée et augmentée par les auteurs sous la direction de Guy Birenbaum

Gallimard

Nous avons foi au poison.
Nous savons donner notre vie
tout entière tous les jours.
Voici le temps des Assassins.

ARTHUR RIMBAUD
Les Illuminations

Introduction

Le climat un peu électrique prévalant entre certains médias de France et des États-Unis alors même que nous écrivons ces lignes (mai 2003) pousse à préciser d'emblée que nos propos ne s'inscrivent nullement dans une logique pro- ou anti-américaine. Nous parlons ici en criminologues dont les travaux, fussent-ils critiques, respectent les normes d'équité en vigueur dans les facultés de droit.

Pour être clairs, nous ne remettons pas en cause l'objectif final de la présente lutte antiterroriste : traduire des criminels avérés devant la justice et s'assurer qu'ils soient sanctionnés après un procès équitable. En revanche, nous nous réservons le droit de critiquer, d'approuver ou de désapprouver les *moyens* choisis pour atteindre cet objectif, ce que nous faisons ci-après, dans une double perspective :

— Vérifier et valider les pronostics et diagnostics faits dans l'édition originale de *La guerre ne fait que commencer* (février 2002).

— Recadrer les événements et évolutions survenus depuis lors dans une perspective élargie, pour la bonne compréhension du lecteur.

UNE DÉCENNIE D'INCUBATION

La génération spontanée n'existe pas plus dans l'Histoire que dans la nature. Un événement-phare comme l'attaque du 11 septembre 2001 a forcément sa genèse, elle-même longue. Pour l'essentiel, les prodromes du drame s'inscrivent dans la parenthèse historique qui s'ouvre par la chute du Mur de Berlin et se referme, justement, par celle des deux tours du World Trade Center. Pour l'Amérique, cette période d'un peu plus d'une décennie est marquée par un fait majeur, longtemps masqué et, par conséquent, ignoré ou nié : l'absence d'adaptation de ses forces de sécurité (défense, renseignement) au nouveau chaos mondial.

UNE ADAPTATION REFUSÉE — OU MANQUÉE ? — DURANT LA PARENTHÈSE HISTORIQUE 1989-2001 : L'APPAREIL DE DÉFENSE AMÉRICAIN ET LE CHAOS MONDIAL [1]

Négligence ou choix délibéré ? Durant la parenthèse historique ci-dessus évoquée, l'exécutif américain n'a en effet nullement adapté son appareil de sécurité au nouvel environnement chaotique mondial. Pour l'essentiel, l'outil de défense américain de la Guerre froide est resté le même. Sous le nom de

1. Voir sur ce point « Project on defense alternatives — 9/11 and the meanings of military transformation », Carl Conetta, 06/02/2003.

Revolution in Military Affairs, des améliorations ont été apportées dans des domaines touchant à l'informatique, comme la communication, l'information, etc. — bref, le *software*. Mais rien de ce qui constituait le *hardware* et les doctrines fondamentales d'emploi des forces n'a été substantiellement modifié.

Rappelons qu'au début des années 80, les deux complexes militaro-industriels américain et soviétique employaient ensemble 21 millions de personnes et que, de 1947 à 1989 — les quarante-deux ans de la Guerre froide — les deux super-puissances ont conjointement dépensé 35 000 milliards de dollars (en équivalent dollars américains de l'an 2000). Les armées bâties grâce à ces efforts humains et financiers colossaux étaient conçues pour des affrontements aéro-terrestres rares mais à grande échelle, impliquant des États-nations puissants, tous dotés d'appareils de défense modernes et développés.

Pour l'ensemble de la décennie 90, 716 milliards du budget militaire américain ont encore servi à acheter 45 navires de surface ou sous-marins, plus de 900 avions de combat, plus de 2 000 blindés (800 autres étant alors réhabilités).

En 2003 encore, le Pentagone utilise 70 % d'un budget en forte augmentation[1] à la préparation de guerres conventionnelles avec, comme « outils » de base, le porte-avions, l'avion de combat type « chasseur » et les engins blindés.

Or aucune variante du terrorisme, et au-delà rien

1. En 2003, le Pentagone dépensera 83 milliards de dollars de plus qu'en 1998 (+ 28 %, compte tenu de l'inflation) et son budget, d'environ 300 milliards de dollars en 2000, sera de 379 milliards.

de ce qui est *vraiment* menaçant aujourd'hui — périls clairs et identifiés, que nous avons décrits par ailleurs, en grand détail[1] —, n'est de nature à pouvoir être détecté, contenu — encore bien moins, vaincu — à l'aide de l'actuel arsenal, et plus largement, grâce à l'immense quincaillerie entassée depuis plus d'un demi-siècle.

S'il fallait ici un exemple : dans la phase de coagulation, de mise en réseau des 12 à 15 000 vétérans arabes aguerris du jihad afghan (pour la plupart issus d'Algérie, d'Arabie saoudite, d'Égypte et du Yémen), tout ce matériel et tous ceux qui l'utilisent n'ont servi à rien ; ils n'ont rien perçu, rien senti venir. Mis en ordre de bataille et fanatisés par Ben Laden et ses séides, ces *jihadi* finissent par passer à l'acte — phase durant laquelle l'appareil militaire classique, type Guerre froide, a montré sa radicale inefficacité.

PARAMÉTRER LA PLANÈTE ?

Lire attentivement les grands discours prononcés par les principaux dirigeants des États-Unis depuis le 11 septembre 2001 ; reprendre dans le détail les textes publiés ensuite par la Maison Blanche, le Congrès, etc., suggère qu'au-delà de Ben Laden et de ses fanatiques, bien au-delà encore du terrorisme

1. Voir notamment *Dictionnaire technique et critique des nouvelles menaces*, collection « Défense & Défis Nouveaux », PUF, sous la direction de Xavier Raufer, 11/1998. Et « Insécurité intérieure et défense nationale », tribune libre d'Alain Bauer et Xavier Raufer, *Le Figaro*, 27 novembre 1997.

comme menace stratégique mondialisée, le choc du 11 septembre a poussé, comme malgré eux, les États-Unis à chercher une solution d'ampleur historique à l'ensemble de leurs soucis actuels de sécurité, les englobant, les dépassant et les résolvant tous, ensemble et d'un seul coup. Cette vision peut sans démesure être qualifiée de messianique.

Dans l'idéal, cette solution assurerait au monde une stabilité, un ordre tel qu'il le connut pendant les quatre décennies de la Guerre froide. Oh ! rien qui ressemble au paradis terrestre bien sûr, mais la paix sur l'essentiel des cinq continents, des règles du jeu international affichées et, le plus souvent, respectées ; enfin, les alertes momentanées, sectorielles ou locales (terrorisme, grands trafics mondiaux, mafias, affrontements tribaux, etc.), traitées au coup par coup, à l'aide d'outils spécialisés.

À cette échelle-là naturellement, traquer Oussama Ben Laden et ses complices devient dérisoire. Car l'ambition centrale de l'exécutif américain, ce qui ressort depuis dix-huit mois de ses propos, de ses écrits — et de ses actes — semble bien être de contrôler les principales lignes de destin de la planète ; de maîtriser des entreprises configuratrices du monde au XXIe siècle. Pour réaliser cette ambition, il faut et il suffit de tenir :

— l'énergie du monde (son pétrole),
— les communications du monde,
— les grands équilibres du monde.

Cette ambition va bien au-delà de doter la Terre d'un nouveau « Nomos [1] » ; elle vise à paramétrer la planète.

1. *Nomos* (ordre, statut) s'oppose à *chaos*. Concept repris du grec classique par le politologue et publiciste Carl Schmitt (*Le Nomos de la terre*), *Nomos* est le substantif du verbe grec

Comme toute grande ambition, celle-ci est en théorie admirable — qui refuserait un monde pacifié, voué au développement durable et à la protection de l'environnement ? Mais Napoléon soulignait déjà que « la guerre est un art simple et tout d'exécution ». Réaliser l'ambition tient donc à l'exécution d'un plan — et d'abord, à déjouer les pièges conceptuels rendant ladite exécution impossible, condamnant à l'échec catastrophique qui viendrait à y tomber. Ces pièges conceptuels nous semblent être au nombre de deux :

Piège I : imposer ses propres catégories mentales à l'ennemi

À mesure que les mois s'écoulent depuis l'attaque de septembre 2001, Ben Laden, son entourage, ses troupes, s'affadissent. Ils se perdent dans le fond de l'écran de l'Amérique — ses médias, sa scène politico-médiatique. Ben Laden, son entourage, ses troupes, sont désormais noyés dans le brouillard.

Or Oussama Ben Laden est sans doute vivant. Nul membre crucial de son entourage n'a été capturé en dix-huit mois — seulement des opérateurs stratégiques importants[1]. Des fanatiques à sa dévotion

---

nemein, qui possède une triple valeur étymologique : s'emparer (d'une propriété, par exemple), la partager et enfin la mettre en valeur — en allemand *nehmen* (prendre, occuper), *teilen* (partager) et *weiden* (mettre en pâture, organiser). Prendre, répartir, exploiter, sont les trois phases essentielles de l'instauration d'un ordre — en l'occurrence, de l'ordonnance globale du monde.

1. Le Yéménite Ramzi Binalshib en septembre 2002 à Karachi, et le Baloutche (élevé au Koweït) Khaled Sheikh Mohammed près d'Islamabad en mars 2003. Notons à ce propos que tout ce que l'on sait des attentats perpétrés depuis 1998 par la nébuleuse Ben Laden permet d'affirmer que chaque opération a été montée et menée par des cellules totalement

commettent régulièrement, depuis septembre 2001, des attentats terribles. Pourtant, le « complexe politico-médiatique » de Washington l'a presque oublié. Courir derrière un lunatique énigmatique, insaisissable et inexplicable ? Merci bien. Il y a mieux à faire — paramétrer la planète, justement.

Mais Oussama Ben Laden n'est pas *négligeable*. Il n'est pas un détail significatif, un petit indice, un léger symptôme. Ce qu'il a commis, ce qu'il peut commettre demain, rien de cela n'est l'équivalent planétaire d'une anodine crise d'urticaire, d'une simple rage de dents. Négliger Ben Laden peut entraîner des catastrophes, peut pousser à la faute un empire surmédiatisé — et donc manquant de nerfs.

Cependant, aujourd'hui, le « complexe politico-médiatique » américain néglige bel et bien Oussama Ben Laden. Au point même de ne pas imaginer la vue du monde, l'univers mental, la culture des salafistes radicaux de la péninsule arabe, maintenant qu'ils sont le plus farouche ennemi déclaré de l'Amérique — pas plus qu'hier d'ailleurs, quand ces mêmes salafistes étaient de bons alliés des États-Unis dans la grande croisade des croyants contre les athées soviétiques.

Dans un premier temps, plutôt bref, l'exécutif américain s'est ainsi obnubilé sur la *personne* d'Oussama Ben Laden tout en négligeant en revanche ses idées, ses concepts, tout ce qui avait façonné son instinct, ses réflexes, l'inconscient collectif du milieu dont il est issu. Bref, sa culture, tout ce qui fait qu'il agit comme il agit — tout le fond du tableau.

---

isolées du reste du réseau ; et que de telles captures peuvent compliquer ou retarder de futures attaques — mais en aucun cas, les interdire.

Une telle ignorance interdisait d'emblée d'exploiter utilement l'essentiel de ce que le renseignement électronique apportait par ailleurs — empêchant même de le comprendre. Ici, le constat est aisé à faire : toute personne ayant fréquenté, ou même approché, ces salafistes fanatisés ne les reconnaît pas du tout dans les descriptions qu'en font publiquement les dirigeants politiques américains ; nul ne peut même concevoir, au portrait qui en est fait, aux motifs et intentions qu'on leur prête à Washington, qu'il s'agisse des mêmes individus.

Naguère, une anecdote courait sur Salvador Dalí. Sa villa ayant été cambriolée, le maître dessine le portrait-robot des malfaiteurs et le remet à des policiers, qui interpellent finalement... une contrebasse et une machine à coudre. M. Donald Rumsfeld parlant d'al-Qaïda remet inévitablement cette histoire en mémoire. Ce décalage, notons-le, inquiète d'ailleurs sérieusement nombre des experts officiels américains ès terrorisme les plus respectés — mais tenus au devoir de réserve du fait de leurs fonctions.

Un seul exemple suffira à donner la mesure de l'ignorance de l'univers mental des salafistes par les sommets de l'exécutif américain. Un an juste après l'attaque, soit le 11 septembre 2002, les États-Unis sombrent dans l'hystérie. Les vols commerciaux sont vides. L'armée, la Garde nationale, la flotte, l'aviation de chasse, tous les services de police et de renseignement du pays sont en un état d'alerte maximale trompetté par tous les médias. Ce, alors que pour un salafiste de la péninsule arabe, l'idée même de *date* est dépourvue de sens. Dans la culture traditionnelle des bédouins du désert, le calendrier lunaire est mobile, les anniversaires ne se fêtent *jamais*, ni des parents, ni des enfants, ni d'un mariage ou d'un événement quelconque. Les salafistes considèrent même comme hérétique de célébrer l'anniversaire du Prophète (que fêtent en revanche d'autres écoles islamiques).

L'obsession calendaire n'est rien qu'une lubie occidentale. Le 11 septembre 2001 est devenu pour Oussama Ben Laden *Yom al-Moubarak* (le jour béni), mais de précisément quel jour du calendrier il peut s'agir n'a pour lui nul intérêt. Quiconque a eu, une fois dans sa vie, rendez-vous avec un cheikh comprendra fort bien ce que nous disons ici...

Comment expliquer cette ignorance ? Par une difficulté immense des dirigeants de l'Amérique à *comprendre* le 11 septembre 2001 — plus profondément même, à le *nommer*. Sur ce second point d'abord, qui touche à la forme : l'attaque était-elle un désastre ? une tragédie ? un acte criminel ? un fait de guerre ? Les mots manquaient. Il est resté 9/11, *nine-one-one*, pour onze septembre, ces trois chiffres étant aussi ceux que l'on compose au téléphone pour appeler police secours.

Sur le fond maintenant. Dans une brillante réflexion publiée en août 2002 par le *Wall Street Journal*[1], l'écrivain Lee Harris observait avec force que 9/11 avait sans doute été aussi peu compréhensible pour les élites des États-Unis que le débarquement de Cortés et la logique des conquistadores le furent pour Montezuma.

Pour se ressaisir, retrouver son assiette intellectuelle, pour rendre à un acte sanguinaire et absurde une dimension rationnelle et pragmatique, pour

1. « Al-Qaeda fantasy ideology », *Wall Street Journal*, 13/08/2002.

pouvoir digérer ce retour d'un fanatisme droit surgi de notre Moyen Age, il fallait le situer, cet acte, dans la logique commune occidentale. Il fallait qu'al-Qaïda soit une « organisation » ; que la menace ait un nom ; qu'elle ait une forme. De là, le risque était grand qu'ayant d'abord donné un nom à une entité qui n'en avait pas ; l'ayant ensuite affublée d'une structure mécaniste dont elle était clairement dépourvue — insistons, de l'avis même des meilleurs analystes américains, avec lesquels nous sommes en plein accord sur ce point —, on en vienne finalement à lui imposer ses propres catégories, ses propres représentations mentales — à assigner de force « al-Qaïda » à notre propre univers — là encore en la modélisant, en la paramétrant.

Ceci mené à bien, on manipule la maquette, la marionnette al-Qaïda virtuelle, en un classique effet de réification, suivant les souhaits précis de George W. Bush et de Donald Rumsfeld. Mais voilà : la carte n'est pas le territoire ; la maquette n'est pas l'objet réel. À s'obnubiler sur une al-Qaïda virtuelle, on perd de vue l'entité terroriste réelle, rendue de ce fait quasi insaisissable. Dès lors, politiquement avide de succès, à peu près hors d'état de saisir *l'essence* de la menace, l'exécutif américain va s'engager sur la voie d'un pur et simple activisme : l'opération visant à éliminer à Saddam Hussein — qui lui, au moins, possède (à l'époque...) une adresse.

Piège II : renforcer encore et toujours la « ligne Maginot électronique »

> *If you think technology can solve your security problems, then you don't understand the problems and you don't understand the technology... Most of the security measures envisioned after september 11*

will be ineffective — and some will even make Americans less safe then they would be without them.

« Homeland insecurity »,
The Atlantic Monthly,
septembre 2002

Par *security measures*, l'auteur de la citation ci-dessus — expert ès sécurité des systèmes de réputation mondiale — entend les outils technologiques nouveaux de « guerre à la terreur », notamment des bases de données géantes et très interconnectées.

Car voilà le paradoxe actuel de la « guerre à la terreur » américaine. Tous les rapports officiels américains post-11 septembre soulignent deux défauts graves dans la cuirasse antiterroriste des États-Unis :

— Manque de coordination rigoureuse et d'échanges réels entre services de l'État fédéral.

— Absence des services spéciaux sur les théâtres d'opérations dangereux de la planète ; surtout, flagrant manque de sources humaines dans la nébuleuse du jihad mondial.

Telle est donc l'unanime conclusion du bilan post-9/11 : clairement HUMAINES, ces seules failles du système ont permis les attentats du World Trade Center et du Pentagone.

Cependant, depuis lors, l'essentiel de ce qui concrètement s'accomplit aux États-Unis pour éviter un nouveau 11 septembre va dans le sens, diamétralement inverse, du toujours plus *mathématique* : encore plus de *Hi-tech*, de cryptologie, d'informatique. Des bases de données plus énormes, connectant des fichiers plus nombreux — eux-mêmes plus qu'auparavant protégés par des remparts électroniques de haute technologie. La ligne Maginot électronique a failli dans sa mission, elle n'a pas arrêté les terroristes ? Bâtissons-en une autre, vingt fois plus haute, plus complexe, plus interconnectée... Et bien sûr vingt fois plus chère.

Oublions maintenant les risques de panne, d'infiltration, capables — disent les meilleurs experts — de provoquer d'immenses catastrophes, pour en venir à l'essence même de l'informatique. Que fait — que peut *seulement* faire — un ordinateur ? Il insère le réel dans la sphère de ce qui est calculable. Dans toute situation, dans toute entreprise humaine, le paramétrage par voie informatique appauvrit en réalité ; il simplifie. Il expulse toute la part d'immémorial, de non maîtrisable, d'incalculable de l'aventure humaine. L'informatique ne peut maîtriser quelque *situation limite* que ce soit — bien moins encore, déceler ses signes avant-coureurs[1]. Est-il besoin d'insister là-dessus ? Qui oserait soutenir que le *programme* d'une soirée au théâtre et la *pièce* elle-même sont une seule et même chose ?

Pire encore : laissée à elle-même, la programmation, limitée à « ce qui n'est plus que calculable », interdit la pré-vision, le « décelable » précoce, la vision de ce qui est proche. Tout le « *champ préalable d'inspection...* qui porte et dirige toute notre compréhension » — ici de la menace — disparaît de la perspective.

1. « Une *situation limite* est telle qu'on ne peut la comprendre comme un cas tombant sous une loi universelle et où l'on ne peut plus s'en remettre à la domination scientifique de processus calculables », H.-G. Gadamer, *Les chemins de Heidegger*, textes philosophiques, Vrin, 2002. Plus loin dans le texte, Gadamer précise qu'une situation limite sort « hors des réactions maîtrisables et calculables et hors des modes de comportement de l'être social ».

Dans notre domaine d'étude (crise terroriste majeure, problème criminel grave), l'examen du *champ préalable d'inspection* est crucial, en ce que, par exploration et raisonnement construit, il permet de sortir de la sphère des représentations régnantes, de dépasser le stade de la simple réaction-réflexe qui revient ici à *prolonger les courbes*. C'est-à-dire s'imaginer connaître les comportements, les mœurs des terroristes, des mafieux, des miliciens, des bandits — sans les connaître vraiment, en se contentant de projeter sur eux son propre paysage mental.

Encore un exemple. Pour un citoyen individualiste et hédoniste d'une grande métropole, que signifie appartenir à un clan, à une société tribale ? Pas grand-chose de concret — voire rien du tout. Or dans *Passage to Juneau : a sea and its meanings*[1] Jonathan Raban souligne que, dans la société tribale, « aucun sort n'est pire que celui de hors caste [*outcast*] ou d'exilé ». Dans cette société « coller au peloton », au clan, à la tribu, est absolument question de vie ou de mort. Hors du clan, tout n'est que terreur, famine, mort. L'isolé n'est qu'une proie. De naissance, cette réalité est indélébilement gravée, pour la vie, au plus profond de votre cerveau, là où surgissent les réflexes vitaux.

Au début du XXIe siècle, ceci explique mille fois mieux les réflexes de terroristes issus de la péninsule arabe, ou de mafieux des Balkans, que toute la vulgate sociologique et psychologique — mais c'est aussi tout cet « inconscient collectif » qui disparaît lors de la programmation. Là encore, la philosophie

1. Vintage Books/Random House, NY, 2000.

avait souligné ce grave travers dès 1957, dès les balbutiements de l'informatique[1].

Tels sont, selon nous, les deux pièges tendus devant qui tente de paramétrer la planète. Une entreprise rendue plus ardue encore par la situation dans laquelle se trouvent aujourd'hui l'économie et la finance mondiales.

9/11 ET APRÈS : L'ÉCONOMIE MONDIALE, OTAGE DU TERRORISME

Pour la première fois dans l'histoire du monde, un attentat a pris en otage l'économie globale. Qu'ils aient été ou non anticipés, les effets de l'attaque contre le World Trade Center et le Pentagone ont précipité les Bourses mondiales dans un chaos durable.

Certes, des phénomènes correctifs ont été enclenchés et l'on a pu croire un temps à un retournement de situation. Mais entre-temps, d'autres criminels, financiers ceux-là, ont, de leur côté, annihilé la confiance dans les comptes des entreprises cotées, rendant plus instables encore des institutions déjà perturbées.

1. Voir *Introduction à la métaphysique*, Martin Heidegger, « Tel », Gallimard, 2001. Sur le paramétrage : « Le caractère paramétrique défigure le déploiement du temps et de l'espace. Avant tout, il dissimule le rapport de leur déploiement au déploiement de la proximité. Ces rapports sont tellement simples qu'ils demeurent inaccessibles à toute pensée qui calcule. Où ils sont montrés, la représentation courante se ferme à ce regard ». Martin Heidegger, « Le déploiement de la parole », in *Acheminement vers la parole*, « Tel », Gallimard, 1976.

Toujours est-il qu'avec un recul de plus de dix-huit mois, on peut désormais constater et évaluer l'ampleur des phénomènes déclenchés ou aggravés par les opérations du 11 septembre 2001.

Le 29 mai 2002, le *General Accounting Office* (document GAO-02-700R), Cour des comptes rattachée au Congrès des États-Unis, tentait une synthèse de l'impact des attentats contre le World Trade Center. Diverses études, menées par la Ville de New York, l'État de New York, la Chambre de commerce de la ville, le *Fiscal Policy Institute* et le *Milken Institute* (groupes de recherche indépendants), le Comité des finances du Sénat et le Comité des « voies et moyens » de l'Assemblée de l'État de New York, la Banque de la Réserve fédérale à New York ou l'Office indépendant du Budget de New York étaient passées en revue, pour fournir les éléments de l'analyse.

Le coût des attaques des deux tours du World Trade Center est estimé à 83 milliards de dollars[1] dont 67 milliards couverts par les assurances (37 milliards) ou les aides fédérales.

L'activité économique de la région (façade nord-est du pays) aurait subi un déficit d'activité de 2,7 milliards de dollars, la perte globale étant de 191 milliards de dollars pour l'ensemble des États-Unis. 80 % des 125 300 emplois perdus au 4e trimestre 2001 auraient été supprimés du fait des attentats. Rappelons que le PNB de l'État de New York était d'environ 755 milliards de dollars en 1999, soit 8 % de celui des États-Unis. La ville représente environ 40 % du PNB de l'État, soit 3 % du PNB fédéral.

1. Au printemps 2003 et pour simplifier, on pouvait faire l'équivalence un dollar US = un euro.

Les pertes fiscales pour le budget local seraient de 9 milliards de dollars. Le budget fédéral est passé d'un excédent de 237 milliards de dollars en 2000 (dernière année du mandat Clinton) à 127 milliards de dollars en 2001, à un déficit de près de 160 milliards de dollars sur 2002 (pour 387 milliards d'excédents prévus en 2001).

Le coût humain des attentats est estimé à 11 milliards de dollars. Le coût hospitalier et médical serait de 800 millions de dollars.

Le coût de remise en état des sites des attentats est estimé à 5 milliards de dollars (hors reconstruction). Le coût de remise en état des réseaux de transports touchés serait de 2 milliards de dollars. Un montant analogue est prévu pour la remise en état des systèmes de télécommunications et d'électricité.

Au plan international, *Le Monde* (dans une synthèse publiée en septembre 2002) considère que l'impact sur l'économie internationale est resté limité. Certes, fin novembre 2001, les indices boursiers avaient quasiment retrouvé leur niveau de septembre de la même année avant de décrocher suite à la révélation du scandale Enron. Pour autant, cette analyse globale ne peut masquer l'aggravation de la crise dans des secteurs sensibles, du fait des attaques de septembre 2001 : assurances, tourisme, transport aérien : tous symboles de l'économie mondialisée et de secteurs créateurs d'emploi, notamment dans les pays défavorisés.

Le coût total des attentats (incluant la perte d'un appareil en Pennsylvanie et l'attaque contre le Pentagone) pour les assureurs oscille toujours entre 35 et 40 milliards de dollars, les réassureurs, parmi lesquels Munich Re, étant plus spécialement touchés. Pour les assurés, outre le refus de prendre en charge certains risques ou même la nationalisation de l'assurance aérienne, les conséquences sont une hausse considérable des primes, d'abord pour l'assurance dommage et la responsabilité civile ; ce, en France mais surtout aux États-Unis où les prix d'assurances des grands risques ont quasiment doublé, selon *Les Échos*.

Les perspectives de lourdes pertes dues aux scandales financiers ou à l'amiante ont encore aggravé les perspectives du secteur. Le Sénat des États-Unis a dû adopter une législation limitant les responsabilités des assureurs, en novembre 2002, et accordant une participation du gouvernement fédéral de 100 milliards de dollars sur trois ans.

Les voyages aériens civils ont chuté plus fortement que lors de la guerre du Golfe, avec plus de 10 % de baisse un an après les attentats (15 % sur le marché intérieur US). Pour les compagnies, les pertes de revenus sont en moyenne supérieures à 25 %. Nombre de compagnies sont en déficit, plusieurs en faillite (US Airways, United,....). Plus de 100 000 emplois ont été supprimés aux États-Unis dans le secteur aérien, 20 000 en Europe, des dizaines de lignes réduites ou supprimées, près de 1 600 avions retirés du service. Les pertes financières sont d'environ 12 milliards de dollars en 2001 pour les compagnies au niveau mondial (7,7 milliards pour les seules américaines), soit — selon *Le Monde* — autant que les bénéfices globaux cumulés des quatre années précédentes. En 2002, elles se sont aggravées aux États-Unis alors que la situation européenne reste contrastée.

Les commandes d'avions neufs se sont effondrées, créant les conditions d'une crise profonde pour Boeing et d'un ralentissement brutal pour Airbus.

Le tourisme international a connu sa première crise grave en vingt ans, avec un recul de plus d'un demi-point en 2001 (693 millions de touristes internationaux contre 697 millions). Les recettes (462 milliards de dollars) sont en baisse de 2,6 % en 2002 par rapport à l'année précédente. À titre anecdotique, les casinos de Monte-Carlo ont connu une de leurs pires années avec une chute de 18 % des enjeux. En octobre 2002, l'attentat de Bali a encore contribué à accélérer la crise du tourisme en Asie. Courant 2002, une reprise a permis de dépasser les 700 millions de voyageurs. Mais les flux touristiques se sont réorientés sur l'Europe ou la Chine.

Les équilibres financiers mondiaux ont dû être préservés par l'intervention de dispositifs de régulation mobilisés comme jamais. Le Fonds monétaire international n'a jamais été autant sollicité. Il a dû débloquer plus de 50 milliards de dollars de soutien (contre une moyenne de 20 milliards au cours des trois années précédentes).

Les déficits publics des grands pays industrialisés se sont multipliés. Si la zone euro préserve partiellement des crises, la situation de la France, de l'Allemagne ou de l'Italie s'est sérieusement dégradée, ces trois pays ne respectant plus, pour l'instant, les critères de Maastricht.

Au-delà de la macro-économie, les ménages sont également touchés. Selon une étude du *Monde* d'octobre 2002, les pertes enregistrées par les salariés actionnaires français (1,7 million de personnes) sont d'environ 29 % des avoirs placés et se sont aggravées lors des premiers mois de 2003. La situation des fonds de pension américains (en charge des retraites) est devenue critique, avec une perte de 1 000 milliards de dollars.

La richesse mondiale « évaporée » entre le sommet de mars 2000 et septembre 2002 dépasse, selon *Le Figaro,* 17 000 milliards de dollars (dont près de 1 000 milliards à la Bourse de Paris, selon *L'Expansion*). Les fonds de pension et les placements des assurances sont particulièrement atteints.

Chaque intervention attribuée à Oussama Ben Laden provoque une chute immédiate des cours de Bourse. L'économie mondiale est devenue l'otage d'organisations qui n'ont plus besoin de commettre des attentats pour détruire des valeurs.

Seul le secteur de la sécurité progresse, avec une particularité étonnante : un gouvernement américain et *républicain* a procédé à une... nationalisation, celle de la sécurité des aéroports.

Mai 2003

Prologue

DÉJÀ, OU LE « SAVOIR QUI PRESSENT »

N'est pas Rimbaud qui veut — et la voyance est une magie ardue. Nulle Pythie n'a en effet prévu l'attaque du 11 septembre. Mais en revanche, dire qu'un monde chaotique rend désormais *possibles* de tels actes, pressentir même le *contexte* favorisant l'entreprise terroriste de masse — quelle que soit la forme particulière de sa survenue —, oui, cela se peut.

C'est ainsi que le 27 novembre 1997, quatre ans donc avant que s'achève la rédaction du présent texte, ses auteurs ont cru bon de publier une tribune libre d'alerte dans *Le Figaro*. Nous la reprenons ci-après intégralement, tant elle nous paraît être la meilleure entrée en matière possible pour un ouvrage consacré aux menaces et aux guerres à venir, qu'elles soient terroristes ou criminelles.

« Insécurité intérieure et défense nationale

Sécurité intérieure ? Défense nationale ? Depuis l'abolition de l'ordre bipolaire du monde, sur le terrain, dans la vraie vie, partout au monde, tout a changé — vraiment. Y compris dans des pays comme la France — pourtant si paisibles d'apparence. Ainsi, même les nostalgiques de la Guerre froide l'admettent désormais : nous entrons dans une ère nouvelle, désordonnée, violente — chaotique même.

Durant ces huit dernières années, nos gouvernants — de droite ou de gauche — ont certes pris acte du bouleversement mondial, mais peu de concepts nouveaux ont été forgés, aucune doctrine claire n'est apparue, qui permette de penser et d'affronter le nouveau désordre mondial. Des discours, mais peu d'actes concrets dans le continuum sécurité-défense — deux termes aujourd'hui indissociables : nous le verrons plus bas.

Or l'exigence politique fondamentale de toute communauté constituée est immuable depuis l'aube de l'Histoire : c'est sa protection. Un pouvoir qui néglige de protéger la vie et les biens de ceux dont il dépend — à l'intérieur comme à l'extérieur du territoire national — ne survit pas longtemps. C'est pourquoi nous relançons ici le débat en soulignant trois réalités fondamentales.

◗ Un lien réel existe entre sécurité intérieure et menaces extérieures

Parlons clair : en France, la criminalité périurbaine prend une allure inquiétante. Nous ne vivons pas sur une île déserte : dans les pays développés, la sécurité s'est toujours gravement dégradée quand s'aggravaient des phénomènes comme ceux-ci :

— Acteurs de la violence sociale plus jeunes,

plus durs, plus récidivistes : en France 40 % des violences de voie publique sont aujourd'hui le fait de mineurs ; et la commission de crimes par des très jeunes (10-14 ans) est en forte augmentation.

— Sur 1 088 quartiers sensibles surveillés, 300 connaissent un trafic régulier d'héroïne, 130, des violences contre les représentants de l'autorité. Les conflits "territoriaux" entre bandes rivales augmentent aussi : 2 000 incidents de ce type en 1992 (1 200 blessés, 14 tués), plus de 11 000 en 1996 (1 600 blessés, 30 tués).

— Transports urbains : à la RATP, à la SNCF, dans les réseaux de transport de province, les agressions visant le personnel comme les voyageurs ont doublé de 1993 à 1996.

Plus sérieux encore : au-delà des péripéties vite oubliées de la délinquance au quotidien, un lien clair se dessine entre scènes criminelles extérieure et intérieure :

— Dans les cités sensibles de la France périurbaine, l'économie criminelle vit des stupéfiants venus de l'étranger : Europe (LSD, Grande-Bretagne ; amphétamines, Pays-Bas), Afrique (cannabis) et Asie (héroïne du Croissant d'or ou du Triangle d'or).

— Un "impôt révolutionnaire" est couramment levé dans certains quartiers. Des bandes politico-criminelles contribuent ainsi à financer les conflits en cours dans l'ex-Yougoslavie, au Kurdistan turc, à Ceylan, dans l'ex-URSS et en Algérie.

— Faut-il enfin rappeler que ces dernières années, des islamistes algériens (ou d'origine maghrébine) ont frappé notre pays (détournement d'avion, campagne de bombes, etc.) ?

Ces exemples prouvent que certains des acteurs de la violence des cités sont déjà directement liés aux figures criminelles du nouveau désordre mondial.

◗ Sécurité intérieure et défense nationale sont aujourd'hui en plein télescopage

Qu'est-ce qui relève désormais en propre de la défense ou de la sécurité intérieure ? Rien. La dichotomie armée aux frontières-ennemi extérieur / police nationale-criminalité a disparu. On constate ce télescopage dans un récent texte de prospective du ministère américain de la Défense qui évoque "les menaces asymétriques : criminels équipés d'armes de destruction massive, mêlant un terrorisme archaïque aux technologies de l'ère de l'information" et conclut "nous devons placer nos forces, face à de telles menaces, à l'œuvre sur un registre très étendu".

◗ Les entités dangereuses du chaos mondial sont peu visibles, difficiles à frapper

À Berlin et ailleurs, la disparition de l'ordre bipolaire a fait sauter les frontières de l'ex-bloc de l'Est, naguère inviolables. Et aboli la logique binaire du monde d'hier, où Ouest s'opposait à Est, État à criminel. Vivant jadis dans des mondes distincts, "politiques" (mouvements de libération nationale, milices, terrorismes) et "droit commun" (crime organisé, mafias) ont été précipités sur la même scène : du Cambodge au Pérou, criminels et guérilleros se confondent désormais dans les zones grises de la planète. Très diverses, ces nouvelles entités dangereuses ont pourtant des traits communs :

— Déterritorialisation, ou implantation dans des zones inaccessibles.

— Absence de sponsorship d'État — ce qui les rend plus incontrôlables encore.

— Capacité de mutation ultra-rapide en fonction du paradigme dollar, désormais crucial.

— Potentiel meurtrier plus grave que le terrorisme plutôt symbolique de la Guerre froide.

Qui réprime ces entités dangereuses ? Tout le monde, chacun de son côté — nul ne sait vraiment. Seule certitude : armées, polices, gendarmeries, services de renseignements, justices, enfin, des pays d'Europe ont désormais tous peu ou prou les mêmes “clients”.

◗ Que faire ? Formation et analyse

Où sont aujourd'hui les magistrats, commissaires de police, officiers et cadres des services spéciaux de l'an 2005 ? À l'université ou dans des écoles spécialisées. Quelle vision de ces menaces leur transmet-on ? Comment les prépare-t-on à affronter un monde dangereux, instable, mouvant ? Bref : que leur enseigne-t-on ? En tout cas, aucun corpus central. On se limite souvent à un saupoudrage de conférences généralistes.

Surtout, l'État doit sortir d'un rêve arrogant et archaïque dans lequel il gère seul la défense et la sécurité. L'État est aujourd'hui incapable d'affronter seul des menaces toujours moins “publiques” (émanant d'autres États), toujours plus transnationales et hybrides. Le gouvernement doit donc ouvrir des espaces de réflexion mixtes et créer un partenariat fort avec les universitaires, les experts venus du privé et des entreprises spécialisées. Puis concevoir une doctrine sur ces dangers nouveaux, comme il y a une doctrine d'emploi du nucléaire ; enfin adapter en conséquence les outils de renseignement, de défense et de répression du pays. Nous sommes prêts à une telle coopération. »

Voilà ce qu'exposait, ce que suggérait cette tribune libre, qui fut accueillie par un grand silence. Murés dans des certitudes fixées une fois pour toutes durant la Guerre froide, enfermés dans des logiques administratives — pour ne pas dire bureaucratiques ; effrayés à l'idée d'adopter des idées sortant de celles communément admises par la sphère médiatique, la plupart des dirigeants politiques du pays firent mine de n'avoir pas entendu. Et c'est ainsi que s'écoula la parenthèse historique 1989-2001. Précisément jusqu'à ce qu'elle se referme, dans la nuit du 10 au 11 septembre 2001.

Car le lendemain...

L'ATTAQUE

Le 11 septembre 2001, au début ordinaire d'une journée de bureau, l'inimaginable, l'inoubliable se produit à New York et à Washington. Usant d'avions de ligne comme de missiles de croisière, animés de ce que le philosophe américain Norman Cohn[1] définit comme « ce sauvage enthousiasme

1. Norman Cohn, *The Pursuit of Millenium,* NY, Harper Torch Books, 1961.

qui naît du désespoir » dix-neuf « bombes humaines », fanatiques lancés en une terrible « mission de sacrifice », frappent l'Amérique dans ses symboles majeurs.

Trois mille morts. Le cœur même du sanctuaire américain touché pour la première fois de plein fouet. Un attentat d'une ampleur sans précédent historique : le plus sanglant de tout le XXe siècle ne provoqua pas quatre cents morts[1].

Il n'a pas fallu longtemps au gouvernement et à l'opinion publique des États-Unis pour réaliser. Si les mots ont un sens, c'était la guerre, dans toute l'acception du terme. Car dans la société humaine — ce que nous, citoyens des pays développés, avons un peu oublié dans l'opulence pacifique de la parenthèse post-Guerre froide — la guerre c'est beaucoup plus que des tueries et des batailles. En effet et depuis le début de l'histoire, la guerre *tranche*. C'est là son effet réel sur la société des hommes. Son rôle unique à vrai dire. Au milieu d'existences humaines faites de songes, d'espoirs, d'illusions, de préjugés, de naïvetés, de petites combines et de calculs sordides, le réel — que le philosophe Clément Rosset définit comme « à la fois insupportable et irrémédiable » — peine d'ordinaire à s'imposer. À l'échelle mondiale, seule la guerre provoque sa formidable irruption.

À l'échelle des pays développés, les sociétés civiles ne peuvent que prendre acte : dès novembre 2001, les publicitaires commencent à fédérer les citoyens-

1. Plus de 300 morts en avril 1925 à Sofia (Bulgarie). D'origine révolutionnaire, l'attentat à l'explosif détruisit l'église Sveta Nedelja où le gouvernement bulgare est réuni pour une cérémonie. La plupart des ministres sont tués.

consommateurs les plus jeunes, ceux qui sont nés entre 1975 et 1994, sous le millésime fédérateur de « génération 11 septembre » — comme on avait eu la « génération 68 » lors du *baby-boom*.

Ainsi, le 11 septembre 2001, un nœud gordien a été tranché. Avant, on supposait, on craignait, on imaginait — maintenant, on sait.

Que sait-on ? Que s'est-il révélé brutalement à la conscience des hommes dans les heures qui ont suivi l'effondrement des tours jumelles du World Trade Center ?

Que cette attaque était la parfaite parabole, la prévision claire de ce que serait la guerre du XXIe siècle. Que l'attentat était de nature prémonitoire — comme en son temps, la guerre d'Espagne préfigura la Seconde Guerre mondiale et la guerre de Sécession, la Première. Que tout ce qui surviendrait dans l'ordre militaire lors des prochaines années partirait de cet épisode fondateur, de ses répercussions et séquelles ; enfin, des réactions des États développés à celui-ci.

Nous savons aussi que désormais, l'économie et la finance mondiales constituent l'un des principaux champs de bataille des guerres à venir, guerres terroristes ou criminelles. Ainsi, la fragilité insoupçonnée des tours jumelles a-t-elle symbolisé celle de l'économie et de la finance mondiales. Caractéristique : ce colloque organisé à la mi-novembre 2001 par un institut canadien sur le thème « l'économie mondiale en état de choc », où s'exprime le prix Nobel d'économie Robert Mundell. Pour lui (*Le Monde* du 15/11/01), le choc du 11 septembre pourrait être plus fort que celui de la guerre du Golfe. Avec un risque important : une forte chute des marchés boursiers perdurant loin dans l'année 2002. Ainsi donc, une attaque au cœur du système capitaliste — déclenchée aujourd'hui par des fondamentalistes fanatisés, demain par qui ? — peut, par réaction en chaîne, entraîner la faillite d'entreprises financières, la ruine (peut-être durable) d'économies entières, le chômage, la famine, tout cela à l'échelle du monde. Un processus catastrophique inouï et hier encore insoupçonné. La vraie face noire de la mondialisation.

Cet événement formidable, cet acte fondateur du XXIe siècle, nous entreprenons de le narrer, l'analyser, le radiographier ici. Comment l'Amérique a-t-elle pu ainsi se laisser « surprendre pendant sa sieste », comme le dit cruellement le politologue et historien américain David Halberstam ? Comment une telle attaque a-t-elle pu se concevoir, se préparer des années durant, s'entreprendre — et réussir — sans que nul s'en avise précisément au sein du premier — et de loin — système de défense et de renseignement au monde, système dont le budget frise en 2001 les 340 milliards d'euros ? Une question — comment cela a-t-il été possible ? — qui est tout, sauf d'intérêt historique, ou rétrospectif. Sans détection précise de l'origine de la panne, sans diagnostic approfondi de la faillite du système en effet, nulle possibilité d'en rebâtir un autre, fonctionnel. Le 11 septembre risque alors de se reproduire.

Ce livre fait aussi le récit d'une révolution — mot dont le siècle passé abusa au point de le priver de sens — prise ici dans son sens étymologique, celui du violent renversement d'un ordre des choses antérieur. Brutalement en effet, et bon gré, mal gré, l'Amérique officielle a mis par-dessus bord tout cet empilement de bienséances, de coquetteries, de moralisme bêlant ; tous ces caprices d'enfant gâté et ces modes qui, de la fin de la Guerre froide au 11 septembre 2001, finissaient par lui masquer la cruelle réalité du chaos mondial — l'Europe en serait-elle encore capable ?

C'est par cette révolution qu'il nous faut commencer. C'est cela qu'il faut lire d'emblée avec la plus grande attention pour envisager l'immensité du bouleversement que vit aujourd'hui l'Amérique. Avant toute chose, il faut avoir réalisé ceci : qu'à Washington, tout individu prédisant, le 10 septembre encore, un seul des retournements, un seul des sidérants changements de cap énumérés ci-dessous, finissait au mieux sa journée dans un asile psychiatrique – au pire lynché, au bec d'un réverbère.

Dans l'éventail de la presse américaine, l'hebdomadaire *Newsweek* est plutôt centre-gauche. Libéral comme on dit là-bas. Or quel titre un éditorial y porte-t-il début novembre, celui-ci, parfaitement incroyable : « Il est temps de penser à la torture ». Et l'éditorialiste, le fort progressiste Jonathan Alter, de souligner : « En cet automne plein de colère, même un libéral peut se surprendre à songer à la torture. » Une réaction isolée, prise sous l'empire du désespoir ? Non : un débat de société.

Le FBI échoue à faire parler les principaux suspects (survivants ou complices présumés) de l'attaque du 11 septembre. Ce silence obstiné frustre le gouvernement. Les « trucs » habituels ne donnent rien : argent, chirurgie esthétique, emploi aux États-Unis, peines réduites. Un officiel anonyme déclare alors que « les libertés individuelles peuvent être mises de côté, au moins un temps, s'il s'agit d'obtenir des renseignements pour sauver des vies [1] ». Oh

1. *Le Monde*, 26/10/01.

bien sûr, pas question de rétablir le supplice du pal, mais d'user de « techniques d'interrogatoire plus rudes ». De « pressions intenses », telle l'extradition immédiate vers des pays où la torture (la vraie) est usuelle. D'administrer aux interrogés un sérum de vérité. Quiconque eût tenu de tels propos, fait une telle suggestion le 10 septembre encore, perdait à vie tout accès aux grands médias, toute crédibilité politique. À partir du 11 septembre, la torture s'élève au rang de thème d'éditorial.

Au même moment, on apprend que la CIA a assoupli les règles de recrutement de ses indicateurs, au point de pouvoir à nouveau embaucher des « taupes » criminelles ou terroristes. Même — ce qui lui était de facto interdit la veille du 11 septembre — « s'ils se sont rendus coupables de violations des droits de l'homme ». Quiconque possède de bons tuyaux sur Ben Laden ou al-Qaïda est désormais recruté sur-le-champ. Ce, d'initiative de l'officier de renseignement sur le terrain, que son interlocuteur soit ou non un « individu peu recommandable ». Car depuis 1995 [1], la CIA compliquait à un point tel la procédure de recrutement des indicateurs, pour en éliminer les « *human rights violators* », que ne passaient en réalité plus dans le tamis que quelques bonnes sœurs et autres saints laïcs. On était en plein remake de « Gulliver empêtré ».

Mais à partir du 11 septembre tout change —

1. En 1995 en effet, la CIA recrute un officier guatémaltèque lié aux « escadrons de la mort » très actifs dans ce pays. L'officier est alors indirectement suspecté dans l'assassinat d'un guérillero local marié à une avocate activiste américaine. Tempête à Washington — et ordre à la CIA de ne plus recruter quelque *human rights violator* que ce soit.

même l'interdiction de pratiquer l'assassinat, ou de le faciliter, règle imposée à la CIA depuis vingt-cinq ans, est froidement abolie. Fin septembre 2001 en effet, la presse révèle que d'ordre exprès du Président, la CIA a « les mains libres » pour « faire tout ce qui sera nécessaire », afin de « détruire Oussama Ben Laden et son réseau ». Pour mener des actions ciblées létales « si nécessaire ». Sous le couvert de l'anonymat, un haut fonctionnaire confirme : « Des opérations mortelles, impensables avant le 11 septembre, sont en cours[1]. » Un durcissement avec lequel le fort moral sénateur Joseph Liebermann (candidat démocrate à la vice-présidence des États-Unis en 2000) « se sent parfaitement à l'aise ».

Parlons maintenant de la défense des États-Unis après la Guerre froide, de ce que serait la militarisation de l'ère de la mondialisation. Le choc du 11 septembre renvoie brutalement au rayon des hochets ultra-libéraux ces concepts, pratiques et remèdes hier encore vantés par le complexe militaro-industriel, tels la dérégulation des marchés d'armement, l'usage des armées privées et plus généralement, l'externalisation (« *outsourcing* ») de la guerre. Retour au bon vieil État-nation, et aux pratiques patinées par le temps, prévalant en Europe depuis la fin de la guerre de Trente ans et les traités de Westphalie[2].

1. UPI/Comtex, le 20 octobre 2001, Reuters, le 22 octobre.

2. De 1618 à 1648, la France, le Saint-Empire romain germanique, l'Empire espagnol, l'Angleterre, la Suède, la Bavière, les Pays-Bas, le Danemark, etc. vident pour de bon la querelle entre catholiques et protestants. Alors poussière de 150 micro-États de principautés et seigneuries, l'Allemagne sert de champ de bataille. Trente ans après, le pays est anéanti. Entre un tiers et la moitié de la population a péri (faim, massacres, épidémies) sans résultat décisif, sans

Car on le réalise désormais à Washington : l'Histoire compte, elle se répète, les mêmes causes entraînant les mêmes effets. De fait, l'interminable guerre d'Afghanistan en Asie centrale n'est-elle pas la répétition troublante de ce que fut en Europe la guerre de Trente ans, voici trois siècles et demi ? Penser à partir du précédent historique, et non comme si le monde était né avec le dernier modèle d'ordinateur, permet en effet d'éviter bien des drames — notamment celui-ci. Depuis la guerre de Trente ans, nous, Européens, savons dans notre chair que le plus difficile d'une guerre non étatique, c'est de l'achever proprement. Que se présente toujours, au bout de tout conflit de ce type, un terrible problème — l'image n'est pas belle, mais la situation non plus — de vidange, d'élimination des déchets. Cette réalité, les États-Unis l'ignorèrent à la fin du jihad afghan. Ils repartirent brutalement. Ils laissèrent s'entasser, s'échauffer, les scories de cette guerre, en une immense poche de gaz islamiste. Ces déchets, ce sont les Talibans, mollah Omar, Oussama Ben Laden,...

Mais le changement va beaucoup plus loin que de simples ajustements techniques, ou de bêtes retours au bon sens. La politique étrangère américaine est aussi bouleversée par le choc post-11 septembre.

---

qu'une religion ne domine l'Europe. Alors, finir une guerre n'est pas simple : la seule Suède licencie sec 200 000 mercenaires (dont les familles suivent la troupe), devenant autant de pillards et de maraudeurs. La plus meurtrière qu'ait jamais vécue l'Europe, cette guerre se conclut par les traités de Westphalie, signés le 6 août 1648 (Osnabrück) et le 8 septembre (Münster). Ils sont publiés le 24 octobre 1648. Les horreurs de l'époque poussèrent les États européens à se doter d'armées nationales et à adopter des règles d'entrée en guerre (*jus ad bellum*) et de conduite des conflits (*jus in bello*).

Hier encore et depuis plus d'un demi-siècle, l'Alliance atlantique était pour les États-Unis l'élément crucial en matière de sécurité européenne et transatlantique. La voici réduite à l'état de dinosaure de la Guerre froide. Après le 11 septembre, les États-Unis ont négligé les propositions de service de l'OTAN. Ils ont préféré monter une coalition spécifique et très fermée. Depuis le Kosovo, l'OTAN n'intéressait plus Washington : pas fiable, pas assez à la botte. Finalement, l'OTAN ne fait plus rêver que certains politiciens atlantistes de l'Union européenne.

Hier encore, Pervez Musharraf était un paria. Nul pays développé n'acceptait de recevoir ce général-dictateur, assassin en 1999 de la fragile démocratie pakistanaise. Aujourd'hui, le voici devenu le chouchou des États-Unis, et plus largement des membres du G8. Crédits et invitations pleuvent sur lui. À Washington, où l'on est parfois candide, on reconnaît volontiers que nul président pakistanais élu n'aurait pu appuyer, comme Musharraf l'a fait, l'effort anti-Taliban des États-Unis, avec une opinion publique locale à 80 % favorable au mollah Omar et à Oussama Ben Laden. Le même vent réaliste pousse aussi l'Amérique à ruminer l'erreur énorme que fut d'aider la gracieuse, la très occidentalisée Benazir Bhutto. On se souvient désormais — mais bien tard — qu'en 1993, la coalition gouvernementale de l'icône de la presse féminine des années 90 incluait le férocement islamiste Jamiat-i-ulema-i-islam (JUI), parti dont le chef, Fazlur Rehman, présidait même alors la commission des affaires étrangères de l'Assemblée nationale pakistanaise. Avec l'aval de discrets « conseillers » — américains, mais surtout britanniques — Fazlur Rehman et Babar Khan, ministre de l'Intérieur de Benazir Bhutto, montèrent l'opération Taliban, milice pashtoune à l'origine recrutée dans les centaines de madrasas (écoles coraniques) du JUI et entraînée par le « *Frontier constabulary* », armée de la frontière nord-ouest du Pakistan, dépendant du ministre de l'Intérieur[1].

Plus extraordinaire encore, l'Iran. Hier encore, vous souvenez-vous ? L'Iran était l'ennemi suprême de l'Amérique ; ce depuis vingt ans. Mais l'époque est révolue. Car en effet, pour la cruciale zone qu'est l'Asie centrale (le pétrole de la Caspienne et les islamistes alentour), sur quoi de solide s'appuyer à l'avenir, quel partenaire possible pour l'hyperpuissance américaine ? Dans la région, quelles réelles et solides nations, dotées d'une profondeur historique — donc moins fragiles que d'autres —, d'une armée et de services de renseignements efficaces ? À une extrémité, la Chine, à l'autre l'Iran. Dont acte. Que dit en effet, dès octobre 2001, le puissant sénateur démocrate Joseph Biden, président de la commission des relations extérieures du Sénat américain[2] ? « L'administration [Bush] a d'abord considéré l'Iran à travers le prisme des vingt années écoulées. [Mais aujourd'hui] l'Iran souhaite initier une relation fondée sur des intérêts communs redéfinis. Il [l'Iran] a même promis de secourir des pilotes américains, si leurs avions étaient abattus. Je ne vous

1. Lire sur ce point Ahmed Rashid, *Taliban : Islam, Oil and the New Great Game in Central Asia,* IB Tauris Publishers, London, 2000. À noter par ailleurs que cette force de gardes-frontière a toujours été surveillée de près par les services spéciaux britanniques, par tradition très attentifs à ce qui se passe dans ce secteur...

2. Le 22 octobre 2001, devant le Council for foreign relations.

prédis pas une brusque mutation en Iran — ni que nos relations vont s'améliorer soudain. Je dis que de nouvelles opportunités vont émerger. Il y a clairement des dissensions internes en Iran. Les modérés souhaitent aller plus loin. Tout ce qu'ils peuvent obtenir du système, c'est ce modeste geste. Mais comme ce système fonctionne par consensus, j'ai la certitude qu'[Ali] Khamenei a donné son accord — ce qui, d'après moi, est fort significatif. »

Enfin, comme société ouverte, l'Amérique — son économie, sa technologie — est en plein retour sur elle-même.

Silicon valley. La très libérale, bohème et pacifiste — la parfois anarchisante Silicon valley. Voyons ce qui s'y passe depuis le choc du 11 septembre — dans un climat de marasme de l'industrie informatique et du désastre des « *dot-coms* », après la crevaison de la bulle spéculative Internet. Un retour s'opère à ce qu'était la vallée, juste après la Seconde Guerre mondiale : une zone dédiée aux industries de l'armement. Voilà la Défense nationale de retour. Des géants de l'industrie militaire comme Lockheed Martin s'y installent. On y parle technologie militaire, *Hi-tech* de sécurité. Pour évoluer sur les chaotiques champs de bataille du siècle débutant, la cartographie virtuelle sera décisive ; Silicon valley s'y met. Pour détecter précocement les manifestations de terrorisme nucléaire, biologique ou chimique (ci-après NBC), la biométrique sera cruciale ; Silicon valley se lance dans l'aventure.

Hier encore, l'État fédéral était traditionnellement pour l'Américain moyen objet de méfiance, voire de détestation. À l'automne 2000, sous l'ère Clinton, la cote de l'État était basse : 20 % d'opinions favorables. Un an plus tard, ces opinions positives ont bondi à 66 %. Et l'Américain moyen exige désormais que l'État fédéral accomplisse pleinement ses missions légitimes — régaliennes dirions-nous en France.

Ensuite — et peut-on dire, surtout, où est passée l'idéologie officielle de l'Amérique depuis des décennies — en tout cas depuis les années-Reagan ? Qui chante encore le « gospel des marchés » ? Qui vante le « laisser faire, laisser passer » ? La liberté absolue du commerce et les régulations minimales ? Qui condamne encore l'intervention de l'État, les subventions, comme des péchés majeurs ? Aujourd'hui, le gouvernement des États-Unis n'est plus confiné aux limites étroites que le dogme officiel lui assignait hier[1]. L'heure est interventionniste. Aujourd'hui, Washington subventionne par milliards de dollars son industrie aéronautique, ses compagnies aériennes, ses sociétés d'assurance. La politique du républicain Bush a un fumet keynésien prononcé.

Il en va de même pour les querelles, hier quasiment théologiques, sur les droits des brevets. Après des années de lutte contre les pays pauvres sur ceux des médicaments, suivies d'un semi-compromis avec l'Afrique du Sud en 2001, les États-Unis forcent Bayer à réduire le prix de son médicament contre l'anthrax ; alors que, tel un vulgaire pays sous-développé, le Canada lance un générique concurrent avant de s'entendre avec le groupe pharmaceutique — démontrant ainsi que lorsque nécessité fait loi, l'idéologie disparaît devant les besoins immédiats.

1. Lire dans l'*International Herald Tribune* du 26/10/01 « Role reversal : US forsakes market gospel ».

Enfin, le positivement incroyable succédant à l'inouï, on a vu le 15 novembre 2001 le Congrès des États-Unis procéder à une... nationalisation, celle de la sécurité aérienne. Une mesure appuyée par le président Bush : « que le gouvernement fédéral prenne en charge la sécurité aérienne rendra plus sûrs les voyages par avion des Américains ». Une création soumise en prime à la préférence nationale : tous les agents de sécurité des aéroports devront être citoyens des États-Unis...

Ainsi, ce que déclenche l'attaque du 11 septembre, c'est un bouleversement de fond en comble de l'Amérique, telle qu'elle était devenue depuis la chute du Mur de Berlin. C'est un immense retour au réel.

C'est cela que nous pensons utile de narrer, d'expliquer — tant le destin, les évolutions (surtout brutales) de la seule superpuissance restante, ne sauraient indifférer qui réside dans l'Union européenne, juste sur l'autre rive de l'Atlantique.

Nous commençons par un double bilan : le 11 septembre, qui a encaissé le choc le plus violent ? Qui paiera le plus longtemps les pots cassés ? Ensuite : comment tout cela a-t-il *simplement* été possible ?

Dans une seconde partie, nous réfléchissons à ce qu'est une guerre terroriste — ce qui n'est pas simple, même s'agissant de son issue. Qu'est-ce en effet que « gagner » une telle guerre ? Dans le cas d'un conflit classique, tout est clair. On occupe une capitale, il y a capitulation, occupation. Mais là ? Et aussi : dans ce premier conflit terroriste du XXIe siècle, quelles sont les forces en présence ? Au-delà : quelles sont les « règles du jeu » guerrier pour le siècle débutant ? Où se battra-t-on, contre qui et comment ? Enfin, et par-dessus tout : comment agir, que faire, pour gagner la guerre terroriste ?

Sur ce dernier point : les auteurs croient bien connaître, à la fois le système de sécurité des États-Unis, les entités dangereuses du chaos mondial et les zones hors contrôle de la planète. Mais ils évoluent dans le domaine de la réflexion, côté préventif. Ils enseignent, écrivent, voyagent et écoutent beaucoup, conseillent parfois — ce surtout dans un domaine assez délaissé par les États : celui du décèlement précoce, du dévoilement des menaces avant qu'elles n'atteignent leur nocivité majeure — et des moyens d'atténuer cette nocivité.

Ainsi, les auteurs n'ont recherché ni le sensationnel, ni l'œuvre de circonstance ; encore moins le survol pimenté de « suspense » de tel ou tel événement[1]. Tout au contraire ont-ils délibérément enchaîné dans ce texte des chapitres de rythme divers, certains décelant et présentant des situations, des entités ou des territoires dangereux ; d'autres analysant des manœuvres et contre-manœuvres dans la guerre terroriste ou criminelle ; les derniers approfondissant les conséquences de tous ces actes, pour ceux qui les ont déclenchés et donc eu l'initiative — comme pour ceux qui ne les ont ni prévus ni préparés et de ce fait les ont subis.

Ce qui suit ne concerne ni le *hardware*, ni l'action. Nulle recette miracle non plus, ni baguette

1. La présentation détaillée de la nébuleuse al-Qaïda et la chronologie de la « chasse à Ben Laden » sont l'œuvre d'Anne-Line Didier, auteur du rapport du Laboratoire MINOS (CHEAr, ministère de la Défense, juin 1999) intitulé « Le Pakistan, scène chaotique — l'activisme islamiste » et co-auteur avec Jean-Luc Marret de *États échoués, mégapoles anarchiques*, coll. Défense et Défis Nouveaux, PUF, 2001.

magique. Mais une réflexion, nourrie par une longue expérience, sur ce qui n'a pas été fait, et qu'il serait nécessaire de faire, pour éviter à notre monde de nouveaux 11 septembre, un événement — et c'est tout le sens de ce livre — qui ne fut pas une *catastrophe*, mais bel et bien une *tragédie*.

1

Réaction en chaîne

La mondialisation. Durant la parenthèse historique 1989-2001, que disait d'elle un quasi unanime chœur de thuriféraires ? Qu'elle était désirable, bénéfique — et de toute façon, inéluctable. Oui mais, suggéraient dans leur coin une maigre cohorte d'économistes, d'experts en sécurité et de criminologues : sans nier la réalité du phénomène ni le rejeter en bloc, la mondialisation ne comporterait-elle pas aussi un aspect négatif ? N'aurait-elle pas une dimension « langue d'Esope » ? Une face noire ? Plus fervent encore, le chœur reprenait alors : désirable, bénéfique, inéluctable. Jusqu'au 11 septembre, où la face noire jusqu'alors supposée, entr'aperçue, se dévoile dans toute son horreur. Et confirme la théorie du mouvement de l'aile du papillon créant la tornade, les mouvements sismiques terroristes produisant des répliques (économiques et financières) en chaîne, accentuant encore l'effet destructeur de la première déflagration. De fait : un attentat ourdi au fond de l'Asie centrale frappe l'Amérique du Nord — et le tourisme haut de gamme s'effondre dans l'Union européenne plusieurs mois de rang. Des hôtels de luxe à moitié vides, des touristes américains et japonais 30 % moins nombreux que l'an dernier.

ÉCONOMIE MONDIALE, MULTINATIONALES ET « TAXE » TERRORISTE

Financement modeste (un million d'euros maximum) ; technologie aussi *lo-tech* que possible ; techniques de conspiration vieilles comme le jour permettent à un groupe de fanatiques d'ébranler l'économie mondiale. Ce que les partisans de James Tobin, contre son propre avis d'ailleurs, essayaient de mettre en place depuis des années, al-Qaïda et Oussama Ben Laden le réussissent · taxer durablement les citoyens de la planète. Le 11 septembre, al-Qaïda a littéralement fissuré le système financier international. Depuis, la société humaine paie et paiera longtemps encore la taxe Ben Laden[1]. Commissaire européen chargé du commerce, Pascal Lamy en convient : le système actuel sortira totalement transformé de la crise[2].

Ici débute notre phase de diagnostic. Sur l'échiquier mondial et sous nos yeux, le champ de bataille a brutalement changé. Hier encore, ce théâtre de guerre était médiatique (celui où Kadhafi, Noriega, Saddam Hussein et Milosevic ont été battus). Le 11 septembre, en une manœuvre inusitée, Ous-

1. Selon la formule d'Erik Izraelekewicz dans *Les Échos* du 04/10/01.
2. Voir *Paris Match* du 04/10/01.

sama Ben Laden choisit l'économie, la finance mondiales comme nouvel espace de guerre. Ainsi, les principales victimes de l'attentat du 11 septembre sont, non les États-nations, vieilles bêtes coriaces qu'il est difficile d'abattre irrémédiablement, mais l'économie et la finance mondiales.

Le 11 septembre, l'extrême fragilité des systèmes et des multinationales devant des attaques de ce type s'est révélée. Depuis, les doctrinaires libéraux intégristes découvrent l'existence d'une nouvelle main invisible. Non pas celle imaginée par Adam Smith, mais une autre — nettement plus sombre. Jusqu'alors en effet, ils occultaient l'argent sale, celui du terrorisme, du crime, des mafias, des fraudes. Ils pouvaient même s'en accommoder, blanchissant ici, recyclant là, assurés que le retour de l'argent noir dans l'économie vertueuse lui rendait sa virginité. Jusqu'au 11 septembre — qui est ici, et très exactement, une tragédie fondatrice.

Bien sûr, la stupeur, la colère, la compassion, l'inquiétude, le doute ont-ils aggravé durablement le pessimisme ambiant. D'évidence, la crise économique était déjà là. Certes, le 11 septembre est aussi un alibi pour la restructuration d'entreprises, notamment du secteur des services, déjà touchées par le ralentissement cyclique de l'économie. Mais la double attaque sur New York et Washington a transformé un mouvement de cycle en rupture. Et au-delà de la régulation normale de la crise, un mouvement structurel se dessine désormais sous nos yeux. Face à la mondialisation de l'économie, une correction générale se profile, une autre mondialisation apparaît, celle de la sécurité des États développés et de leurs alliés. Cette autre mondialisation entrave, corrige la première et parfois l'oblige à reculer en désordre.

Ainsi, et plus largement, la mondialisation est devenue une réalité grâce à la privatisation du terrorisme utilisant les facilités et la souplesse du système. Hier organisation hiérarchisée, voilà l'« entreprise terroriste » désormais transformée en réseaux. Copiant le management des entreprises modernes, l'appareil criminel hier taylorien a découvert la souplesse et l'organisation décentralisée. L'ampleur même des attentats qu'il perpètre provoque la première secousse économique mondiale. La société de consommation, devenue celle de l'information, puis celle du spectacle est durablement atteinte. La conséquence — certes momentanée — en est un ralentissement généralisé des activités économiques et sociales dans le monde entier. La vision occidentale du loisir comme aboutissement suprême de la vie, comme modèle de développement, paraît soudain dérisoire, comme le balancement obligé des journaux télévisés entre la misère du monde d'un côté et la sortie du dernier jeu vidéo de l'autre.

Tout cela fait que, d'entrée de jeu, s'impose un bilan détaillé du désastre économique-financier post-11 septembre. Car désastre il y a bien. Qu'on en juge.

— Au total, 3 500 milliards d'euros de capitalisation boursière disparaissent entre le 10 et le 20 septembre 2001.

— Toujours plus volatiles, les Bourses continuent de subir des mouvements de yo-yo rapides et de forte amplitude, chaque accident d'avion aux États-Unis provoquant une soudaine et brutale baisse des cours. Or, l'appel de plus en plus important à l'actionnariat populaire, la pratique des placements à risques pour les entreprises, notamment d'assurance retraite ou vie, les fonds de pensions, influent fortement sur les moyens des ménages. Ainsi, la part des actions et fonds mutuels est-elle passée de 20 à 35 % du total de l'épargne des ménages américains entre 1989 et 1998. Plus de 50 % des foyers américains interviennent ainsi directement ou indirectement sur les marchés boursiers[1]. La plupart d'entre eux ont donc été victimes des effets collatéraux des attentats du 11 septembre et de l'instabilité qui se poursuit.

— Selon une enquête du *Monde*[2], les salariés actionnaires français (environ deux millions) ont perdu en moyenne près de 40 % de leur patrimoine en 2001. L'encadrement moyen et supérieur (plus de 350 000 personnes) a vu le cours des *stock-options* proposées rejoindre ou passer en dessous du cours nominal des actions, réduisant d'autant la plus-value attendue. Sans parler des neuf millions de Français ayant investi en Bourse. Ils ont ainsi découvert qu'ils étaient devenus des actionnaires subissant les évolutions boursières et pas seulement des épargnants sans risques.

1. *Survey of Consumer Finances*, Federal Reserve Board, 2000.
2. 17/10/01.

Pour mémoire, on dénombre de manière suivante les salariés actionnaires dans quatorze grands groupes français[1]

Société Générale	39 950
Bouygues	25 000
Saint Gobain	30 000
Thomson Multimédia	5 000
BNP Paribas	44 000
Aventis	28 000
France Telecom	136 000
Schneider	21 000
AGF	19 000
TotalFinaElf	57 000
Suez	40 000
Carrefour	86 000
Thales	34 000
TF1	2 300

— Au-delà de ces lamentations pour bien-portants, souvenons-nous que les premières victimes sociales du 11 septembre sont certes les pauvres des pays pauvres — mais aussi les pauvres de New York. Le World Trade Center abritait le centre de gestion de l'aide sociale pour Brooklyn, Staten Island, Queens, les comtés de Nassau, Suffolk, Wetchester et Putnam. Des milliers de familles ont été privées de services sociaux pendant plusieurs semaines. Au-delà, un million d'Américains a perdu sa couverture sociale, du fait de ces événements.

— 350 000 immigrants mexicains sont retournés volontairement chez eux depuis le 11 septembre et la pression migratoire à la frontière s'est effondrée.

1. Selon *Le Figaro Entreprises,* 15/10/01.

Les conséquences pour l'économie mexicaine, elle-même touchée par la récession, sont importantes.

— Des millions d'emplois ont été perdus dans le secteur touristique en Afrique, Asie et au Moyen-Orient (la désaffection atteignant parfois 70 % des réservations en Égypte, Jordanie, Turquie, au Maghreb). Les répercussions sont également fortes en Asie, où la difficile sortie de la crise est remise en question. Tandis qu'aux États-Unis même, un million d'emplois disparaissait. Selon la Banque mondiale, l'Afrique sera le continent le plus touché avec 3 à 5 millions de personnes repassant sous le seuil de pauvreté. Les investissements prévus dans les pays en développement devraient se contracter, passant de 240 milliards de dollars à 160. 10 millions de personnes vont repasser sous le seuil de la pauvreté (1 dollar par jour de revenu), 40 000 enfants de plus mourront de faim.

— Les activités culturelles, sportives, de loisirs ne sont pas épargnées. Entre fermeture, interruptions, ou annulations, Broadway, cinémas, théâtres, stades, expositions, ont connu une désaffection marquée. Le secteur touristique est sinistré. De grandes manifestations internationales sont menacées, n'ont plus d'assureur, augmentent les dépenses de sécurité (Coupes d'Europe et du Monde de football, jeux Olympiques de Salt Lake City). La tenue du marathon de New York a éclairci l'horizon, de même que la relance des matchs de base-ball ou de basket, toujours très populaires. Mais avec une sécurité renforcée et une inquiétude latente.

— Espace positif et entrepreneurial, la société du risque est devenue la société des risques, créant insécurité et anxiété, réduisant les mouvements, annihilant les volontés, gelant les innovations possibles.

Comme l'a fort bien rappelé Jean-Hervé Lorenzi[1], assurance et innovation vont ensemble. En touchant l'une, on atteint automatiquement l'autre. Les surcoûts d'assurance vont toucher chaque contrat, afin de reconstituer l'immense dommage subi. Chaque assuré sera solidaire par obligation, s'il ne l'était déjà volontairement.

— Certains sites sensibles (réserves d'eau, centrales nucléaires) apparaissent enfin parmi les préoccupations des pouvoirs publics et des entreprises privées. Le secteur de l'eau et de la gestion des immeubles (climatisation) avait déjà réagi durant la guerre du Golfe. Mais les habitudes s'étaient émoussées. L'installation d'unités de missiles anti-aériens autour du centre de retraitement de La Hague démontre qu'au-delà du risque d'inquiéter l'opinion, les autorités publiques assument désormais, au moins visiblement, la prise en compte de risques anciens et connus, mais le plus souvent escamotés.

— La réforme des services de sécurité et de renseignement, la création pour la première fois dans l'histoire des États-Unis d'un ministère de l'Intérieur (Office for Homeland Security), la restructuration d'un FBI affadi et bureaucratisé, la mise en sécurité des aéroports, des postes, des ponts, pèseront sur les choix budgétaires américains. Les coûts de la sécurité pour les entreprises privées (sécurisation des sièges sociaux, protection des données informatiques, locaux de crise redondants, assurances), même partagés, pèseront sur leur activité (la nationalisation de la sécurité aéroportuaire représentant à elle seule l'embauche de 28 000 agents pour un coût de 2,6 milliards de dollars, compensé par une

1. Dans *Le Nouvel Économiste*, 26/10/01.

taxe de 5 dollars sur chaque billet d'avion). Entre investissements directs et pertes de productivité, les coûts généraux de sécurisation des entreprises devraient générer plus de 100 milliards de dollars de prélèvement sur l'économie[1].

— Le budget de la Défense, géant de la dépense publique appauvri depuis la chute du Mur de Berlin, avait dégringolé à 3 % du PIB américain (7 % sous la présidence Reagan, 9 % dans les années 60). Les dividendes de la paix avaient permis de réorienter fortement la dépense publique, en la contractant d'abord, en la redistribuant ensuite de façon inégalitaire. Les États-Unis avaient asphyxié financièrement l'URSS en développant le programme de la « Guerre des Étoiles » (qui accessoirement servait également à fausser la concurrence avec l'Europe dans les domaines de haute technologie). Les coûts des programmes de défense vont connaître une réorientation budgétaire massive, au détriment de l'équilibre budgétaire, mais également des programmes sociaux et de développement. Le coût de la guerre en Afghanistan (1 milliard d'euros par mois pour les seuls États-Unis) donne une première idée des enjeux.

— Le temps du « *big government* » est de retour. En termes économiques comme sur les questions de sécurité, l'État revient. « Plus d'État » remplacera-t-il « mieux d'État » ou les tenants de ces deux thèses parviendront-ils à réussir leur jonction ? En tout état de cause, les sacro-saintes règles de réduction du déficit budgétaire sont les victimes collatérales les plus visibles du 11 septembre.

L'attaque et ses suites ont imposé un couvre-feu

1. Selon l'Economic Strategy Institute, cité par *USA Today*, 22/10/01.

volontaire à des millions de personnes, en créant les conditions d'une identification aux victimes des attentats. Simples voyageurs, employés, policiers ou pompiers, touristes, postiers sont devenus des cibles potentielles. On ne visite plus les grands sites sans appréhension, ouvrir le courrier devient une épreuve individuelle, prendre l'avion un acte de bravoure potentiel. Des millions d'emplois ont disparu[1], et des secteurs entiers sont sinistrés.

Une économie de guerre a commencé à apparaître, sans lignes de front, sans tranchées, mais avec un conflit armé intérieur et extérieur en même temps. Marqués pour longtemps par les attentats, inquiets de l'anthrax qui s'est diffusé sans mal dans le réseau postal, sensibles aux menaces bactériologiques, chimiques ou nucléaires, les États-Unis ont changé de mode de vie. L'économie mondiale a changé. Le monde est devenu différent. Pour longtemps.

LES ENTREPRISES VICTIMES ET ISOLÉES

L'attentat du 11 septembre a soudain révélé à tous ce que les principaux dirigeants économiques commençaient à comprendre : des États lourds, lents et égoïstes laissent le plus souvent les entreprises seules face aux crises. Moins par volonté, que

1. 8,8 millions d'emplois perdus dans le secteur touristique (dont 2 millions en Europe) selon le Conseil mondial du tourisme, cité par *Les Échos* du 15/11/01.

par incapacité à comprendre les nouvelles règles du jeu mondial et à réorienter en conséquence des services de sécurité configurés du temps de la Guerre froide.

Depuis le 11 septembre, un réveil douloureux a provoqué le classique réflexe bureaucratique-étatiste : « Préparons enfin la guerre que nous venons de perdre. On s'occupera plus tard de celle qui se profile à l'horizon. » Or, la rapidité d'évolution des entités criminelles ou terroristes, les risques sur des États proches ou déterminants en termes géostratégiques (Turquie, Pakistan, ex-Yougoslavie, Jordanie, Égypte, Indonésie, Philippines, Tunisie, Maroc, Algérie,...), devraient inciter les pays développés à l'ouverture et à la flexibilité plus qu'à la reconstruction hasardeuse d'une nouvelle ligne Maginot. En tout cas et pendant ce temps, le secteur économique et financier en est réduit à attendre ou à prendre ses destinées en main.

Outre le ralentissement de la croissance et les effets dévastateurs sur les services (transports, tourisme), c'est le fonctionnement même des entreprises, petites et grandes, qui est affecté par le choc du 11 septembre. Les modes de réunions, les organisations de conventions ou de congrès, le coût des transports ou des assurances, la gestion du courrier, l'organisation des transactions financières, pèseront ainsi durablement sur le management.

Cependant, les multinationales sont spécialement concernées. Rappelons que dès 1997, sur les 100 principales puissances économiques du monde, 51 n'étaient plus des États-nations, mais des multinationales. Les 200 principaux groupes du monde représentaient alors à eux seuls plus de 30 % de l'activité économique planétaire. Les 500 premiers groupes mondiaux pesaient déjà 70 % du commerce mondial (légal), à l'avant-garde de la mondialisation[1]. Et dès 1973 enfin, Charles Levinson[2] prédisait : « Comme les investissements multinationaux progressent à une cadence plus rapide que la croissance économique (deux à trois fois plus vite) le poids relatif des entreprises s'accroîtra au détriment des États. »

Or, si elles ont désormais le poids et les apparences extérieures de structures étatiques, ces entreprises géantes ont souvent négligé l'outil qui donne sa légitimité à la sphère publique : la sécurité. Certes, les traditions anglo-saxonnes ont permis l'émergence de sociétés d'analyse ou d'investigations très puissantes — mais en général orientées sur les fusions et acquisitions, ou sur les risques présentés par des pays lointains. Rares furent ceux qui anticipaient les mouvements criminels ou les actions terroristes autrement que marginalement.

Pour les groupes à taille mondiale, la crise post-11 septembre fut ainsi gérée avec les moyens du bord. Le premier réflexe fut l'appel aux sociétés de gardiennage ou de protection rapprochée des dirigeants. Submergées d'appels, ces entreprises firent appel à leurs employés, puis à leurs sous-traitants, enfin aux sociétés d'intérim ou aux agences pour l'emploi. Plusieurs dizaines de milliers d'embauches permirent aux dirigeants de ces grands groupes de se rassurer, puis de rassurer les salariés, les clients, les usagers, les médias. Certes, personne ne s'in-

1. « Was democracy just a moment ? », Robert Kaplan, *The Atlantic Monthly*, décembre 1997.

2. *L'Inflation mondiale et les firmes multinationales*, Le Seuil, coll. Économie & Sociétés, 1973.

quiéta de la formation des personnels recrutés à la va-vite, ni du risque d'introduire les loups dans la bergerie en postant dans des espaces stratégiques de l'entreprise des personnels sous-payés et mal identifiés. Quand vitesse et précipitation se conjuguent, pourquoi poser les questions qui fâchent ?

Plus énergiques ou mieux préparées, quelques entreprises révisèrent leurs plans de crise. Pour découvrir souvent qu'ils avaient presque tout prévu, sauf ce qui s'était passé. Il est rare en effet de trouver dans le manuel la réponse aux questions d'urgence. Les simulations de crise le démontrent partout : on ne prévoit rien d'autre que ce qu'on accepte de prévoir. L'impossible, l'inacceptable, le dérangeant sont éliminés des procédures d'urgence, comme ils le sont des discussions hors crise. Comment parler sereinement du risque de sa propre disparition ? L'assurance-vie des entreprises est un concept encore à venir.

Certains groupes, tout particulièrement vigilants, se posèrent une question inattendue : comment survivre si les centres de production sont intacts, mais sans administration ou direction ? Que faire d'une sauvegarde réussie sans management ? Comment récupérer la mémoire, le savoir-faire, la relation personnelle d'employés ou de cadres disparus ? Le tout-électronique venait de rencontrer ses limites.

D'autres mutations, importantes en termes de productivité et de gestion des stocks, ont connu des fortunes inversées après le 11 septembre. Stock zéro et flux tendus ne tenaient pas compte du risque d'une longue interruption du trafic aérien. Commerce électronique et associations caritatives n'avaient pas imaginé une quasi-rupture du service public postal et d'importants délais pour le secteur privé, lui-même orphelin de sa flotte aérienne. La centralisation des grandes entreprises dans des immeubles de prestige, le regroupement des services dans des sièges uniques, semblent également remis en question.

La plupart des principes modernes de production ont ainsi été mis à mal. La durée moyenne des livraisons à New York a été multipliée par deux ou trois, limitant fortement les capacités de réponse aux clients, multipliant un trafic automobile déjà intense par la multiplication des véhicules nécessaires. Les mesures de sécurité prises pour les transports par chemin de fer, sous-équipés aux États-Unis et encore peu fiables en France, influent également sur les temps de livraison des pièces en interne et de distribution aux clients extérieurs. Les seuls dispositifs de lutte contre l'immigration clandestine à Calais imposent une considérable réduction du transport fret par la SNCF. Quant à la reprise d'un minimum de stock disponible pour éviter les ruptures de chaîne, elle impose des coûts considérables.

Rarement, ou pour ainsi dire jamais, la question de la mise en cohérence globale d'un plan de gestion des risques, en tant que concept, ne fut posée avant le 11 septembre. Pour le schéma culturel français, l'éventualité du risque était jugée impossible, donc il était inutile de l'aborder. Pour les Anglo-Saxons, tout était possible — mais y parer était souvent trop cher. Désormais, le credo de l'événement impossible, qui n'arriverait jamais, a disparu. La vie des salariés, des visiteurs, des familles, des livreurs a changé. Les contrôles d'accès ou d'identité se multiplient. L'ouverture des sacs est souvent effectuée. Les aires de stationnement se sont raréfiées. Le quotidien est touché par les mesures de sécurité plus formelles qu'efficaces.

L'accès aux avions est devenu un parcours du combattant nécessitant une révision complète de sa trousse de toilette et une gestion attentive du contrôle de sa vessie. Les *hubs*, ces espaces d'interconnexions entre avions qui ont tant fait pour promouvoir le trafic aérien sur des plates-formes aéroportuaires géantes, sont devenus autant de cibles potentielles. Les temps de contrôle, d'enregistrement des bagages, de retards cumulés, influent sur les agendas des passagers.

La plupart des grands immeubles américains de bureaux ont été provisoirement fermés ou leurs accès limités. Plus de 1 000 immeubles gérés par la société Grub et Ellis ont imposé une carte d'identification. Des détecteurs de métaux ont été installés dans de nombreux centres d'affaires. Impensable hier encore aux États-Unis, le principe de la mise en place d'une carte nationale d'identité est désormais majoritairement soutenu par l'opinion. Même le fameux avocat libéral Alan Dershowitz a publiquement défendu ce système.

Des réactions à la hauteur d'un choc financier et économique tel que, la veille même de l'attaque, nul analyste spécialisé au monde — et même le plus pessimiste — n'en aurait même imaginé l'ampleur.

2

De gigantesques et imprévisibles effets

En rester aux conséquences immédiates des attaques du 11 septembre — ici, surtout sur New York — est bien insuffisant. Envisager la force du choc demande de mesurer précisément les effets concrets de ces attentats (en cercles concentriques toujours plus larges) sur des êtres humains ; puis sur des entreprises et des branches professionnelles ; ensuite sur des villes ; enfin sur des pays entiers et même — incroyablement — sur des marchés mondiaux. Lire dans le détail ce chapitre permet de mesurer la puissance, hier encore insoupçonnée, du terrorisme d'aujourd'hui ; d'imaginer sa terrible capacité de nuisance.

LE BILAN

LES VICTIMES

± 2 500 morts et disparus à New York,
126 morts et disparus à Washington,
92 morts — vol American Airlines 11, parti de Boston, écrasé sur le WTC Tour nord,
64 morts — vol American Airlines 77, parti de Washington, écrasé sur le Pentagone,
65 morts — vol United Airlines 175, parti de Boston, écrasé sur le WTC Tour sud,
45 morts — vol United Airlines 93, parti de Newark, écrasé en Pennsylvanie.

Victimes étrangères

63 Canadiens — 110 ressortissants d'Amérique centrale — 263 ressortissants d'Amérique du Sud — 44 ressortissants des Caraïbes — 300 Anglais — 350 ressortissants d'Europe occidentale (dont 4 Français) — 50 Grecs — 100 Russes — 250 Indiens — 100 Africains — 50 Australiens — 25 Japonais.

Huit victimes sur dix étaient des hommes, d'un âge moyen de quarante ans, la plupart pères de famille. Une douzaine étaient présidents de leurs entreprises, une soixantaine vice-présidents.

Les firmes les plus touchées sont le courtier en Bourse Cantor Fitzgerald avec 700 morts et disparus sur 1 200 employés et le courtier d'assurances Marsh avec 313 morts et disparus sur 1 700 employés. Le service public le plus touché est le Département d'incendie de la Ville de New York avec 351 morts et disparus.

LE WORLD TRADE CENTER EN CHIFFRES

Deux tours construites entre 1966 et 1973 sur un terrain de 7 hectares (412 et 414 mètres de haut pour 110 étages)

50 000 emplois et 12 000 visiteurs quotidiens

850 000 m² (10 millions de m² de bureaux sur le quartier d'affaires)

37 000 m² de commerces

1 système de transport urbain souterrain (PATH)

3,2 milliards de dollars de valeur immobilière (propriété depuis avril 2001 de Silverstein Properties).

Les sites touchés représentent 1,24 million de m² détruits et 2,7 millions de m² endommagés.

Ont été détruits les bâtiments suivants :

1 World Trade Center — 2 World Trade Center — Hôtel Marriott — 4 World Trade Center — 5 World Trade Center — 6 World Trade Center (US Customs) — 7 World Trade Center — North Bridge, soit plus de 1,2 million de m².

Ont été sérieusement endommagés :

1 Liberty Plaza — East River savings Bank — Millenium Hôtel — Kalikow Building — Federal Building — New York Telephone Building — 1 World Financial Center — 2 World Financial Center — 3 World Financial Center — South Bridge — Saint Nicolas church — 90 West Street — Bankers Trust Building, soit près d'un million de m².

Avant le 11 septembre, le taux de vacance sur les

21 millions de m^2 disponibles sur tout Manhattan était inférieur à 6,5 %.

Des centaines d'œuvres d'art, parmi lesquelles la plus grande collection mondiale privée de Rodin (300 sur 750, les autres étant en tournée ou en dépôt), une tapisserie monumentale de Miro, des Lichtenstein, un Calder, etc. pour une valeur estimée de plus de 100 millions de dollars.

Les principales entreprises touchées par l'attentat

AON (Assurances) — Fiduciary Trust (Finance) — Raytheon (Défense) — Fuji Bank — Morgan Stanley (Finance) — Dow Jones (Presse) — New York Stock Exchange (Bourse) — Sun Microsystems (Informatique) — Cantor Fitzgerald (Finance) — Kidder Peabody (Finance) — March (Assurances) — Crédit Agricole Indosuez (Banque) — ATT (Télécommunications) — DAI ICHI Kangyo (Finance) — Lehman Brothers (Finance) — Empire Health (Assurances) — Deutsche Bank — Euro Brokers (Finance) — TD Waterhouse (Finance) — Commerzbank — First Commercial Bank — Bank of Taiwan — Nishi-Nippon Bank — Hyundai Securities (Finance) — Metropolitan Life (Assurances) — ABN-AMRO (Banque) — ADECCO (Services) — CNN (Médias) — World Trade Center Association

LE COÛT POUR NEW YORK

Selon le contrôleur général des finances de la Ville de New York[1], le coût total des attentats pour-

1. Rapport du 4/10/01.

rait atteindre 105 milliards de dollars pour 2001 et 2002, soit 45 milliards de dollars pour les dommages aux personnes et aux bâtiments et 60 milliards pour les activités. 115 000 emplois seraient perdus. Le manque à gagner fiscal de la ville serait de 1,3 milliard de dollars en 2001, et de 6 milliards de dollars en 2002, les pertes d'activités de 21 milliards (7,3 milliards pour le secteur financier, 2,3 milliards pour les hôtels, la restauration et les spectacles, 1,7 milliard pour le commerce et 1,3 milliard pour les assurances). Le secteur financier a représenté 40 % de la croissance des recettes fiscales de la ville entre 1992 et 2000[1]. Le PIB de New York représente environ 3 % de celui des États-Unis.

Selon la Chambre de commerce[2], 125 000 emplois ont été perdus du fait des attentats (sur 3,75 millions). Le taux de chômage atteint 6 % en 2001 et devrait dépasser les 8 % en 2002. La moitié d'entre eux ne seraient jamais retrouvés. Le coût global des attentats est d'environ 83 milliards de dollars dont 30 milliards en pertes de biens, 14 milliards pour la remise en état et 39 milliards en effets économiques. Après couverture par les assurances et les subventions fédérales, le coût résiduel pour la ville serait d'encore 16 milliards de dollars.

Le Port Authority of New York and New Jersey, exploitant historique du WTC avant sa vente en avril 2001, estime ses propres pertes à 2,4 milliards de dollars dont 1,3 milliard de dommages directs.

De nombreuses entreprises, notamment du secteur financier, ont définitivement abandonné Manhattan ou New York. Wall Street se vide.

1. *New York Times*, 17/12/01.
2. Le 15/11/01.

— Valeur de tous les bâtiments détruits ou endommagés (soit 30 % du parc immobilier de bureaux du centre financier et 4 % du parc immobilier total de Manhattan) : 8 milliards de dollars.

— Masse salariale des personnels en chômage technique : 7 milliards de dollars.

— 14 000 entreprises touchées, 3 000 sinistrées.

— 100 000 emplois entre parenthèses à Manhattan sur les 350 000 employés du secteur touché.

— 4 300 personnes licenciées dans le secteur hôtelier. Pertes quotidiennes du secteur : 7 millions de dollars.

— 13 000 emplois supprimés dans la restauration.

— 8 000 emplois supprimés dans le secteur des spectacles. Pertes quotidiennes : 5 millions de dollars.

— Plusieurs milliers d'emplois supprimés dans le secteur financier (First Boston 700, Morgan Stanley 200,...). 4 % des 185 000 emplois seraient menacés.

— Coût estimé du déblaiement et du nettoyage : 1 milliard de dollars.

Les opérateurs de télécommunications Sprint, ATT et Verizon ont perdu des équipements importants installés dans le secteur du WTC. Selon Computers Economics, le coût total des remises en état des infrastructures informatiques et de télécommunications représentera près de 18 milliards de dollars (6 milliards pour les infrastructures de zone et le reste en dommages propres aux entreprises, notamment financières).

Les besoins en termes d'infrastructure sont estimés à 4 milliards de dollars pour les routes, 3 milliards pour l'électricité et le téléphone, 2,4 milliards pour les installations publiques du New York and New Jersey Port Authority (notamment les transports publics).

La reconstruction éventuelle du World Trade Center est estimée à 6,7 milliards de dollars.

ASSURANCES

Le coût minimal pour les assureurs et réassureurs est estimé à 15 milliards de dollars en coût direct et le triple en tenant compte des pertes de vies humaines et d'exploitation pour les entreprises, soit près de 50 milliards de dollars selon Standard and Poor's et plus de 70 milliards de dollars selon Milliman et Moody's.

Coût par secteur (selon Morgan Stanley)

Immobilier direct	3,3 milliards de dollars
Immobilier proche	3 milliards
Pertes d'exploitation	5 milliards
Indemnisation des victimes	6 milliards
Assurances des 4 avions	0,5 milliard
Responsabilités aériennes	3 milliards
Autres responsabilités	6 milliards

Les Lloyd's ont annoncé subir une perte de 3 milliards d'euros pour le sinistre américain. Munich Re et Swiss Re, grands groupes de réassurance, ont vendu plus de 6,7 milliards d'euros de leur portefeuille d'actions à compter du 21 septembre pour retrouver des liquidités selon le *Sunday Telegraph*. Le cours des actions des sociétés d'assurance a fortement chuté pour SCOR (– 15 %), Allianz

(– 13 %), Aegon (– 10,5 %), Coface (– 22,9 %), Generali (– 8 %), Munich Re (– 15,5 %), Axa (– 13,3 %) lors des cotations qui ont immédiatement suivi les attentats.

Coût des principales catastrophes depuis 1980 (selon Swiss Re)

1992	Ouragan Andrew (US)	19,6 milliards de dollars
1994	Tremblement de terre (US)	16,2
1991	Ouragan Mireille (Japon)	07,1
1990	Tempête Daria (Europe)	06
1999	Tempête Lothar (Europe)	06
1989	Ouragan Hugo (US)	05,8
1987	Tempête (Europe)	04,5
1990	Tempête Viviane (Europe)	04,2
1999	Typhon Bart (Japon)	04,1
1998	Ouragan George	03,7
1988	Explosion Piper Alpha (GB)	02,9
1995	Séisme Kobé (Japon)	02,8

Coût des attentats et émeutes aux États-Unis depuis 1990

1992	Émeutes de Los Angeles	775 millions de dollars
1993	Attentat du WTC	510
1995	Oklahoma City	125

Les sociétés d'assurance les plus exposées dans la catastrophe du WTC

Lloyds : 3 milliards de dollars — Munich Re : 1,9 milliard — Swiss Re : 1,3 milliard — Berkshire Hathaway : 2,3 milliards — Allianz : 1 milliard — Zurich Financial : 900 millions de dollars — St Paul : 700 — XLC : 700 — CHUBB : 600 — AXA :

550 — AIG : 800 — ACE : 500 — Hartford Financial : 450 — Employers Ré : 400 — Hannover Re : 360 — Royal Sun : 220 — SCOR : 200 — CGNU : 050

Pour les assureurs français, les dernières estimations atteignent plus d'un milliard cent millions d'euros.

MÉDIAS

Malgré la forte augmentation de leur tirage ou de leur audience, la plupart des médias ont perdu de très importantes ressources publicitaires après les attentats. En France, les recettes publicitaires ont baissé d'au moins 30 % dans la presse écrite. Pour les grandes chaînes de télévision américaines, qui ont connu une forte augmentation de leurs coûts d'exploitation du fait des moyens d'information mis en place (environ 100 millions de dollars de dépense supplémentaires selon le *New York Times* du 23 octobre 2001), les pertes sont estimées à plus de 700 millions de dollars (compte non tenu de la reconstruction des émetteurs détruits). Le *New York Times*, qui a dû redéployer certains de ses bureaux, connaît un surcoût de plusieurs millions de dollars.

En contrepartie, le téléthon organisé par tous les médias au bénéfice des victimes des attentats a connu une audience historique et rapporté plus de 150 millions de dollars.

TOURISME

Le tourisme a perdu 1 milliard de dollars pour la seule région de Chicago. L'aéroport O'Hare, un des plus grands des États-Unis avec 2 600 vols quotidiens, est durement touché. De nombreux hôtels sont quasiment vides et plusieurs centaines d'emplois ont été supprimés. À fin septembre, la chute du taux de réservation était de 26 % en moyenne (52 % de taux d'occupation des hôtels contre 78 % habituellement). 1,9 million de chambres d'hôtel sont restées vides chaque jour (au lieu de 1,3 million l'année précédente). L'hôtellerie de luxe est également touchée avec des baisses de 20 à 30 % en Europe et des chiffres plus catastrophiques en Amérique du Sud ou en Asie.

Les chauffeurs de taxis ou de limousines sont en chômage technique un peu partout aux États-Unis. Les locations de véhicules ont baissé d'environ 40 % depuis le 11/09. Walt Disney a réduit d'office le temps de travail de 15 000 employés et s'attend à une baisse de 30 % de ses revenus pour l'année (4 000 emplois pourraient être supprimés). Les cours de Bourse de Accor (– 12 %), Club Med (– 18 %) ou Holiday Inn (– 14,8 %) ont lourdement chuté après les attentats. Accor réalise un quart de son activité aux États-Unis.

À Disneyland Paris, après une chute immédiate en septembre, l'activité a repris normalement. À New York, le musée Guggenheim a perdu 60 % de sa fréquentation ; le Metropolitan 30 %. De nombreuses expositions ont été annulées. Des centaines d'emplois, supprimés.

Les réservations de voyage par le système international Amadeus ont baissé de près de 30 % entre le 11 et le 14 septembre. Aux États-Unis les réservations se sont effondrées de 50 % en moyenne. Las Vegas, Orlando, Hawaï sont particulièrement touchées. Plus de 240 congrès et expositions ont été annulés ou reportés pour la seule ville de Las Vegas. En Floride, le taux moyen d'occupation des hôtels est de 25 %. Le secteur représentait plus de 580 milliards de dollars de chiffre d'affaires en 2000. Durant la guerre du Golfe, le nombre de touristes était passé de 280 millions à 266 millions selon la World Tourism Organization. En France, les réservations restent inférieures de 50 % à la moyenne des années précédentes. Les tours opérateurs estiment à – 40 % le recul de leur activité sur la fin 2001.

Aux Antilles françaises, une chute ancienne (– 10 % en 1999, – 6 % en 2000, – 10 % en tendance avant les attentats en 2001) a été amplifiée par la désaffection des touristes américains et la faillite d'une grande compagnie de croisières.

TRANSPORT AÉRIEN

Les attentats du 11 septembre ont coûté 150 millions d'euros à Air France. 150 000 suppressions d'emploi chez Continental, United, American, US Airways, Northwest, America West, American Trans Air, Delta ont été annoncées depuis le 11 septembre. Les compagnies américaines ont obtenu plusieurs milliards de dollars de subventions ou de prêts garantis du gouvernement américain, ce qui ne les a pas empêchées d'annoncer des résultats trimestriels catastrophiques[1]. La compagnie Midway a cessé son activité. Les cours de Bourse des principales compagnies américaines ont chuté de 40 à 65 %.

Afin de compenser la hausse du coût des assurances pour le secteur aérien, les gouvernements européens ont pris en charge directement une partie des surprimes imposées aux compagnies (50 millions de dollars pour Air France). Les assureurs ont également fortement réduit les plafonds de garantie (de 10 à 40 fois moins).

British Airways, Virgin, Air Canada, SAS, Lufthansa, KLM, Alitalia, Austrian Airlines, Iberia,... ont annoncé la suppression de plusieurs milliers d'emplois. 4 000 pour Lufthansa et 3 400 pour Alitalia, notamment. Swissair déjà moribonde et engagée dans des opérations déficitaires en France (AOM, Air Liberté, Air Littoral) et en Belgique (Sabena) est en faillite. Le gouvernement suisse a dû injecter 2 milliards d'euros pour refonder un transporteur aérien national. Le gouvernement belge a dû prêter 125 millions d'euros pour Sabena sans empêcher sa faillite. La filiale de restauration de Lufthansa a annoncé la suppression de 30 % de son personnel aux États-Unis. KLM annonce une perte de 50 millions d'euros pour septembre 2001. De fortes incertitudes règnent sur le sort d'Air Lib. Air France a perdu pour la même période 60 millions d'euros (le marché américain représente un quart de son activité).

1. United 1,8 milliard de dollars de pertes malgré 391 millions de dollars d'aides, American – 964 millions malgré 508 millions, Delta – 482 millions malgré 104 millions, etc. Seule Southwest, compagnie à bas prix, reste bénéficiaire.

Plus d'une centaine d'avions ont été retirés du service. Selon la Commission européenne, le coût supporté par le transport aérien européen reviendrait à 3,6 milliards d'euros.

En octobre 2001, le trafic aérien américain était encore inférieur de 34,5 % pour US Airways, de 29 % pour Northwest, de 28,7 % pour United, de 27,9 % pour American, de 23,7 % pour Delta. La demande avait baissé de 75 % aux États-Unis en septembre, de 15 à 30 % en Europe. Malgré les réductions de capacité et de flotte, le coefficient de remplissage des avions continue de baisser d'environ 10 points. British Airways a connu une baisse de 24,7 % de son trafic (revenu moyen par passager) et une baisse de coefficient de 8 %. KLM a accusé une baisse de 18 %. Air France n'a connu qu'une baisse d'environ 10 % en octobre.

À titre de comparaison, lors de la guerre du Golfe en 1990-1991, le PIB mondial avait perdu plus de 2 points de progression et le trafic aérien s'était contracté de 5 % pour les passagers et de 1 % pour le fret. Le nombre de sièges disponibles avait été réduit de 10 % (moins de vols) et les revenus par passager de plus de 20 % (selon l'IATA qui regroupe 275 compagnies aériennes). Sur la période 1990 à 1994 les pertes des compagnies ont représenté plus de 20 milliards de dollars. Les vols intérieurs avaient à l'époque été relativement peu touchés. Les pertes totales du secteur, estimées avant le 11 septembre à 2 milliards de dollars, devraient dépasser les 11 milliards selon les analyses révisées le 12 novembre par l'IATA.

En 2000, 750 millions de passagers ont voyagé sur les lignes intérieures américaines pour 294 millions sur l'international (utilisant 22 000 vols quotidiens). 93 millions de passagers passaient par New York en 2000.

Boeing annonce 30 000 suppressions d'emploi, de même que 4 000 pour le canadien Bombardier. Airbus annonce le gel de toutes les embauches, annule son alliance avec Finameccanica et des inquiétudes se font sentir sur le programme de l'A380. Selon l'Association des industries aéronautiques américaines, les ventes se contracteraient de 2 milliards de dollars en 2001, de 6 milliards en 2002 et de 7 milliards en 2003. Seule une éventuelle augmentation des ventes militaires pourrait moduler le recul.

Près de 1 000 avions pourraient être retirés du service et rejoindre les 1 100 appareils déjà stockés (la plupart étant des moyens porteurs Boeing ou MD). La valeur de revente des appareils a baissé de 10 à 20 %.

LOISIRS ET SPECTACLES

Hollywood a dû modifier une quarantaine de sorties de film et interrompre des tournages. *Collateral Damage* a été reporté par Warner Bros. De même que *Big Trouble, Bad Company* ou *Tick Tock* par Touchstone-Disney. *Men in Black 2* sera modifié par Sony Pictures de même que *Spider Man* ou *Last Castle* par Dreamworks. ABC, NBC et CBS ont annulé les nouvelles programmations de séries télévisées. Fox a annulé la diffusion d'*Independance Day*. De même ABC a annulé la diffusion de *Peacemaker*. Toutes ces productions comportaient des scènes d'explosions ou intégraient les tours du WTC dans les tournages. Le box-office du week-end du 21 septembre a été le plus mauvais de l'année. De nombreuses tournées musicales ont été annulées.

IMMOBILIER

Si globalement le secteur immobilier est stable, notamment en raison de la forte demande à New York, il subit des fluctuations importantes ailleurs. Ainsi à Houston, siège de Continental Airlines où plus de 3 000 emplois ont été brutalement supprimés sur 20 000 (après 5 000 suppressions chez Compaq au printemps 2001), le nombre de transactions s'est effondré.

En France, l'activité a été stoppée net en septembre et reprend médiocrement depuis.

COMMERCE ET LUXE

La fréquentation des *malls*, les grandes galeries commerciales américaines, a baissé d'environ 50 % depuis les attentats. Après une contraction de 2,2 % en septembre, le marché a brutalement rebondi en octobre (+ 7,1 %) soutenu par d'intenses efforts de promotion.

Le marché du luxe est sensiblement touché. 26 % de l'activité de LVMH est réalisée aux États-Unis.

TÉLÉCOMS

20 000 suppressions de postes chez Nortel, 3 000 chez Alcatel Optique et fibres.

BANQUES

50 % d'opérations de fusions et acquisitions en moins sur les neuf premiers mois de 2001 aux États-Unis, le pire trimestre depuis 1998. Plusieurs annulations pour « faits de guerre » depuis le 11 septembre. Environ 10 000 opérations suspendues selon Bloomberg. 20 opérations pour 16 milliards d'euros annulées après le 11 septembre. – 65 % en France. Citygroup a annoncé des pertes de 500 millions de dollars du fait de la fermeture des marchés américains pendant quatre jours. Enfin, American Express a supprimé 6 000 emplois.

AUTRES SECTEURS

Kodak a annoncé 3 500 licenciements.

Le secteur du conseil aux entreprises indique avoir subi l'annulation de plusieurs centaines de millions de dollars de contrats.

La gestion d'immeubles comme les techniques de construction des immeubles de grande hauteur connaissent des mutations importantes. La sanctuarisation des espaces est généralisée. Le questionnement sur les normes de sécurité se développe aux États-Unis. De même, les techniques tout acier refluent devant le béton, même si les techniques sont encore différentes.

CHÔMAGE

Le chiffre des demandeurs d'emplois aux États-Unis est le plus mauvais depuis dix ans avec 450 000 demandes d'allocation chômage (58 000 de plus du 11 au 22 septembre) et un taux qui est brutalement passé de 4 % en début d'année à plus de 5 % et qui pourrait atteindre les 6 % en fin 2001. 1 million d'emplois a été perdu, pour l'essentiel en octobre 2001 (Blancs 4,8 % de taux de chômage, Noirs 9,7 %, Hispaniques 7,2 % ; moins de 20 ans 4,8 %, jeunes [16-19 ans] 15,5 %). Tous les secteurs non agricoles sont touchés (25 000 emplois dans les télécommunications, 25 000 dans les secteurs technologiques, 49 000 dans l'industrie, 150 000 dans le transport aérien, 2 000 dans les médias et la publicité).

QUELQUES NOUVELLES MOINS NOIRES

Pétrole

Alors que les prix du brut de référence fluctuaient entre 23 et 27 dollars le baril depuis l'été (plus haut à 30 dollars en octobre 2000), le cours a brutalement chuté à moins de 20 dollars depuis les attentats.

Automobile

Alors que les principaux fabricants automobiles américains estimaient la chute de ventes selon les constructeurs entre – 16 et – 30 % pour le mois de septembre 2001 (en 2000 les ventes avaient atteint 17,4 millions de véhicules. La récession entraînée par la guerre du Golfe avait fait chuter le marché de 16 à 12,3 millions de voitures vendues), le marché est resté relativement soutenu. La chute globale du marché américain a atteint – 13 % en septembre. Mais le rebond en octobre a été spectaculaire : + 24,4 %. Des mesures particulièrement coûteuses en termes financiers (prêts à 0 %) ont soutenu le marché aux États-Unis, malgré une baisse sensible sur l'année 2001 par rapport à 2000.

En France, les résultats sont exceptionnellement bons (+ 7,6 % en octobre ; + 5,9 % sur les dix premiers mois de l'année 2001).

Métiers de la sécurité

La demande s'est considérablement accrue. Recrutement de vigiles ou équipements de sécurité pour les grandes entreprises ou les aéroports se sont multipliés. De même, les mesures de sécurité se sont renforcées dans tous les lieux publics (sites touristiques, hypermarchés...) ou sites sensibles (usines pétrochimiques, nucléaires, etc.). Le marché américain de la sécurité, estimé à 50 milliards de dollars par an (18 milliards pour le gardiennage, 8 milliards pour l'informatique, 6,5 milliards pour la détection et l'alarme, 4,7 milliards pour les systèmes de contrôle d'accès, 1,5 milliard pour la vidéosurveillance...) par le Centre College, connaît une très forte progression de tous les secteurs. Le cours des entreprises de sécurité a augmenté d'environ 100 % à Wall Street depuis les attentats.

Des dizaines de milliers de postes d'agents de sécurité sont en cours de recrutement par la Federal Aviation Authority aux États-Unis (mesures estimées à 3 milliards de dollars). Air France a annoncé le recrutement de gardes sur une trentaine de vols quotidiens sensibles pour un coût estimé de 1,5 million d'euros par mois.

En matière de sécurité informatique et de mise en place de bureaux de secours, le marché, déjà fortement sollicité, s'emballe. Il était de 6 milliards de dollars en 2000 et pourrait tripler en cinq ans selon IDC.

La plupart des grands groupes de conseil en sûreté sont submergés de demandes.

Télécommunications

Le secteur de la vidéoconférence connaît une demande sans précédent qui devrait devenir structurelle.

Solidarité

Les actions de soutien et de solidarité aux victimes des attentats ont recueilli plus de 600 millions de dollars en septembre 2001.

Principaux dons reçus par la Croix-Rouge aux États-Unis

Attentats septembre 2001	200 millions de dollars
Ouragan Andrew 1992	104 millions
Ouragan Mitch 1998	041 millions
Ouragan Hugo 1989	024 millions
Attentat Oklahoma City 1995	010 millions

PERSPECTIVES

LES ÉTATS-UNIS ENTRE CRISE, RÉCESSION ET DÉFLATION

L'économie américaine, déjà touchée par l'effondrement de la net-économie, connaît une mutation structurelle. Outre le retour imprévu au déficit budgétaire (impensable sous une administration républicaine il y a seulement quelques semaines, le budget devrait progresser de près de 10 % en dépenses sur l'exercice et se solder par un déficit estimé entre 8 et 70 milliards de dollars au lieu des 236 milliards de 2000 et des 121 milliards de 2001), la baisse des prix (– 1,6 % en octobre) engage le pays dans une déflation potentielle. Le taux de croissance est ainsi passé de plus de 5 % en 2000 à la récession en 2002. Le PIB a chuté de 1,1 % au troisième trimestre 2001. Les commandes de biens durables ont chuté de 8,5 % en septembre et de 21,6 % sur l'année. Selon le *Financial Times* du 17 novembre 2001, il s'agit de la plus longue récession industrielle depuis les années 30. Et en septembre 2001, les importations aux États-Unis ont baissé de 14 % ; et les exportations de ce pays ont, elles, baissé de 8 %.

Selon Standard & Poors, les bénéfices des entreprises américaines devraient se contracter de 40 % en 2001/2002.

La situation économique des villes et des États américains s'est fortement dégradée. La Conférence nationale des législatures d'État indique une forte augmentation des dépenses dans quarante-quatre États sur cinquante. Vingt-huit vont réviser leurs budgets.

De nombreux investissements aéroportuaires sont suspendus ou annulés, pour des montants estimés à 16 milliards de dollars. 94 % des projets prévus sont touchés.

DÉPENSES PUBLIQUES AUX ÉTATS-UNIS APRÈS LE 11 SEPTEMBRE

55 milliards de dollars pour l'effort de guerre, la reconstruction et le soutien aux compagnies aériennes américaines.

75 milliards de dollars pour le soutien à l'économie américaine.

1,6 milliard de dollars pour la recherche contre le bioterrorisme.

2 milliards de dollars pour protéger les services postaux du bioterrorisme.

2,6 milliards de dollars pour la sécurité aérienne.

Baisse du taux directeur interbancaire américain à 1,75 % (le plus bas depuis 1961).

EN FRANCE, ENTRE OPTIMISME DE FAÇADE ET INQUIÉTUDES ALLEMANDES

Selon l'INSEE, le PIB français se contracterait de 1,3 % en 2001 (2,1 de croissance au lieu de 3,4 % en 2000) avant les attentats. La croissance selon le FMI serait de 1,3 % (au lieu de 2,1 prévus antérieurement et de 2,5 % annoncés par le gouvernement). Selon l'OCDE, la croissance de la zone s'est « arrêtée » au troisième trimestre 2001. Pour la France, l'INSEE estime la croissance (pour le premier trimestre 2002) à zéro. L'investissement connaîtrait une baisse d'environ 4 % renouant avec la grande déprime de 1993. Selon le ministre des Finances, cité par *La Tribune* du 6 novembre : « Entre l'hypothèse où Oussama Ben Laden est arrêté aujourd'hui et celle de l'enlisement de la guerre pendant des mois, il est évident que l'impact sur l'économie ne sera pas le même. » Difficile d'être plus éloquent sur les effets économiques à long terme des attentats.

En septembre 2001, les importations se sont contractées de 9,4 % et les exportations de 10,9 %. La récession industrielle est engagée. Le marché du travail français, atypique en Europe, s'est brusquement aligné sur la situation des autres pays de l'Union.

Si les effets secondaires de la récession américaine sont difficiles à estimer, la récession allemande, premier partenaire économique de la France, entraînera automatiquement l'économie nationale.

LE COÛT POUR L'ÉCONOMIE MONDIALE

Certes l'économie mondiale était déjà en voie de ralentissement avant les attaques contre le World Trade Center et le Pentagone. Les Bourses enregistraient un krach doux, étalé sur près d'une année. Un 1929 *light* qui avait vu plusieurs centaines de milliards de dollars ou d'euros d'argent virtuel disparaître dans la chute des valeurs technologiques et des métiers de la communication. Le FMI a annoncé, le 15 novembre, le risque d'une récession mondiale en 2002. Les effets sur 2001 des attentats sont estimés à 0,2 % du PIB mondial pour l'année en cours.

Bourse de Paris

6 000 points en février 2001 — 5 000 en juillet-août 2001 — 4 000 en septembre 2001 — 3 900 après les attentats (– 7,4 % le 11/09).

Euro Stoxx 50

4 700 points en février 2001 — 4 000 en mars 2001 — 3 200 en septembre 2001 — 2 800 après les attentats (– 6 % le 11/09). À noter les chutes de 8,5 % de Francfort, de 5,7 % de Londres, de 7,8 % de Milan, de 4,5 % de Madrid.

Dow Jones

11 000 points en février 2001 — 9 500 points en mars 2001 — 11 500 points en juillet 2001 — 10 000 points en septembre 2001 — 8 300 points après les attentats.

Nikkei

14 000 points en février 2001 — 11 900 points en mars 2001 — 14 500 points en juillet 2001 — 12 500 points en août 2001 — 9 500 points après les attentats.

En moyenne les Bourses américaines et européennes ont chuté de 10 % et celle de Tokyo de 5 % dans les jours qui ont suivi les attaques. Les Bourses asiatiques ou sud-américaines ont été beaucoup plus touchées (240 milliards de dollars de perte pour les Bourses asiatiques selon Reuters soit presque l'équivalent de la grande dépression de 1997). La Bourse des valeurs de Chicago a perdu plus de 55 milliards de dollars de capitalisation. 500 points de chute à Paris la semaine des attentats, 550 points à Londres, 400 points à Francfort, 700 points à Tokyo, 1 300 points pour le Dow Jones après réouverture.

Au total, 3 500 milliards d'euros de capitalisation boursière ont disparu entre le 10 et le 20 septembre 2001.

Selon le Fonds monétaire international, un ralentissement « sensible » sera enregistré en 2001 et 2002, frappant plus durement encore les économies des pays pauvres.

Les principales crises du PIB américain depuis les années 70

1975 choc pétrolier	– 3 %
1982 choc pétrolier	– 4 %
1991 guerre du Golfe	– 1 %
2001/02 attentats	– 2 %

Selon un rapport du Center For Economics and Business Research publié le 25 septembre, le PIB mondial devrait chuter de 2,2 % en 2002, soit près de 700 milliards de dollars. 2002 sera la pire année pour l'économie mondiale depuis 1945, selon *L'Expansion*.

Dépenses internationales publiques de soutien aux marchés

Banque centrale du Japon :	9 milliards d'euros
Banque centrale européenne :	110 milliards d'euros
Banque centrale du Canada :	650 milliards de dollars US

Dépenses militaires nationales

Allemagne :	350 millions d'euros
France :	250 millions d'euros (estimation)
États-Unis :	4 milliards de dollars

On le voit : cataclysme pour l'économie et la finance mondiales, y a-t-il bel et bien eu. D'autant plus grave que l'attaque a cueilli le monde à froid. Que l'événement du 11 septembre a détoné dans la société humaine comme un coup de tonnerre dans un ciel bleu. Que ce jour-là, le totalement imprévu, le parfaitement incroyable s'est produit. Comment ? Pourquoi ?

3

L'inévitable tragédie

Après cette description des dégâts dans la finance et l'économie, voyons quelles furent les réactions immédiates à l'attaque. Dès que l'Amérique et le monde prennent conscience de l'énormité de l'acte, de son aspect proprement historique, surgit une question centrale. Comment cela a-t-il été possible ? Comment une opération préparée sur trois continents, des années durant, par quelques dizaines d'individus entourés de centaines de complices a-t-elle bien pu pour l'essentiel rester secrète ? Comment n'a-t-elle pas été prévenue, déjouée, par l'appareil de collecte du renseignement de loin le plus vaste et le plus perfectionné au monde, doté du faramineux budget annuel de 34 milliards d'euros ?

C'est naturellement le point crucial. Que l'Amérique l'envisage avec pertinence et profondeur et elle sait comment éviter qu'un nouveau 11 septembre se produise, d'une façon ou d'une autre. Mais tenter d'y répondre impose de dépasser le seul domaine des services de renseignement — même de l'ensemble de l'appareil de défense des États-Unis. Répondre à cette question décisive nécessite d'inclure dans l'étude, de radiographier, la société américaine, dans ses interactions avec son système de défense. Car dans une société ouverte, les services spéciaux, l'armée, ne vivent pas dans un impénétrable bunker. Ces appareils de l'État reflètent la vie civile ; ils sont modelés par celle-ci ; ils subissent ses pressions — ses modes parfois, ses caprices ou ses lubies. Pourquoi l'échec ? Nous abordons successivement ci-après ses causes immédiates, techniques ; puis sociales et enfin politiques, pour tenter de comprendre l'origine du drame terrible subi par l'Amérique le 11 septembre 2001 — le plus grave de l'histoire sur son sol même.

DÉFENSE ET SERVICES SPÉCIAUX, LE DÉFAUT ET LES MANQUES

Étudier l'origine d'un drame nécessite de revenir sur ses précédents. Ici, de voir si, dans le passé récent, les instances de renseignement et de répression de la superpuissance américaine ont su déceler précocement des dangers radicalement nouveaux. La réponse est non.

— Au début de la décennie 70, des témoins privilégiés affirment que la CIA n'a pas décelé — en tout cas pas avant le carnage — la terrible originalité des Khmers rouges ; n'a pas su décoder leur sanglante doctrine. Pour eux, les hommes de Pol Pot n'étaient que des Viêt-cong khmers, marionnettes des généraux de Hanoi et rien d'autre.

— Dans la décennie 80, il fallut cinq ans — et 1 500 meurtres — au FBI pour réaliser que les Yardies — gangs jamaïquains d'une férocité inouïe[1] — avaient débarqué aux États-Unis pour y mettre la main, pistolet-mitrailleur Uzi au poing, sur le marché du « crack ».

Plus généralement et s'agissant maintenant de la répression du terrorisme international issu du Moyen-Orient, l'Amérique n'a jamais été très efficace. 307 Américains ont péri (attentats, enlèvements, etc.) du fait de ce terrorisme-là, depuis l'attentat visant en avril 1983 l'ambassade des États-Unis à Beyrouth — et avant même le début du jihad anti-américain d'Oussama Ben Laden. Aujourd'hui, combien de terroristes sont-ils détenus aux États-Unis du fait de ces meurtres ? Un seul[2]. Et encore, il ne s'agit même pas de l'homme qui, en matière de terrorisme islamiste, est un pionnier, et le prédécesseur direct de Ben Laden, le chi'ite libanais Imad Mugniyeh.

Reportons-nous au début des années 80. La guerre civile fait rage au Liban. Au sein des services spéciaux de la milice chi'ite dite *Hezbollah* (Parti de Dieu) un « département des opérations spéciales » (lire : en charge des enlèvements et attentats) est fondé. Imad Mugniyeh (né en 1962) le dirige. En cinq ans, l'homme provoque la mort de 250 Améri-

1. Voir *Violence politique et narcotrafic : les Yardies jamaïquains et le PKK*, Notes & Études de l'Institut de criminologie, octobre 1996. Ce texte (et nombre d'autres sur le terrorisme et le crime organisé) figure sur le site Internet du Département de recherches sur les menaces criminelles contemporaines : <www.u-paris2.fr/mcc>.

2. À Beyrouth, les attentats visant l'ambassade des États-Unis (avril 1983) et la caserne des Marines (octobre 1983) ont fait ensemble 257 morts. Ils n'ont provoqué nulle poursuite judiciaire et de ce fait, aucune condamnation.

cains, la prise en otage de 11 Occidentaux — enfin, le départ précipité des G.I.'s du Liban. À son « actif » : les « missions de sacrifice » sur l'ambassade des États-Unis à Beyrouth (avril 1983, 63 morts)[1] ; celles sur les casernements des Marines américains et des parachutistes français en octobre 1983 (± 250 morts au total). Toujours de son fait, la capture et l'assassinat au Liban d'un officier de renseignement américain, Richard Higgins et du chef de poste local de la CIA William Buckley ; le détournement d'un avion (vol TWA 847) sur l'aéroport de Beyrouth (un nageur de combat américain présent à bord est assassiné).

Au bilan d'Imad Mugniyeh enfin, les attentats perpétrés à Buenos Aires (Argentine) contre l'ambassade d'Israël (mars 1992, 29 morts) et contre un bâtiment communautaire juif (juillet 1994, 85 morts). Or, dix-huit ans après le début de ses sanglants exploits, Imad Mugniyeh est toujours vivant, et libre.

De même, depuis août 1998 et les attentats contre les ambassades américaines de Nairobi et Dar es-Salaam, tous les efforts de la CIA pour capturer Oussama Ben Laden, notamment au Pakistan avec l'aide du gouvernement de Nawaz Sharif, ont-ils été vains, ce jusqu'au 11 septembre 2001.

1. Parmi les 63 victimes, une dizaine de cadres régionaux de la CIA en réunion dans l'ambassade au moment de l'attentat.

UNE CIA MYOPE ET BUREAUCRATISÉE

Le motif le plus direct de cette incapacité prolongée à dévoiler, déjouer et réprimer les opérations terroristes réside en un engourdissement intellectuel de la CIA, laquelle, au fil des années, est toujours plus prisonnière des bienséances et modes en vigueur dans la société américaine, notamment celle du *politically correct* — et s'éloigne d'autant du réel.

Mais, avant d'expliquer pourquoi l'échec, prenons conscience de sa tragique ampleur.

Dans les années 80, le jihad contre l'Union soviétique est en cours en Afghanistan. À Peshawar, Oussama Ben Laden s'exprime ainsi devant des assemblées de moudjahidines — et devant des journalistes : « aujourd'hui nous combattons l'URSS, mais nos ennemis principaux sont Israël et les États-Unis ». Ces propos sont rapportés par des journalistes de télévision du Golfe, témoins privilégiés présents sur place de longue date. La CIA les ignore — et pour cause. Comme le dit en effet un de ses ex-officiers[1] : « Tout au long de la guerre soviéto-afghane (1979-1989) la Direction des opérations (service “action”) ne s'est jamais dotée d'un groupe d'experts afghans... l'Afghanistan est devenu le centre d'endoctrinement et d'entraînement du terrorisme islamiste dirigé contre les États-Unis, mais le service des opérations clandestines de la CIA continue pourtant de changer ses agents sur le dossier afghan tous les deux ou trois ans. » Pire en-

1. « Ben Laden n'avait rien à craindre de la CIA », *Courrier international*, 20/09/01.

core, la CIA déserte à peu près l'Afghanistan à la fin de la décennie 80, pour ne s'y réintéresser qu'en 1998. Un « trou » de huit ans sur un secteur qu'il fallait au contraire, et sans trêve, surveiller comme le lait sur le feu...

Fin 2000, la CIA n'imagine même pas qu'al-Qaïda a la capacité de tuer des milliers d'Américains, par voie d'attaques coordonnées sur le sol même des États-Unis. De même n'a-t-elle pas suivi la montée en puissance de la nébuleuse Ben Laden, ni été avertie à temps de sa décision de porter la guerre en Amérique même.

La CIA croit que les volontaires pour les « missions de sacrifice » sont de jeunes simplets, issus de villages reculés et ayant subi un lavage de cerveau. Or les 19 « bombes humaines » du 11 septembre sont toutes issues de milieux bourgeois ; ayant fait des études universitaires en Occident ; parlant couramment deux langues, voire plusieurs ; et disposant de métiers réels. Leur projet terroriste est préparé de longue date et exécuté sans faiblir.

Erreur d'appréciation psychologique inverse sur les dirigeants talibans, ou ceux d'al-Qaïda. On les croit capables de négocier, d'écouter, on leur envoie des émissaires, on tente de les amadouer en faisant du business avec eux. Mais les supposés « partenaires » sont des guerriers fanatisés, des fauves survivants de vingt ans de guerre — de libération d'abord, civile ensuite — ou de combat terroriste clandestin. La direction des Talibans est une collection de mutilés de guerre. Mollah Omar est borgne ; deux de ses « ministres » n'ont qu'une jambe. Le commandant taliban de Mazar-i-Sharif était, lui, cul-de-jatte. Incarcéré après l'assassinat d'Anouar el-Sadate, Ayman al-Zawahiri a été affreusement torturé durant trois ans.

Après le 11 septembre enfin, l'étendue de la toile d'araignée d'al-Qaïda en Amérique du Nord abasourdit les dirigeants du FBI. Fin 2000 encore, ces hauts responsables de la police fédérale avaient déclaré au président Clinton avoir les réseaux d'al-Qaïda aux États-Unis « sous contrôle ».

Pourquoi ces erreurs, surtout dans la période récente ? En 1995, John Deutch (alors patron de la CIA) soumet le recrutement de tout informateur soupçonné de crimes à l'approbation de l'état-major. Sur le terrain, le recrutement d'un agent tourne pour l'officier de renseignement à la galère bureaucratique. Les instructions sur ce point (« *assets validation system* ») sont consignées en un manuel, imposant cahier de quarante pages grand format... Ainsi en pratique, le recrutement d'agents issus d'un milieu criminel ou d'une mouvance terroriste (« *human rights violators* ») est découragé — sinon formellement interdit. À l'état-major, la commission chargée de valider — ou de rejeter — les agents douteux est plus pathétique encore. Comme le dit (sous le couvert de l'anonymat et en riant jaune) un ex-cadre de la CIA « cette commission ne comptait à peu près que des gens n'osant pas venir le soir dîner à Washington, de peur de la délinquance »...

Bref, l'officier de la CIA devient par nécessité interne un gratte-papier rédigeant dans son bureau des rapports qu'une centrale submergée lit de moins en moins. Un tel système décourage les hommes d'action, les audacieux, pour ne retenir que les ronds-de-cuir et les prudents.

Autres confidences d'un ancien cadre de la CIA, sur le désengagement de son service du terrain du

Moyen-Orient et de l'Asie centrale[1] : « En 1999 encore... aucun projet prévoyant l'infiltration de clandestins dans une organisation fondamentaliste islamique n'avait été mis en œuvre... La CIA n'a probablement pas un seul agent arabophone vraiment qualifié, originaire du Moyen-Orient, susceptible d'incarner un fondamentaliste crédible, prêt à passer des années de sa vie à bouffer de la merde et à vivre sans femmes dans les montagnes d'Afghanistan. Enfin bon Dieu ! La plupart des agents vivent dans des banlieues résidentielles de Virginie. On ne leur fait pas faire ce genre de trucs. » Avant de conclure ironiquement « les opérations comportant un risque certain d'attraper la diarrhée ne figurent pas au programme ».

Les postes dont parle cet ex-cadre de la CIA s'appellent « *non official cover* », ou NOC. Ces officiers de renseignement ne sont pas basés en ambassade, sous une couverture type « deuxième consul » ou « attaché agricole », mais doivent évoluer « dans le privé » à leurs risques et périls. Des risques majeurs : dans le chaos mondial, finis les échanges de gentlemen-espions de la Guerre froide, sur un pont, dans la brume d'une aube berlinoise. Aujourd'hui, de Peshawar à Medellín en passant par Lagos, se faire repérer, c'est être un homme mort.

Plus technique maintenant — mais tout aussi grave. Que fait la CIA pendant la décennie 90, en matière de lutte contre le terrorisme ? Elle développe une pratique dont elle est très fière : « *disruption*[2] ». C'est la désorganisation des réseaux, le sa-

1. *Courrier international*, 20/09/01, *op. cit*.
2. Voir « CIA's secret antiterrorist weapon : disruption » (Associated Press-TDN, 2/03/1999).

botage antiterroriste. Telle est la mission du « *Global Response Center* », un centre (*Hi-tech* bien sûr) créé à cet effet au sein de la CIA. Il s'agit de gêner clandestinement les terroristes, de les empêcher de monter des opérations. D'intervenir de façon précoce — sans jamais se révéler, par le biais de polices ou de services alliés dans la zone — pour briser cellules et réseaux, compliquer, voire interdire, les déplacements des terroristes, la circulation de leur argent et de leur matériel.

Oui mais, voilà, la mission essentielle, vitale, de tout service de renseignement est d'abord... de recueillir du renseignement. S'amuser à détruire des « tuyaux terroristes » est ainsi bel et bon, si lesdits tuyaux ne sont pas aussi ceux où circulent des informations vitales... D'où le développement au sein de la CIA d'un « syndrome de Pénélope », des équipes s'acharnant à couper ces mêmes tuyaux, dont d'autres ont un urgent besoin en matière de collecte d'informations — et laissent de ce fait se recoller, quand ils ne mettent pas la main à la pâte.

Résultat de cet éloignement de la réalité terroriste, de cette incapacité à concevoir des stratégies efficaces et non contre-productives, deux mois et plus après les attentats du 11 septembre :

— On ne sait toujours pas vraiment si Oussama Ben Laden est le chef réel, le « cerveau » d'al-Qaïda, ou seulement son porte-parole et sa star médiatique.

— On ne sait toujours pas qui a conçu l'attaque du 11 septembre, comment le groupe des « bombes humaines » s'est constitué et comment il est passé à l'acte.

— On ne sait toujours pas quelle était la hiérarchie parmi les « bombes humaines », quels étaient leurs itinéraires personnels vers le terrorisme et sur quels réseaux logistiques ils se sont appuyés, aux États-Unis d'abord et dans le reste du monde.

— On ignore toujours les dates de naissance de 12 des 19 « bombes humaines du 11 septembre (15 Saoudiens, 2 Emirati, 1 Égyptien, 1 Libanais).

— Et enfin, sommes-nous même sûrs que l'entité présentée comme « al-Qaïda » existe bien, sous la forme généralement admise ?

Les causes de cet éloignement des réalités terroristes se comprennent. Et la faute n'incombe pas aux officiers de renseignement — qui ont souvent, et par nécessité professionnelle, le nez sur le guidon —, mais au pouvoir politique, dont l'une des missions majeures consiste à réformer à temps, en cas de changement du monde, les outils et les armes dont il a besoin. Là, manifestement, à la CIA, le cœur n'y était plus depuis la fin de l'ordre bipolaire du monde. Elle avait été configurée pour la Guerre froide. Celle-ci était gagnée : mission accomplie. La CIA était fatiguée, vieillie — saturée de technologies et gavée d'informations sur un monde nouveau qu'elle comprenait mal. Au cours de la parenthèse historique 1989-2001, elle perd toujours plus sa capacité à déceler, à diagnostiquer, à pénétrer — ne serait-ce qu'intellectuellement — les systèmes adverses. Tel est le premier élément — mais ce n'est pas le seul — du drame du 11 septembre.

FASCINATION POUR LE VIRTUEL ET FÉTICHISME TECHNOLOGIQUE

Durant toute la parenthèse historique 1989-2001, la réflexion américaine sur les nouvelles menaces s'est pour l'essentiel partagée en deux écoles. De l'une on pourrait dire qu'elle tirait trop long, et l'autre, trop court.

Dans un registre oscillant entre le mysticisme et la science-fiction, la première école[1] développait l'idée qu'il était alors quasi impossible de penser la société de demain, dans laquelle l'« infosphère » serait la force motrice. De là, ils tiraient l'idée qu'il était absolument impossible d'imaginer les périls qui s'y feraient jour.

Après les mystiques, les sceptiques. Pour eux, l'affaire était au contraire prosaïque. En position de force, les États-Unis connaissaient une pause stratégique. Une ère de calme commençait[2]. Bien sûr, « le sujet des menaces nouvelles est compliqué » et « les violences ethniques, religieuses ou sectaires nous procureront une suite ininterrompue de Somalie, de Haïti, de Yougoslavie » mais bon. Pas de quoi s'affoler : « Veillons à ne pas gâcher une telle opportunité stratégique [la pause] en paniquant sur des menaces en réalité inexistantes. Lesdites menaces n'étaient après tout que poux dans la crinière du lion. Que faire cependant ? » « Les États-Unis auront besoin d'un solide appareil de renseignement, capable d'analyser le monde et de signaler précocement les dangers que présentent ces menaces fort complexes. » Au-delà : « Les stratèges américains devront songer à restructurer les appareils de dé-

1. « The war after byte city », Michael Vlahos, *The Washington Quarterly*, printemps 1997.

2. Les citations qui suivent sont prises dans « A new millenium and a strategic breathing place », *The Washington Quarterly*, printemps 1997. L'auteur, Russell E. Travers, est analyste à la Defense Intelligence Agency.

fense et de sécurité, mal adaptés au monde d'aujourd'hui. »

Dans le domaine des programmes d'armement, on constatait alors le même décalage entre le long et le court, entre les mirages du futurisme et les exigences parfois prosaïques du terrain. On peut même dire stricto sensu qu'alors, les États-Unis avaient la tête dans les étoiles *Hi-tech* et les pieds dans une glèbe aussi *lo-tech* que possible. Tandis que le Pentagone commandait des bombardiers furtifs d'un coût unitaire de plus de 2 milliards d'euros — sans savoir vraiment à quoi ils serviraient [1] — la 1re division blindée US mettait trois semaines de l'année 1995 à franchir une rivière bosniaque en crue, ce sans qu'elle ne subisse le moindre feu ennemi... Or la tendance dominante des guerres réelles d'aujourd'hui est le chaos. Et dans un affrontement chaotique, le matériel sophistiqué n'est pas forcément le plus efficace. De même que les simulations et autres « *wargames* » reproduisent mal la réalité du terrain.

Souvenons-nous de la guerre du Golfe. Même si ce n'est pas ce que montrait alors CNN, la réalité de cette guerre fut fort *lo-tech*. Selon le colonel le plus décoré pour faits de guerre de l'armée américaine [2] (guerre de Corée, trois séjours dans les forces spéciales au Vietnam, des reportages sur tous les fronts de la « guerre chaotique » depuis 1990 ; il n'a jamais été démenti sur ce point), 97 % des bombes larguées sur l'Irak étaient les mêmes, en ferraille,

1. Voir « The Pentagon is hooked on fancy weapons it doesn't need », William Pfaff, *Herald Tribune*, 22/05/97.

2. *Hazardous Duty*, colonel David H. Hackworth, US Army (ret.) Avon Books, New York, 1997.

que celles qui pleuvaient sur Hanoï trente ans plus tôt, les « armes intelligentes » ne représentant que 3 % des projectiles utilisés[1]. Et l'arme la plus dévastatrice, la plus terrifiante, pour l'armée de terre irakienne voici dix ans, comme pour les Talibans afghans d'aujourd'hui ? C'est le bombardier B 52, quasi-antiquité en service dans l'armée américaine depuis près de cinquante ans.

C'est ce qu'ont bien compris les entités dangereuses du désordre mondial. La sophistication des systèmes d'armes des grands pays développés s'accroissant, les attaques *lo-tech* permettent seules de « punir » l'ennemi technologiquement développé. Selon la définition de Clausewitz, toujours d'actualité (*De la guerre*, 1832), la guerre est ainsi « une lutte consistant à sonder les forces morales et physiques de l'ennemi, au moyen de ces dernières ».

Résultat, la guerre « classique » devenue impraticable — même dans l'espace par robots interposés —, les affrontements de demain rappelleront sans doute le XIXe siècle, quand de petites troupes européennes bien entraînées et armées affrontaient des hordes équipées de lances et de boucliers. C'est ce que constate le colonel Hackworth[2] : « Face à nous, de petits bonshommes avec leurs kalachnikovs, leurs explosifs grossiers — et leur rage. Pour les vingt ans qui viennent, c'est eux que nous allons combattre. Pour ce faire, nous devons rééquilibrer nos dépenses. Car pour l'instant, nous dépensons mille fois trop pour des armes de science-fiction —

1. Les experts font cependant remarquer que ces 3 % d'armes « intelligentes » ont été irremplaçables pour mettre hors d'usage les centres névralgiques ou stratégiques irakiens.

2. *Hazardous Duty, op. cit.*

et pas même le minimum vital pour les équipements de base : de meilleures bottes, de meilleurs fusils d'assaut, de meilleurs gilets pare-balles. »

Un utile rappel à une réalité que les Israéliens ont longtemps éprouvée dans la « bande de sécurité », sur leur frontière nord, au Liban. Là, au milieu des collines couronnées de pommiers, un millier de soldats d'Israël et trois mille supplétifs de l'Armée du Liban-sud (ALS) ont combattu, dix ans durant, trois à quatre cents moudjahidines du Hezbollah. Ces derniers disposaient d'un armement rustique : fusils M. 16, mortiers de 82 mm, missiles anti-tanks, bombes enterrées le long des routes. Face à eux, une armée dotée d'un matériel de surveillance électronique *Hi-tech* ; contrôlant une nuée d'espions et d'informateurs ; accédant à l'imagerie satellitaire américaine. Chaque année cependant, les pertes israéliennes étaient plus lourdes. La décision politique de se retirer de la « bande de sécurité » fut prise à la fin 1997. Durant la période janvier-septembre de cette année-là, le Hezbollah avait eu 48 tués, l'armée d'Israël 34 et l'ALS, 13 : un quasi « match nul » en termes de victimes d'abord, mais aussi entre le *Hi-tech* et le *lo-tech*.

Dans ce contexte, et toujours dans la parenthèse historique 1989-2001, quelle était la tendance dominante dans le complexe militaro-industriel américain, ou pour dire les choses autrement, quelle était alors la mode au Pentagone ? Elle allait diamétralement à l'inverse des réalités ci-dessus exposées. Les sphères supérieures de la défense et du renseignement des États-Unis cédaient à la fascination du virtuel ; souffraient de fétichisme technologique.

La fascination du virtuel[1]

Par fascination du virtuel, nous entendons une disposition d'esprit collective rendant toujours plus difficile la discrimination intelligente entre le réel et l'imaginaire, entre l'homme et le robot. Une conception des choses oublieuse du fait qu'on ne combat pas des machines, mais des hommes.

Durant la parenthèse historique 1989-2001 en effet, la mode des « *wargames* » se développe au point d'obnubiler absolument l'imagination de l'institution militaire. Le Pentagone raffole de la modélisation, de la simulation, des *wargames*. Or le jeu guerrier virtuel de l'époque souffre d'un défaut rédhibitoire : conçu en une ère de « *political correctness* », il ne *nomme* tout simplement pas l'ennemi. Le joueur s'oppose à des abstractions creuses : des « bleus », des « bruns », des « forces opposantes », des « pouvoirs régionaux » et autres « menaces émergentes ». Les pays en cause sont également fictifs ; voici qui l'on combat : *Krasnovians, Sumarians, Hamchuks, Sowenians, Vilslakians, Juralandians*. Alliés ou ennemis s'appellent *Freedonia* ou *Ruritania*. Comme le dit sobrement un informaticien militaire : « *We don't do countries.* » Avant d'ajouter que pour de tels jeux, les menaces asymétriques sont « difficiles à imaginer ».

Car le *wargame* n'est qu'un scénario, un exercice, une expérimentation — un subterfuge — mais pas innocent du tout. Il est tout au contraire désastreux à l'usage, car il fait littéralement disparaître l'en-

1. Lire sur ce point *Virtuous Wars : Mapping the Military-Industrial-Media-Entertainment Network*, James Der Derian, Westview Press, Boulder, Co., 2001.

nemi réel de l'écran : l'attaque du destroyer *Cole* à Aden (Yémen, octobre 2000) n'avait ainsi jamais été envisagée par un *wargame*. Car en effet quelle est la vue du monde, l'idéologie — la philosophie — de ceux qui conçoivent ces simulacres ? De ceux qui les commandent ? Ne faut-il pas *plaire* aux commanditaires ? Donc s'adapter à leur mentalité ? Ne pas les choquer ? Le résultat est un infaillible cas d'intoxication circulaire — de « réification » diraient les sociologues — dans lequel on commande un jeu modélisé, pour découvrir ensuite à l'usage et avec bonheur qu'il fonctionne exactement comme on l'entendait...

Le fétichisme technologique

Durant la parenthèse historique 1989-2001, et dans un pays aussi religieux que les États-Unis, la haute technologie avait finit elle aussi par faire l'objet d'un culte[1] ; le *Hi-tech* militaire n'échappant naturellement pas à la règle. Dans ce domaine, le concept opérationnel était, et reste en grande partie, la « *revolution in military affairs* », qui revient à construire une machine militaire d'avant-garde — mais purement du registre du curatif — combinant :

— Un appareil de renseignement et de surveillance ultra-perfectionné.

— Un système de communications pertinentes, étanches, instantanées.

— Une panoplie d'armes de haute précision.

Voici comment un rapport du Pentagone sur les

1. Voir *The Religion of Technology*, David Noble, Knopf, New York, 1998.

conflits de l'avenir[1] présentait alors cette guerre *Hi-tech* : « Un style nouveau de combat prédominera dans les futures guerres de niveau secondaire [ni mondiales ni continentales]. Désormais, la technologie et notre puissance militaire nous permettent de répondre aux exigences de l'opinion américaine : remporter des victoires décisives, défaire un ennemi où que ce soit au monde, en un temps raisonnablement bref ; l'ère des guerres prolongées est donc close. Grâce à la technologie, notre appareil militaire nous permet de combattre en limitant nos pertes au minimum. La technologie nous permet aussi d'écraser l'ennemi tout en préservant — si tel est notre vœu — son pays, ses richesses nationales et sa civilisation. »

On l'a compris : les problèmes relèvent alors du *Hi-tech* et les solutions, de plus de *Hi-tech* encore. Avec au sommet de l'édifice et comme concept global de sécurité pour les États-Unis, la « guerre de l'information » — réponse du Pentagone à une réalité, elle, indiscutable, la révolution de l'information.

Dès l'orée de la décennie 90, cette réponse de l'institution militaire américaine prend ainsi une tournure purement technologique[2]. S'édifient alors des architectures militaires informatisées incroyablement complexes, fragiles et coûteuses, face à des adversaires réels aussi *lo-tech* que possible — voire purement *no-tech*. On se souviendra que du-

1. Un rapport datant de 1993, cité dans *The Information Revolution and National Security, Dimensions and Directions*, Stuart Schwartzstein, CSIS, Washington DC, 1996.

2. Lire sur ce point « Information warfare : time for some constructive scepticism ? », John Rothrock, *In Athena's Camp*, Rand, 1997.

rant la catastrophique expédition somalienne *Restore Hope* (1993), la milice tribale hostile de Mohamed Farah Aïdid communiquait par coureurs à pied ou signaux codés de tam-tam...

Or à l'usage et pendant que Pentagone et services spéciaux s'abandonnent à l'ivresse technologique, négligent le renseignement humain et rangent les terroristes au rang des sous-hommes (*Neandertals*) nullement menaçants au niveau stratégique, deux défauts majeurs se révèlent dans la conception même de la « guerre de l'information » :

— Dans le domaine quantitatif — et dans le champ du renseignement —, l'option du tout-technologique conduit à la suffocation. Sur les millions de courriers électroniques, de communications téléphoniques, d'ordres de transfert d'argent, interceptés chaque jour par l'espionnage américain, celui-ci ne peut matériellement en examiner qu'à peu près 10 %. En l'an 2000 et pour les seuls États-Unis, les communications téléphoniques cellulaires représentaient ainsi 2,58 milliards de minutes, 75 % de plus qu'en 1999. En 2000 toujours, le seul réseau du fournisseur d'accès AOL transmettait chaque *jour* 225 millions de courriers électroniques et 1,1 milliard de messages instantanés.

— Dans le domaine de l'immatériel, de l'irrationnel : la technologie ne peut mesurer, par exemple, l'amour, la haine, l'envie, l'avidité. La technologie ne révèle rien des intentions de l'ennemi. Elle ne peut faire face à elle seule à une détermination. Elle peut permettre d'avoir conscience d'un problème, mais pas d'acquérir un savoir — encore moins de comprendre. Dans le domaine militaire, elle n'offre en conclusion que des *capacités*, non des *victoires*.

Bref, la technologie ne peut fonder une doctrine.

La laisser remplir ce rôle « équivaut à demander à votre société de télécoms de vous installer le téléphone, puis d'attendre d'elle qu'elle vous dicte votre conversation » (John Rothrock, *op. cit.*). On verra plus bas que, suivant une formule philosophique célèbre, « la science ne pense pas ». La technologie, encore moins. Pendant de celle qui enfla durant la décennie 90 dans le domaine Internet-*dot-coms*, une jolie bulle technologique gonflait aussi dans le complexe militaro-industriel américain. Toutes deux relevaient en dernière analyse de la pensée magique, vendaient du mirage technologique. Toutes deux ont longtemps servi de pompes à finances. Toutes deux ont fini par crever — celle qui nous intéresse, le 11 septembre 2001. Tel est le second élément — mais ce n'est pas le dernier — de ce drame.

LA PARENTHÈSE HISTORIQUE 1989-2001

Engourdissement du renseignement opérationnel, mirages du virtuel et de la technologie : au sommet du gouvernement des États-Unis, la réalité des territoires et situations dangereux finit par s'estomper dans la brume. Durant la parenthèse historique 1989-2001, les deux maillons essentiels de la chaîne terroriste — le lieu partant duquel elle pouvait éclater (l'Afghanistan), le système même qui, l'ayant conçu et vu sa genèse, permettait éventuellement de le contrôler ou de l'atteindre (le pouvoir saoudien) — lui glissent des mains. Plus largement : nulle doctrine d'ensemble de la guerre terroriste — englobant et dépassant l'immédiate menace Ben Laden — n'est alors élaborée.

La famille al-Saud[1]

À la fin du mois d'août 2001. Quelques lignes du bulletin officiel saoudien apprennent au monde que le prince Turki bin Fayçal a été « démis de toutes ses fonctions » le 25 août, sur demande du prince-héritier (et de facto régent) Abdallah bin Abdelaziz (78 ans) ; le décret est signé par le roi Fahd bin Abdelaziz al-Saud (80 ans)[2]. L'information est explosive : c'est la première fois en vingt ans qu'un prince royal est démis de ses fonctions — et Turki dirige depuis vingt-cinq ans l'Istakhbarat, ou Direction générale du renseignement (DGR) saoudien, service analogue à la DGSE ou la CIA. On comprend vite pourquoi, durant l'été 2001, Abdallah promène partout avec lui son demi-frère, le prince Nawaf bin Abdelaziz, jusqu'alors éloigné du centre de pouvoir : il remplace bientôt Turki à la tête de la DGR.

À Washington, on savait que, depuis cinq ans au moins, un sérieux conflit opposait au sein du pouvoir saoudien Turki bin Fayçal et son oncle, le puissant prince Nayef bin Abdelaziz (68 ans), son supérieur théorique comme ministre de l'Intérieur et chef du service de sécurité intérieure du royaume. Le conflit couvait depuis que Nayef, plutôt distant

1. Lire « Friend or foe ? A beginner's guide to the inner workshops of Saudi Arabia's 3000 member royal family », Simon Henderson, *Wall Street Journal*, 24/10/01.

2. Fahd, Abdallah, Sultan (77 ans, ministre de la Défense) et Nayef font partie des « sept frères Soudaïri », fils du roi Abdelaziz al-Saud, fondateur du royaume (en 1932) mort en 1953 en laissant 44 fils derrière lui, et de Hassa bint Soudaïri, son épouse favorite. Nawaf est fils d'Abdelaziz et d'une autre mère. Turki est fils du roi Fayçal, l'un des successeurs d'Abdelaziz.

avec Washington, avait peu coopéré à l'enquête suivant l'attentat anti-américain de Khobar (juin 1996, 19 morts). Turki, lui, est plus arrangeant : durant la présidence Clinton notamment, il joue un rôle majeur de « démineur » antiterroriste pour le compte des Américains. Plus important encore et depuis 1979, Turki tient seul le dossier afghan. Notamment, Turki connaît Oussama Ben Laden depuis la fin des années 70, alors que ce dernier était encore étudiant. Cela, l'ancien chef de la DGR le reconnaît après son renvoi — de façon oblique certes, avec des nuances — mais ne le nie pas : « Je l'ai rencontré plusieurs fois [O. Ben Laden] quand il était l'un des moudjahidines ayant quitté leur pays pour combattre l'Union soviétique en Afghanistan. » Turki nie en revanche que Ben Laden ait eu « des relations avec le gouvernement saoudien ou l'un de ses services [1] ». Une relation personnelle, en quelque sorte...

Mais pour les « saoudologues » (comme on disait jadis « soviétologues ») et plus largement, pour l'opinion américaine, le renvoi abrupt de Turki est une surprise. Or ce renvoi est exigé, toutes affaires cessantes, par le patron de la CIA au début du mois d'août 2001. Il faut que Turki parte sur-le-champ. Une exigence d'autant plus fâcheuse que l'Amérique n'a pas de mémoire collective de l'affaire afghane ni de la Salafiya. Sur place et durant tout le jihad, ses agents n'ont fait en réalité que jouer à « tournez manège »... La CIA à Peshawar ? Trois petits tours et puis s'en vont. Le seul homme qui sache *tout* de l'affaire dans la profondeur historique et depuis l'origine de la guerre, en 1979, c'est Turki bin Fayçal.

1. *Gulf News* du 8/11/01, interview du prince Turki sur la chaîne de télévision moyen-orientale MBC.

Au-delà des querelles de princes enfin, nul à Washington n'imaginait encore récemment qu'à part Oussama Ben Laden lui-même, considéré comme un très exceptionnel lunatique, d'autres jeunes Saoudiens pourraient avoir la tentation du terrorisme et du sacrifice, au nom d'une version fanatisée de l'islam. Or c'est le cas.

Parmi les 19 « bombes humaines » du 11 septembre, 15 Saoudiens, souvent originaires de la très fondamentaliste région occidentale du royaume, tous salafistes. 11 d'entre eux proviennent des camps d'entraînement afghans d'al-Qaïda. Parmi eux, Nawaf et Salem al-Hamzi, frères d'un officier supérieur de la police saoudienne, et Majid Moqed, fils du chef de la tribu Bani Auf. Dans les proches de ce dernier, l'un des fanatiques ayant occupé la grande mosquée de La Mecque en novembre 1979, ébranlant gravement le régime saoudien. Là encore, nous voilà loin d'une génération spontanée de terroristes. En Arabie saoudite — et à l'insu total des services américains —, une sourde révolte islamiste couvait depuis longtemps.

Le terrain afghan

> *Dès que Bélisaire eut débarqué sur l'île, il montra de l'irritation, car il était dans l'embarras. Ce qui le tourmentait, c'était d'ignorer le genre d'hommes que représentaient les Vandales contre qui il marchait, leurs capacités guerrières, la manière dont il devait les combattre et le lieu même d'où il lui fallait lancer ses attaques.*
>
> Procope dans *La Guerre contre les Vandales*.

L'aube se lève sur ce glacial 15 février 1989. Tout au nord de l'Afghanistan, les ultimes blindés soviétiques quittent Mazar-i-Sharif et gagnent la frontière de l'URSS, distante de 60 kilomètres. Les chars traversent l'Amou-Daria sur le majestueux « Pont de l'Amitié ». Les voici en Ouzbékistan. Le 21 février 1917 se créait l'« Armée rouge des ouvriers et des paysans » — soixante-douze ans plus tard à la semaine près, le sort de l'empire soviétique est scellé. En novembre, le Mur de Berlin tombe. Un an encore et l'URSS aura disparu. Le soir de ce fameux 15 février, William Webster, nouveau directeur général de la CIA, offre le champagne à son état-major. Il n'aurait pas dû.

Car, partant de là, le gouvernement des États-Unis se désintéresse pour l'essentiel de l'Afghanistan. En tant qu'État, il n'a nulle stratégie, nul plan de fin de partie. Rien de positif qui concerne l'étape suivante : la paix et la reconstruction. Dès lors, le dossier Afghan est, cinq longues années durant, sous-traité pour l'essentiel au condominium Pakistan, qui dirige la manœuvre, Arabie saoudite, qui la finance. Alors, la frustration des moudjahidines grandit. Pour eux, pour tous les clans et tribus engagés dans le jihad, qu'ils soient pashtouns, hazaras, ouzbeks ou tadjiks, cet abandon est une trahison. Dans le monde où ils évoluent, dominé par les valeurs de l'honneur et de la vengeance, on ne laisse pas tomber un frère d'armes comme cela.

Le tandem Pakistan-Arabie saoudite a son plan pour mettre fin à la guerre civile qui, dès le départ du dernier Soviétique, déchire l'Afghanistan : la mise du pays sous la tutelle d'un pouvoir neuf, pashtoun — l'ethnie majoritaire — et salafiste : ce seront les Talibans. Quand en 1994, partant du sud du pays, cette milice nouvelle émerge et commence à gagner province après province de l'Afghanistan, l'ambassade des États-Unis à Islamabad se réjouit : ces jeunes gens-là ne sont pas mal : « pro-occidentaux », et surtout anti-chi'ites, donc hostiles à l'Iran. Sur le plan religieux, ils sont bien un peu rigides, mais bon, ce sont sans doute des sortes de « *born-again muslims* », pas si éloignés que cela des « *born-again christians* » de la *Bible-belt* de l'Amérique profonde. Entre croyants, on pourra toujours s'entendre... Un seul exemple, mais significatif : les Talibans s'emparent-ils de Kaboul ? Toute l'Asie (à l'exception du Pakistan) s'inquiète. Mais c'est un « développement positif » pour Washington.

Et puis il y a le pétrole et surtout, le gaz d'Asie centrale. Pétrole plus charia — on est sur un terrain familier. Pour exporter vers les mers chaudes (mer d'Oman, océan Indien) les hydrocarbures d'Asie centrale, l'Afghanistan est idéal. Justement, un pétrolier américain, *Unocal*, a un projet nommé Centgas. Il s'agit d'un pipe-line traversant le pays, pour amener à Multan, au Pakistan, 50 millions de m^3/jour de gaz turkmène. Un projet de 2 milliards de dollars. Les royalties que laissera sur place le pipe-line financeront et stabiliseront ces jeunes Talibans. C'est la « vision pétrolière de l'histoire » chère à Washington : après la formule Séoud plus Aramco dans les années 30, pourquoi pas Taliban plus Unocal dans les années 90 ? Entre 1995 et 1997, les Talibans et des émissaires américains se rencontrent donc pour parler business : Kandahar puis Kaboul, Peshawar et Islamabad, Washington et New York. En janvier 1998, le projet Unocal est accepté par la direction taliban.

Mais le projet pakistanais-saoudien dépasse largement les limites étroites de l'Afghanistan — et même de la politique pétrolière américaine. Car vers 1995 et derrière toutes sortes d'événements dispersés entre Maghreb et Asie centrale, se sent ainsi comme une vaste *combinazione* bénie par l'administration Clinton, visant à rendre à ses amis et alliés (Arabie saoudite, Pakistan) le contrôle du courant islamiste-activiste sunnite qui lui échappe depuis la guerre du Golfe. Une superbe opération pour les trois partenaires — à condition qu'elle réussisse :

Le Pakistan peut ainsi se débarrasser enfin du fardeau des réfugiés afghans (1,5 million à l'époque). Et avec un Afghanistan pacifié et allié, Islamabad récupère une profondeur stratégique cruciale face à l'Inde et un accès direct — donc une influence — sur l'Asie centrale.

L'Arabie saoudite règle, par Talibans interposés, ses comptes avec l'Iran et reprend la haute main sur l'activisme sunnite dans l'arc immense allant du sous-continent indien au Caucase. Sa puissance financière (la carotte), plus l'autorité spirituelle qu'elle exerce alors sur les pieux Talibans (le bâton) : voilà l'Arabie saoudite prête à jouer un rôle majeur sur la scène pétrolière majeure du siècle prochain, celle qui s'étend de la Caspienne au cœur de l'Asie centrale, justement terrifiée par la montée en puissance des Talibans.

Enfin, les États-Unis :

— L'opération les place en bonne position en Algérie, où alors, de fait, leurs ressortissants souffrent peu des attaques des fanatiques du GIA (pas un Américain sur les 120 étrangers assassinés en Algérie par les salafistes [1]).

1. Octobre 1993-juin 1996 : ± 120 étrangers assassinés, dont 40 Français. Des meurtres à l'aveuglette ? Non justement. Nationalité des étrangers abattus : Europe occidentale : Belgique, Espagne, France, Grande-Bretagne, Italie (des pays

— Le gaz turkmène est acheminé au Pakistan, via l'Afghanistan. Ce qui veut dire l'Iran contourné — et confronté en prime aux Talibans, brûlant de haine antichi'ite.

— Le chaos afghan, hantise de Washington, finit par être purgé par les Talibans du plus gros du narcotrafic.

C'est sur ce dernier point que l'affaire se gâte : à propos de la production afghane d'opium, transformée ensuite en héroïne à la frontière Afghanistan-Pakistan. Or en 1997, loin de régresser, la production d'opium progresse au contraire fortement. Dans le sud du pays, sous contrôle taliban depuis près de trois ans, la production d'opium est passée de ± 950 tonnes en 1994, à ± 2 000 tonnes en 1996... Une première indication que, pour les Talibans, promesses et discours à la galerie sont une chose — et la réalité du business, autre chose encore.

Et puis ces hauts cris que le puissant lobby féministe américain pousse toujours plus fort, devant le traitement réservé par les Talibans aux femmes afghanes...

Les choses se gâtent définitivement après les attentats d'août 1998 sur les ambassades américaines de Nairobi et Dar es-Salaam. Les Talibans ont d'abord hébergé Oussama Ben Laden — et refusent maintenant énergiquement de le livrer aux États-Unis. Douche froide à Washington et début d'auto-

dans lesquels des réseaux islamistes ont été démantelés) ; monde arabe : 1 Tunisien, 1 Palestinien ; ex-Europe communiste : Biélorussie, Roumanie, Russie, Ukraine (pays orthodoxes, pro-Serbes), ainsi que des Croates de Bosnie (à l'époque, en guerre contre les musulmans, à Mostar) ; continent américain : 1 Canadien. Pas un seul Américain, pas un seul Japonais, pas un seul Allemand. Coïncidence ?

critique (en privé). Sans bien s'en rendre compte, Washington s'est laissé entraîner par Riyad et Islamabad dans l'un de ces jeux complexes où excelle l'Orient musulman — mais dans lesquels les États-Unis ont toujours pataugé. Un jeu « à la libanaise » dans lequel une communauté rusée — baptisons-la A — s'allie à B, puissance plus considérable (mais plus naïve) qu'elle ; l'alliance ayant pour seul but de contraindre B à régler les comptes de A. Disons, familièrement, de contraindre B à sortir les patates chaudes du feu, en lieu et place de A. En l'occurrence, affaiblir — sinon détruire — ce centre de pouvoir chi'ite qu'est l'Iran. Pendant ce temps-là l'Amérique, aveuglée par sa phobie anti-iranienne et sous le charme des « experts ès-islamisme » saoudiens et pakistanais, ne voit pas plus la salafiya monter en force qu'elle n'avait vu hier venir la révolution islamique à Téhéran, confiante qu'elle était à l'époque en la science des « experts » de la Savak, les services spéciaux du shah.

En fait, à l'échelle afghane, l'opération Taliban n'était que la plus récente édition d'un jeu afghan classique entre tous, qui voit au bout du compte le « sponsor » extérieur attiré dans le jeu, puis berné et dépouillé. Et à l'échelle internationale, l'ex-allié Ben Laden incarnait désormais un islamisme plus violent, plus intraitable encore que ceux connus à ce jour, et dont le GIA algérien n'aurait été qu'une pâle ébauche.

La grandiose manœuvre américano-saoudo-pakistanaise s'échoue donc sur l'écueil Ben Laden. Réveil pénible pour Washington (dans la posture de l'arroseur arrosé) qui finit par s'apercevoir vers 1998 que ces sunnites fanatiques haïssent les États-Unis. La morale de l'histoire, c'est Burhanuddin Rabbani qui nous la donne. Dans une interview accordée dès 1996[1], l'ex-président de la république afghane, lui-même islamiste bon teint, prédisait : « Islamabad comme Washington auraient dû y regarder à deux fois avant de concevoir un monstre du type Frankenstein qui pourrait bientôt se retourner contre eux... » Le monstre, c'était bien sûr les Talibans. Mais au-delà, la réflexion valait aussi pour les jeux compliqués que certains ont longtemps joués avec la salafiya — du moins avec ses éléments les plus virulents.

POLITICAL CORRECTNESS ET PENSÉE UNIQUE

> *Les doctrines de la souveraineté nationale et de la non-interférence [dans les affaires intérieures des États] apparurent à la fin de l'affreuse guerre de Trente ans, pour interdire la répétition des horreurs du* XVII*e siècle, durant lesquelles 40 % peut-être de la population de l'Europe centrale périt au nom de versions opposées de la Vérité Universelle. Si se répand aujourd'hui la doctrine de l'intervention universelle et si des vérités contradictoires s'affrontent en son nom, risque d'apparaître un monde dans lequel, pour citer G. K. Chesterton, la vertu sera devenue folle.*
>
> HENRY KISSINGER

Parfois, l'Amérique s'offre un caprice. Ce peut être une lubie de gosse de riches (les hippies) ou encore une vague de moralisme, un grand élan de

1. *Politique internationale*, n° 74, hiver 96-97.

pureté. À l'intérieur du pays, cela donne la prohibition[1]. Cas célèbre de « moralisme social » cette prohibition avait pour objet fort moral de supprimer l'alcoolisme, désastreux pour les familles, la santé publique, etc. Or son seul résultat tangible fut d'offrir au crime organisé le marché de l'alcool en Amérique — à l'époque 2 milliards de dollars par an : « Ses partisans pensaient que la prohibition supprimerait tous les maux sociaux de l'Amérique. Tout au contraire, suscita-t-elle des maux nouveaux sans supprimer les anciens[2]. » L'opération « morale » profita surtout à la mafia, depuis lors quasi indéracinable aux États-Unis.

À l'extérieur et depuis la fin de la Guerre froide, l'Amérique a un nouveau hochet, appelé « *nation building* », sorte de boîte à outils destinée à remettre en forme les « États effondrés ». Tentative initiale, l'opération *Restore Hope* en Somalie en 1992, première grande crise internationale de la présidence Clinton. Madeleine Albright est alors ambassadeur des États-Unis à l'ONU. Elle définit ainsi cette action de « multilatéralisme volontariste » devant le Conseil de sécurité des Nations unies : « Une entreprise sans précédent visant à rien moins qu'à la restauration d'un pays entier comme membre fier, fonctionnel et viable de la société des nations. » De type « Meccano », l'opération « *nation bulding* » vise à « la reconstruction des institutions politiques et de l'économie de la Somalie ». Dix ans plus tard où en est le « fier membre somalien de la société des nations » ? Insister serait cruel.

1. La prohibition dura du 16 janvier 1920 (18e amendement et *Volstead act*) au 5 décembre 1933 (21e amendement).
2. *The Mafia Encyclopedia*, 2nd edition, Checkmark Books, New York, NY, 1999.

La scène se répète au Kosovo où la présence de plus de 40 000 militaires de l'alliance occidentale à partir de l'été 1999, plus une nuée de fonctionnaires internationaux[1], n'empêche pas la mafia albanaise de réaliser la seule vraie « grande Albanie » qui lui tient à cœur : la grande Albanie criminelle. L'idée de départ était de « débarrasser le Kosovo de la drogue et des armes ». Là aussi, où en est-on, quatre ans après la mise de cette province sous tutelle internationale ?

Au point qu'au plus fort du choc post-11 septembre, le grand sociologue Amitai Etzioni avertit[2] : « Les États-Unis surestiment grandement leur capacité à exporter la démocratie et le développement vers des pays qui n'en ont guère l'expérience — ou le goût. » Ainsi, « construire des écoles laïques » en Afghanistan, ou bien y « restaurer [? !] les droits des femmes », comme le prévoit le plan Bush ; ou bien « garantir la stabilité du pays » ; ou enfin y « établir un gouvernement d'union nationale » sont de pures vues de l'esprit. Conclusion d'Etzioni : « les hommes cessent de se combattre quand le massacre a assez duré, et non quand des gens comme nous sifflent la fin de la partie et essaient de jouer les arbitres ». Mais l'écoutera-t-on plus que le sénateur du Texas Kay Bailey Hutchinson qui, dès le début de l'an 2000, s'inquiétait de voir l'administration Clinton créer[3] « des gouvernements qui ignorent les réalités historiques, tribales et nationales », sans que son avertissement n'ait servi à grand-chose ?

1. Voir sur ce point *La Mafia albanaise*, Xavier Raufer et Stéphane Quéré, Favre, 2000.
2. « Attention à l'ingénierie sociale », *USA Today-Courrier international*, 25/10/01.
3. *International Herald Tribune*, 27/03/01.

La libre circulation des idées est impérative dans la société. Toutes les hypothèses et propositions doivent pouvoir être exprimées sans obstacle ni censure. Mais le rôle d'un État conscient de sa mission fondamentale doit être de protéger ses instruments les plus sensibles — défense, renseignement — des ravages provoqués par les lubies, modes, idéologies et autres diktats bienséants nés du demi-monde intellectuel et véhiculés par les médias. Car insistons : dans une société ouverte, l'armée, les services spéciaux ne vivent ni dans une impénétrable forteresse ni dans la stratosphère — leurs officiers tirent au contraire la grande majorité des informations qu'ils intègrent, non de notes ou de rapports secrets mais de médias, qui ne jouent pas toujours dans ces affaires un rôle positif. Quelques exemples de théories pernicieuses — ou d'ignorances fâcheuses — tirés de la médiasphère :

— La médiasphère n'a qu'une explication pour le crime ou le terrorisme : c'est la misère qui les provoque. Cent études indiscutablement scientifiques ont été produites au long des deux dernières décennies, montrant que dans le domaine du crime, il n'en est rien. Bienséante autant que romantique, l'affirmation est tout simplement fausse. Mais rien n'y fait. Et pour le terrorisme ? Après le 11 septembre, le serpent de mer des misérables sombrant dans le fanatisme refait surface — ce qui est grotesque. Voici le cas de Mohamed Rashid Daoud al-Owhali, exécutant de l'attentat contre l'ambassade des États-Unis à Nairobi (Kenya) en août 1998 (213 morts)[1]. Il est né à Liverpool (Angleterre) en 1977,

1. Voir « Suicide bomber who funked martyrdom », *Financial Times*, 29/11/01.

dans une famille saoudienne très aisée. Il a fait ses études supérieures à l'Université Mohamed bin Saud à Riyad, Arabie saoudite, d'où il a gagné un camp afghan d'al-Qaïda. Au-delà : Oussama Ben Laden est-il né dans un bidonville ? Ses parents sont-ils des exclus ? 15 des 19 « bombes humaines » du 11 septembre sont des Saoudiens. Or le PNB de l'Arabie saoudite dépasse les 9 500 euros par an. Tout Saoudien dispose d'un logement confortable, de toute la nourriture nécessaire, des soins les plus complets — gratuitement. Un rêve de social-démocrate scandinave. Où sont les damnés de la terre ?

— Comment même *penser* le contexte afghan en censurant impitoyablement — pour ne pas choquer telle ou telle minorité — tout ce qui révèle la nature tribale ou clanique de la société dans ce pays ?

— Dans notre société où l'information, la communication, jouent un rôle si important, des entités immenses et dangereuses passent parfaitement inaperçues — et longtemps, encore. Tel est le cas de la salafiya, l'un des deux grands courants activistes-islamistes sunnites transnationaux avec l'Ikhwan (Frères musulmans). Prenez les grands quotidiens anglo-saxons, ceux-là mêmes qui consacrent des pages entières au terrorisme d'État iranien, ou aux attentats du Hamas palestinien : après les attentats d'août 1998 à Nairobi et Dar es-Salaam, Oussama Ben Laden, nouveau public ennemi numéro 1, y est illustre, mais la coalition activiste sur laquelle il s'appuie (Salafiya, réseau des milliardaires islamistes, etc.) est parfaitement ignorée — en tout cas en tant qu'entité hostile. Ce n'est qu'après l'arrestation de terroristes islamistes sur le sol des États-Unis en décembre 1999, que ces grands médias commencent à évoquer le phénomène salafiste.

De fait, le « brouillard médiatique » — comme Clausewitz parlait de « brouillard de la guerre » — rend-il les phénomènes de fond de tableau invisibles aux systèmes d'information et de renseignement des États-nations, ou les laisse percevoir bien trop tard.

Seconde conséquence : l'appareil d'État perd sa capacité à déceler les menaces. Exposé sans protection et sans antidotes au bombardement du moralisme ou du *politically correct*, un appareil de défense ou de renseignement s'engourdit, perd sa capacité à déceler et diagnostiquer, s'égare dans le brouillard médiatique — finit par quémander l'approbation de CNN avant même de lever le petit doigt. Or toute société humaine affectée d'une telle perte de sa capacité de prévision ne peut plus compter que sur une intelligence de l'événement à peu près purement rétrospective. Ce qu'on a vu le 11 septembre 2001.

Soyons clairs, perdre sa capacité à déceler n'est pas devenir inconscient, ni idiot, c'est se trouver dans l'incapacité de discriminer, d'écarter l'inutile, de sélectionner le pertinent, face à une masse d'informations, de théories, de faits de toute sorte ; de surcroît en constante et rapide évolution.

Car aux États-Unis, les instruments intellectuels, les concepts permettant de dévoiler à temps une menace terroriste existent, bien sûr. Mais ils sont noyés dans le bruit de fond médiatique. Leurs utilisateurs potentiels ne les voient pas. Ils n'ont pu les utiliser pour forger une doctrine de l'alerte précoce. Un exemple. On verra plus bas qu'une des formes de guerre chaotiques les plus dangereuses, de la Somalie à l'Afghanistan, en passant par la Tchétchénie, est dite « guerre des essaims », « *swarming* » en anglais. Or cette théorie (américaine, imaginée à la Rand corp.) repose sur des études sociologiques, américaines elles aussi, remontant à l'année 1970 ! C'est cette année-là en effet que Luther Gerlach et Virginia Hine publient *People, Power, Change : Mouvements of Social Transformation*[1], ouvrage décrivant en détail un mode d'association humain de type cellulaire, formé de cellules polycentriques, qu'ils baptisent SPIN (Segmented, polycentric, ideologically integrated Network). De tels outils sont naturellement cruciaux pour comprendre les entités terroristes post-Guerre froide, pour devancer leurs mouvements. Or avant le 11 septembre, « *swarming* » faisait à Washington l'objet d'une attention marginale et SPIN était totalement oublié.

On notera enfin que ni la défense ni la CIA ne sont inconscientes du danger terroriste représenté notamment par Oussama Ben Laden :

— Le Pentagone publie en l'an 2000 le rapport de la « US Commission on national security in the 21st. Century », où l'on peut lire ceci : « L'Amérique va devenir plus vulnérable à des attaques hostiles sur son territoire même et sa supériorité militaire ne l'en protégera pas entièrement. »

— La CIA lui consacre même un bureau entier, et une équipe à plein temps, depuis 1996. En février 2001 encore et devant le Congrès, le directeur général de la CIA, George Tenet, définit Ben Laden comme « la plus immédiate, la plus grave menace terroriste pour les États-Unis ».

1. Bobbs-Merrill, New York, 1970.

Mais être conscient d'un problème ne donne pas toujours le moyen de le résoudre. Et à l'aube du XXIe siècle, les études qui sortent alors comme champignons après la pluie, et qui dominent le débat sur le terrorisme, sont en grande majorité dominées par la pensée unique, le culte du *Hi-tech* et éloignées du réel.

— En février 2000, l'US Army War College, le Triangle Institute for Security Studies et l'Université Duke organisent ensemble une grande conférence sur les menaces transnationales. Il en est évoqué de toutes sortes : usage terroriste des armes de destruction massive, « cyber-menaces », dangers présentés par le crime organisé international ; etc. Des menaces qui plaisent au média. Sur des attaques visant le sol américain et usant de méthodes *lo-tech* (style 11 septembre) ? Rien.

— Le National Intelligence Council est une instance consultative de recherche sur les problèmes de renseignement, formée de quinze intellectuels et universitaires ; elle est installée par le directeur général de la CIA. En décembre 2000, ce conseil publie un document de soixante-huit pages intitulé *Global Trends 2015 : a Dialogue about the Future with Nongovernmental Experts*. Y figurent de grands discours sur les ressources naturelles, la surpopulation, les sciences et technologies de l'information, la mondialisation. On y parle abondamment de la prolifération des armes de destruction massive et de leur emploi possible par des États ennemis, ou des terroristes. La « formation d'une coalition terroriste internationale » est noyée au milieu de huit autres risques et estimée « peu plausible, mais possible ». Or à l'époque, une telle coalition existe depuis six ans déjà. Le 23 août 1996, elle a publié un manifeste intitulé de façon fort explicite *Déclaration de guerre contre les Américains occupant la Terre des deux Lieux saints*. Un texte de vingt-cinq feuillets dactylographiés, sous-titré « Un message d'Oussama Ben Laden à ses frères en islam du monde entier, notamment ceux de la péninsule arabe ». Depuis cette date, cette coalition a frappé l'Amérique à Nairobi, Dar es-Salaam et Aden. Mais non : « peu plausible, mais possible ».

Enfin, pendant la parenthèse historique 1989-2001, la volonté de déceler s'est perdue à Washington, au point que les programmes gouvernementaux d'apprentissage des langues étrangères, d'éducation aux cultures du monde — hier parmi les meilleurs en la matière et indispensables pour pouvoir traduire et comprendre la pensée des autres — sont, depuis une décennie, réduits à la portion congrue. Jusqu'au 11 septembre, les crédits affectés à ces programmes diminuaient chaque année.

ÉTAT, LA CONFUSION ET L'OUBLI

Ainsi et de proche en proche, l'appareil d'État américain en vient à oublier ce qu'est le terrorisme réel et actuel. Le terme « oubli » n'est pas polémique : lors des deux débats-fleuve télévisés de la campagne présidentielle de l'an 2000, les candidats Al Gore et George Bush n'évoquent ni l'un ni l'autre la menace terroriste. Comme le reste de la classe politique américaine, ils s'abritent en réalité derrière une ligne Maginot intellectuelle. On a fait une liste des groupes terroristes, une autre des États terroristes ; il existe une doctrine, une politique de communication sur le terrorisme en direction des médias ; on multiplie rapports et conférences sur le sujet. Bref, il ne manque pas un bouton de guêtre. Sauf que là n'est pas l'essentiel. Et que le gouvernement des États-Unis ne voit pas le vrai terrorisme d'aujourd'hui dans sa lunette, mais l'éclat lointain d'une étoile morte.

D'abord, le concept même de terrorisme est devenu flou. Hier en Afghanistan, Oussama Ben Laden était un « combattant de la liberté » face à l'armée soviétique ; aujourd'hui, c'est le terroriste numéro 1 au hit-parade des États-Unis. En décembre 1998 encore, le Département d'État américain qualifiait l'Armée de Libération du Kosovo (UCK) de « groupe terroriste » ; trois mois plus tard, voilà la même UCK composée de « héros combattant la barbarie serbe », tandis que sur le terrain, l'OTAN lui sert de facto de force aérienne. Plus fort encore et plus récent : le 27 juin 2001, le président Bush signe un décret contenant une liste d'individus pratiquant la « violence extrémiste dans la Macédoine ex-yougoslave et autres secteurs des Balkans occidentaux ». L'action de ces individus, dit le décret, présente une « menace extraordinaire pour la sécurité et la politique étrangère des États-Unis ». Suite à ce décret, les fonds appartenant aux individus et groupes ainsi dénoncés sont gelés aux États-Unis mêmes, et toute quête ou mouvement de fonds en leur faveur sont désormais interdits en Amérique. Au sommet de la liste, un dénommé Ali Ahmeti, né le 4 janvier 1959 à Kicevo, Macédoine, et chef militaire de l'UCK (Armée de libération nationale) albano-macédonienne, sœur jumelle de l'UCK du Kosovo. Notons qu'un mois plus tôt, Lord George Robertson, le secrétaire général de l'OTAN, définissait cette même UCK-Macédoine comme une « bande d'assassins occupés à détruire la démocratie en Macédoine ». Violence extrémiste... Assassins... Paroles, paroles : dès la fin août 2001, l'OTAN contraint le président macédonien Boris Trajkovski à signer un accord avec la même UCK — brutalement revenue en grâce et désormais considérée comme un interlocuteur parfaitement distingué.

Enfin et un peu plus loin à l'est : un guérillero kurde est-il un « *freedom fighter* » en Irak quand il affronte les soldats de Saddam Hussein, le même homme devenant un terroriste lorsqu'il passe la frontière turque et tire sur des militaires d'une armée de l'OTAN ?

Ce flou dans la définition du terme — on peut même parler d'incohérence — finit par plonger les analystes américains dans la confusion : dans le numéro d'avril 1997 de la revue américaine *Security Management*, l'expert Larry Johnson développe ainsi le thème de la fin du terrorisme, tandis qu'un autre spécialiste, Stefan Leader, s'alarme, lui, de sa montée en puissance. En réalité ces deux analyses sont *statiques*, chacune s'obnubilant sur une face de la même pièce (déclin des terrorismes de la Guerre froide / montée des nouvelles menaces), sans voir que l'autre existe et sans saisir la logique de « vase communicant » qui provoque et explique les deux mouvements croisés.

De ce fait, la plupart des rapports de commissions d'experts ne peuvent être que médiocres. Ne *dévoilant* pas la menace, n'indiquant ni sa nature, ni son ampleur, ni sa proximité, ils se contentent d'abord d'une minimale génuflexion devant la pensée unique, puis retournent au confort du toujours plus — plus de technique, plus de juridique. Un bon exemple de cette pauvreté d'analyse, de cette absence de dévoilement du danger réel se trouve dans *Countering the Changing Threat of International Terrorism,* document publié fin août 2000. Il s'agit du travail d'une commission nationale sur le terrorisme mandatée par le Congrès des États-Unis. La synthèse de six mois d'auditions, d'entretiens et d'enquêtes. Un document intellectuellement pauvre — mais justement intéressant dans sa façon de l'être. Que relève-t-on en effet à sa lecture ?

— Ignorance du changement d'ordre mondial.

— Aucune distinction entre les changements de *nature* de ceux de *degrés*.

— Vision du terrorisme abstraite, lointaine, confuse.

— Conception purement pragmatique, tactique et immédiate de la lutte anti-terroriste, ne voyant que les dangers manifestes, majeurs, avérés.

— Aucune réflexion stratégique ou simplement autocritique (Ben Laden : aurions-nous par hasard réchauffé une vipère dans notre sein...).

— Aucun intérêt manifesté pour les terroristes eux-mêmes, leurs organisations, l'univers où ils évoluent (ce qui revient à former un diagnostic sans avoir ausculté le malade, ni ordonné le moindre examen radiologique ou biologique) ; juste au passage une réflexion pincée sur ces étrangers parlant des idiomes compliqués, mais hélas pas l'anglais...

— Focalisation sur des individus (Ben Laden), ou sur des « menaces » suscitées par le continuum lobbies-médias (NBC, cyberterrorisme), pour le sensationnel ou les profits.

— Désintérêt en revanche total pour ce qu'on trouve derrière le même Ben Laden (Salafiya, Ikhwan, « réseaux des milliardaires », etc.).

— Culte de la technologie (ordinateurs, technologies de la communication).

— Obsession sur le renseignement comme arme antiterroriste, mais sans mode d'emploi (tout sur *regarder* mais rien sur *où* regarder et *qui* regarder). Rien non plus sur la *nature* même des services de renseignements (pourtant encore très marqués par la Guerre froide).

Les recommandations maintenant ? Elles relèvent d'une médecine purement symptomatique, pas le moins du monde étiologique. Du prévisible, du purement réactif et des poncifs :

— Forger des lois nouvelles.

— Moderniser la quincaillerie.

— Rendre plus flexible la bureaucratie fédérale.

Au total : des lois, un système, des technologies encore plus lourds. Surtout, une incapacité certaine à imaginer même l'univers de l'improgrammable, de l'incalculable, de ce qui, selon Martin Heidegger, « ne se laisse pas retenir dans une thématisation ».

Troisième conséquence : une difficulté concrète à désigner l'ennemi : est-ce Oussama Ben Laden et al-Qaïda ? Ou les Talibans ?

S'appuyant sur un socle aussi fragile, le gouvernement des États-Unis ne peut qu'éprouver de réelles difficultés, même à désigner l'ennemi. Jusqu'à la fin de l'année 1995 — et de l'aveu même de l'homme qui était à l'époque ambassadeur des États-Unis à Khartoum — l'indifférence de l'administration Clinton pour Oussama Ben Laden (qui vit alors au Soudan) est totale. Pas une fois, le cas Ben Laden n'est évoqué entre l'ambassadeur et des dirigeants islamistes soudanais. Six ans plus tard, al-Qaïda attaque les États-Unis mêmes. Le lendemain du 11 septembre, le vice-président des États-Unis, Dick Cheney, déclare alors : « ce que nous allons faire, c'est rechercher aussi agressivement que possible M. Ben Laden et tous ses complices ». Mais le 8 novembre 2001, le général Tommy Franks, commandant en chef du « *central command* » de l'armée US — et qui dirige donc à ce titre la guerre contre le terrorisme —, dit à l'inverse : « Nous n'avons pas dit qu'Oussama Ben Laden est une cible de l'action entreprise. Ce que nous cherchons, c'est la destruction du réseau al-Qaïda et des Talibans. »

ACTUALITÉ, LES SIGNES AVANT-COUREURS ET L'AVEUGLEMENT

> *La prochaine fois, ce sera très précis et le World Trade Center continuera d'être une de nos cibles aux États-Unis, si nos demandes ne sont pas satisfaites.*
>
> Nidal Ayyad, militant islamiste, lors de son procès à New York en février 1993[1].

1. *United States of America vs Mohammad A. Salameh & al.*, S593CR.180 (KTD). Voir aussi *Summation Statement of Henry J. DePippo, Prosecutor, USA vs Muhammad A. Salameh & al.*, S593CR.180 (KTD), 16 février 1994, pp. 8479-8484.

> *Pour chacun d'entre nous blessé ou tué dans cette lâche attaque, au moins cent Américains seront tués. Je serai peut-être mort quand ça se produira, mais souvenez-vous de mes paroles.*
>
> Un moudjahid du Harakat ul Mudjahidin blessé dans le bombardement par missiles de croisière du camp d'entraînement terroriste de Khost, en Afghanistan après les attentats visant les ambassades américaines en Afrique, août 1998[1].

Cet appauvrissement de la pensée sur le terrorisme — cet oubli même de la menace immédiate et concrète durant la parenthèse historique 1989-2001 — est d'autant plus étonnant que le désordre mondial s'installe durant ces mêmes années, alors que se multiplient les avertissements prémonitoires, les signes précurseurs ; tout un ensemble d'actes et d'événements révélant l'émergence d'un terrorisme nouveau, infiniment plus sanguinaire, plus chaotique et plus sauvage que celui de la Guerre froide. Voici quelques-uns de ces signes :

NOUVEAUX TERRORISMES ET « BASSE TECHNOLOGIE »

Février 1993 à New York. Une voiture piégée explose sous le World Trade Center : un cratère de 50 mètres de haut. 6 morts, plus de 1 000 blessés et 630 millions d'euros de dégâts. Cet attentat marque l'apparition d'un terrorisme nouveau. Fini les orga-

1. *News* (quotidien pakistanais), 7/03/1999.

nisations permanentes et hiérarchisées. Place aux petits noyaux flous, temporaires, mobiles, fanatisés. Et résolument *lo-tech* : la bombe qui ravage le World Trade Center a coûté moins de 3 000 euros. Elle est bricolée à partir d'éléments achetés dans un supermarché.

TERRORISMES HYBRIDES, BRUTAUX ET SANGUINAIRES

— *Mars 1993*, Bombay, Inde : voitures, motos et valises piégées explosent le même jour, à midi, dans le quartier des affaires. Une hécatombe : 320 morts, 1 200 blessés. Or les auteurs du carnage ne sont pas des terroristes « classiques » mais des gangsters locaux, aux ordres d'un « parrain » recruté par des agents pakistanais pour venger les massacres de musulmans au Cachemire. Signe éclatant que la frontière entre terrorisme et banditisme est de plus en plus floue et qu'existent, à mi-chemin, des entités hybrides nouvelles, mal connues des services spéciaux.

— *Avril 1995*. L'attentat-massacre d'Oklahoma City (168 morts) révèle la vulnérabilité du cœur même des États-Unis. En effet, face à la violence aveugle de noyaux terroristes aux motivations irrationnelles, à quoi bon les porte-avions, les cuirassés, le dispositif de guerre des étoiles, les flottes aériennes ? Et même les satellites-espions ?

— *Roubaix, fin 1995-début 1996*. Le nord de la France connaît plusieurs vols à main armée sanglants, brouillons, d'un grand amateurisme. Les auteurs sont de jeunes Français convertis à l'islam, associés à des « beurs » réislamisés. Leurs « braquages » financent la cause islamiste, notamment le jihad bosniaque. Les mentors des « gangsterroristes » de Roubaix sont des imams extrémistes de Bosnie, proches de la Jama'a islamiya égyptienne — aujourd'hui incluse dans la nébuleuse Ben Laden.

« BOMBES HUMAINES » À BORD D'AVIONS DE LIGNE

— En *décembre 1994*, quatre moudjahidines du Groupe islamique armé détournent à Alger un Airbus d'Air France, avec 283 passagers à bord. Leur objectif : faire sauter l'avion sur Paris, ou le précipiter sur l'un des grands monuments de la capitale. Un scénario précisément de type World Trade Center. Mais lors d'une escale à Marseille, le GIGN, unité spéciale de la gendarmerie nationale, donne l'assaut et abat les quatre terroristes.

UN PRÉCURSEUR DU 11 SEPTEMBRE 2001 . L'« OPÉRATION BOJINKA »

Imaginé et mis sur pied par Ramzi Youssef (concepteur et maître d'œuvre du premier attentat visant le World Trade Center de New York en février 1993) ce plan est découvert en janvier 1995, à Manille, Philippines. Il s'agit de faire exploser 11 avions de ligne appartenant à de grandes compagnies américaines (United Airlines, Northwest, Delta) et reliant l'Asie à la Californie, donc survolant le Pacifique. Victimes prévues : quatre mille morts en quarante-huit heures.

Le 5 janvier 1995, un incendie éclate dans un appartement loué par un certain « Naji Haddad[1] » dans le quartier Donna Josepha de Manille. L'appartement est occupé par deux Pakistanais : Ramzi Youssef et Abdul Hakim Murad. Ils manipulent des explosifs dans leur cuisine lorsque le mélange s'enflamme. Une épaisse fumée envahit l'immeuble. Les deux hommes s'enfuient avant l'arrivée des pompiers et se réfugient dans un bar karaoke du quartier. La nuit venue, Ramzi Youssef envoie Murad chercher les documents compromettants laissés sur place. Ce dernier est arrêté par une souricière de la police. Sur-le-champ, Ramzi Youssef fuit les Philippines pour le Pakistan.

Sur l'ordinateur portable de Ramzi Youssef, la police découvre un complot terroriste sans précédent : « l'opération *Bojinka* ».

Moyens : 11 bombes à « assembler » et à équiper de minuteurs ; 11 avions de ligne gros porteurs reliant l'Asie à l'Amérique et faisant escale en Asie ; 5 hommes.

Pour cette opération, Ramzi Youssef a conçu une bombe quasi indétectable, portable en toute discrétion dans un avion de ligne. Ainsi ses éléments sont-ils assemblés après le décollage. L'explosif est un dérivé de la nitroglycérine (un gel stable-TNT liquide) que Ramzi Youssef sait fabriquer. Il en emplit un flacon censé contenir une solution pour lentilles de contact. Dans l'avion, il associe après le décollage la nitroglycérine à un autre explosif extrêmement puissant et équipe le tout d'un minuteur fabriqué avec une montre à affichage digital.

En décembre 1994, Ramzi Youssef teste sa

1. Il s'agit en fait d'une des fausses identités utilisées par Ramzi Youssef.

bombe dans des conditions réelles lors d'un essai grandeur nature. Le 11 décembre 1994, une bombe explose dans un gros porteur de Philippines Airlines reliant Manille à Tokyo *via* Cebu.

Peu auparavant, Ramzi Youssef a pris un billet (au nom d'Amaldo Forlani) pour Cebu. Après le décollage, Youssef assemble la bombe et la place sous son siège en classe économique. À Cebu, Youssef quitte tranquillement l'appareil et reprend un vol pour Manille. L'avion repart pour Tokyo, la bombe explose en plein vol. Un passager japonais est tué, 10 autres blessés — mais l'avion parvient à se poser en catastrophe à Okinawa. Peu après, l'attentat est revendiqué par le groupe Abu Sayyaf.

L'opération Bojinka elle-même

Chaque terroriste a sa mission précise, dotée d'un nom de code : il doit introduire une bombe dans deux (ou trois) avions en vingt-quatre heures. Les bombes doivent exploser au-dessus du Pacifique en quarante-huit heures. La mission accomplie, les terroristes doivent rejoindre Karachi, au Pakistan.

— Mission *Mirqas* (2 bombes) : un terroriste prend un vol Manille / Los Angeles, dépose sa bombe et quitte l'avion à l'escale de Séoul (la bombe explose plus tard au-dessus du Pacifique) ; à Séoul, il reprend un vol Séoul / Bangkok, laisse la bombe dans l'avion et descend à Taipei ; la bombe explose peu après au-dessus de la Chine. À Taipei il reprend un vol pour Singapour, puis pour Karachi.

— Mission *Markoa* (2 bombes) : un terroriste prend un vol Manille / Chicago, dépose sa bombe et quitte l'avion à Tokyo (la bombe explose plus tard, au-dessus du Pacifique) ; à Tokyo il reprend un vol

Tokyo / New York, laisse la bombe dans l'avion et descend à Hong Kong où il reprend un vol pour Singapour, puis pour Karachi.

— Mission *Obaid* (2 bombes) : un terroriste prend un vol Singapour / Los Angeles, dépose sa bombe et quitte l'avion à l'escale de Hong Kong (la bombe explose plus tard au-dessus du Pacifique) ; à Hong Kong, il reprend un vol Hong Kong / Singapour, laisse la bombe dans l'avion et descend à Singapour. La bombe explose après que l'avion est reparti pour Hong Kong. À Singapour, il prend un vol pour Karachi.

— Mission *Majbos* (2 bombes) : un terroriste prend un vol Taipei / Los Angeles, dépose sa bombe et quitte l'avion à l'escale de Tokyo (la bombe explose plus tard au-dessus du Pacifique) ; à Tokyo, il reprend un vol Tokyo / New York, laisse la bombe dans l'avion et descend à Hong Kong. Là, il reprend un vol pour Singapour, puis pour Karachi.

— Mission *Zyed* (3 bombes) : un terroriste prend un vol Bangkok / Los Angeles, dépose sa bombe et quitte l'avion à Tokyo (la bombe explose plus tard près de Los Angeles) ; à Tokyo il reprend un vol Tokyo / Taipei, laisse la bombe dans l'avion et descend à Séoul ; à Séoul, il embarque sur un vol Séoul / Bangkok et laisse une nouvelle bombe dans l'avion... Après quoi, il reprend un vol pour Singapour, puis pour Karachi.

Parmi les cinq terroristes :

Ramzi Youssef, Pakistanais, 27 ans (en 1995). Le « cerveau » de l'attentat contre le World Trade Center (WTC) en 1993. Arrêté en février 1995 au Pakistan. Extradé vers les États-Unis. Condamné à la prison à perpétuité aux États-Unis, suite à un procès tenu à la fin 1996.

Abdul Hakim Murad, pakistanais. Arrêté en janvier 1995 à Manille. Extradé vers les États-Unis en avril 1995.

Wali Khan Amin Shah (alias Asmoraï), Irakien (?). Toujours en fuite. Sa tête est mise à prix 2 millions de dollars aux États-Unis.

Adel Anoon, Pakistanais, voyage avec un passeport irakien.

Le cinquième homme est le frère de Ramzi Youssef. Arrêté en décembre 1995 à Manille.

Ce même mois, l'arrestation d'Abdel Hakim Murad et les perquisitions effectuées à l'appartement de Donna Josepha permettent à la police d'arrêter quinze « Afghans » liés à Ramzi Youssef et à Cheikh Omar Abdul Rahman (guide spirituel de la Jama'a islamiya, condamné à perpétuité aux États-Unis, notamment pour son implication dans le premier attentat visant le World Trade Center). Ces hommes sont pakistanais, irakiens, soudanais ou saoudiens. Leur chef est Mohammad Anees, Pakistanais (arrêté en décembre 1995 à Manille).

Sur l'ordinateur de Ramzi Youssef, d'autres projets d'attentats sont découverts, dont deux de type « Bojinka » ou 11 septembre 2001 ; ils devaient être exécutés dans les premiers mois de l'année 1995 :

— Attentats à la bombe simultanés contre deux Boeing 747, l'un arrivant de New York et l'autre de Singapour, au-dessus de l'aéroport Kaï Tak de Hong Kong. Mêmes types de bombes que dans l'opération *Bojinka*.

— Un jeune Pakistanais disposant d'un brevet de pilotage devait s'écraser avec un avion de tourisme sur le quartier général de la CIA, près de Washington.

Fanatisme. Motivations irrationnelles — au moins pour qui vit dans un État de droit. Volonté de massacre. Fascination pour l'avion de ligne en tant qu'arme de guerre. Hybridations, *lo-tech* et nature protoplasmique : toutes les composantes de l'attaque du 11 septembre ne sont-elles pas réunies ?

DE LA CATASTROPHE À LA TRAGÉDIE

Voici donc pourquoi la première grande attaque de la guerre terroriste n'a pas été prévue. Tout au long de la parenthèse historique 1989-2001, dans un contexte toujours plus menaçant, alors que se multiplient les signes prémonitoires, une CIA myope et bureaucratisée finit par ne plus pouvoir collecter du renseignement vraiment opérationnel. Un appareil de défense obnubilé par le virtuel et le technologique perd peu à peu contact avec le réel. Nées dans la société américaine, la bienséance et la *political correctness* finissent par infecter le continuum renseignement-défense et par l'engourdir. La classe politique finit par se faire du terrorisme une idée confuse et trouble, par l'oublier en tant que menace grave et immédiate, « *clear and present danger* ». Partant de là, tout va très vite :

— Sans s'en apercevoir, l'Amérique a d'abord perdu sa capacité à déceler les menaces de façon précoce, ce qui lui interdit de les prévenir ou de les déjouer.

— Sans soupçonner les conséquences d'une telle négligence, l'Amérique a encore perdu sa capacité de s'informer et d'agir sur le terrain afghan, comme dans la famille régnante d'Arabie saoudite, les al-Saud.

— À la veille d'une guerre terroriste qu'elle n'imagine même pas, le gouvernement américain a enfin perdu ce fondamental privilège du souverain : désigner l'ennemi. Qui est-il vraiment cet ennemi ? D'où un flottement persistant dès la guerre survenue : l'Amérique combat-elle un individu (Oussama Ben Laden) ? Un protoplasme (l'entité nommée al-Qaïda) ? Une vague confédération de bandes guerrières pashtounes présentée comme le gouvernement d'un État-nation (les Talibans) ?

Toutes les conditions permettant le drame sont maintenant réunies. Il ne lui reste plus qu'à survenir, le 11 septembre 2001, alors que commence une belle matinée de début d'automne.

À la fin de notre prologue, nous affirmions que l'attaque du 11 septembre n'était pas une *catastrophe*, mais une *tragédie*. En effet, une catastrophe est un événement désastreux, inopiné, involontaire, imprévisible. Au contraire, la tragédie découle des actes (volontaires ou non) accomplis par un ou plusieurs individus. Le déroulement tragique dépend de ce qu'il, ou ils, ont fait ou négligé de faire ; de ce qu'ils ont vu ou refusé de voir ; de ce qu'ils ont pris en compte ou laissé de côté. Leur destin tragique est le fruit de leurs passions ou de leurs aveuglements. Ce destin inspire la pitié ou la terreur. Oui, dans tous les sens du terme, l'attaque terroriste du 11 septembre, qui met fin à la parenthèse historique 1989-2001, est bien une tragédie.

Cette attaque marque également le début d'un nouveau type de guerre. Après les guerres de religions, les guerres nationales, voici le premier épisode de la guerre terroriste ou criminelle. D'abord : quels en sont les combattants ?

4
Les forces en présence

À la fin de l'année 2001, le premier épisode de la guerre terroriste oppose principalement deux ensembles totalement hétérogènes : d'un côté l'appareil de défense américain, organisé, hiérarchisé et au service d'un État-nation ; de l'autre une entité protoplasmique et à proprement parler amorphe, composée du réseau al-Qaïda et de ce qui gravite dans son orbite. Certes, ce conflit d'un type nouveau opposera peut-être demain des adversaires différents. Il n'empêche : les forces en présence sont aujourd'hui celles-là et il convient d'abord de les présenter et de les définir. C'est l'objet de ce chapitre.

LES ÉTATS-UNIS D'AMÉRIQUE, UNE RÉPUBLIQUE

ATOUTS [1]

Pour l'année 2002, le budget de la défense des États-Unis sera (hors annexes au titre d'autres ministères, mais contribuant à l'ensemble défense) de ± 360 milliards d'euros, en augmentation de 7 % sur 2001, soit 3 % de son PIB. Là-dedans, 34 milliards d'euros pour le renseignement. En 2000, le budget militaire de la Russie oscillait entre 45 et 72 milliards d'euros ; celui de la Chine était de 41 milliards d'euros.

Sur la terre, la supériorité militaire des États-Unis est écrasante, surtout dans le domaine aérien. Sa technologie, sa logistique sont inégalées. L'armée dispose en Amérique même de 64 000 km^2 de territoire propre (la Belgique fait 30 500 km^2). Elle compte 1,4 million de militaires en service actif, 1,3 million de Garde nationale et de réserves, 672 000 civils. L'armée des États-Unis possède 250 000 véhicules, 15 000 aéronefs, 1 000 vaisseaux de haute mer et 150 satellites. En décembre 2000, cette armée déployait 263 000 hommes à l'étranger : 50 000 à bord de navires, le reste dans 138 pays, en majorité dans d'importantes bases en Allemagne, au Japon et en Corée du Sud.

1. Lire notamment : « The new american way of war », *New York Review of Books*, juillet 2000 et « Peace is hell », *The Atlantic Monthly*, octobre 2001.

La guerre terroriste actuelle coûte aux États-Unis 1,4 milliard d'euros par mois (en sus du budget ordinaire de temps de paix). À ce jour, le Congrès a approuvé pour cette guerre un budget de 45 milliards d'euros, dont la moitié pour les opérations militaires proprement dites ; le reste pour réparer les dégâts causés à New York et Washington, secourir les victimes, etc. Rappelons que la guerre du Golfe coûta 68 milliards d'euros.

HANDICAPS

Colossale, la puissance militaire américaine est de conception classique (c'est-à-dire configurée durant la Guerre froide) et repose surtout sur une technologie hors pair. De façon claire, mais peu étonnante, elle est en revanche mal à l'aise face à un ennemi sans adresse. L'État-voyou, passe encore — Kadhafi, Noriega, Saddam Hussein, Milosevic avaient une adresse — mais le voyou sans État ? Notons que les stratèges de Washington sont conscients de cette faiblesse : le 25 juin 1997, le général Bob Dees, alors directeur délégué à la planification opérationnelle à l'état-major interarmes [1], présentait un texte de prospective « Joint vision 2010 / the concept for future operations ». Voilà ce qu'il disait déjà : « Quand je parle de menaces [*threats*], je n'évoque pas forcément celles d'hier, avant ou durant la Guerre froide, mais aussi les menaces asymétriques : éléments criminels équipés d'armes de destruction massive, mélangeant concepts terro-

1. « Acting director of operational plans and interoperability on the joint staff. »

ristes archaïques et outils technologiques de l'ère de l'information. Ces menaces asymétriques sont très dangereuses et nous devrons nous en soucier sérieusement à l'avenir. C'est face à de telles menaces, à l'œuvre sur un registre très étendu, qu'il nous faut placer nos forces. » En janvier 2001 encore, une commission du Pentagone définit le terrorisme comme une menace majeure pour l'armée américaine — et plus généralement, comme un risque grandissant pour l'Amérique, à l'étranger bien sûr, mais aussi sur son sol même.

Oui mais insistons : avoir conscience d'un problème n'est pas forcément savoir le résoudre. Sur la voie de la résolution du problème — adapter l'outil militaire US aux « menaces asymétriques » — plusieurs redoutables obstacles. Le premier est psychologique et concerne d'ailleurs toute élite dirigeante — ici, en l'espèce, l'élite militaire des États-Unis.

Dans l'ensemble des États-nations fonctionnels, l'État — surtout dans ses activités régaliennes — tolère mal le regard critique extérieur, que ce soit sur ses analyses ou sur ses entreprises. Ce regard extérieur étant ici d'autant plus utile que défense et renseignement relèvent de l'activité d'humains, non de robots. C'est là qu'entre en scène le concept de *dissonance cognitive*. En français usuel, la *dissonance cognitive* c'est la difficulté qu'éprouve tout homme — surtout dans sa maturité, quand il exerce des responsabilités importantes — à voir les changements s'opérant dans le réel des choses ; la peine qu'il ressent à admettre ses torts. Même fort intelligent, fort expérimenté, l'être humain peine à concevoir, imaginer, des esprits, des individus, très différents de lui-même. Ici par exemple, à pénétrer dans une culture terroriste.

Ainsi, les hauts responsables de la défense de l'État ont souvent une tendance inconsciente à voir des terroristes, des criminels, pensant et réagissant comme eux-mêmes. Ils n'imaginent pas combien ces terroristes, ces mafieux, vivent dans un autre univers. Sans effort intense d'imagination — car ce n'est pas d'intelligence, mais bien d'imagination, qu'il s'agit ici — ces individus sont pour eux quasi indéchiffrables. Bref : ces responsables ont d'énormes difficultés — insistons, c'est normal, il ne saurait en être autrement — à entrer dans la peau de ceux qu'ils doivent combattre.

Parfois — là c'est plus gênant — on a aussi le sentiment que, ce qu'est cet autre, ils ne veulent pas le savoir. Et que, passant d'un extrême à l'autre, ils nient l'humanité même de ceux qui les défient ou les attaquent. C'est ainsi que pendant la parenthèse historique 1989-2001, des experts militaires américains vont, de façon fort darwinienne, jusqu'à comparer les guérillas et réseaux terroristes à des « hommes de Neandertal », sub-humains — et bien sûr voués à disparaître devant « homo sapiens » (entendre, l'armée américaine).

Souvent dans l'histoire récente des États-Unis, des décisions importantes furent ainsi prises, des lois furent votées, sur la base d'idées reçues, de croyances, de malentendus ou d'illusions.

Second obstacle, technologique celui-là : le *Hitech* militaire ne convient pas aux conflits chaotiques, ne permet pas de parer aux menaces asymétriques — types de conflits pour lesquels et de longue date, la défense américaine n'éprouve d'ailleurs nul appétit. En effet, depuis la fin de la Seconde Guerre mondiale et les premières guerres de guérilla, l'aristocratie du Pentagone (hauts gradés et états-majors) a constamment renâclé devant les conflits à basse intensité, qualifiés avec mépris de « menaces molles » pour la sécurité de l'Amérique[1]. Rien n'y a fait, ni l'insistance des politiques (comme J. F. Kennedy, voir *infra*, p. 225), ni les efforts de militaires non conformistes. Deux exemples suffiront à montrer l'inadaptation du *Hi-tech*, chouchou financier et médiatique du Pentagone, aux guerres terroristes ou criminelles.

Hi-tech militaire et guerre du Kosovo

Commençons par citer un peu longuement un merveilleux article publié en septembre 2000 dans la *New York Review of Books* sous le titre « Kosovo : was it worth it ? ». Un monument d'ironie glaciale signé Timothy Garton Ash.

> « Climat, ruse paysanne et leurres grossiers ont mystifié les armements *Hi-tech* de l'OTAN (payés des milliards de dollars) censés repérer et détruire les blindés serbes au Kosovo. On comprit vite que les bombes guidées au laser "voient" mal à travers les nuages. Or au Kosovo, le printemps est nuageux. Des missiles de croisière d'avant-garde savent cibler les radars des batteries anti-aériennes ? Les Serbes branchent leurs radars deux secondes pour les éteindre aussitôt et les pauvres missiles, tout désorientés, s'égarent jusqu'en Bulgarie. On en retrouva un dans des toilettes, à Sofia. Les Ser-

1. Lire à ce propos *Learning from Conflict : the US Military in Vietnam, El Salvador and the Drug War*, Westport CT, Praeger publishers, 1998.

bes construisent de faux ponts en plastique — l'OTAN les détruit *illico*. Les Serbes disposent dans la nature des poêles au tuyau simulant l'affût d'un canon ? L'OTAN les frappe avec une exquise précision. Les Serbes placent des bûches peinturlurées à l'arrière de simples camions ? L'OTAN se rue dessus... On n'ose songer aux vies sauvées en Afrique avec l'argent gaspillé à de telles sottises. La guerre finie, l'OTAN prétendit avoir détruit 120 tanks serbes, 220 véhicules blindés de transport de troupes et 45 pièces d'artillerie. Mais selon un rapport de l'US Air Force, elle n'a détruit à coup sûr que 14 chars, 18 véhicules et 20 canons. »

Hi-tech militaire et « guerre à la drogue »

En juin 1996, une longue enquête du *Los Angeles Times* [1] révélait que depuis 1990, le seul Pentagone avait dépensé 6 milliards d'euros à édifier et entretenir une « barrière électronique *Hi-tech* » à hauteur de l'Amérique centrale, pour interdire l'afflux par voie aérienne des stupéfiants au nord du continent. Une barrière cruciale : pour la Drug Enforcement Administration américaine (DEA), 70 % de la cocaïne latino-américaine (à 95 % destinée au marché nord-américain) traverse le Mexique.

Cette « barrière » intégrait radars ionosphériques [2] (1 200 euros pièce, l'heure de fonctionne-

1. « Cocaïne traffic to US finds holes in Hi-tech fence », *Los Angeles Times*, 9/06/96.
2. Les radars ROTHR (relocatable over the horizon radars) sont installés à Chesapeake (Virginie) et Kingsville (Texas) Ils ont coûté 137 millions d'euros à construire et balayent 2 500 km d'espace aérien, 24 heures sur 24, quel que soit le temps ou l'altitude de l'aéronef, au sud de la frontière mexicaine et dans les Caraïbes.

ment), satellites-espions, radars de marine, AWACS et avions-espions P3 Orion — même un sous-marin nucléaire d'attaque de la flotte du Pacifique (coût, 1 milliard d'euros). Cependant, la disponibilité, la pureté et le prix de la cocaïne n'ont pas diminué aux États-Unis. Or l'efficacité d'une telle barrière se mesure objectivement : pour qu'elle soit efficace (selon la banale loi économique de l'offre et de la demande) il faut et il suffit que les narcotiques ciblés soient significativement plus chers et plus rares *après* son installation qu'*avant*. Or c'est l'inverse qui s'est produit :

Prix de détail moyen d'1 g de cocaïne aux États-Unis (en monnaie constante) :

En 1982 : ± 400 euros

En 2000 : moins de 100 euros

Le tonnage de cocaïne disponible sur le marché américain étant en 1996, au minimum analogue, sans doute supérieur, à ce qu'il était en 1982.

En Afghanistan et en 2001, on en est toujours au même point, ou presque. Pour bombarder de nuit les moudjahidines cachés dans des grottes, l'aviation américaine use de systèmes d'imagerie thermique sophistiqués. Les islamistes, eux, placent un troupeau de moutons dans une première caverne. Et se réfugient dans la seconde, après avoir placé des draps trempés d'eau glacée sur les trous d'aération, rendant ainsi quasi imperceptibles les émissions de chaleur. Résultat : un très coûteux carnage d'ovins[1]...

Un dernier obstacle à l'adaptation de l'outil militaire US aux « menaces asymétriques » est l'enfer-

1. Voir « Une garde prétorienne affûtée », *Courrier international*, 22/11/01.

mement physique de l'armée américaine à l'étranger dans des bases toujours plus impénétrables, au nom de la doctrine dite de « force de protection », face passive de celle du « zéro mort ». Après les graves attaques visant les militaires américains dans la péninsule arabique (Khobar, Arabie saoudite, juin 1996, 19 morts ; Aden, Yémen, octobre 2000, attaque du destroyer *USS Cole*, 17 morts), le Pentagone a conçu une phobie des attentats et consigné ses troupes dans d'impénétrables bastions. Physiquement enfermée, l'armée américaine se condamnait ainsi à l'isolement intellectuel — voire à l'autisme. Une disposition d'esprit qui n'est pas la meilleure pour concevoir une nouvelle stratégie de sécurité nationale, ni pour imaginer des parades militaires offensives au terrorisme.

BEN LADEN ET AL-QAÏDA, L'ESSENCE DU TERRORISME

Impossible d'imaginer ennemis plus étrangers l'un à l'autre que la défense américaine et la nébuleuse al-Qaïda.

D'un côté, une *mécanique* : une gigantesque organisation, hiérarchisée, nationale, rigidement et logiquement structurée, statique. Dotée d'un colossal arsenal conventionnel et nucléaire, cette machine est conçue selon les canons séculaires de la guerre à l'européenne — troupes en uniformes, port des armes apparentes, respect (au moins théorique) des lois et conventions sur la guerre, etc. Avant le

11 septembre, cet ensemble est plutôt englué dans la routine technologique et prisonnier d'une « culture des situations moyennes ».

De l'autre, une *entité biologique* : un protoplasme flexible, amorphe, mobile, nomade, transnational (mondialisé, même) et déterritorialisé, dynamique et imprévisible. Une entité privée de directions générales, départements et états-majors, mais dotée en revanche de pseudopodes, de satellites, d'affidés, de tout un ensemble de groupes ou d'individus, eux-mêmes peu ou pas structurés — en tout cas, pas à l'occidentale.

Protoplasme à vrai dire anonyme : le qualificatif al-Qaïda pour désigner l'ensemble des réseaux ayant fait, tout ou partie, à plein temps ou partiellement, obédience à Oussama Ben Laden est une pure et simple invention de la justice américaine, qui ne pouvait poursuivre une entité anonyme. C'est ainsi qu'un terme générique « la base », comme un sportif dirait « le vestiaire » ou un syndicaliste « le local », est abusivement devenu un nom de marque. Preuve de la réalité du tour de passe-passe : les experts présents sur le terrain afghan à la fin novembre 2001 et qui étudient de près les documents trouvés dans les bases de... « la base » trouvent parfois le terme « al-Qaïda » désignant un noyau activiste-terroriste parmi d'autres — mais qui jamais ne qualifie une superstructure d'ensemble —, d'autres documents pourtant stratégiques ne mentionnant tout simplement pas « al-Qaïda ».

Comment *vit* cet innommé protozoaire terroriste ? L'entité connue sous le nom d'al-Qaïda — que nous nommons ensuite al-Qaïda par commodité — est une fraternité, une confédération d'entités grandes et petites, toutes fanatiquement sunnites, unies par une commune « culture » du jihad et du martyre. La commune vue du monde de ces entités est tribale, médiévale, absolutiste et messianique. Ses cadres et dirigeants sont (au sens strict du terme) *aguerris* par des années passées dans les divers jihad du globe (Afghanistan, Cachemire, Tchétchénie, Bosnie, sud des Philippines, etc.) ; des années de clandestinité, de pratique du terrorisme. Nombre de ces cadres ont expérimenté la prison et la torture. Tous possèdent une capacité poussée de conspiration, une science consommée du silence et du secret. Le noyau central de cet ensemble est capable d'audace et d'imagination ; il peut déployer une « pensée des grandes circonstances ».

Pour les meilleurs experts, ce système primitif donc efficace — car rustique et indécelable par voie de *Hi-tech* — est un savant mélange d'ancien et de moderne (que l'on retrouve par ailleurs dans des structures mafieuses comme les Triades ou Cosa Nostra). Les « satellites » ou groupes coordonnés sont les « franchises commerciales » du centre (le moderne) ; les chefs de ces entités périphériques étant liés au centre par un fort médiéval serment d'allégeance (*bayat*).

Le « franchiseur » (al-Qaïda) apporte fonds et logistique à des groupes constitués et implantés de par le monde, reconnaissant la suzeraineté d'Oussama Ben Laden et suivant ses directives générales. Les experts estiment que la cellule de Mohammed Atta (qui pourrait avoir été le « cerveau » des attaques du 11 septembre) a fonctionné ainsi, comme « franchise » d'al-Qaïda, en une opération dont Atta avait sans doute l'initiative. Un tel système permet au noyau central de conduire simultanément et de façon cloisonnée plusieurs opérations majeures, d'avoir plusieurs fers au feu ; de pousser ici, de ralentir là, suivant un calendrier conçu en fonction d'impératifs politiques ou médiatiques.

L'IDÉOLOGIE D'AL-QAÏDA

Al-Qaïda est une entité salafiste. Dans ses structures, la Salafiya n'a rien à voir avec une multinationale, ni avec une « internationale » comme le Komintern. C'est un ensemble flou regroupant dans la souplesse, à travers pays et continents, des réseaux d'hommes de toutes provenances (certains violents, d'autres, non) partageant la même foi et luttant, parfois jusqu'au sacrifice de leur vie, pour restaurer l'islam chimiquement pur des origines. Pour ses fidèles, la *salafi dawa* (la prédication salafiste) est pure et parfaite. Elle seule est capable d'unifier toute l'*oumma* sur la base d'une adhésion littérale au Coran et à la *sunna* (la tradition), telle qu'elle fut transmise par « Salaf as-Salihin », ces pieux ancêtres dont il faut suivre la juste voie. La *salafi dawa* repose sur trois principes fondamentaux :

Tawhid : absolue unicité de Dieu, exigence formelle du monothéisme,

Tazkiya : purification permanente de l'âme par l'adhésion absolue aux commandements de Dieu : impératif de l'intégrité, de la droiture, de la justice, horreur de la corruption et de l'hypocrisie,

Ittiba : nécessité de suivre au plus près le modèle coranique, l'exemple du Prophète, tels que transmis par les deux sources indiscutables de l'islam : Coran et *sunna*.

Les salafistes incarnent ainsi un courant réactionnaire, activiste et puritain, souvent populaire dans le monde musulman, dans un « arc social » allant du lumpen-proletariat à la petite bourgeoisie commerçante. Prônant un islam pur, sans additions, soustractions, altérations, ni innovations (*bid'a*, que les salafistes ont en horreur), les salafistes se placent dans la filiation des « pieux ancêtres », premiers disciples et compagnons du Prophète (compagnons = *sahaba* ; voir plus bas Sepah-i-Sahaba Pakistan). Exécrant également le nationalisme, le socialisme et la démocratie, les salafistes prônent que le cadre de vie idéal pour un musulman est l'oumma, conduite par un calife, dans une société reproduisant fidèlement le modèle indépassable constitué par les cités de Médine et La Mecque, gouvernées par le Prophète.

Les principales références intellectuelles des salafistes sont : (dans l'histoire) Ibn Taymiyyah[1] et Mohamed bin Abdulwahhab[2] ; (dans la période contemporaine), Abdulaziz bin Baz (précédent grand mufti d'Arabie saoudite aujourd'hui décédé) et Mohamed Nasiruddin al-Albani[3].

Prêchant le retour aux fondements de l'islam, le

1. Syrien, 1263-1328. Doctrinaire fondamentaliste célèbre pour son interprétation littérale du Coran et son horreur des innovations et des hérésies. Précurseur du courant wahhabite.

2. Originaire d'Arabie, 1703-1787. Fondateur du courant fondamentaliste, austère et puritain dominant depuis lors en Arabie, grâce à l'adhésion de la dynastie des Séoud. Pour les wahhabites, tous ceux qui n'adhèrent pas à leurs dogmes sont des hérétiques et des apostats.

3. L'un des grands prêcheurs salafistes aujourd'hui décédé. Jordanien, malgré son nom (« l'Albanais »). Figure centrale de la société « al-Quran wa's-Sunnah ».

courant salafiste s'oppose aux sectes, aux écoles religieuses. Poussant à l'extrême le concept d'apostasie, il prétend purifier la religion musulmane de toute trace de polythéisme ou d'idolâtrie, de toute innovation, de toute pollution par des philosophies non islamiques. De ce fait, les salafistes haïssent l'ésotérisme des chi'ites et le mysticisme des soufis. Ils vomissent aussi les partis politiques islamiques à l'occidentale (la « Nation de l'islam » américaine, par exemple). Soufis, chi'ites et politiciens de l'islam sont pour les salafistes d'abominables hérétiques, dont le culte n'a rien à voir avec l'islam.

Notons enfin que le message salafiste, aussi clair que simple : l'islam du Prophète, rien de plus, rien de moins, attire les convertis de fraîche date, comme ceux que tente la conversion à l'islam.

Ainsi donc et partant de cette doctrine, et maintenant que l'on voit mieux comment *vit* al-Qaïda — que *pense*-t-elle ? À long terme, al-Qaïda prône un califat islamique mondial rassemblant tous les pays musulmans et obéissant à la charia (loi islamique). Ce califat s'exercerait à partir de l'Arabie saoudite, en tant que terre de la prophétie. À court terme et de ce fait, l'Arabie saoudite — terre qui, selon l'interprétation littérale du Coran, n'est pas un « pays » mais l'intérieur d'une vaste mosquée — doit être débarrassée de la présence impie et blasphématoire des Américains (chrétiens ou juifs), de leurs « femmes à demi nues » et de leur alcool. Cette libération permettra à la terre de la prophétie de retrouver son rayonnement islamique, de reprendre son rôle de moteur de la communauté des croyants.

« LA BASE » AU PAKISTAN

C'est un point fondamental à étudier : l'entité al-Qaïda est périssable, mais le modèle de structure qu'elle a, non pas inventé, mais développé et poussé à un niveau jamais atteint jusqu'alors, est, lui, durable. Et sera, dans l'avenir, imité et adapté.

Al-Qaïda (la base) est tout, sauf le sommet d'une pyramide. Ainsi, les graphiques vus dans la presse, pour lesquels cette entité serait pyramidale, avec des moudjahidines à la base et Oussama Ben Laden au sommet, trahissent-ils une profonde incompréhension de la nature même de ce qu'est en général une organisation hors du monde occidental, spécifiquement ici, dans la culture islamique fondamentaliste.

Il y a donc, au centre de tout, un ensemble nucléaire-biologique et non linéaire-mécanique, un noyau rassemblant les concepteurs du projet général al-Qaïda. Assurant le bon fonctionnement de ce noyau, des cellules adjacentes spécialisées dans la sécurité, la logistique, la communication, les finances, etc. En contact direct avec ce noyau et en fonction de nécessités géographiques et politiques, des émirs conduisant sur le terrain afghan les milices de *jihadis*, combattants islamistes arabes ou issus du monde musulman (turcs, bosniaques, philippins, etc.).

Dans un premier cercle d'affidés, on trouve les adhérents du Front islamique de lutte contre les juifs et les croisés, révélé au monde par un communiqué du 23 février 1998, suite à une réunion tenue à Peshawar, Pakistan. L'ont approuvé : Amin Dhaouahri, chef militaire du Jihad islamique d'Égypte, Rifat Ahmad Taha, dirigeant de la Jama'a islamiya d'Égypte, Abdessalam Mohammad, émir du Jihad islamique du Bangladesh, cheikh Mir Hamza, émir du Jamiat-I-Ulema Pakistan (JUP), et Maulana Fazlur Rehman, en tant qu'émir de la guérilla alors nommée Harakat ul Ansar (regroupant des islamistes armés pakistanais et cachemiris) et désormais baptisée Harakat ul Mudjahidin. En décembre 1999, Maulana Fazlur Rehman déclarait à l'AFP : « Nous sommes liés à Oussama Ben Laden et avons signé sa fatwa en février 1998. »

L'ensemble al-Qaïda plus premier cercle baigne, soulignons-le, dans ce véritable « plancton militant » que constituent les quelque 10 à 15 000 moudjahidines non afghans ou pakistanais passés, dans la décennie 90, par les camps d'entraînement d'al-Qaïda en Afghanistan.

Le second cercle autour du noyau central, c'est la profondeur stratégique d'al-Qaïda, son poumon extérieur. C'est — non pas le Pakistan en tant que pays, la logique des islamistes est tout sauf nationale — mais ce qu'on y trouve d'entités islamistes dures, immense et complexe ensemble de réseaux de mosquées et de madrassas (écoles coraniques), de groupes violents, de milices ou de structures carrément terroristes. Il nous paraît ici important de dépeindre cet univers un peu en détail, tant il est peu connu — et a été par exemple constamment sous-estimé, voire ignoré, par les experts américains officiels au cours des deux dernières décennies.

L'existence de ce second cercle est confirmée par la meilleure source possible : Oussama Ben Laden en personne. L'un des auteurs de cette étude a une longue pratique du dialogue avec des islamistes durs, salafistes ou Frères musulmans. Il peut assurer que, si ces fanatiques dissimulent fort bien — jusqu'à l'existence de leurs propres organisations — ils mentent peu et que, donc, leurs déclarations sont toujours à prendre très au sérieux.

Que déclare Oussama Ben Laden à la télévision Al-Jazira, en décembre 1998 ? :

« Grâce à Dieu, nous avons rencontré au Pakistan des personnes sympathiques et généreuses. Leur sympathie à notre égard a même dépassé toutes nos attentes. Que Dieu les bénisse. Pour l'amour de Dieu, nous recevons de ces chers amis, et d'autres fermes soutiens du jihad, des renseignements sur ce que font les Américains. Le peuple du Pakistan a clairement montré la haine qu'il éprouve pour l'arrogance que manifeste l'Amérique contre le monde islamique. Au Pakistan, il existe des groupes sympathisants de l'islam et du jihad. »

Le Pakistan, en chiffres ronds, c'est 120 millions de sunnites, 30 millions de chi'ites. Plus d'armes par tête d'habitant qu'aux États-Unis, plutôt lourdes (mitrailleuses, lance-roquettes, etc.). Et surtout : de 10 à 30 000 madrasas privées, 4 à 5 000 d'entre elles enseignant un islam fondamentaliste ultra-sectaire, et... le maniement des armes (la formule « Coran plus kalachnikov »). Financées souvent depuis l'étranger, ces « deeni madrassas » incontrôlées sont en réalité de parfaites « couveuses à fanatiques », où les Talibans ont recruté toutes leurs troupes.

Le fond (idéologique-spirituel) de ces ensembles mosquées-madrassas provient, à l'échelle du sous-continent indien, de deux centres de rayonnement islamique : l'école Deobandi (fondée en 1867 à Deoband, Uttar Pradesh, Inde) et l'école Ahle Hadith (« les gens de la tradition ») fondée en 1864 à Patna,

Bihar, Inde (moins importante que les Deobandi). Notons qu'à ce niveau, il s'agit de tendances islamiques, de courants de pensée, animant des milliers de mosquées dans tout le sous-continent indien, et autant de madrassas, ou écoles coraniques, dont les élèves sont des « talaba ». Au singulier « talib », mot dont on a fait *Taliban*, barbarisme associant à un mot arabe un pluriel perse. De ces deux centres de rayonnement sont issus tous les groupes salafistes, ou proto-salafistes de la région.

Un cran en dessous (activiste-politique), on trouve au Pakistan des partis ou organisations islamistes d'orientation salafiste (plus ou moins durs), tous pro-Ben Laden, du moins en paroles.

Jamiat-I-Islami Pakistan. Président : Qazi Hussein Ahmad. Créé en 1941 à Lahore par Maulana Abdul Ala Maududi (1903-1979). Deobandi, mais un peu plus « ouvert » que le courant salafiste proprement dit : on n'y pratique pas la rhétorique anti-chi'ite, on y a conscience d'une nécessaire modernisation de la société. Le JIP n'est ni un rassemblement de dignitaires religieux (oulema), ni un parti de masse ; il regroupe une élite de cadres issus des couches supérieures de la société civile (ingénieurs, juristes). Surtout implanté au Pendjab et dans la Province de la frontière du nord-ouest (PFNO, capitale, Peshawar). Le JIP contrôle un réseau de mosquées et madrassas, un important syndicat étudiant, plusieurs grands syndicats de salariés, des organes de presse ; un réseau de dispensaires, des centres d'alphabétisation, des écoles, des bibliothèques. Plusieurs centaines de milliers de Pakistanais sont dans sa mouvance immédiate. En octobre 1998 par exemple, le JIP a rassemblé 250 000 de ses partisans, sous la garde d'une milice (fortement armée) de 10 000 hommes. Au Cachemire, le JIP contrôle la guérilla « Hizbul Mujahideen ».

Jamiat Ahle Hadith (JAH, association pour le respect de la parole du Prophète, mouvement religieux créé en 1930) a suscité en 1986 Markaz-i-Dawat-wal-Irshad (DWI, devoir d'obéissance aux ordres divins), avec l'aide appuyée de l'Arabie saoudite. Le DWI est salafiste pur et dur, très antichi'ite et antisoufi. D'abord implanté au Pendjab, où il contrôle un réseau de mosquées et madrassas, un mouvement étudiant, etc. Dirigé par l'émir Hafiz Mohamed Said, DWI prône ouvertement le jihad et l'action violente et est lié à l'ultra-dangereux Sepah-I-Sahaba (voir plus bas). Des moudjahidines du DWI ont combattu en Bosnie, Tchétchénie, Philippines, etc. En novembre 1997, le DWI réunissait 30 000 moudjahidines fanatisés dans son fief de Muridke (non loin de Lahore, Pendjab). En novembre 1998, ils étaient 200 000 ; un an plus tard encore, la convention annuelle de DWI rassemblait 300 000 fidèles pendant trois jours...

JAH dispose d'une guérilla très active au Cachemire (Lashkar-I-Tayyaba, l'armée des purs), également dirigée par Hafiz Mohamed Said. Selon les services pakistanais, Lashkar-I-Tayyaba aurait en réserve 400 volontaires pour le martyre, dans ses camps d'entraînement militaire d'Afghanistan et du Cachemire.

Jamiat Ulema-I-Islam, JUI, fondé en 1945 à Calcutta (Inde). C'est le principal courant salafiste au Pakistan. Le JUI est très organisé et structuré, à l'échelle du Pakistan tout entier (mais son encadrement est plutôt pashtoun). C'est au sein de l'ensemble JUI qu'est apparue la milice armée la plus redoutable du Pakistan, Sepah-I-Sahaba (voir plus bas). Le JUI contrôle le plus vaste réseau de mosquées et de madrassas du pays et c'est dans ces dernières qu'ont été recrutées, vers 1993, les premières vagues de Talibans lancées à la conquête du pouvoir en Afghanistan (plus de 20 000 hommes). Intolérant et fanatique, le JUI est divisé en deux branches plus ou moins associées, plus ou moins rivales, selon l'époque.

Fondée par Maulana Fazlul Rehman (mis en résidence surveillée début octobre 2001) la branche JUI-F (F pour Fazlul) est aujourd'hui dirigée par Maulana Abdul Ghani. L'autre branche JUI-S (S pour Samiul) a pour émir Samiul Haq (également interpellé début octobre 2001).

Notons qu'en 1993-1994, le JUI était allié à Benazir Bhutto et financé par la « caisse noire » de Babar Khan, son ministre de l'Intérieur. Dès avril 1999, à Khairpur (Sind), le maulana Abdul Ghafoor Hyderi, secrétaire général du JUI, menaçait du pire le gouvernement pakistanais de Nawaz Sharif s'il aidait les Américains dans leur lutte contre Oussama Ben Laden.

Sur la scène du Cachemire, le JUI contrôle le « Harakat ul Mudjahidin »[1] (HUM, Brigade des combattants du jihad) dont le fondateur est Syed Salahuddin et l'actuel émir, Sajjad Shahid. Le HUM compte plusieurs milliers de combattants répartis

1. Fondée en 1994 sous le nom de Harakat ul Ansar, la guérilla a changé de nom en 1997, après avoir été incluse par Washington, sous son ancien nom, dans la liste des groupes terroristes internationaux les plus dangereux.

entre le Cachemire et l'Afghanistan : pakistanais, cachemiris, afghans ou arabes *jihadis*.

C'est au sein de cette guérilla qu'est apparu en février 2000 le groupe scissionniste, lui proprement terroriste, d'abord connu sous le nom de « Jaish Mohamad » (JM, l'armée de Mahomet). Le chef de Jaish Mohamad est Maulana Massoud Azhar, libéré de la prison où il se trouvait en Inde depuis 1994, après qu'un avion d'Indian Airlines eut été capturé en décembre 1999 par des moudjahidines de JM sur l'aéroport de Kandahar, Afghanistan. Amusante coïncidence : Kandahar se trouve être aussi le fief des Talibans et le siège de leur « gouvernement »...

Après une « mission de sacrifice » contre le parlement du Jammu-et-Cachemire (octobre 2001, 38 morts) et son inscription sur la liste américaine des groupes terroristes les plus dangereux, « Jaish Mohamad » a pris le nom de « Tehrik-uk-Forqan » (Mouvement de ceux-qui-savent-discriminer-entre-le-bien-et-le-mal). Peu après, JM perpètre le massacre dans une église chrétienne de Bahawalpur (Pakistan, 16 morts). Bahawalpur est la ville natale de Massoud Azhar, et le fief de JM.

Un cran en dessous encore, les bandes armées semi-légales et les groupes terroristes clandestins, eux aussi fort actifs au Pakistan. Ces entités recrutent pour la plupart dans la masse des 80 000 Pakistanais (la plupart, pashtounes) ayant combattu aux côtés des Talibans, ou s'étant au minimum entraînés avec eux.

Les bandes tribales. Dans la zone indistincte entre l'Afghanistan et le Pakistan (marquée « agences tribales » sur les cartes). Prolifèrent ainsi depuis 1998 dans cette « zone grise » les bandes armées tribales pashtounes se disant « Talibans pakistanais », exerçant un pouvoir de fait, rendant la « justice » et multipliant les autodafés d'« objets du démon » (postes de télé, cassettes et DVD, radios, CD-rom, etc.). Sur les cartes politiques, ces territoires sont « pakistanais », mais en réalité, ils sont entièrement sous contrôle de tribus pro-Taliban. Parmi ces milices ou armées privées, celle du chef tribal Sufi Mohamed, qui contrôle la région autonome du Makaland, à la tête de plusieurs milliers d'hommes en armes. Et aussi « Tehrik Nifaz-i-sharia Mohamedi » (Mouvement pour l'application de la loi de Mahomet), milice de 10 000 hommes. C'est également dans la PFNO qu'évolue la milice Jamiat ul-Moujahidin de Cheikh Abdulwahid Qasmi, également implantée en Afghanistan et au Cachemire.

Sepah-I-Sahaba Pakistan (SSP, armée des disciples du Prophète) créé en 1984 à Jhang (Pendjab) par l'émir provincial du JUI, Maulana Haq Nawaz Jhangvi. Le SSP regroupe des hommes jeunes, tous entraînés au maniement d'armes de guerre, issus de madrassas JUI. Parti du Pendjab, le SSP est désormais implanté dans tout le lumpen-proletariat des métropoles pakistanaises, à commencer par Karachi. Dès 1994 et selon ses dirigeants, le SSP disposait de 14 000 groupes armés de base, chacun doté de son propre arsenal et formé à la guérilla urbaine. Pour la direction du SSP, les Talibans sont « les seuls musulmans qui œuvrent à l'établissement d'un État islamique ». En septembre 1998, à Hyderabad, Maulana Muhammad Ibrahim, secrétaire général adjoint du SSP du Sind, déclarait : « Taliban et SSP sont deux synonymes... un grand nombre de membres du SSP combattent en Afghanistan. » Les dirigeants du SSP apportent un soutien sans faille à Oussama Ben Laden.

Le SSP a pour programme un Pakistan purement sunnite et fondamentaliste et une alliance extérieure revendiquée : l'Arabie saoudite. Notons qu'à ce jour, les deux dirigeants suprêmes du SSP ont été assassinés : Maulana Haq Nawaz Jhangvi, le 22 mars 1990, dans sa ville de Jhang, devant sa porte, par des tueurs à moto chi'ites de Sipah-I-Mohammad. Son successeur, Maulana Zia-ur-Rahman Farooqi, le 18 janvier 1997. Un véhicule piégé explose devant le palais de justice de Lahore, où Farooqi devait être entendu : 26 morts (dont Farooqi et 19 policiers), 100 blessés. Enfin et bien qu'il s'en défende, le SSP dispose également d'un bras armé terroriste, lui clandestin, le « Laskhar-I-Jhangvi ».

Lashkar-I-Jhangvi Pakistan (LJP, armée de Jhangvi, en référence au maulana Jhangvi). Organisation clandestine et terroriste fondée vers 1990 par des moudjahidines du SSP de retour d'Afghanistan. Coupable de centaines d'assassinats de religieux chi'ites et de diplomates et citoyens iraniens. Son fondateur Riaz Basra (en fuite) est condamné à mort pour 119 meurtres (dont celui d'un diplomate iranien) et 54 attentats. Le LJP compterait plus de 200 terroristes aguerris, dont des moudjahidines arabes, eux aussi issus du jihad afghan.

Tout cet ensemble activiste ou terroriste salafiste rassemble des dizaines, voire des centaines de milliers de moudjahidines, entre le Pakistan, l'Afghanistan, le Cachemire — même au Sinkiang chinois. Avec d'importantes bases logistiques et financières dans les pays du Golfe, où les Pakistanais tiennent nombre de petits commerces. Ces organisations sont financées par le racket de leurs diasporas ; par des trafics (or, êtres humains, contrebande) sur l'axe Peshawar-Karachi-Golfe-Angleterre ; enfin par des dons, publics ou privés de pétro-monarchies (Arabie, Émirats, Koweït, Bahreïn, Qatar) et aussi Libyens, dans le cas du JUI.

Il existe encore des partis, milices, groupes pakistanais ne se réclamant pas de la Salafiya, mais cependant fort activistes — et parfois même associés à al-Qaïda. Prenons le cas du Jamiat-I-Ulema Pakistan (JUP). Sa doctrine islamique est dite « Barelvie », supposée modérée. Cette école a été fondée en 1900, par Ahmad Riza Khan, à Bareilly, Uttar Pradesh, Inde. D'inspiration soufie, elle professe un islam plutôt moderniste et admet le culte des saints. Donc, en théorie, modérée. Mais dans la pratique les choses sont différentes.

Le JUP (fondé en 1948) a pour chef actuel Maulana Noorani et pour président Maulana Niazi. Ce mouvement contrôle (comme tous les autres partis religieux) un réseau de mosquées et madrassas, un mouvement étudiant, etc. Il dispose aussi d'une bande armée terroriste fort virulente, le Sunni Tehrik (fondé vers 1992), coupable de nombreux assassinats de chi'ites et autres « hérétiques » ; qui plus est Sunni Tehrik (implanté au Pendjab et à Karachi) est étroitement lié au milieu criminel. En février 1998, à Peshawar, le secrétaire général du JUP, cheikh Mir Hamza, a participé à la fondation, par Oussama Ben Laden, du « Front islamique de lutte contre les juifs et les croisés »

Coiffant l'ensemble de ces plus de trente partis, milices et groupes, un « Conseil de défense de l'Afghanistan et du Pakistan », créé début 2001 pour tenter de défendre le régime des Talibans, et présidé par Maulana Samiul Haq, émir du JUI-S.

Hors du sous-continent indien, le troisième et dernier cercle est celui des organisations de même orientation qu'al-Qaïda, mais ne lui ayant pas fait allégeance : Groupe islamique combattant libyen, Groupe islamique armé et Groupe salafiste pour la dawa et le jihad (Algérie), Front islamique tunisien ; sur lesquels al-Qaïda peut parfois compter, ne serait-ce qu'au coup par coup ; moins dans leur pays d'origine que dans l'émigration (comme on l'a vu par exemple au Canada). Au-delà encore, des noyaux sympathisants existent dans nombre de pays musulmans, au premier rang desquels le Bangladesh, l'Inde, l'Indonésie, le Nigeria et les Philippines, pays mentionnés (sans doute pas par hasard) par Oussama Ben Laden lui-même dans une interview du début novembre 2001 à Al-Jazira.

5

Un protoplasme mondialisé

Au-delà du Pakistan et de ses alentours immédiats, voici maintenant la « toile d'araignée » al-Qaïda / Ben Laden, dépeinte par le menu, dans son incroyable diversité. Tous les continents et pays où son activité a été décelée, tous les groupes militants connus, entre lesquels elle tisse ses fils ; tout le kaléidoscope des nationalités, ethnies, âges et professions de ses fidèles. Au total une entité d'une ampleur, d'une envergure, d'une variété que nul ne soupçonnait voici encore un an. Et qui, dans le secret, a crû à un rythme tel et s'est montrée si dramatiquement « efficace » dans la terreur qu'on ne peut plus désormais penser ces terrorismes-là en termes de répression — mais de guerre. Guerre non pas faite à une armée classique et organisée, mais à un vivier, à des noyaux, à des groupes instables et temporaires, à des individus vivant dans le secret et la clandestinité. Au total un ensemble d'allure biologique, à la fois informe et protoplasmique — si ce n'est, pour tout compliquer encore, acéphale.

LES HOMMES

Question. Quel point commun y a-t-il entre : le fils d'un garçon boucher de Haute-Savoie, un cheikh aveugle professant dans une mosquée de Brooklyn, un père de famille installée en Floride, un marchand de pneus texan, un ex-footballeur professionnel à la retraite vivant en Belgique, un chirurgien égyptien et un sous-officier des forces spéciales américaines ?

A priori, aucun.

Pourtant il y en a au moins un : ce sont tous des « Afghans », même si aucun de ceux que nous venons de citer n'est né en Afghanistan. Alors pourquoi les appelons-nous ainsi ? Parce que tous ont séjourné (à un moment ou à un autre, une ou plusieurs fois, plus ou moins longtemps) en Afghanistan pour : combattre aux côtés des moudjahidines pendant la guerre contre l'Union soviétique — les plus âgés — ou suivre un stage (de quelques semaines ou de quelques mois) dans les camps d'entraînement militaire — les plus jeunes.

Voilà donc l'origine de cette dénomination, « les Afghans ». Cependant, là n'est peut-être pas l'essentiel ; car, imaginons — on peut toujours imaginer : demain, tous les camps d'entraînement afghans (quelques centaines au minimum sur tout le territoire[1]) sont fermés, même ceux situés dans les ré-

1. À la fin des années 80 : plus de 180 camps d'entraînement sur tout le territoire ; ils ont été financés par une vingtaine d'États (États-Unis, Grande-Bretagne, Soudan, Égypte, Pakistan, Malaisie, Iran, Libye, Pakistan, monarchies du Golfe...).

gions les plus reculées, dans des territoires où les seigneurs de guerre, les chefs de tribus, ex-Talibans ou nouveaux moudjahidines et malfrats de tout poil s'arrangent entre eux pour imposer leur loi. Si nous prenons cette hypothèse, nos volontaires ne pourront plus s'entraîner en Afghanistan, ils iront donc tout simplement ailleurs : au Soudan, au Yémen [1], en Somalie ou dans d'autres territoires, hors contrôle, de la planète.

Le plus important est sans doute cet autre point commun : ils sont tous musulmans (de naissance ou convertis) et adhèrent à une interprétation ultrafondamentaliste de l'islam. Ils veulent restaurer la pureté originelle de la religion et prônent le retour à l'islam du Prophète et de ses successeurs immédiats. Ce commun désir de retour aux *salafs*, les grands ancêtres, conduit à désigner du terme de *salafiya* la tendance générale qu'ils représentent. Depuis le milieu des années 90, le premier objectif de ces hommes est de chasser les impies — et en premier lieu les Américains et les Israéliens — de la Terre sainte.

Revenons à nos exemples du début :

Le Savoyard, Jérôme Courtailler, a été arrêté à Rotterdam en septembre 2001. Converti à l'islam à Londres, il effectue plusieurs stages en Afghanistan, fait des séjours en Espagne, en Belgique... Cet « Afghan » est inculpé pour son appartenance à une cellule terroriste qui préparait un attentat contre l'ambassade américaine à Paris (réseau Beghal).

1. Les zones tribales au nord du Yémen, mal contrôlées, abritent centres religieux, écoles coraniques et camps d'entraînement militaire.

Le mufti aveugle, Cheikh Omar Abdul Rahman, a été condamné à la prison à perpétuité pour son implication dans l'attentat du World Trade Center en 1993. Chef de la Jama'a islamiya (un des groupes terroristes islamistes les plus dangereux au monde), il a recruté de nombreux volontaires dans tous les États-Unis. Au moment de son arrestation (1993), il s'apprêtait à lancer une campagne massive d'attentats à New York. Ces terroristes visaient : un immeuble des Nations unies ; le bâtiment du FBI à Federal Plaza ; deux tunnels sous Hudson River (entre New York et le New Jersey : « The Lincoln » et « The Holland ») ; un pont, « The George Washington Bridge » et « The Diamond district » (quartier juif de Manhattan). Autres cibles : le président égyptien Moubarak, le secrétaire des Nations unies Boutros Boutros-Ghali et le président du Sénat des États-Unis.

Le père de famille installé en Floride ? C'est Abdulaziz al-Omari, pilote, Saoudien : un des kamikazes qui se trouvaient dans l'avion qui s'est écrasé le 11 septembre 2001 sur la tour nord du World Trade Center à New York.

Le marchand de pneus texan ? C'est Wadih el-Hage, Américain (d'origine libanaise), 41 ans, marié, 7 enfants : recruté à Brooklyn, formé en Afghanistan ; connu comme un des secrétaires personnels d'Oussama Ben Laden au Soudan, directeur de *Help African People* (ONG active dans toute l'Afrique)... Fin 1997, il rentre aux États-Unis et ouvre une entreprise de pneus à Fort Worth (près d'Arlington). En septembre 1998, il a été arrêté aux États-Unis pour son implication dans les attentats contre les ambassades américaines en Afrique.

L'ex-footballeur ? C'est Nizar Trabelsi, arrêté en

Belgique en septembre 2001, il appartient également au réseau de Djamel Beghal (voir *infra*).

Le chirurgien égyptien ? C'est Ayman al-Zawahiri, chef du Jihad islamique (Égypte), le bras droit d'Oussama Ben Laden.

Le sous-officier des forces spéciales américaines ? C'est Ali Mohammed, la cinquantaine, connu comme un lieutenant d'Oussama Ben Laden, arrêté aux États-Unis en 1998.

DÉCENNIE 80, DÉBUTS DES ANNÉES 90 : « LES AFGHANS » (LA PREMIÈRE GÉNÉRATION)

Au départ il s'agit donc de volontaires venus combattre en Afghanistan pendant la guerre contre l'Union soviétique.

Entre 1980 et 1992, on estime au total que 30 000 à 40 000 volontaires étrangers ont combattu aux côtés des moudjahidines. Ils sont pour l'essentiel arabes, originaires (par ordre décroissant) : d'Arabie saoudite (± 10 000), du Yémen (6 à 7 000), d'Algérie (2 à 3 000 — dont 16 %[1] venant de la seule ville d'El-Oued, sud de la frontière tunisienne), d'Égypte, de Tunisie, d'Irak, de Jordanie. Dans leurs rangs, les pertes sont sévères.

Après le retrait des Soviétiques on considère que 11 000 à 20 000 de ces premiers « Afghans » vont continuer le jihad sur d'autres fronts :

1. D'après un échantillon de 900 Afghans identifiés par la sécurité algérienne (*El Watan*, 25/10/01).

La majorité d'entre eux rentrent dans leurs pays et créent de nouveaux mouvements armés dont le premier but est de combattre le pouvoir en place — impie : ainsi en Égypte[1] (voir *infra* Organisations — Moyen-Orient, Jama'a islamiya et Jihad islamique), en Algérie, en Jordanie, etc.

Par exemple, en Algérie : Mahfoud Nahnah reconnaît publiquement avoir envoyé au début de la décennie 80 « une trentaine de petits groupes algériens », dont la plupart des combattants étaient âgés de vingt ans à peine. À leur retour au pays, 45 % de ces « Afghans-Algériens » sont montés au maquis[2].

En Jordanie, l'existence de groupes « d'Afghans-Jordaniens » menant des actions terroristes sur le territoire est révélée par une série de procès ; ils se sont baptisés : *Armée de Mahomet* (apparaît en 1991), *Avant-garde islamique* (1992), *Cadets de Mu'tan* (1993), *Front de l'action islamique* (1992), *Parti de la libération islamique* (1992).

D'autres restent en Afghanistan ou le plus souvent s'installent au Pakistan (environ 3 000 hommes qui vont constituer un véritable réservoir du terrorisme islamiste international).

Ainsi, par exemple, en juin 1994 un attentat contre le mausolée de l'Imam Reza à Mashad (nord-est de l'Iran) fait 25 morts et plus de 70 blessés. En mars 1995, les 6 responsables de cet attentat sont arrêtés au Pakistan : ce sont des « Afghans » salafistes — et donc violemment anti-chi'ites (2 Sou-

1. De 1992 à 1999, les « violences islamiques » ont fait plus de 1 300 morts en Égypte. Depuis cette date : 119 condamnations à mort ont été prononcées, 82 exécutées.

2. Depuis 1992, la guérilla islamiste a fait plus de 60 000 morts en Algérie.

danais, 1 « présumé » Iranien, 2 Pakistanais[1]) installés à Peshawar (Province de la frontière du nord-ouest).

D'autres encore partent combattre loin de leur pays d'origine : au Cachemire, en Bosnie-Herzégovine, en Tchétchénie, au Tadjikistan, au Yémen, en Chine (Xinjiang), aux Philippines...

Par exemple, au Yémen : 3 000 « Afghans-Yéménites » et plus de 6 000 « Afghans-étrangers » (Algériens, Égyptiens, Afghans, Irakiens, Jordaniens, Somaliens, Soudanais, Syriens) combattent aux côtés des forces nordistes. Depuis, certains groupes islamistes ont des représentants officiels au Yémen, ainsi le Jihad islamique (Égypte), le Hamas ou le Jihad islamique palestinien. La Jama'a islamiya (Égypte) ou le Groupe islamique armé (Algérie) peuvent ici compter sur de nombreux sympathisants. Un certain nombre d'« Afghans » ont par ailleurs été récompensés en obtenant des places de choix dans l'ombre du nouveau pouvoir, ou des postes dans la police ou l'armée (pour les combattants de base). Fin 2000, on estime qu'il y a environ 3 000 « Afghans » au Yémen.

Enfin, un certain nombre gagne l'Europe et les États-Unis pour recruter et tirer parti des « commodités » du monde occidental (accès aux médias, liberté de création d'associations, facilités pour se déplacer d'un pays à l'autre...). Au départ, il s'agit surtout des cadres des grandes organisations égyptiennes (Jama'a islamiya — JI, Jihad islamique —

1. Abdul Shakoor, Pakistanais, avoue que l'attentat a été organisé par Ramzi Youssef (voir *infra* Opération Bojinka).

JIs). Ainsi par exemple, au début des années 90, les deux revues *Al Morabitoune* (organe du GI) et *Al Moujahidine* (organe du JIs) sont conçues et imprimées au Danemark. Les leaders basés en Grande-Bretagne ont pour mission de s'adresser à la presse ; ils font des déclarations en leur nom propre dans un autre magazine du JI nommé *Al Itissam* et fondent un centre de recherche islamique.

DÉCENNIE 90

À partir des années 90, de nouveaux « volontaires » sont formés en Afghanistan : ils ont été recrutés en Europe, en Afrique, en Amérique... Ils viennent de tous les continents : ils sont turcs, bengalis, français, américains, somaliens, philippins, chinois, canadiens...

Dans ces camps ils reçoivent une formation complète, ils apprennent ainsi : à utiliser des armes et des explosifs bien sûr, mais aussi les techniques de guérilla, les méthodes pour falsifier des papiers, les sommes qu'il convient de payer à des agents corrompus pour passer une frontière sans encombre, tous les « bons tuyaux » pour obtenir le statut de réfugié politique dans un pays, la manière de se fondre dans la population, etc.

En 2001, on estime qu'au moins 11 000 hommes ont été formés dans les camps afghans au cours des cinq dernières années, dont environ 3 000 sont considérés comme « durs ». Des sources officielles allemandes estiment même (à la mi-novembre 2001), lors d'une conférence de travail avec le FBI américain, que les hommes passés par les camps afghans ont pu approcher le nombre de 70 000, en provenance de 50 pays divers.

Après cette formation, certains partent ensuite faire la guerre dans les Balkans, en Tchétchénie, dans l'archipel des Moluques (Philippines), etc. Sur ces champs de bataille de nouvelles solidarités se créent.

Exemple : au début des années 90, de 3 à 5 000 « Afghans » (originaires des pays arabes, mais aussi de Turquie, d'Iran, du Pakistan et d'Europe) rejoignent la Bosnie. Ils sont regroupés au sein de la « 7e brigade » intégrée au « 3e corps d'armée » bosniaque. Sont ainsi passés par la Bosnie : une partie des membres du gang de Roubaix (Lionel Dumont alias « Abu Hamza », Français toujours en fuite ; Christophe Caze, chef du réseau, Français tué en 1996 lors de l'interpellation du gang) ou Soleiman Abu Ghaith (Koweïtien, connu comme le porte-parole d'al-Qaïda). Après les accords de paix de Dayton-Paris (décembre 1995) la « 7e brigade » est officiellement dissoute et les « Afghans » sont invités à quitter le pays.

Jusqu'en octobre 2001, ceux d'entre eux qui sont restés se sont montrés plutôt discrets : ils ont acquis la nationalité bosniaque, se sont installés dans des villages au centre de la Bosnie (autour de Zénica), ils se sont mariés localement, ont fondé une famille, un certain nombre travaillent pour des organisations humanitaires (islamiques bien sûr). Les ONG ont en effet proliféré dans le secteur (elles sont égyptiennes, soudanaises, pakistanaises, yéménites, etc.). Officiellement, elles fournissent des soins médicaux, participent à la construction de mosquées, d'écoles (coraniques)... Si elles assistent effectivement les plus âgés, elles prennent surtout en charge les plus jeunes : des centaines d'adolescents ont ainsi été envoyés dans les madrassas (écoles coraniques) pakistanaises pour recevoir une formation complète.

En 2001, on retrouve encore de petits groupes d'« Afghans » actifs qui combattent aux côtés des Albanais en Macédoine. Fin 2001, les experts estiment que « la Bosnie est devenue une petite base arrière, un endroit où l'on peut se procurer relativement facilement des armes, des faux papiers et des moyens de circulation ». Pour les services de renseignement albanais « l'infiltration de terroristes dans les pays européens s'effectue à partir de l'Albanie ». En revanche, nous n'avons aucune estimation, même approximative, sur le nombre d'« Afghans » qui résident clandestinement dans les Balkans en 2001[1].

D'autres créent de petites cellules terroristes en Europe, aux États-Unis, en Afrique...

1. Juste quelques indications : *Pour la Bosnie :* — D'après les chiffres officiels, 12 000 personnes ont acquis la nationalité bosniaque pendant ou après la guerre. — En 2001 le porte-parole du haut représentant des Nations-Unies en Bosnie, Stefo Lehman, rapporte que pour la seule année « 25 000 étrangers enregistrés à l'aéroport de Sarajevo se sont évaporés dans la nature. Officiellement, ils sont rentrés mais pas ressortis [...] en Bosnie : on rentre et on sort comme on veut. » *Pour l'Albanie :* — En 1992, le président albanais Salim Berisha a accordé un droit d'entrée sans visa à tout citoyen du monde arabo-musulman. — D'après les services de renseignement albanais, 218 ressortissants de pays arabes résident en Albanie (il ne s'agit bien évidemment que de ceux qui se sont fait enregistrer officiellement) ; ils sont en majorité égyptiens et soudanais et se sont installés dans le pays sous le couvert d'associations humanitaires.

En vingt ans, des réseaux (parfois « dormants ») ont été mis en place aux quatre coins de la planète (des groupes d'« Afghans » sont actifs dans au moins cinquante pays). Ainsi par exemple en Europe (voir plus bas les cellules démantelées en Espagne, en Italie et en France en 2001).

Les « Afghans » sont très difficiles à traquer : ils se déplacent beaucoup, changent d'identité « comme de chemises », traversent les frontières avec des faux papiers (volés à des particuliers européens de souche, récupérés dans des administrations étatiques[1], falsifiés, contrefaits par d'autres cellules spécialisées dans cette activité). Ils se fondent dans la population (rasés de près, ils vont en discothèque, ne fréquentent pas les mosquées... ils sont « comme tout le monde »).

LES CADRES

Autour d'Oussama Ben Laden, une poignée d'hommes de confiance (une vingtaine). Ils appartiennent pour beaucoup au Jihad islamique, à la Jama'a islamiya, mais aussi au Harakat ul Mudjahidin.

1. Par exemple, 1 000 000 de passeports « blancs » (neufs) ont été volés en Albanie.

ABDUL RAHMAN AHMED (ALIAS « SAIF ALLAH », 35 ANS EN 2001) ET MOHAMED (ALIAS « ASSAD ALLAH », 29 ANS)

Deux fils du Cheikh Omar Abdul Rahman. Rencontrent Oussama Ben Laden dans les années 80 à Peshawar. Ahmed (« le sabre de Dieu ») aurait été capturé en Afghanistan fin novembre 2001 et devrait être ultérieurement remis aux Américains ; son frère Mohamed (« le lion de Dieu ») aurait été tué à la mi-novembre dans le raid aérien durant lequel Mohamed Atef (voir plus bas) a disparu.

ABU GHAITH SOLEIMAN

Koweïtien, 36 ans (en 2001). Marié, 6 enfants. Professeur de théologie, imam. Ancien cadre des Frères musulmans. Connu comme le porte-parole d'al-Qaïda. Début des années 90 : il se fait connaître pendant la guerre du Golfe en prononçant des prêches enflammés contre Saddam Hussein dans une mosquée de Koweït-city. Après le retrait des troupes irakiennes, il s'attaque au gouvernement koweïtien et aux États arabes dans ses sermons. Il est interdit de prêche par les autorités koweïtiennes. En 1992, il quitte la confrérie des Frères musulmans qu'il accuse de collaborer avec le régime. 1994 : il combat en Bosnie-Herzégovine. Fin des années 90-juin 2001 : il enseigne dans une école coranique à Koweït-city. En juin 2001, il quitte le pays et rejoint Oussama Ben Laden en Afghanistan. Octobre 2001 : il apparaît pour la première fois au côté d'Oussama Ben Laden. Novembre 2001 : le gouvernement koweïtien annonce son intention de le déchoir de sa nationalité.

ABU KHABBAB

Égyptien. Diplômé en sciences (Université d'Alexandrie, Égypte). Connu comme :

— un des trois secrétaires particuliers d'Oussama Ben Laden,

— un expert ès explosifs : entraîne les volontaires au maniement des bombes, etc.

ABOU SITTAH SUBHI ABDELAZIZ, ALIAS
MOHAMED ATEF, ABU HAFS AL-MISRI,
CHEIKH TANSEER ABDULLAH

Égyptien, né en 1944 dans la province du Caire, aurait été tué en Afghanistan en novembre 2001. Membre du Jihad islamique. Connu comme le commandant militaire d'al-Qaïda.

Biographie sommaire :

Années 80. S'installe à Peshawar. Chargé du recrutement et de la formation des volontaires au côté d'Ali al-Rashidi [1] (alias Abu Ubaydah al-Banshiri). Auteur d'un manuel pratique du terrorisme de 180 pages, intitulé « Études militaires pour mener la guerre sainte contre les tyrans ».

Années 90. Responsable des réseaux en Afrique. Fait plusieurs séjours en Somalie pour entraîner les tri-

1. Décédé dans un accident de ferry sur le lac Victoria en 1996.

bus opposées à l'intervention américaine. Également signalé au Kenya, au Soudan, en Afrique du Sud.

Janvier 2001. Sa fille épouse un des fils d'Oussama Ben Laden.

Septembre 2001. Aurait joué un rôle majeur dans l'organisation des attentats du 11 septembre.

Figure sur la liste américaine des terroristes les plus recherchés au monde. Tête mise à prix : 5 millions de dollars aux États-Unis.

Déclaré « probablement mort » dans les bombardements de Kaboul par le Département d'État.

AHMAD, MOHAMMED MUSTAPHA, ALIAS CHEIKH SAÏD

Connu comme le directeur financier d'Oussama Ben Laden. Le 8 septembre 2001, il verse 100 000 dollars d'une banque de Dubaï à Mohammed Atta (un des kamikazes qui se trouvait dans l'avion qui s'est écrasé le 11 septembre 2001 sur la tour nord du World Trade Center à New York). Le 11 septembre 2001, il quitte les Émirats arabes unis (EAU) pour le Pakistan.

AL-ISLAMBOULI MOHAMMED SHAWQI

Égyptien. Haut responsable de la Jama'a islamiya (Égypte). Frère de Khalid al-Islambouli (exécuté avec quatre autres membres du Jihad islamique pour l'assassinat d'Anouar el-Sadate). Organisateur de réseaux acheminant hommes et armes vers l'Égypte. 1992 : condamné à mort par contumace en

Égypte (procès des *Returnees from Afghanistan*). 1999 : condamné à mort par contumace en Égypte (procès des *Returnees from Albania*).

AL-SAYYID AHMAD OU « TARIQ ANWAR », ALIAS FADHI, AMR AL-FATIH

Responsable du Jihad islamique (Égypte). Condamné à mort par contumace en Égypte en 1998. Aurait été tué en novembre 2001 lors d'un bombardement sur la ville de Khost, Afghanistan.

AL-SOURI OMAR ABDUL HAKIM « ABU MUSAB »

Syrien, longtemps membre de la confrérie des Frères musulmans. Connu comme responsable de camps près de Khost (Afghanistan). Juillet 2000 : d'après des rumeurs, il aurait fait défection en emmenant une cinquantaine de combattants arabes (Algériens, Syriens, Jordaniens, Saoudiens, Égyptiens, Syriens). À l'origine du désaccord avec Oussama Ben Laden : la mise à disposition des Talibans de plus de 1 000 combattants arabes. Souri dément catégoriquement cette rumeur dans une interview accordée à la chaîne de télévision Al-Jazira.

AL-ZAWAHIRI AYMAN, ALIAS ABU MOHAMMAD, ABU FATIMA, MUHAMMAD IBRAHIM, ABU ABDALLAH, ABU AL-MUIZ, THE DOCTOR, THE TEACHER

Égyptien, 50 ans (en 2001). Chirurgien. Chef du Jihad islamique (Égypte). Issu d'une famille cairote aisée et prestigieuse.

Son grand-père, Rabia Zawahiri, a occupé le poste de grand imam de la mosquée Al-Azhar du Caire.

Ses grands-oncles : Mafooz Azzam est vice-président du parti travailliste en Égypte (opposition) ; Abdel Rahman Azzam a été premier secrétaire de la Ligue arabe.

Auteur de plusieurs livres sur les mouvements islamiques. Zawahiri a été très influencé par les théories d'Hassan al-Banna (fondateur des Frères musulmans) et de Syed Qotb (condamné à mort en Égypte, pendu en 1966 ; les écrits de Syed Qotb sont interdits en Égypte en 1970). Connu comme :

— Principal conseiller d'Oussama Ben Laden. D'après son avocat « Zawahiri est pour Oussama Ben Laden ce que le cerveau est au corps [...] Il a réussi à remodeler la pensée d'Oussama Ben Laden et à faire de lui, simple partisan du jihad afghan, un chef qui croit à l'idéologie du jihad et qui l'exporte ».

— Responsable de la coordination des réseaux dans les Balkans.

— Responsable des ONG ; a beaucoup travaillé à l'extension du réseau d'associations islamiques caritatives à travers le monde.

Biographie sommaire :

1965. Adhère à la confrérie des Frères musulmans (il a une quinzaine d'années).

1966. Il est arrêté en Égypte pour son appartenance à la confrérie des Frères musulmans (relâché rapidement).

1970. Il accède à la direction du Jihad islamique.

1978. Il obtient un diplôme de chirurgien à l'université de médecine du Caire.

1980. Il part pendant un an travailler dans un hôpital du Croissant rouge à Peshawar (Pakistan), il rencontre Oussama Ben Laden.

1981. Après l'assassinat d'Anouar el-Sadate, il est arrêté en Égypte : mis hors de cause dans cet attentat, il passe néanmoins trois ans en prison.

1984-1985. Il ouvre une clinique à Maadi (banlieue du Caire).

1985. Il repart travailler dans un hôpital à Peshawar.

1986. Il rentre brièvement en Égypte, puis quitte son pays définitivement.

1987. Il crée un bureau du Jihad islamique à Peshawar et un magazine, *The Conquest*.

1991. Il suit Oussama Ben Laden au Soudan et organise des cellules terroristes au Soudan pour attaquer les troupes américaines en Somalie en 1993. Il envoie Ali Mohammed aux États-Unis pour y installer des bases opérationnelles (notamment à Santa-Clara en Californie). Il fait au moins deux séjours en Californie sous l'identité de Dr Abdel Muez al-Zawahiri et visite trois mosquées à Santa-Clara, Stockton et Sacramento. Là, il récolte des fonds (officiellement pour les veuves, les orphelins et les réfugiés afghans).

À cette époque on le signale également en Afghanistan, au Pakistan, en Arabie saoudite et en Europe (au Danemark et en Suisse notamment).

1995. Il est de retour au Pakistan, le Jihad islamique revendique l'attaque de l'ambassade d'Égypte à Islamabad.

1998. Il signe la « Fatwa contre les juifs et les croisés ». Il est inculpé aux États-Unis dans le cadre des attentats contre les ambassades américaines au Kenya et en Tanzanie. Après les bombardements américains en Afghanistan il répond à une interview : « La guerre vient seulement de commencer. Les Américains doivent s'attendre à une réponse. »

1999. Il est condamné à mort par contumace en Égypte dans le procès *Returnees from Albania.*

Figure sur la liste américaine des terroristes les plus recherchés au monde. Tête mise à prix : 5 millions de dollars aux États-Unis.

BEN ATISH TAWFIQ, ALIAS KHALEED

Yéménite. Connu comme le conseiller d'Oussama Ben Laden en matière de sécurité. Responsable des activités au Yémen, en Arabie saoudite notamment. Principal suspect dans l'attentat contre l'*USS Cole* (Yémen). Rencontre en décembre 1999, à Kuala Lumpur (Malaisie), Khalid al-Midhar et Nawaz al-Hamzi (les « bombes humaines » se trouvant dans l'avion qui s'est écrasé le 11 septembre 2001 sur le Pentagone à Washington).

CHAABANI (OMAR)

Connu comme le responsable de la maison des Algériens à Peshawar entre 1998 et 1999. Seconde Abu Zubayda pour l'accueil des volontaires en Afghanistan.

HASSAN ZEIN AL-ABIDIN

Égyptien (Palestinien). Vit au Pakistan. Connu comme un des principaux leaders d'al-Qaïda. Impliqué dans les projets d'attentats contre les intérêts américains et israéliens en Jordanie pour les festivités de l'an 2000.

SALAH (MOHAMED, ALIAS NASR FAHMI NASR)

Responsable du Jihad islamique (Égypte). Condamné à mort par contumace en Égypte en 1998. Aurait été tué en novembre 2001 lors d'un bombardement sur la ville de Khost, Afghanistan.

TAHA RIFAÏ « ABOU YASSIR »

Égyptien. Haut responsable de la Jama'a islamiya (Égypte). 1998 : il signe la Fatwa contre les juifs et les croisés. 1999 : il refuse la trêve des affrontements armés décrétée par les principaux responsables de la Jama'a islamiya en 1999. Juin 2000 : il menace (dans une déclaration à l'AFP en juin) les intérêts américains au Moyen-Orient.

ZINE EL-ABIDINE MOHAMED, ALIAS ABU ZUBAYDAH, TARIQ, ABOU AL-MAID

Saoudien (d'origine palestinienne), voyage avec un passeport égyptien. 27 ans (en 2001). Longtemps installé à Peshawar, vit en Afghanistan depuis 1999. Vétéran de la guerre d'Afghanistan. Connu comme :

— Chargé de la formation théologique et de l'entraînement militaire des nouvelles recrues en Afghanistan et au Pakistan (a notamment dirigé le camp de Khalden en Afghanistan).

— Chargé de la coordination du recrutement et de la formation des moudjahidines partant combattre dans les Balkans.

— Responsable de la coordination des groupes à travers le monde, notamment les réseaux européens et maghrébins.

Le fait est que l'on retrouve son nom cité dans de nombreuses affaires : Réseau Beghal, Cellule GIA de Fateh Kamel à Montréal, commando en Bosnie (octobre 2001)

En septembre 2000 Mohamed Zine el-Abidine est condamné à mort par contumace en Jordanie (conspiration terroriste visant des cibles américaines et israéliennes à l'occasion des festivités du passage à l'an 2000).

LES ENTITÉS

AFRIQUE

Al Itihad al Islamiya (l'Unité islamique) — Somalie et Corne de l'Afrique

Lié à al-Qaïda depuis 1992. Depuis cette époque des Somaliens sont recrutés et sont formés dans des camps au Pakistan et en Afghanistan. Commandant militaire : Maj Hassan Dahir Uweis. Combattants et sympathisants : de 3 000 à 5 000 membres ; plus 50 000 à 60 000 sympathisants et réservistes. Le groupe recrute dans tous les clans et dans le monde des affaires. Bases : Mogadiscio (Somalie), Ogaden (Éthiopie). Camps d'entraînement : au sud, près de Kambonie (ville à la frontière du Kenya) ; au nord, aux environs de Anod (sud du Somaliland) et de Galkaiyo ; à l'ouest, près de El Wak et de Gedo (frontière avec l'Éthiopie). Les camps de la région de Gedo auraient été installés par des hommes d'Oussama Ben Laden à partir de juin 1999. En 2001, plusieurs milliers d'« Afghans » auraient été formés dans des camps d'entraînement en Somalie.

Activités et objectifs

En Éthiopie Al Itihad al Islamiya demande l'indépendance de la région d'Ogaden (est de l'Éthiopie) et l'application de la sharia.

Fin septembre 2001, Al Itihad al Islamiya organise des manifestations de soutien à Oussama Ben Laden à Mogadiscio et Ogaden.

Patrimoine

Le mouvement dispose d'un important patrimoine : télécommunication, Internet, bâtiment, banques et bureaux de change, services postaux, agences de voyages, etc. La société al-Barakaat (*sacré* en arabe), l'un des plus importants conglomérats de Somalie, gère le gros de ce patrimoine. Le groupe opérait (jusqu'en septembre 2001) dans le monde entier notamment aux États-Unis et en Grande-Bretagne. Les banques du groupe Barakaat permettent aux expatriés somaliens de rapatrier en Somalie environ 500 millions de dollars par an. En 2000, les Somaliens vivant aux États-Unis ont ainsi transféré 75 millions de dollars (de 2 à 4 millions de dollars par mois). En octobre 2001, les avoirs du mouvement ont été gelés par les États-Unis.

Front islamique national (FNI) — Soudan

Mouvement lié à la confrérie des Frères musulmans du Soudan. Dirigeant : Hassan al-Turabi. Assigné à résidence en octobre 2001. Son procès prévu à l'automne 2001 est reporté. Coordinateur des forces de Défense populaires (milice du FNI) : Ghazi Salaheddine. A fait ses premières armes dans l'armée islamique de Kadhafi. Recruté par al-Qaïda dans les années 90, il part combattre en Afghanistan. Conserve depuis des liens étroits avec les « Afghans » et la Jama'a islamiya (Égypte). Revient au Soudan après le coup d'État du général Bashir en 1989. Représente « l'aile dure » du FNI.

Dans les années 90, de nouveaux camps d'entraînement du FNI sont ouverts dans le pays. Ils forment des cadres qui sont ensuite envoyés dans toute l'Afrique de l'Est (Kenya, Somalie, Tanzanie, Ouganda, Burundi, etc.). D'après un rapport d'*Human Rights Watch* publié en août 1998, les combattants des réseaux islamiques africains sont majoritairement entraînés dans des camps situés au Soudan : près de Khartoum et de Port Soudan ; dans la région de Damazin (à l'est) ; dans la province Equatoria (au sud). Le FNI accueille des volontaires dans ses camps, distribue des fonds à des organisations islamiques et des ONG au Kenya, au Mozambique, en Tanzanie, en Ouganda et en Zambie. Des cadres sont envoyés au Tchad ou dans d'autres pays d'Afrique (de l'ouest essentiellement) pour prêcher la bonne parole.

En 1991, Oussama Ben Laden établit ses quartiers généraux au Soudan. Environ 400 combattants liés à Oussama Ben Laden combattent au côté d'Hassan Turabi et du général Bashir. Dès cette époque, l'équipe de Ben Laden travaille au regroupement des combattants de l'Omoro Liberation Front, de l'Islamic Front in Ethiopia et de l'Eritrean Liberation Front. En 1996, les Nations unies et les États-Unis imposent des sanctions au Soudan ; Khartoum « demande » à Oussama Ben Laden de quitter le pays.

Oussama Ben Laden financerait directement trois camps au nord du pays. Ces camps ont notamment accueilli des combattants de Cheikh Abdullah (Ouganda), du Front islamique du salut (Algérie), de l'Eritrean Islamic Jihad et du Front islamique de libération Moro (Philippines).

Les Gardiens de la prédication salafiste (GPS) — Algérie

Dissidence du Groupe islamique armé (GIA) de l'émir Antar Zouabri et plus particulièrement d'une katiba du GIA dénommée *al-Ahoual*, « La terreur ». Apparaît en 1998. En octobre 2001, au lendemain du match de football France-Algérie au Stade de France (Paris), quatre islamistes liés à ce mouvement sont arrêtés à Sartrouville (Yvelines) et Saint-Denis (Seine-Saint-Denis) : première apparition du GPS en France.

Groupe salafiste pour la prédication et le combat (GSPC) — Algérie

Également appelé *Dawa wal Jihad*, groupe islamique armé 2e région. Apparaît en 1998.

Dirigeant connu : commandant Hassan Hattab (ancien émir de la « 2e région militaire » du GIA).

En février 1999, Mohamed Rached, un repenti du GIA, déclare avoir été témoin de plusieurs conversations téléphoniques entre Oussama Ben Laden et Hassan Hattab et affirme que le GIA a changé son nom pour celui de GSPC sur l'ordre du milliardaire saoudien.

Activités et objectifs

Un certain nombre de cellules d'« Afghans » en Europe se réclament du GSPC et sont liées au GIA (voir, par exemple, le groupe arrêté à Alicante — Espagne — en septembre 2001).

En novembre 2001, Hassan Hattab aurait menacé de s'attaquer aux intérêts américains et européens en Algérie et déclare « si les États-Unis s'en prennent aux musulmans, il faudra s'attendre à des représailles pires que les attentats du 11 septembre 2001 ». Communiqué cependant non authentifié.

Islamic party of Kenya (IPK) — Kenya[1]

L'IPK est financé par le Front national islamique (Soudan).

Dirigeants connus : Commandants : Cheikh Khalid Balala ; Cheikh Khalifa Mohamed (autorité spirituelle).

Objectifs : le but de Cheikh Khalid Balala est de créer des mouvements islamiques similaires en Tanzanie, au Mozambique, en Zambie et en Ouganda.

Islamic salvation movement — Erythrée. Ex-Eritrean Islamic Jihad movement (le groupe change de nom en 1998)

Apparaît en novembre 1997.

Dirigeants connus : secrétaire général : général Cheikh Khalil Muhammad Amir.

Itisam bi al-Kitab wa al-Sunnah — Somalie

En juin 1996, Al Itihad al Islamiya et le groupe

1. À partir de 1997, le Kenya devient le principal point de passage pour le commerce de la drogue notamment celle en provenance de Karachi (Pakistan). Mombassa et Zanzibar apparaissent comme des villes clés pour le blanchiment de l'argent de la drogue et le financement des opérations d'Oussama Ben Laden aux États-Unis et en Europe.

Tajamu Islami également basé en Somalie fusionnent et prennent le nom Itisam bi al-Kitab wa al-Sunnah.

Jama'a islamiya (JI, groupe islamique) — Égypte

Liée au Jihad islamique (JIs) — Égypte. Apparaît en 1977 dans les universités du Caire. Émir : Cheikh Omar Abdelrahman. Condamné aux États-Unis en 1995 à la prison à perpétuité pour l'attentat contre le World Trade Center en 1993.

Membres de la *shura* (conseil) :

— Mustafa Hamza (président). Trois fois condamné à mort par contumace en Égypte : affaire des *Returnees from Afghanistan* (1992) ; tentative d'assassinat du ministre de l'Information, Sawfwat El Sherif (1994) ; attaques armées au sud de la province de Minya (1996). Principal suspect, dans la tentative d'assassinat du président Hosni Moubarak en Éthiopie (1995) ; pour les autorités égyptiennes, c'est lui qui a ordonné le massacre de Louxor (1997). Réfugié au Soudan (milieu années 90) puis en Afghanistan (au moins jusqu'en 1999).

— Abu Yassir Rifaï Taha. Réfugié en Afghanistan. Lieutenant d'Oussama Ben Laden.

— Mohammed Shawqi al-Islambouli[1]. Réfugié en Afghanistan. Lieutenant d'Oussama Ben Laden.

1. Dans une déclaration envoyée à l'agence de presse Reuters en décembre 1999, il affirme avoir démissionné de ce poste en même temps que Abu Yassir Rifaï Taha. Ce dernier dément avoir démissionné dans une autre déclaration...

Commandement militaire (en Égypte) : Ala Abd al-Raziq (commandant, depuis septembre 1999). Succède à Farid Kadwani (tué avec ses trois adjoints dans un affrontement armé avec la police à Giza's Umianiyah — est du Caire). Rif'at Zaydan (adjoint, depuis septembre 1999). Autres dirigeants connus : Usamah Rushdi (réfugié au Danemark). Hashim Salah (un des fondateurs de la JI, vit dans le gouvernorat de Suhaj — Égypte).

Combattants : d'après Usamah Rusdi en décembre 1999 : 25 000 militants de la JI sont emprisonnés en Égypte. Cette année-là, 5 000 autres activistes de la JI ont été libérés.

La majorité des leaders et hauts responsables sont installés à l'étranger : en Afghanistan (on les retrouve aux côtés d'Oussama Ben Laden et des Talibans), au Pakistan (la JI possède des bureaux au Pakistan depuis 1989), dans les États du Golfe (au Yémen notamment), en Amérique du Sud (Équateur, Uruguay Brésil, Colombie, Pérou, Argentine, Paraguay...), aux États-Unis, en Afrique (Kenya, Tanzanie, Soudan...) et en Europe (Albanie, Bosnie, Bulgarie, Danemark, Grande-Bretagne, Suisse, Allemagne, Italie...), etc.

La JI a une activité importante et organisée en Europe (notamment dans les Balkans — Bosnie, Albanie, Kosovo ; voir par exemple ses activités au sein du Centre culturel de la mosquée de Viale Jenner à Milan — Italie) et aux États-Unis. Les leaders de la JI ont notamment un rôle d'encadrement auprès des plus jeunes.

Activités et implantations

À l'origine :

Années 70. Les principaux fiefs de la JI sont situés au sud de l'Égypte.

Années 80. La JI étend ses activités en Haute Égypte et commence à recruter dans les quartiers pauvres du Caire.

1989. Premiers affrontements avec les forces de l'ordre (28 morts du côté de la JI).

1990. Les premiers groupes de vétérans « afghans » rentrent au pays. Tandis que les principaux propagandistes de la JI partent s'installer en Europe pour tirer parti des possibilités médiatiques offertes dans ces États.

À partir de 1992 :

À cette époque la JI a pour cible le gouvernement égyptien, les chrétiens et les touristes.

Entre octobre 1992 et novembre 1997. 11 attentats contre des sites touristiques font près de 150 morts.

Juin 1995. Nouvelle tentative d'assassinat du président Hosni Moubarak[1] à Addis-Abeba (Éthiopie).

Novembre 1997. Six hommes habillés à l'occidentale se présentent au guichet du temple de Hatshepsout (sur la rive gauche du Nil en face du temple de Louxor), ils abattent les gardiens et massacrent 58 touristes (anglais, japonais, suisses...) : enfants égorgés à l'arme blanche, femmes violées et éventrées, blessés achevés ou mutilés... Après avoir revêtu des uniformes de policiers, les

1. C'est la huitième tentative d'assassinat organisée contre lui depuis son arrivée au pouvoir en 1981.

terroristes s'enfuient en direction du désert. Ils sont finalement abattus par la police quelques heures après. En tout : 67 morts et des dizaines de blessés.

À la fin des années 90 :

Mars 1999. Mustafa Hamza déclare la trêve des opérations armées.

Octobre 1999. Cheikh Omar Abdul Rahman et les dix principaux leaders de la JI emprisonnés en Égypte demandent à leur tour l'arrêt des violences.

Février 1998. Abu Yassir Rifaï Taha signe la Fatwa contre les juifs et les croisés et passe un accord avec Ayman al-Zawahiri (voir *infra Jihad islamique* — Égypte).

Juin 2000. Abu Yassir Rifaï Taha menace les intérêts américains au Moyen-Orient dans une déclaration qu'il signe au nom de la JI.

Jihad islamique (JIs) — Égypte

Lié au Takfir wal-Hijra (Égypte) et à la Jama'a islamiya (Égypte).

Apparaît dans les années 70.

Dirigeants connus : commandant : Ayman al-Zawahiri (depuis 1970) principal lieutenant d'Oussama Ben Laden. Réfugié en Afghanistan. Second supposé : Tharwat Salah Shihatah. Réfugié à Londres. Responsable « des services de renseignements du JIs ». Condamné deux fois à mort par contumace en Égypte : tentative d'assassinat du Premier ministre égyptien (1991) ; activités terroristes du JIs (1998).

Autres dirigeants du JIs : Usammah Siddiq Ali

Ayyub (réfugié en Allemagne). Ismael Tantawi (réfugié en Allemagne depuis 1975)

Les combattants : en Égypte, le nombre de militants du JIs est limité (à cause de la répression et pour réduire les risques d'être infiltrés par la police).

Le JIs a une activité importante et organisée en Europe et aux États-Unis : ses leaders ont notamment un rôle de recrutement et d'encadrement de jeunes recrues.

Organisation

Totalement clandestine. Les combattants sont regroupés en petites cellules cloisonnées : si une cellule est découverte les autres restent indécelables. Le JIs possède son propre appareil de renseignement, il est placé sous le commandement de Tharwat Salah Shihatah (d'après les témoignages recueillis lors du procès des *Returnees from Albania*, 1999).

Activités et objectifs

À l'origine :

Renverser le gouvernement égyptien impie qui a signé la paix avec Israël et instaurer un véritable État islamique. Il s'agit « de combattre l'ennemi proche avant l'ennemi lointain ». À cette époque le JIs vise essentiellement les politiques, ainsi par exemple :

Octobre 1981. Quatre militants (dont Khalid al-Islambouli[1]) abattent le président égyptien Anouar

1. Le frère de Khalid al-Islambouli (condamné à mort et exécuté), Mohammed Shawqi, est un proche conseiller d'Oussama Ben Laden et membre de la Shoura de la Gama'at Islamiya.

el-Sadate en plein défilé militaire. Environ 70 membres du JIs sont arrêtés.

Août 1993. Le JIs revendique la tentative d'assassinat du ministre de l'Intérieur égyptien, Hassan Alfi.

Novembre 1993. Il revendique la tentative d'assassinat du Premier ministre égyptien, Atef Sedki, à Héliopolis (Égypte).

Novembre 1995. Il revendique l'attaque de l'ambassade d'Égypte à Islamabad (Pakistan) — 17 morts, 59 blessés.

Depuis la fin des années 90 :

Début 1998. Oussama Ben Laden demande au JIs de cesser ses opérations en Égypte pour se consacrer à la lutte contre Israël et les États-Unis. Ayman al-Zawahiri (JIs) et Abu Yassir Rifaï Taha (JI) s'accordent pour coordonner leurs actions en ce sens mais conservent l'indépendance des deux organisations, notamment pour les formations et l'organisation des actions armées.

Février 2000. Usamah Siddiq Ali Ayyub demande l'arrêt des opérations armées et appelle les militants « à concentrer leurs efforts pour la libération d'Al-Aqsa et de Jérusalem ».

Juillet 2000. Onze commandants (considérés comme des hommes très dangereux) emprisonnés en Égypte signent une déclaration signifiant l'arrêt des opérations armées, parmi eux figurent : Ismail Nasr al-Din (condamné à quinze ans de travaux forcés, dans l'affaire *Vanguards of Conquest*), Akram Abd al-Aziz al-Sharif (condamné à dix ans de travaux forcés, dans l'affaire *Khan al-Khalili*), Ali Abd al-Aziz al-Faqi (condamné à quinze ans de travaux forcés, dans l'affaire *Khan al-Khalili*),

Amr Muhammad Abd-al-Mun'im (condamné à quinze ans de travaux forcés, dans l'affaire *Khan al-Khalili*), Abdallah Ala Muhammad (condamné à dix ans de travaux forcés, dans l'affaire *Khan al-Khalili*), Umar Husayn Uways (condamné à dix ans de travaux forcés, dans l'affaire *Vanguards of Conquest*), Mahmud al-Sayyid al-Aqbawi (condamné à dix ans de travaux forcés, dans l'affaire *Vanguards of Conquest*).

National Council of muslim youth
Nacomyo — Nigeria — Afrique noire

Commandant : Al Hadji Isaaq Kunle Sanni. Ne cache pas son soutien à Oussama Ben Laden.

Bases : Ibadan et Kano (Nigeria). En septembre 2001, le mouvement organise des manifestations de soutien en faveur d'Oussama Ben Laden.

Somali Islamic Union party — Somalie

Apparaît en janvier 1997 et annonce vouloir lancer le jihad en Éthiopie. Cette année-là, les autorités égyptiennes avertissent les États voisins de la Somalie que des « Afghans-arabes » entrés clandestinement dans le pays ont rejoint les rangs du *Somali Islamic Union party*.

Takfir wal-Hijra (« anathème et hégire »)
— Égypte

Lié au Jihad islamique (JIs) — Égypte.

Cette mouvance (du moins l'idéologie dont elle se réclame) a fait des adeptes dans le monde entier. Le nom de Takfir wal-Hijra apparaît très fréquemment. Cependant, il est peu plausible que tous ces « Afghans » se réclamant du Takfir wal-Hijra appartiennent à un mouvement unique (et un tant soit peu centralisé).

Dirigeant connu : fondateur du mouvement originel : Chukri Ahmed Mustapha. Condamné à mort en Égypte, pendu en 1977.

À l'origine :

Chukri Ahmed Mustapha développe les thèses de Sayyid Qotb (penseur radical des Frères musulmans). L'idée centrale est fondée sur l'apostasie et donc l'excommunication (*Takfir*) de toute la société égyptienne que les membres du Takfir (souvent appelés *Takfiris*) ne reconnaissent pas comme musulmane. Le mouvement affiche une double volonté : se retirer de la société actuelle ; la remplacer, violemment s'il le faut, par une communauté basée sur les préceptes originaux de l'islam. Les *Takfiris* se considèrent comme les seuls vrais croyants ; tout péché entraîne automatiquement l'exclusion de la communauté des croyants. Toutes les institutions sont impies : pour les membres du Takfir, il est interdit d'intégrer la fonction publique, de faire son service militaire ou de fréquenter une université ou une école publique. Les *Takfiris* ne fréquentent pas les mosquées, ils font leurs prières à domicile et dans les lieux appartenant au groupe. Le Takfir est strictement cloisonné en petits groupes de cinq ou six personnes dirigées par un émir.

En 1977, Takfir wal-Hijra revendique l'enlèvement et l'assassinat de l'ancien ministre égyptien des Biens religieux, Cheikh Dhahadi.

Années 1980-1990, le Takfir wal-Hijra inspire de

nombreux mouvements dans le monde entier : Arabie saoudite, Afghanistan, Soudan, Pakistan, Liban, Algérie etc.

À Peshawar (Pakistan), une mouvance réunie autour d'Ahmed Abu Amara (dit « Le Pakistanais ») se réclame de la doctrine du Takfir.

En Algérie un groupe issu du GIA reprend le nom de Takfir.

Un Takfir wal-Hijra dirige au minimum un camp d'entraînement en Afghanistan.

Depuis la fin des années 90 :

Un certain nombre d'« Afghans » à travers le monde (notamment en Europe — en France, aux Pays-Bas ou en Belgique) se réclament du Takfir wal-Hijra (voir, par exemple, la cellule dirigée par Djamel Beghal, démantelée en France entre août et septembre 2001).

D'après un des membres du gang de Roubaix (cellule liée au GIA démantelée en France 1996, procès ouvert en France en octobre 2001) : « Oussama Ben Laden a approuvé les liens établis entre le Takfir et le GIA [...] il [Oussama Ben Laden] *finance* le Takfir pour mettre en place son propre programme. »

ASIE CENTRALE ET CAUCASE

Islamic Movement of Eastern Turkestan — Chine (Xijiang)

Lié aux Talibans et à Oussama Ben Laden. Plus importante organisation islamiste du Xijiang, formée de Ouïgours, qui sont ± huit millions dans cette région. Combattants : ± 600. Ces combattants s'entraînent en Afghanistan, au Tadjikistan, au Pakistan et en Tchétchénie. Un millier d'islamistes Ouïgours seraient passés par les camps afghans d'al-Qaïda.

Islamic Movement of Uzbekistan (IMU, mouvement islamique d'Ouzbékistan) — ou Mouvement islamique du Turkestan (nouveau nom depuis 2001) — Ouzbékistan, Tadjikistan, Kirghizistan

Apparaît au début des années 90 dans la vallée de Ferghana[1]. Formellement constitué en 1996.

Dirigeant connu : Jumaboi Khojiev, dit « Juma Namanjani » car originaire de la ville de Namanjan, Ouzbek, ± 35 ans (en 2001). Commandant militaire. Vétéran de la guerre d'Afghanistan. Réfugié en Afghanistan. Très influencé par les Talibans et Oussama Ben Laden.

1987. Appelé sous les drapeaux par l'armée soviétique, il combat en Afghanistan et développe une grande admiration pour les moudjahidines afghans.

1991. Il co-fonde un mouvement anti-gouvernemental dont le but est de faire de l'Ouzbékistan un État islamique.

1992-1997. Il combat au Tadjikistan.

2001. Donné pour mort (par le chef de guerre ouzbek Rachid Dostom) lors de combats dans l'est de l'Afghanistan, vers la fin novembre.

Second connu : Tahir Abdullakhalilovitch Yul-

1. Elle s'étend sur 22 000 km², dont plus de la moitié est en Ouzbékistan, le reste se répartissant à parts égales entre le Tadjikistan et le Kirghizistan.

dashev, qui dirige l'aile politique. Réfugié en Afghanistan (Kandahar) depuis février 1999. En 2000, les Taliban refusent de l'extrader.

Combattants : « Afghans » de différentes nationalités. De 2 000 à 3 000 combattants ; bien équipés (armements modernes, équipements de surveillance, etc.). Une partie de ces combattants a été formée dans des camps contrôlés par Oussama Ben Laden situés près de Mazar-i-Sharif (dans d'anciennes bases soviétiques reconverties).

Bases : nord de l'Afghanistan (Mazar-i-Sharif, Kunduz), Tadjikistan, Ouzbékistan (vallée de Ferghana).

Objectifs

Établir un véritable régime islamique dans la vallée de Ferghana qui inclurait l'Ouzbékistan, le Kirghizistan et le Tadjikistan.

Actions : quelques exemples

Attentats à la bombe visant notamment le gouvernement ouzbek. Ainsi par exemple le 16 février 1999, une série de six explosions, dont cinq voitures piégées, secoue la capitale Tachkent faisant 15 morts et 150 blessés. Les trois premières bombes explosent à une centaine de mètres du siège du gouvernement où le président ouzbek est attendu ; les trois autres touchent respectivement une école, un magasin, et l'aéroport.

Affrontements avec les forces armées kirghizes depuis 1998.

Kidnappings d'Occidentaux, ainsi par exemple : en août 1999, un commando de l'IMU enlève 4 géologues japonais et 8 militaires kirghizes ; en 2000, rapt de 5 alpinistes américains (la prise d'otages dure six jours).

En août 2000, une centaine de combattants de l'IMU s'emparent de deux villages du Daghestan (près de la frontière ouzbèke).

Le 10 septembre 2001, les autorités américaines inscrivent l'IMU sur la liste des organisations terroristes. L'IMU change de nom, le mouvement s'appelle désormais le *Mouvement islamique du Turkestan*.

Hizbut-Tahrir — Ouzbékistan

Apparaît en 1997.

Militants : recrutement national (à la différence de l'IMU) ; attire de plus en plus de jeunes défavorisés. Militants pourchassés en Ouzbékistan.

Bases : Ouzbékistan (clandestin), Grande-Bretagne (Londres).

Principales activités : propagande et enseignement des textes coraniques.

Les combattants d'Ibn al-Khattab

Ibn al-Khattab, biographie (très) sommaire :

Nationalité et âge inconnus. Dans une interview, il répond à ces deux questions : « il est vrai que je suis arabe, ce n'est pas dans mon intérêt de vous dire de quelle ville je viens. Je suis musulman, ça devrait vous suffire » (*Le Figaro*, 15 décembre 1999). On n'en sait guère davantage sur son parcours :

Années 80. Il combat en Afghanistan (blessé, deux balles dans l'abdomen).

1987-1988. Il combat au Daghestan (blessé, une grenade lui explose dans la main droite lui emportant deux doigts).

Début des années 90. Il est en Afghanistan, il participe à la prise de Kaboul aux côtés des Talibans.

1994. Il prend la tête d'un groupe de moudjahidines en Tchétchénie.

Pour lui les ennemis de l'islam sont « Israël, l'Amérique et la Russie ».

Avril 1996. Khattab, à la tête d'une cinquantaine de combattants, attaque un convoi des forces russes à Chatoï (Tchétchénie), les pertes russes sont considérables, trois généraux sont limogés.

Combattants : 1 700 hommes et 2 000 réservistes (d'après Khattab).

Août 1996. Les troupes de Khattab, au côté de Chamil Bassaïv, reprennent Grosny. Après le retrait des troupes russes, il est nommé général de brigade par les autorités tchétchènes.

Août 1998. Khattab apparaît au grand jour au côté de Chamil Bassaïev.

Financement : un responsable russe affirme qu'Oussama Ben Laden a versé 30 millions de dollars pour financer les rébellions en Tchétchénie, en Ossétie et en Ingouchie.

SOUS-CONTINENT INDIEN — BANGLADESH

Jihad du Bangladesh

Chef : Abdessalam Mohamed. Signataire de la Fatwa contre les juifs et les croisés.

Harakatul Jihad Party (HJP) — Bangladesh

Apparaît en 1995. Chefs : Cheikh Farid et Abdu Hye ; ce dernier, directeur d'une madrasa à Chittagong (tous deux fuient le pays en début 1999).

Militants : 10 000 dans tout le pays (dont 2 000 à 3 000 membres actifs). Le groupe recrute et entraîne des volontaires qui sont envoyés en Afghanistan combattre aux côtés des Talibans. Entre 1984 et 1998, 25 000 volontaires auraient été entraînés dans les camps du district de Lalkhan Bazar (au sud de Chittagong).

Possède des bureaux dans plus de 400 madrassas au Bangladesh.

Financement : le HJP aurait reçu plus de 1 million de dollars d'Oussama Ben Laden, versés sur cinq comptes à Dacca (en tout Oussama Ben Laden aurait donné aux groupes extrémistes du Bangladesh plus de 4 millions de dollars). En janvier 2000, la police identifie quatre comptes richement provisionnés utilisés par les responsables du HJP.

Mohammed Sajjid (Pakistanais, arrêté en janvier 1999) affirme avoir reçu 20 millions de takas (environ 427 000 euros) d'Oussama Ben Laden pour recruter et entraîner des moudjahidines au Bangladesh et déclare avoir engagé un certain Boktiar Hosain pour redistribuer une partie de cet argent aux directeurs des madrasas (200 takas par mois, environ 4 euros).

En octobre 2001, au cours d'une manifestation de soutien à Oussama Ben Laden, un des leaders du groupe, le Maulana Shafikul Islam, déclare : « Nous sommes prêts à faire feu contre les États-Unis [...]

nous avons des millions de Talibans [ici] et plus de 50 000 madrassas dans tout le Bangladesh. »

Jamaat islami Bangladesh

Branche du Jamaat islami Pakistan (JIP) au Bangladesh.

ASIE DU SUD-OUEST — IRAN

Ahle Sunna wal Jama'a — Iran

Organisation sunnite-salafiste iranienne (minorités non perses) présente en Afghanistan, ses moudjahidines sont depuis plusieurs années entraînés par al-Qaïda et combattent aux côtés des Talibans.

PROCHE-ORIENT

Al-Islah wal Tahadi (Réforme et Défi) — Jordanie

Dirigeants connus : Fondateurs : Omar Abu Omar (alias Abu Qutada, Omar Mahmoud Othman). Vit en exil à Londres (voir les organisations en Europe). Dirige officiellement cette organisation jusqu'en 1998. Umar Khalil al-Sayyid (alias Khalid al-Dik). Arrêté au Pakistan et extradé en Jordanie en décembre 1999. Principales actions : responsables d'attentats à la bombe contre des sites touristiques en Jordanie en 1998. *Jaesh-i-Mohammed (Jordanie)*.

Takfir wal-Hijra — Libye

Dirigeant connu : Abd al-Hakim Tawfiq al-Jazzar, Libyen, 38 ans (en 2001).

Combattants : « Afghans » (vétérans de la guerre d'Afghanistan ou de Bosnie-Herzégovine). Nationalités : Libyens, Afghans... et même des Allemands convertis.

Fin 1999, les combattants Al Takfir wal-Hijra établissent leur quartier général dans des montagnes dominant Tripoli. Ils sont délogés par les forces de l'ordre en janvier 2000. Le commandant du groupe, Hadj Bassam Kanj, alias Abu Aïcha (Libyen, a acquis la nationalité américaine), vétéran de la guerre d'Afghanistan, est tué lors de l'assaut.

Le groupe est accusé d'avoir préparé des attentats contre des ambassades et des intérêts étrangers pour les fêtes de fin d'année.

Armée islamique d'Aden Abyane — Yémen

Apparaît en 1997.

Chef : Hatam bin Farid (condamné à sept ans de prison en avril 2001).

Combattants : plus de 200 vétérans de la guerre d'Afghanistan.

Camps d'entraînement : situés dans les montagnes du gouvernorat d'Aden Abyane (sud du Yémen).

Principales actions

1998-1999. L'organisation revendique plusieurs attentats à la bombe au sud du Yémen (au total : 10 morts, 80 blessés).

Décembre 1998. Un commando enlève 16 touristes occidentaux ; le chef de l'Armée islamique d'Aden Abyane, Zayn al-Abidin al-Midhar (alias Abu al-Hasan[1], 28 ans), est arrêté, condamné à mort et exécuté.

Depuis, des attentats à l'explosif visent assez régulièrement des établissements économiques et financiers à Aden. Liens avec Ansar al-Sharia'ah Islamic organisation (Londres, Grande-Bretagne).

Esbat al Ansar (Ligue des partisans, sous-entendu du Prophète) — Liban

Chef : Ahmed Abdel Karmim al-Saadi (alias Abu Mohsen) ; Palestinien. Condamné à mort par contumace au Liban en 1995 pour son implication dans le meurtre d'une personnalité religieuse musulmane à Beyrouth.

Impliqué dans des attentats visant un édifice religieux et un magasin d'alcool à Beyrouth.

Combattants : environ 300 (Syriens, Palestiniens et autres ressortissants de pays arabes), issus de couches sociales défavorisées.

Bases : camps de réfugiés[2] de Ain al Hilweh[3] (Sidon, camp de 70 000 personnes) et de Nahr al Bared (sud du Liban).

Financement : le mouvement reçoit un important

1. Le même pseudonyme a été conservé par les deux chefs successifs : Abu Hamza al-Masri, condamné à mort en mai 1999, et Zayn al-Abidin al-Midhar.

2. Il y a au Liban 12 camps de réfugiés palestiniens, (± 400 000 personnes, au total).

3. Le camp est dirigé par le colonel Moqhab ; il a été « acheté » par le Esbat al Ansar. Le mouvement utilise en effet une partie des fonds qui lui sont alloués à la corruption.

financement de la part de la mouvance d'Oussama Ben Laden.

Les virements se font *via* des comptes en banque ouverts à Beyrouth et au nord du Liban, principaux financiers : Haroun al-Yamadi (Panama) ; Shawki Muhammad (Autriche) ; Abu Qutada (Grande-Bretagne, voir « Europe ») ; Abdul Barri al-Khaligi (Émirats arabes unis).

Principales activités

Attaques contre Israël et le Fatah de Yasser Arafat.

En 2000, le groupe attaque à la grenade l'ambassade de Russie ; bilan : deux morts (un policier libanais et un passant), une dizaine de blessés (des passants).

Esbat al Ansar est lié au Takfir wal-Hijra.

Hamas

Chef : Cheikh Ahmed Yassin.

En septembre 2001, le Hamas publie un communiqué. Il appelle « les musulmans et les Arabes à ne pas se joindre à la coalition anti-terroriste américaine [...] le terrorisme le plus dangereux au monde est le terrorisme sioniste ».

Hezbollah — Liban

Des terroristes liés à Oussama Ben Laden ont reçu un entraînement au maniement d'explosifs dans les camps du Hezbollah au Liban. Le Hezbollah fournirait également des explosifs aux réseaux d'Oussama Ben Laden.

Ali Mohammed (arrêté aux États-Unis en septembre 1998 dans le cadre de l'enquête sur les attentats contre les ambassades américaines en août 1998) reconnaît avoir organisé une rencontre entre Oussama Ben Laden, Ayman al-Zawahiri et les représentants du Hezbollah au Soudan.

Islah party (parti de la réforme) — Yémen

Idéologue du parti : Cheikh Abdel Majid al-Zindani, proche d'Oussama Ben Laden. Vétéran de la guerre d'Afghanistan (recrutait des volontaires au Yémen). Dirige l'école théologique de l'Université de la Foi de Sanaa. Elle accueille des milliers d'étudiants d'Afrique du Nord et du Moyen-Orient.

Militants : cheikhs de tribus, oulémas, membres des Frères musulmans, militants extrémistes, technocrates, riches marchands et même des hommes du président du Yémen (alors que Islah party fait en théorie partie de l'opposition).

L'Université Al-Imam d'Aden relaie les messages anti-américains du parti auprès de la jeunesse yéménite.

Connaissances yéménites d'Oussama Ben Laden

Ali Moshen al-Ahmar : liens avec les réseaux « afghans ». Colonel de l'armée yéménite. Demi-frère du président Saleh. Rencontre Oussama Ben Laden dans les années 80. Années 90 : il aurait reçu 20 millions de dollars d'Oussama Ben Laden pour financer l'installation de camps au Yémen. Son fils Ahmed est en charge de la garde présidentielle.

Tariq Nasr al-Fadhi : chef tribal vétéran de la

guerre d'Afghanistan. Rencontre Oussama Ben Laden dans les années 80. Membre du conseil présidentiel. Impliqué dans l'attentat contre un hôtel d'Aden en 1992.

Cheikh Muqbel Hadi Abdul Wadie : Yéménite, 71 ans (en 2001). Proche d'Oussama Ben Laden. Chef tribal charismatique, bien connu des services de renseignements. A ouvert 6 centres d'entraînement au Yémen (le plus important est celui de Dammaj). Ces centres accueillent des « élèves » arabes et occidentaux (en février 2001, il y avait « une quarantaine » de Français dans les écoles de Cheikh Muqbel). Les élèves passent cinq à dix ans dans ces centres. Enseignement : strictement salafiste, anti-américain...

Jaish-i-Mohammad (armée de Mahomet) — Jordanie

Fondateur : Abu Ghoshar.

Combattants : « Afghans ».

Principaux financiers : Jamel Khalifa (Arabie saoudite, beau-frère d'Oussama Ben Laden) et Abu Qutada (Grande-Bretagne).

Principales actions

Responsables d'attentats à la bombe contre des sites touristiques en Jordanie en 1998.

Jaish-i-Mohammad est lié à Al-Islah wal Tahadi (Jordanie).

Projets d'attentats pour le passage à l'an 2000 (cellule « Afghans » en Jordanie démantelée en décembre 1998).

Jund al-Islam — Irak (Kurde)

Né de la fusion de deux mouvements : Islamic Tawhid (Unification islamique) et Soran Force-2. Apparaît à la fin de l'année 2000. L'apparition de cette organisation suscite de nouvelles tensions dans la région.

Dirigeants connus : Abu Abdallah al-Shafi, Arabe, considéré comme un homme d'Oussama Ben Laden ; Maulana Ali Abd al-Aziz ; Maulana Ali Bapir (guide spirituel).

Combattants : vétérans « Afghans » (essentiellement kurdes et arabes).

Bases : Sharazur, Hawraman.

Objectifs : établir un véritable État islamique appliquant strictement la charia.

Principales actions

Responsable d'un attentat contre le gouverneur d'Arbil (capitale du Kurdistan d'Irak), Fransou Hairiri (un chrétien, compagnon de route de Massoud Barazani — parti démocratique du Kurdistan, PDK).

Début septembre 2001 : le Jund al-Islam occupe la ville de Biyara, ses responsables démettent les administrateurs et les fonctionnaires de la ville de leurs fonctions car ils ne respectent pas la charia. Le mouvement crée une nouvelle radio et saisit un grand nombre d'armes appartenant à différentes factions combattantes. Il publie ses instructions : « les femmes doivent porter la tenue islamique en permanence (à l'extérieur comme à leur domicile) [...] les hommes doivent laisser pousser leur barbe [...] la musique, les photos sont interdites... ».

Affrontements avec le Patriotic Union of Kurdistan (PUK, soutenu par l'Iran) dans les régions de Hawraman, Sirwan, Sharazur et Halabja : « Il s'agit d'un conflit entre musulmans et infidèles [les forces du PUK] », estime le porte-parole du Jund al-Islam en septembre 2001. À la fin du mois, Jund al-Islam prend le contrôle de la ville de Halabja.

Septembre 2001 encore : le *Jund al-Islam* s'affilie à l'Islamic Group (présidé par le mollah Muhammad Barzinji) ; le mollah Abd al-Aziz prend le titre d'émir général de ce groupe.

Mouvement de la renaissance islamique — Arabie saoudite

Fondateurs : Sfar al-Hawli, Saoudien (originaire de la région d'Assir), arrêté en septembre 1994. Salman al-Awdah, Saoudien (originaire de la région d'Assir), arrêté en septembre 1994.

Dans une cassette vidéo (« Le sermon de la mort »), Salman al-Awdah appelle l'élite intellectuelle saoudienne « au sacrifice et au martyre pour attaquer les Occidentaux et le régime des Saoud qui sert les croisés ».

Lié au Comité pour la Défense des droits légitimes (Grande-Bretagne et Allemagne) ainsi qu'aux « bombes humaines » du 11 septembre 2001.

Relation familiale saoudienne « militante » d'Oussama Ben Laden

Mohamed Jamel Khalifa : gendre d'Oussama Ben Laden. Financier d'Abu Sayyaf (Philippines) et Jaish-i-Mohammad (Jordanie). Impliqué dans l'attentat du World Trade Center en 1993 (son domicile à Manille a servi de base aux terroristes). Condamné à mort par contumace en Jordanie (complot terroriste, financement du *Jaish-i-Mohammad*). 2001 : vit à Djedda en Arabie saoudite.

EUROPE

Advice and Reformation Committee (ARC) — Grande-Bretagne (Londres)

Antenne londonienne d'al-Qaïda. Apparaît en 1994. Directeur : Khalid al-Fawwaz, Saoudien. 36 ans (en 2001). Arrêté à Londres en septembre 1998 dans le cadre de l'enquête sur les attentats contre les ambassades américaines en Tanzanie et au Kenya, août 1998. Autres dirigeants connus : Adel Abdul Mageed Abdul Bari, Égyptien, condamné à mort par contumace en Égypte pour son implication dans un projet d'attentat contre le marché *Khan al-Khalili* (Le Caire). Interpellé à Londres en septembre 1998.

Activités de l'ARC

Coordination entre les cellules liées à Oussama Ben Laden à travers le monde, sert de relais entre les chefs de groupe et Oussama Ben Laden (voir les attentats contre les ambassades américaines en Tanzanie et au Kenya, décembre 1998).

Diffusion des déclarations d'Oussama Ben Laden dans le monde entier.

Octobre 1998, l'Advice and Reformation Committee publie une déclaration dans laquelle il réclame la libération de Khalid al-Fawwaz, menace le gouvernement britannique et annonce la fermeture de ses bureaux à Londres.

Ansar al-Sharia'ah Islamic organization (Londres, Grande-Bretagne (Supporters of Shariah — SOS))

Entité liée à l'Armée islamique d'Aden Abyane (Yémen) et au Groupe islamique armé (Algérie). Chef : Mustafa Kamil (alias Abu al-Hamza al-Masri, « L'Imam aux mains amputées »), Égyptien, 43 ans (en 2001). Vétéran de la guerre d'Afghanistan contre les Soviétiques (il est gravement blessé et est amputé des deux mains). Se présente comme le porte-parole des islamistes à travers le monde.

Recrutement : attire des jeunes de toutes nationalités (Britanniques, Français notamment). Le groupe embaucherait également de jeunes délinquants pour des missions spécifiques (au Yémen notamment). Bases : mosquées de Finsbury et de Baker street, dans l'agglomération londonienne. Principales activités : organisation de stages d'entraînement en Grande-Bretagne.

D'après un rapport du *Foreign Office* (extraits publiés dans *Financial Times*, janvier 1999), Ansar al-Sharia'ah organise chaque fin de semaine des préparations au jihad. Les jeunes recrues sont encadrées par des anciens officiers des armées britanniques. Ces stages ont lieu dans la banlieue nord de Londres. Les sites qui accueillent les stagiaires sont officiellement des centres coraniques, des clubs d'arts martiaux, des associations de cartomancie [?]... Plusieurs enquêtes diligentées par les autorités britanniques n'auraient pas « permis de déceler des activités illégales ».

Recrutement de volontaires qui sont envoyés dans des camps d'entraînement au Yémen. Ansar al-Sharia'ah prend tout en charge : coût des billets d'avion, accueil sur place, argent de poche, fourniture de faux papiers...

Diffusion des informations auprès des sympathisants.

Soutien du jihad au Yémen (« Jihad and liberation of south Yemen from north Yemen ») et à l'Armée islamique d'Aden Abyane.

En mars 1999, Ansar al-Sharia'ah publie une déclaration menaçant les ambassadeurs américains et britanniques présents au Yémen. Ce mois-là, Abu al-Hamza al-Masri est arrêté (relâché peu après) par les autorités britanniques et reconnaît avoir eu des contacts avec les ravisseurs des touristes occidentaux au Yémen en décembre 1998 (voir Armée islamique d'Aden Abyane — Yémen). Son fils, Mohammed Mustafa, fait partie du commando islamiste arrêté en décembre 1999 et qui s'apprêtait à commettre des attentats à l'occasion du passage à l'an 2000.

Longtemps « boîte aux lettres » du Groupe islamique armé (Algérie), GIA, en Grande-Bretagne. Ansar al-Sharia'ah est présenté par des membres du GIA comme « le coordinateur du GIA à Londres » : collectes de fonds, acheminement de médicaments et d'armes en Algérie... Dans de nombreuses interviews sur des chaînes de télévision françaises et arabes ce groupe justifie les massacres d'hommes, de femmes, d'enfants même, en Algérie...

Centre culturel de la mosquée de Viale Jenner — Italie (Milan)

Création : 1989. Directeur : Shaari Abdel Hamid (depuis 1997), Libyen et architecte. Fréquentation de la mosquée et du centre : le vendredi, environ 4 000 fidèles. Le public de la mosquée de Viale Jenner est deux fois plus important que celui des 5 autres mosquées de la ville.

Activités

Base logistique d'al-Qaïda en Europe.

Depuis 1990, aides humanitaire et militaire des combattants bosniaques, envois de volontaires dans les Balkans.

En 1995, des responsables de la Jama'a islamiya (Égypte) sont arrêtés en Italie. La police démantèle deux importantes cellules d'« Afghans » (bien structurées) travaillant sous le couvert de l'association culturelle de la mosquée de Viale Jenner. Cette année-là le directeur du centre, Cheikh Anwar Shaban (Égyptien, ingénieur naval, proche des Frères musulmans), est tué en Bosnie.

Les autorités italiennes estiment que dès cette époque des groupes similaires sont actifs à Bologne, Turin et Naples. Ces groupes travaillent en relation avec d'autres « Afghans » basés en Bosnie, en Grande-Bretagne, en Allemagne, en Afghanistan, en Égypte, en Algérie, aux États-Unis,...

On retrouve le centre culturel de la mosquée de Viale Jenner dans de nombreuses affaires terroristes, ainsi par exemple, l'ont fréquenté :

— Ramzi Youssef (voir plus bas *Opération Bojinka*).

— Jon Fawzan, Égyptien, qui meurt dans l'explosion d'une voiture piégée à Fium (Croatie) en 1995.

— Certains des terroristes impliqués dans les attentats contre les ambassades américaines en Afrique en août 1998.

— Djamel Beghal (Franco-Algérien, lié au Takfir wal-Hijra, arrêté en juillet 2001) et Fateh Kamel (membre du gang de Roubaix et d'une cellule d'« Afghans » liée au GIA et basée à Montréal).

Enfin, les islamistes milanais sont en contact avec un réseau financier somalien informel (« hawala ») générant un trafic financier italo-somalien de 500 millions d'euros par an ; réseau lui-même lié à une société financière de Dubaï, « al-Baraqat » soupçonnée d'aider al-Qaïda à transférer des fonds entre le Moyen-Orient et le reste du monde.

Comité pour la Défense des droits légitimes (CDDL) — Grande-Bretagne (Londres)

Antenne londonienne du Mouvement de la résurgence islamique (Arabie saoudite).

Apparaît en mai 1993.

Chef : Mohammed el-Massari, Saoudien. Exilé à Londres depuis 1993.

Bases : Londres. Est également présent en Allemagne.

International Office for the Defence of Egyptian People

Dirigeant connu : Adil Abab al-Majid, Égyptien, membre du Jihad islamique (Égypte). Condamné à mort par contumace en Égypte en 1997 : implication dans le projet d'attentat contre le marché *Khan al Khalili* (Le Caire). Inculpé en Égypte dans le procès des *Returnees from Albania*.

Islamic Observation Center (IOC) — Londres, Grande-Bretagne)

Lié à la Jama'a islamiya (Égypte).

Chef : Yasser al-Sirri, Égyptien (statut de réfugié politique en Grande-Bretagne), 38 ans (en 2001). Condamné à mort par contumace en Égypte pour l'assassinat d'Atif Sidqi en 1993. Arrêté à Londres le 23 octobre 2001, les États-Unis demandent son extradition. Il est notamment accusé de complicité dans le meurtre d'Ahmed Shah Massoud en septembre 2001 (les faux journalistes portaient une lettre d'introduction signée par Yasser al-Sirri). Base : Londres.

Activité

Officiellement : société d'information. Le centre se fait l'écho de la répression des musulmans dans le monde et fournit une multitude de détails sur les islamistes arrêtés (nom, lieu, circonstances... un moyen d'informer les membres des réseaux amis...). L'IOC gère un site Internet de propagande.

Mouvement de la Réforme islamique en Arabie saoudite — Londres, Grande-Bretagne

Dissidence du Comité pour la Défense des droits légitimes (CDDL, Grande-Bretagne).

Dirigeant connu : Saad Fajih, Saoudien. Vit en exil à Londres. Diffuse *Al Islah.*

Al-Islah wal Tahadi — Grande-Bretagne (Londres)

Omar Abu Omar (alias Abu Qutada, Omar Mahmoud Othman) : Palestinien (Bethléem), 41 ans (en 2001). A acquis la nationalité jordanienne. Bénéficie du statut de réfugié politique en Grande-Bretagne. En 2001, il n'appartient officiellement à aucune organisation (se dit membre du « groupe salafiste »). D'après Famal al-Fald (voir attentats contre les ambassades américaines au Kenya et en Tanzanie en août 1998) il fait partie des 6 membres du al-Qaïda Fatwa Committee. Principal financier du Jaish-i-Mohammad (Jordanie) et de Esbat al-Ansar (Ligue des Partisans du Prophète, Liban).

Omar Abu Omar, biographie sommaire :

Années 80. Combat en Afghanistan, responsable de camps d'entraînement.

1988. Il réside en Jordanie et dirige Al-Islah wal Tahadi (Jordanie) jusqu'en 1998.

1989. Il fuit la Jordanie et se réfugie au Pakistan.

1993. Il s'installe à Londres et obtient le statut de réfugié politique en Grande-Bretagne. Il prêche dans la mosquée de Regent's Park.

1998. Il est condamné par contumace à quinze ans de prison en Jordanie — implication dans une série d'attentats contre des sites touristiques en Jordanie (attentats revendiqués par le Jaish-i-Mohammad et Al-Islah wal Tahadi).

1999. Il est condamné par contumace à la prison à vie en Jordanie — implication dans les projets d'attentats à Amman à l'occasion du passage à l'an 2000. Sous la pression de la Jordanie, les autorités britanniques lui interdisent de prêcher à la mosquée de Regent's Park. Depuis, il réunit ses fidèles dans un club sportif (*The fourth Feather*, à deux pas de Regent's Park) et à son domicile à Acton (un faubourg défavorisé de Londres).

2001. Il est arrêté par la police britannique en février et en octobre 2001 ; à chaque fois il est relâché rapidement. En octobre, la Grande-Bretagne gèle ses comptes en banque (près de 2 millions de FF).

Abu Qutada est lié à Zacarias Moussaoui (Français, impliqué dans les attentats du 11 septembre 2001, arrêté aux États-Unis en août 2001) et à Djamel Beghal (Franco-Algérien, proche du Takfir wal-Hijra, également arrêté au cours de l'été).

6

Terrain, équipes, méthodes

En novembre 1989 une parenthèse historique s'est ouverte entre deux âges du monde. Cette parenthèse s'est refermée en septembre 2001. Pour la comprendre, revenons à ses débuts.

Événement immense, début d'une ère nouvelle de l'histoire humaine, la fin de l'ordre bipolaire du monde fut aussi un événement paradoxal :

D'abord, il fut longtemps difficile à percevoir — de par sa proximité même. En effet, dans notre vie, nous citoyens des pays développés de la planète, qu'est-ce qui a concrètement changé entre la chute du Mur de Berlin et l'attaque du 11 septembre 2001 ? Pas grand-chose. Dans le même temps, quoi de vraiment bouleversant pour un ministre entouré de la pompe et des ors de la République — et d'une cour de hauts fonctionnaires prévenants ? Rien. Car si, durant la parenthèse historique 1989-2001, le monde développé a ressenti le désordre et la violence du monde, il a été préservé de tout conflit majeur. Les pays développés ont été pour l'essentiel en paix. Ainsi, durant cette période-charnière, la population de ces pays s'est peu intéressée au chaos mondial. Elle tenait sa tranquillité d'alors pour acquise et définitive. Et nul n'écoutait vraiment les avertissements comme celui-ci : « Les époques pacifiques sont superficielles ; comme l'ordre politique y semble assuré, on s'y attache aux problèmes de société ; on y juge les dirigeants à leurs prestations médiatiques plus qu'à leurs performances politiques. De telles périodes ne durent jamais longtemps[1]. »

Plus largement : lors de la lente « chute de l'Empire romain », qui avait conscience de cette chute ? Personne. Et pourtant, chute il y avait bien. Certes la nôtre, celle — soudaine et inopinée — du Mur de Berlin, fut de nature toute différente, mais est d'importance historique comparable. Comme tel, et même après que la parenthèse historique 1989-2001 se fut refermée, cet événement immense s'inscrit dans notre *avenir*. Il constitue toujours, et pour longtemps encore, notre horizon indépassable. Comme le dit Martin Heidegger (évoquant ce que fut longtemps la Grèce présocratique pour notre civilisation) : « Le commencement *est* encore. Il ne se trouve pas *derrière nous*, comme ce qui fut voici bien longtemps ; tout au contraire, il se tient *devant* nous. En tant que ce qu'il y a de plus grand, le commencement est passé d'avance au-dessus de tout ce qui allait venir, et aussi déjà au-dessus de nous-mêmes, pour aller loin au-devant. Le commencement est allé faire irruption dans notre avenir : il s'y tient comme la lointaine injonction à nous adressée d'en rejoindre à nouveau la grandeur[2]. »

1. « Kissinger, Metternich and realism », Robert D. Kaplan, *The Atlantic Monthly*, juin 1999.
2. Martin Heidegger, *Écrits politiques 1933-1966*, Gallimard, Bibliothèque de philosophie. 1995.

Nous voilà donc dans un monde chaotique, avec comme horizon (pour l'instant indépassable) la chute du Mur. Et maintenant que la poussière soulevée par sa chute retombe, maintenant que la parenthèse historique se clôt, nous découvrons la question cruciale des années à venir. Cette question est celle de la guerre terroriste et/ou criminelle, désormais d'ampleur stratégique.

Dans le domaine de la sécurité et à l'échelle internationale, qu'est-ce qui a favorisé, précipité — au sens chimique — le déclenchement de cette guerre criminelle/terroriste ? Ceci, que la plupart des dirigeants politiques importants du monde n'ont pas perçu, du fait de la bienséance, de la « *political correctness* » d'alors.

À mesure que l'on avançait dans la période-charnière, vers le présent, la confusion grandissait en effet dans un domaine où, hier encore, les choses étaient claires : celui de l'hostilité entre les hommes. Une confusion qui nous ramenait loin en arrière — pas loin même de la préhistoire — et qui était pour l'essentiel levée dans la Grèce post-homérique, où l'on distinguait clairement l'ennemi de guerre (*polemos*) que l'on combat mais qui n'inspire aucune animosité personnelle ; et l'être haï, détesté (*echtros*) à qui l'on souhaite mille morts[1]. En Europe, distinguer l'ennemi du criminel était ainsi la règle depuis la guerre de Trente ans et les traités de Westphalie. Par la suite et « pendant deux cents ans, il n'y a pas eu de guerre d'extermination sur le sol européen »[2]. Bien sûr, il y eut de graves conflits dans

1. André Bernand, *Guerre et violence dans la Grèce antique*, Hachette, 1999.

2. Carl Schmitt, *Der Nomos der Erde im Völkerrecht des Jus Publicum Europaeum*, Berlin, Duncker & Humbolt, 1977.

l'intervalle entre le XVIIe siècle (conflits interconfessionnels) et jusqu'au XXe (guerres idéologiques-étatiques), mais limités, réglés, dotés de garde-fous. Les fous reviendront au XXe siècle.

Les garde-fous, eux, ont sauté pour de bon durant la parenthèse historique 1989-2001. Ils n'existent plus aujourd'hui.

HIER, LA GUERRE INTERÉTATIQUE

En droit international classique, l'État est le seul sujet de l'histoire. Il détient le monopole de la violence légitime ; partant, seules les guerres interétatiques sont de vraies guerres. De telles guerres supposent une symétrie entre belligérants qui doivent au minimum se connaître et savoir où se trouver. Ceci vaut aussi pour la Guerre froide, « affrontement politico-militaire entre deux universalismes militants dont chacun était maître d'au moins un grand État ; affrontement dont l'enjeu était l'organisation future d'un monde unitaire [1] ».

Aujourd'hui, les guerres interétatiques sont en voie de disparition [2] :

— La dissuasion nucléaire les a rendues trop dangereuses, surtout entre grandes puissances.

— Les démocraties (plus nombreuses que jadis) évitent de se combattre entre elles.

— Le développement de l'économie et des technologies depuis le milieu du XXe siècle rend l'acqui-

1. Ernst Nolte, *Deutschland und der kalte Krieg*, Klett-Cotta, Stuttgart, 1985.

2. Lire sur ce point « Coming conflicts, interstate war in the next millenium », Michale O'Hanlon, *Harvard International Review*, summer 2001.

sition de territoires par voie militaire moins importante que par le passé.

Et même dans le registre du « coup tordu », les choses ont dramatiquement changé : jusqu'à la fin de la Guerre froide, la limite extrême du jeu guerrier interétatique est la stratégie indirecte, l'ensemble des manœuvres permettant de disloquer l'ordre de bataille ennemi. Une stratégie que Basil H. Liddel Hart définit ainsi : « Son but véritable ne sera pas tant de rechercher la bataille que de créer une situation stratégique si avantageuse que, si elle n'amène pas d'elle-même la décision, sa continuation par une bataille obtiendra assurément cette décision. »

Alors que débute le XXIe siècle, la logique même de la stratégie indirecte est dépassée, inapplicable, dans un monde où, chaque jour de la période-charnière 1989-2001, se sont toujours plus effacées les distinctions hier claires entre attaque et défense, État et société civile, domaine public et privé, civil et militaire, guerre et paix, police et armée, légal et illégal. Ainsi, aujourd'hui, les guerres étatiques ont disparu comme hier, disparurent les guerres de religion. De nouvelles formes d'affrontements ont surgi, ayant pour facteur déterminant non plus l'idéologie ou la nation, mais la race, la tribu, la cupidité ou le fanatisme religieux.

AUJOURD'HUI LES GUERRES CHAOTIQUES TERRORISTES/CRIMINELLES

Quand débute une ère nouvelle, la difficulté majeure consiste à percevoir assez tôt quel sera l'ennemi, quel sera le champ de bataille, quelles seront les règles du jeu guerrier — à supposer qu'il y en ait.

En juin 1962, à l'académie militaire de West Point, John Kennedy donnait un bon exemple de cette vision précoce, en définissant ainsi la guérilla : « C'est une nouvelle forme de guerre, nouvelle par son ampleur mais d'origine ancienne... menée par des guérilleros, des subversifs, des insurgés, des assassins : une guerre d'embuscades et non de batailles, d'infiltration et non d'agression, où l'on veut vaincre en épuisant l'ennemi, non en l'attaquant. Pour affronter cette forme de guerre, il nous faut une nouvelle stratégie, des forces totalement différentes et de ce fait, une conscience du phénomène et un entraînement entièrement nouveaux et originaux. »

Dans le monde chaotique d'aujourd'hui, la guerre ne se fait plus d'État à État et devient donc de plus en plus féroce : ceux que nous affrontons — ou que nous devons pacifier — combattent le plus souvent pour ce que l'homme a de plus viscéral, de plus sacré, le sang (sa vie, sa lignée, sa famille, son clan) et le sol (sa maison, son territoire).

La guerre chaotique est aussi polluée, pénétrée par le crime, par le tribalisme, par le terrorisme. Toujours plus, l'adversaire est un métis, en partie « droit commun » et en partie « politique ». Un seigneur de la guerre ou un chef de clan, ou un dignitaire religieux fondamentaliste et fanatisé, dont la milice ou le réseau terroriste sont financés par le racket, les trafics d'êtres humains, d'armes, de stupéfiants, d'espèces rares ou protégées et de déchets toxiques. Voir la spirale infernale dans laquelle se trouvent pris nombre de pays de l'Afrique subsaharienne : « échouage » des États-nations ; multiplication des bandes armées, des guérillas non idéologiques — et « bandenkriege » subséquentes ; montée en puissance du crime organisé ; tribalisme ; règne des seigneurs de la guerre ; culture de l'impunité.

« La guerre civile fait corps avec la criminalité la plus abjecte », dit ainsi Oswaldo de Rivero, haut fonctionnaire de l'ONU, dans *Le Monde diplomatique* d'avril 1999. Pour lui, la « non-viabilité nationale de nombreux pays en développement » fait imploser l'État-nation en « entités chaotiques ingouvernables », où règne une « alliance de l'anarchie générale et des délinquances diverses ».

Les caractéristiques les plus frappantes des guerres chaotiques sont les suivantes :

— Abolition de l'espace géostratégique balisé dans lequel évoluait la Défense nationale des grands pays durant les quarante-quatre ans de la Guerre froide.

— Diminution drastique du nombre d'États respectant les règles internationales en vigueur. De ce fait, non-reconnaissance des États ou des frontières par l'une au moins des deux parties à un conflit, du fait de l'affaiblissement sur trois continents du concept d'État-nation disposant de frontières continues et sous contrôle.

— Fin de la distinction entre militaires et civils, entre front et arrière ; raréfaction des milices portant encore un semblant d'uniforme.

— Environnement humain complexe : nécessité d'affronter un adversaire dispersé, noyé dans la population, souvent mêlé aux forces amies.

— Absence de batailles classiques en rase campagne, mais constante de massacres, de vendettas sanglantes (Albanie, Algérie, Tchétchénie, ex-Yougoslavie), succession d'épisodes terroristes.

— Usage des forces armées des pays développés, moins pour le combat militaire que pour des actions de police, des missions d'aide et d'assistance et autres « opérations de stabilisation ».

— Le tout au milieu d'un tourbillon criminel où s'enchevêtrent : trafics de stupéfiants, de substances nucléaires, d'individus (entiers, immigrants clandestins ; ou en pièces, vente d'organes), de composants électroniques « sensibles », de pierres précieuses (« diamants de guerre »), d'armes ; affrontements de fanatismes religieux, ethniques ou tribaux, guerres civiles ou famines, piraterie maritime ou aérienne.

— Une terreur nouvelle, désormais floue et soudaine. Durant la parenthèse historique 1989-2001, la terreur a changé de nature, de rythme. Hier, la menace — la menace terroriste, même — était lourde, lente ; prévisible, explicable. Prenons ici l'exemple du Fatah-Conseil révolutionnaire d'Abu Nidal : chacun savait quel pays l'hébergeait, de quels armes et explosifs il usait. Et il était enfantin de « décoder » la signature de circonstance qu'il utilisait pour revendiquer ses actions. Tout au contraire, la terreur est aujourd'hui brutale, fugace, souvent irrationnelle — voir par exemple le cas d'al-Qaïda, de la secte Aum ou du Groupe islamique armé algérien.

Partant de ces prémisses, trois questions se posent, auxquelles nous tentons de répondre tour à tour : où se battra-t-on ? Quelles sont les entités vraiment dangereuses du chaos mondial ? Enfin, comment se battra-t-on ?

JUNGLE URBAINE ET BOSQUETS DE BÉTON

> *Les zones urbaines sont des terrains particulièrement complexes pour le combat... Les pertes en zone urbaine sont plus élevées que sur les terrains ouverts. Alors, même si bien des militaires préfèrent éviter le sujet, il faudra y revenir car ce sera vraisemblablement un des terrains privilégiés de nos futurs opposants. Une façon pour l'ennemi du futur de contrebalancer la supériorité technologique et numérique [des États-Unis] sera de se fondre dans les villes et dans la masse... L'environnement urbain est multidimensionnel. Il inclut le sol, le sous-sol et la troisième dimension (chaque bâtiment peut abriter des ennemis). Cet environnement réduit les capacités de communication (structures métalliques et de béton)... Le soldat a conscience de ces difficultés qui jouent sur son mental. De plus, les zones urbaines sont toujours plus peuplées (en 2025, plus de 70 % de la population mondiale vivra en ville). Les villes pourront dépasser les dix millions d'habitants. Les problèmes d'infrastructures et les besoins sociaux risquent d'aggraver le problème... Au cours des vingt dernières années, un tiers des déploiements militaires américains se sont faits en zone urbaine. Ce chiffre est en augmentation. Cet environnement met tous les intervenants sur un même pied d'égalité, quelles que soient les capacités technologiques des uns et des autres.*
>
> *Future warfare, anthology,*
> *US Army War College, may 1999*

Partons de ce texte important et révélateur pour observer la réalité guerrière actuelle.

Depuis la fin de la Guerre froide, et durant toute la parenthèse historique 1989-2001, les espaces incontrôlés se sont multipliés. Voici soixante ans, l'une des grandes intelligences du XXe siècle, Paul Valéry, célébrait un monde nouveau, ordonné et balisé : « Le temps du monde fini commence. » Mais la tendance était loin d'être irréversible : le « monde fini » aura duré un demi-siècle. Territoires chaotiques et zones hors-contrôle, bien sûr mais aussi — mais surtout — les « jungles de béton » encerclant les mégapoles du Sud.

En l'an 2000, en effet, la planète comptait 414 villes de plus de un million d'habitants — dont 264 dans le tiers-monde. En 1950, l'Afrique comptait 6 villes de un million d'habitants ; 19 en 1980 ; 50 en l'an 2000. En 2015, il y aura 33 mégapoles de plus de 8 millions d'habitants — dont 27 dans le tiers-monde — il n'y en avait que 2 en 1950.

En 2020, l'ensemble des pays dits « en développement » comptera plus de 6 milliards d'habitants, une population dont la grande majorité sera urbanisée. Ce sera, dit encore Oswaldo de Rivero (*op. cit.*), des « mégapoles délabrées où l'eau sera rare et les aliments et l'énergie trop chers pour les salaires moyens. Ces villes pitoyables deviendront alors probablement de véritables enfers humains, des bombes à retardement écologiques, réelles menaces pour la stabilité politique et écologique du monde ».

Ainsi vivront la plupart des habitants de ces mégapoles du Sud — ou plutôt ceux des quartiers sauvages, campements et baraquements, qui se développent deux fois plus rapidement encore que l'urbanisation « classique » — déjà considérable. Ainsi, 80 % des habitants actuels d'Addis-Abeba (Éthiopie) vivaient-ils en l'an 2000 dans des bidonvilles ; 70 % de ceux de Casablanca (Maroc) et de Calcutta (Inde) ; 60 % de ceux de Kinshasa (Zaïre) et de Bogotá (Colombie), etc.

Or ces « jungles urbaines » sont extrêmement volatiles : là et à la seconde, comme disait Mao Tsé-Toung, « une étincelle peut mettre le feu à toute la plaine ». D'où, d'extrêmes difficultés d'intervention pour y réprimer une insurrection ou encore y éradiquer le narcotrafic... Le tout à proximité d'aéroports internationaux, donc, des caméras de CNN. Voir le gigantesque bidonville qu'est la bande de Gaza, que l'armée d'Israël n'arrive pas à contrôler, malgré son efficacité et son absence de complexes.

Noyés parmi les populations complices ou soumises des « banlieues sauvages », terroristes, guérilleros et narcotrafiquants mènent leurs affaires — guerres tribales, activisme politico-militaire, fanatique ou millénariste ; trafics divers — en toute impunité. Pour ces illégaux (narco-trafiquants, terroristes, guérilleros, etc.) ces sanctuaires périurbains sont idéaux :

— Misère, entassement, pléthore de jeunes non qualifiés, bloqués sur place, fournissant tous les desperados nécessaires.

— Proximité du cœur économique du système et des aéroports.

— Proximité du centre politique et médiatique.

Exemple : la jungle urbaine de Karachi, mégapole pakistanaise de 10 millions d'habitants, inondée des armes et de l'héroïne d'Afghanistan, ravagée par les guerres ethniques, les prises d'otages et les meurtres. Ainsi, dès juin 1992, étaient découvertes à Karachi 23 salles de torture clandestines, gérées par les bandes locales, au profit, si l'on peut dire, de diverses variétés d'ennemis et de traîtres. Présente à

Karachi depuis 1998, l'armée n'a pu y rétablir même un semblant d'ordre et aujourd'hui, tueries et attentats y continuent au même rythme.

Alors, demain, la « guerre des étoiles » ? Non : infiniment moins *Hi-tech* mais plus probable, moins glorieuse mais plus sanglante, la « guerre des bidonvilles »...

VERS LE CHAOS MONDIAL

Non étatiques, transnationales, globales même — de nouvelles menaces stratégiques ont surgi du chaos. Acteurs féroces, territoires inaccessibles : nébuleuses terroristes, cartels, mafias ou milices sont des ennemis implacables. Dans les zones chaotiques du sud du monde, peu d'ambassades, pas de salons, mais des mégapoles anarchiques, des bidonvilles, la jungle — sur fond de terrorisme ou de guerre.

Car, pour user du vocabulaire scientifique, la fin de l'ordre bipolaire a suscité la mutation d'une foule d'entités hier purement terroristes ou purement criminelles, c'est-à-dire leur glissement brusque et imprévu du champ du technomorphe à celui du biomorphe.

Technomorphe : hier, l'essentiel de la violence non étatique de niveau stratégique, ou terrorisme transnational, était le fait de groupes organisés ou récupérés par des services spéciaux pour le compte d'États. Sur ordre et au cachet, ils fonctionnaient de façon mécanique, en suivant des impulsions marche/arrêt.

Biomorphe : aujourd'hui, on assiste à la prolifération quasi biologique, incontrôlable — et à ce jour incontrôlée — d'entités dangereuses complexes, très difficiles à identifier, à comprendre, à définir, ce sur des territoires ou au sein de flux eux-mêmes mal explorés.

Bref, aujourd'hui dans le monde — et aux portes même de l'Union européenne —, la vraie menace émane de milices et de guérillas mutantes, d'entités hybrides peuplées de terroristes, de « bandits patriotes » et de militaires déserteurs :

— Commandées par des « prophètes » illuminés, des généraux dissidents, des seigneurs de la guerre ou de purs et simples bandits.

— Ignorant toutes les lois internationales — d'abord celles qui relèvent du respect de l'humanitaire — et obéissant, soit à la loi de la jungle, soit à la « loi de Dieu ».

Et d'entités mal connues, ou insaisissables, nébuleuses ou réseaux capables de mutations et de changements d'alliances foudroyants. Les unes et les autres évoluant, enfin, en symbiose avec les économies mafieuses dans le triangle narcotiques-argent sale-armes.

Au total, ces nouvelles entités menaçantes sont très différentes de celles de la Guerre froide :

— Les entités permanentes et hiérarchisées ont laissé place à de petits noyaux temporaires, mobiles, fanatisés, adeptes du « *lo-tech* », aux motivations moins rationnelles, parfois même franchement millénaristes ou apocalyptiques.

— Les freins moraux semblent avoir déserté des entités quasi autistes, ne cherchant à influencer personne hors d'un étroit cercle d'élus. Faisant de la terreur aveugle une fin (la destruction de leurs « ennemis »), ils « justifient » leurs attentats (World Trade Center, métro de Tokyo...) par la volonté d'un « prophète », ou par une imminente fin du monde.

Ainsi, les entités menaçantes du nouveau désordre mondial sont légion. Nébuleuses terroristes fanatisées, guérillas naguère politiques et aujourd'hui vendues aux narcotrafiquants, mafias, mouvements irrationnels violents, ou millénaristes. Voyons-les de plus près.

DES TERRORISMES HYBRIDES RADICALEMENT NOUVEAUX

À la fin des années 60, l'IRA reprend la lutte armée contre les Britanniques. À peu près au même moment, les Palestiniens extrémistes commencent à détourner des avions, tandis que les Brigades rouges et la Fraction armée rouge lancent la guérilla urbaine dans ce qu'elles appellent « le centre impérialiste » (l'Europe occidentale). C'était il y a plus de trente ans. Comme aujourd'hui, le terrorisme faisait alors les grands titres des journaux. Différence énorme, il ne posait alors que des problèmes de sécurité nationale mineurs aux grands pays : surveillance des aéroports, maintien de l'ordre en Ulster, travail de police antiterroriste. Sensationnel, certes, le terrorisme d'alors concernait peu les responsables de la Défense nationale.

Trente ans plus tard, le terrorisme a explosé — si l'on peut dire. Il est partout — et est même devenu l'une des composantes majeures de la guerre — après l'avoir lentement mais sûrement infectée au cours des trois décennies écoulées. Dans la période-charnière 1989-2001, le terrorisme a ainsi cessé d'être marginal, ou folklorique, pour constituer la préoccupation centrale en matière de sécurité pour nos gouvernements. Étant aujourd'hui devenu la guerre, il concerne de fait aussi bien le ministre de la Défense que celui de l'Intérieur.

Ayant désormais tout envahi — des bombes explosent chaque jour, pour mille raisons diverses, par tout le globe — le terrorisme a également subi une mutation importante. Ainsi, le terrorisme d'État de la Guerre froide, d'essence politique ou idéologique, a virtuellement disparu en tant que tel. Sous une apparence trompeusement inchangée, ce qu'il en reste relève désormais d'une logique nouvelle.

Fort divers, ces nouveaux acteurs terroristes n'en ont pas moins des caractéristiques communes :

— Déterritorialisation, ou implantation dans des zones inaccessibles.

— Absence, le plus souvent, de tout sponsorship d'État — ce qui les rend plus imprévisibles et incontrôlables encore.

— Nature hybride, pour part « politique », pour part criminelle.

— Capacité de mutation ultra-rapide en fonction du facteur dollar, désormais crucial.

— Approche pragmatique, tendant à prouver le mouvement [terroriste] en marchant — selon la vieille pratique maoïste consistant à lancer la guérilla pour apprendre la guerre (voir ainsi les bombes bricolées des GIA en France, juillet-nov. 1995).

— Capacités meurtrières énormes, par rapport au terrorisme de la Guerre froide, lui, symbolique le plus souvent. Ainsi, seul le blocage d'un aérosol a empêché la secte Aum de faire 40 000 morts dans le métro de Tokyo, en avril 1995. Les attaques de septembre 2001 aux États-Unis ont fait dix fois plus de morts que l'attentat le plus sanglant du XXe siècle...

LES « GUÉRILLAS DÉGÉNÉRÉES »

En Europe, la plus célèbre de ces entités hybrides qui associent le « politique » et le criminel, le terrorisme et le narco-trafic, a longtemps été le Parti des Travailleurs du Kurdistan. Mais le PKK est loin d'être seul et désormais des « narco-guérillas » existent en Asie centrale, en Amérique latine et en Afrique ; on les trouve en Afghanistan, en Birmanie, en Colombie, en Inde, au Liban, au Pakistan, au Pérou, aux Philippines, au Sénégal, en Somalie, au Sri-Lanka. Par diasporas interposées, toutes sont présentes dans la plupart des grandes métropoles du monde développé.

Les principales de ces guérillas mutantes sont :

— Philippines : la « Nouvelle Armée du Peuple ».

— Sri-Lanka : les Tigres de la Libération de l'Eelam Tamil.

— Pérou : le « Sentier Lumineux ».

— Sénégal : mouvements indépendantistes de Casamance.

Mais il existe sans doute d'autres de ces entités hybrides, repérables en croisant des critères simples :

— Idéologie marxiste-léniniste fanatique.

— Activité de guérilla dans le tiers-monde.

— Activité de propagande, plus tout un ensemble d'activités délictueuses, ou criminelles, dans des pays développés, Europe d'abord. Pratique du terrorisme et de violences internes graves (purges, etc.).

— Narco-trafic.

— Complicité d'États hostiles aux puissances occidentales.

Ces guérillas dégénérées sont :

Criminelles car désormais ces guérillas doivent financer tout ou partie de leurs « guerres » grâce à des activités illicites, notamment par la production et le trafic des narcotiques.

Mutantes ; là aussi par nécessité : la fin de la Guerre froide a en effet contraint tous les acteurs politico-militaires de l'ordre ancien à s'adapter — parfois précipitamment — ou disparaître. Aboli, l'ordre bipolaire levait tous les obstacles. Physiques, d'abord : Mur de Berlin, et autres barrières infranchissables aux frontières intérieures et extérieures de l'ex-bloc de l'Est. Psychologiques, ensuite ; les schémas mentaux binaires reflétant la réalité stratégique du monde d'alors — soit dans le camp de l'ouest, soit dans celui de l'est ; soit politique, soit criminel — ont, eux aussi, perdu leur sens.

Résultat, à l'aube de la parenthèse historique 1989-2001, alors qu'ils évoluaient dans des sphères pratiquement séparées, acteurs « politiques » — guérillas, milices, mouvements de libération nationale, groupes terroristes — et acteurs « de droit commun » — criminalité organisée, mafias, cartels — se sont trouvés précipités sur la même scène. Sont alors apparues des narco-guérillas, certes privées de leurs parrains « idéologiques » de la Guerre froide — mais d'autant plus menaçantes qu'elles restaient au contact de nombre d'États du tiers-monde. Sur commande, ces narco-guérillas peuvent frapper pour le compte d'États « échoués » ou corrompus ; elles utilisent en retour les infrastructures des services spéciaux et banques de ces États pour recycler des narco-devises, exporter des narcotiques, etc.

Différence capitale avec le terrorisme d'État de l'ère bipolaire, notamment celui du Moyen-Orient : cet échange de biens et services criminels se fait entre des caricatures d'État toujours plus faibles et des guérillas enrichies par les narco-devises — donc plus autonomes que naguère. Hier, tel État du Proche-Orient maîtrisait au millimètre la trajectoire terroriste des groupes extrémistes libano-palestiniens. Aujourd'hui, des pouvoirs débiles comptent sur des narco-guérillas maîtresses de leur avenir pour effrayer le monde extérieur — donc durer un peu plus...

LES « SUPERPUISSANCES DU CRIME »

En avril 1994, le secrétaire général d'Interpol, Raymond Kendall, déclare : « Le narcotrafic est entre les mains du crime organisé... Interpol gère un fichier de 250 000 grands malfaiteurs. 200 000 d'entre eux sont liés au narcotrafic. » De fait, les groupes qui contrôlent l'essentiel de la production et du négoce des stupéfiants sont peu nombreux et bien connus. Cartels colombiens pour la cocaïne ; Triades (Hong Kong, Taiwan et Chine populaire) pour l'héroïne du Triangle d'or ; mafias italiennes, turco-kurde et albanaise pour celle du Croissant d'or. Ces organisations criminelles transnationales (OCT) sont vitales au narcotrafic mondial, car elles relient le secteur agricole, contrôlé par les guérillas et les acteurs des guerres tribales, à la distribution finale, elle assurée par les gangs urbains des métropoles du monde développé.

N'hésitant ni à tuer ni à corrompre, les OCT brassent chaque année de 34 à 57 milliards d'euros et en recyclent peut-être la moitié dans l'économie mondiale. Aujourd'hui elles opèrent la fusion du trafic illicite des stupéfiants, des armes et des migrants clandestins. Rapprochant et renforçant ainsi leurs centres de profit, les OCT seront demain plus puissantes encore.

LES ENTITÉS IRRATIONNELLES VIOLENTES

Au Japon, au printemps 1997, le procès de Shoko Asahara a permis de réaliser combien Aum Shinrikyo était une organisation ramifiée et complexe, capable :

— D'extorquer des millions de dollars, d'abord à ses fidèles.

— De recruter par centaines des étudiants brillants, la plupart dans des disciplines scientifiques de pointe.

— De monter un réseau d'approvisionnement mondial (substances dangereuses, armes, explosifs, etc.) géré par des hommes d'affaires compétents.

— De créer, notamment en Russie, des « succursales » importantes.

— D'assassiner plusieurs années durant des « traîtres » à la secte dans la plus parfaite impunité.

LES GROUPES « ÉCO-TERRORISTES »

Fin avril 1996, un attentat à l'explosif causait d'importants dégâts à la voie ferrée Lunebourg-Dannenberg (nord-ouest de l'Allemagne). Deux jours plus tard, le réseau ferroviaire allemand était saboté (coupure de câbles alimentant les systèmes de signalisation des voies) en deux points, près de Hanovre et de Göttingen. Ces attentats du « Kollektiv Gorleben » révélaient à l'opinion publique européenne l'existence de noyaux d'écologistes passés à l'action directe pour « sauver la planète ».

En Amérique du Nord, l'arrestation de Théodore Kaczynski, auteur d'une vingtaine d'attentats par colis piégés en quinze ans — dont trois mortels —, permit peu après de révéler les liens de celui que le FBI avait baptisé « Unabomber » avec la mouvance écoterroriste. Les noms de ses deux victimes (décembre 1994, avril 1995) figuraient en effet sur une liste d'« ennemis de la nature et des forêts vierges », publiée dans un bulletin écoterroriste clandestin intitulé « Live wild or die ! » — complaisamment reproduite dans le numéro de février-mars 1994 du journal écolo-apocalyptique *Earth First !*. Kaczynski ayant lui-même participé en 1994 à une conférence d'*Earth First !* organisée à l'Université du Montana.

Aux États-Unis et au Canada, d'autres fanatiques de la nature ont déjà tenté d'empoisonner des réservoirs d'eau et des ventilations d'immeubles. Des militants de micro-sectes analogues, impénétrables et prêtes à tout pour « ouvrir les yeux » de l'opinion publique mondiale, ont été surpris en train d'« environner » centrales nucléaires, plates-formes pétrolières ou aires de stockage de carburants.

MÉTHODES, ENJEUX ET BATAILLES

NOUVELLES ENTITÉS MENAÇANTES ET MANAGEMENT *NEW-LOOK*

Les sujets criminels nouveaux ont bien mieux assimilé le *zeitgeist* (l'esprit du temps) que la plupart des institutions étatiques du globe. Car aujourd'hui, les qualités rendant une multinationale, ou une mafia, performante et prospère sont analogues :

— Fluidité — volatilité même — face à la viscosité, la lourdeur des appareils étatiques ; « soyez légers, anonymes et précaires » conseille ainsi ironiquement le pamphlétaire Gilles Châtelet[1].

— Dans les multinationales et les mafias *new-look*, l'organisation en réseau l'emporte aujourd'hui sur la structure pyramidale (celle des « mafias perdantes », des entreprises d'hier et, encore, de l'État-nation actuel).

— Dans les deux cas, le réseau se compose d'unités autonomes interconnectées. Chacune évolue sur son territoire propre et est reliée aux autres par un système rapide de circulation de l'information.

— L'unité de base est un capteur ultrasensible, décelant toute nouvelle venant du monde extérieur, soit profitable, soit dangereuse pour le réseau ; puis la transmet au nœud central de celui-ci.

1. *Vivre et penser comme des porcs*, Exils éditeur, 1998.

NOUVELLES ENTITÉS MENAÇANTES ET *HI-TECH*

D'abord, un simple rappel : pour les entités dangereuses du chaos mondial, l'argent, s'il faut en débourser, est rarement un problème :

— En 1995, la police colombienne saisissait à Cali un ordinateur IBM AS/400, dont la mémoire contenait tous les numéros de téléphone et plaques minéralogiques de l'agglomération, couplé à un scanner ICR 900. L'ensemble constituait un puissant instrument d'interception et de stockage de communications, permettant au cartel de Cali d'écouter simultanément 180 lignes radio-téléphoniques. La même année on apprenait que les Cartels mexicains avaient acheté des avions en kit « Rutan Defiant » Conçus en matériaux composites, équipés d'hélices en plastique et recouverts d'une couche de peinture absorbant les ondes radar, ce sont des « avions furtifs » certes rudimentaires, mais bien moins chers que les fameux « bombardiers fantômes » américains...

En 1997, toujours sur le front des cartels, arrestations et perquisitions permettaient de mesurer la riposte des narcotrafiquants à la militarisation de la lutte anti-drogue :

— Les cartels colombiens financent par millions de dollars et utilisent à leur usage les écoles d'entraînement des milices d'autodéfense, censées lutter contre les guérillas. C'est dans ces centres de formation qu'ils entraînent leurs propres gardes prétoriennes, les « gendarmeries » des zones où sont implantés les laboratoires de production de stupéfiants ainsi que les « commandos anti-répression », groupes de tueurs ciblant policiers, magistrats, militaires, etc. engagés dans la lutte antidrogue.

— Les cartels mexicains, eux, dépensent des fortunes pour s'offrir la meilleure technologie possible pour espionner les forces de l'ordre américaines et se protéger : systèmes de communication cryptés, matériel permettant d'intercepter les échanges de leurs ennemis, pose de micros perfectionnés. Dans le domaine des « ressources humaines », ces cartels embauchent à prix d'or ingénieurs des télécoms, agronomes, chimistes de haut niveau (pour éluder les procédés de détection des narcotiques), mais aussi des ex-officiers des forces spéciales et des services de renseignement.

N'oublions pas enfin que désormais, les technologies de l'information et de la communication perfectionnées — Internet plus des codes « incassables » — donnent à qui veut, surtout depuis un intouchable sanctuaire, l'équivalent gratuit et mondial d'un de ces « Centres de commandement et de contrôle » qui étaient jusqu'à la guerre du Golfe l'apanage des armées *Hi-tech* en campagne.

NOUVELLES ENTITÉS MENAÇANTES ET PRATIQUE DU MASSACRE

Imitation et contagion : telle est l'origine de la vague de massacres qui ensanglante le monde depuis 1997, de la Colombie au Cambodge, du Cachemire au Mexique et de l'Inde à l'Égypte, en passant par la Sierra Leone, le Liberia — et désormais, les États-Unis eux-mêmes. Écartons les meurtres à la sauvette, les liquidations honteuses, les vendettas sournoises, vieux comme le monde : il s'agit du massacre ciblé, planifié, médiatisé ; du massacre — titre d'accès à CNN et élément délibéré d'une stratégie de terreur. Au massacre dont tout montre qu'il devient l'une des armes favorites des terroristes du chaos mondial.

« Inventeur » de ce type de massacre-là : le GIA algérien. Au point qu'en décembre 1997, Amnesty International, dont les propos sont mesurés, parle pour ce pays de « violence terrifiante » et que *Libération* du 22 décembre 1997 souligne que l'AFP-Algérie a usé cette année-là plus de 180 fois du mot massacre dans les titres de ses dépêches — un affreux record.

Pourquoi cette contagion du massacre ? Parce qu'il est *efficace*. En un an, le GIA se fait une réputation mondiale ; après Louxor, les islamistes égyptiens « existent » à nouveau ; en Colombie, les États-Unis hésitent désormais à aider une armée complice de paramilitaires-massacreurs. Ainsi le massacre :

— sert utilement une stratégie « militaire » (GIA),

— peut mener un pays près de la ruine (l'Égypte et son tourisme après Louxor),

— peut paralyser un géant, les États-Unis, dans une lutte pour lui vitale (guerre à la drogue).

Bref, massacrer, c'est exister ; c'est faire parler de soi. Une réalité vite comprise par les guérilleros du « Front révolutionnaire uni » de la Sierra Leone [1], qui ajoutent cependant leur petite touche au système : la mutilation systématique de victimes, dé-

1. Bande criminelle active depuis 1991 dans le nord (zone diamantifère) du pays.

membrées, énucléées, défigurées — mais laissées vivantes, témoins d'une horrible « propagande par le fait ».

ESSAIMS ET RÉSEAUX : LA GUERRE AU XXIe SIÈCLE[1]

Voilà le défi majeur pour les forces armées des États-nations des pays développés. En effet, la superpuissance américaine mène une telle guerre, dite « à la drogue », depuis vingt ans et, au jour d'aujourd'hui, l'a bel et bien perdue — il y a plus d'héroïne et de cocaïne en Amérique du Nord qu'il y a vingt ans, vendue plus pure et moins chère qu'à l'époque.

Quelles sont les règles de la guerre *new-look*, celle des essaims opérant en réseaux (le concept de réseau s'opposant ici à celui d'entité hiérarchisée, comme par exemple une armée) ? Cartel de Colombie, guérilla d'Algérie, du Cachemire ou de Tchétchénie, milice d'Afrique ou des Balkans, entité terroriste type al-Qaïda, narco-armée de Somalie ou du Triangle d'or, « Posse » jamaïquain : tous ces acteurs du chaos mondial sont non étatiques et transnationaux et ont pour l'essentiel le même mode de fonctionnement.

1. Sur la guerre des essaims, voir notamment les études de la RAND : « The advent of netwar » (1996) ; « In Athena's camp » (1997) ; « Swarming and the future of conflict » (2000) ; « Networks and netwars : the future of terror, crime and militancy ». Voir aussi le numéro spécial (en 1999) de *Studies in Conflict and Terrorism* sur le thème « Netwar across the spectrum of conflict ». Ces études sont pour la plupart le fruit des recherches de John Arquilla et David Ronfeldt.

Notons d'emblée — c'est important dans un monde où priment l'information, la communication — que même non politique et purement criminelle, l'entité « essaim » possède le plus souvent sa « légende ». Elle tient beaucoup à son statut d'association d'« hommes d'honneur » (mafia) ; à sa réputation de Robin des bois, ou de défenseur de la foi. L'essaim communique. Il n'est pas autiste ni coupé du monde.

L'élément de base du « jeu de construction » est un groupe de combat de dix à vingt hommes se connaissant tous entre eux. Ils viennent du même quartier, du même clan, de la même tribu, ou ont fréquenté le même lieu de culte. Bref : ils sont immergés dans une même société civile, une même culture, au sein desquelles ils sont pour l'essentiel invisibles. Mobile, flexible, polyvalente, capable d'actions diversifiées, l'unité (fractionnable en équipes de quatre ou cinq hommes[1]) se déplace aisément, même à travers les frontières — et se disperse tout aussi vite.

L'armement de l'essaim est rustique, bien maîtrisé, aisément remplaçable ; sa hiérarchie, simple. Ce « Lego » de la guérilla, du narcotrafic ou du terrorisme (ou fréquemment, les trois ensemble) se connecte aisément et de façon latérale à d'autres « Lego » analogues — d'abord grâce aux recettes ancestrales de la conspiration et du secret. Ensuite, grâce à des outils de communication soit *Hi-tech* : téléphones portables, Internet, fax, etc. ; soit *lo-tech* ou même *no-tech* (tam-tam, signaux optiques, cris d'animaux, etc.). L'ensemble est capable de brouil-

1. Comme par exemple les unités de « tueurs de chars » tchétchènes.

ler les pistes et de dissimuler ses intentions. Il est aussi dispersé géographiquement et divers de forme ou d'allure. C'est tout sauf une armée, uniforme par nature.

À l'échelle internationale, l'essaim joue de la dialectique du fief et de la diaspora. L'émigré en Europe, par exemple, peut être tenu par un chantage exercé sur la vie de sa famille restée au fief — et coopère bon gré, mal gré. L'essaim sait aussi exploiter à son profit, et de bien des façons, l'assistance humanitaire s'exerçant dans, ou à proximité de, son fief.

Point crucial : cette nébuleuse polymorphe n'est pas dotée d'une hiérarchie centrale stricte[1] et n'obéit pas à un état-major prédominant. Elle peut même être purement et simplement acéphale. Communauté de foi (islamistes, sectes) ou d'intérêt (narcos) : une autorité implicite est reconnue à un chef ou à une équipe, à qui l'on fait allégeance aujourd'hui, pour la reprendre peut-être demain, et qui assure la coordination de l'ensemble. Voir sur ce point les allers-retours des kataëb algériennes entre le GIA d'Antar Zouabri et le Groupe salafiste pour la Dawa et le Jihad de Hassan Hattab. Mais en gros, on est d'accord sur l'essentiel : la haine d'un ennemi commun, le jihad et l'envie de dollars.

La structure (imaginons ici une toile d'araignée) est plate, décentralisée. Chaque « Lego » de l'essaim dispose d'une grande autonomie et capacité d'initiative locale. Pour la coordination, pas de chef charismatique irremplaçable, mais des dirigeants anonymes et interchangeables. Le fonctionnement de

1. Chaque unité n'ayant, elle, qu'une hiérarchie embryonnaire.

l'essaim se fait par pulsations. Une décision d'attaque massive est prise ? Les unités disponibles gagnent en vitesse un secteur donné, frappent brutalement et par surprise et se dispersent avant que l'adversaire, lourd, à la hiérarchie pesante et complexe, n'ait réagi.

Au Caucase, durant la première guerre de Tchétchénie, la configuration en essaim donne ceci : prises d'otages par milliers, plusieurs équipées de « colonnes infernales » tchétchènes en Russie du Sud, détournement d'un ferry-boat russe en mer Noire (janvier 1996) et d'un Boeing 727 chypriote turc en mars 1996 ; attentats par dizaines contre des officiels et militaires russes — et même une menace de terrorisme nucléaire à Moscou.

7

Gagner

> *Tout phénomène est au début un germe, puis finit par devenir une réalité que chacun peut constater. Le sage pense dans le long terme. C'est pourquoi il a grand soin de s'occuper des germes. La plupart des hommes ont la vue courte. C'est pourquoi ils attendent que le problème soit devenu évident pour s'y attaquer.*
>
> *Quand il est encore en germe, l'affaire est simple, exige peu d'efforts et apporte de grands résultats. Quand le problème est devenu évident, on s'épuise à le résoudre et en général, tous les efforts sont vains.*
>
> *Le Yijing dit : « Quand on marche sur le givre, la glace dure n'est pas loin. »*
>
> Les Trente-Six Stratagèmes

Que faire pour gagner les guerres criminelles/terroristes ? Car à l'évidence, la méthode inventée empiriquement à la fin des années 80 ne suffit plus. Kadhafi, Noriega, Saddam Hussein, Milosevic. Face à ces « *bad guys* », face aux « États-voyous » (*rogue states*), le protocole d'action était simple : par médias interposés, on gonflait une baudruche médiatique, on créait un loup-garou plutôt artificiel — vous souvenez-vous de « l'armée irakienne, quatrième du monde... » ? Après quoi, une intervention militaire limitée crevait sans mal la bulle de savon. Notons que le « truc » sert toujours : au début des opérations militaires en Afghanistan (7 octobre 2001) de grands médias internationaux ont constamment présenté les Talibans — dont le nombre total n'a, au grand jamais, dépassé les 22 000 hommes pour un pays de 700 000 km^2 — comme une formidable nuée humaine, prête à bondir derrière chaque rocher du pays...

Militairement, l'entreprise était sans difficultés, mais la phase suivante — frapper à la tête — n'a pas bien fonctionné. Pour un Milosevic traduit en justice, Kadhafi et d'autres sont toujours au pouvoir, le seigneur de la guerre somalien Mohamed Farah Aidid est mort dans son lit et Ben Laden, officiellement[1] traqué depuis l'été 1998, est toujours libre en novembre 2001. Cette pratique, notons-le, est toujours à l'honneur à Washington. Ainsi le sénateur Joseph Biden[2] déclare-t-il « premièrement, nous devons décapiter al-Qaïda... Cela signifie bien sûr nous débarrasser de Ben Laden, du mollah Omar et de la direction des Talibans ».

Ainsi, devant des entités protoplasmiques déterritorialisées et transnationales type al-Qaïda, que faire ? Commençons par rappeler ce que les principaux États-nations font déjà dans le domaine militaire et devraient uniquement se borner à per-

1. Nous disons « officiellement » car il semble que tous contacts n'aient pas été rompus entre Oussama Ben Laden et les milieux officiels américains... ou britanniques. Voir sur ce point *Ben Laden la vérité interdite*, Jean-Charles Brisard et Guillaume Dasquié, Denoël, 2001 ; on peut lire aussi *Au nom d'Oussama Ben Laden*, Roland Jacquard, éditions Picollec, 2001.

2. Voir *supra*, p. 43.

fectionner, de façon à être aussi efficaces que possible dans le champ de l'action. Là, deux options sont possibles :

— L'intervention de militaires en uniforme, symbolisant la volonté et la capacité de réaction de l'État (outils *ostensibles* : forces spéciales, par exemple).

— Intervention discrète, par exemple sous forme de représailles non signées (outils *clandestins*).

De quels « instruments » faut-il disposer pour cela ?

— De moyens d'identification précoce des menaces potentielles, mais déjà décelées (« balayage radar ») ;

— de moyens de prévention antiterroriste (permettant de pénétrer, d'infiltrer les structures hostiles déjà repérées) ;

— de moyens de suivi informatique des mouvements de capitaux ;

— de moyens de suivi par satellite de cargaisons dangereuses ou suspectes ;

— de personnels hautement qualifiés, sachant pratiquer des « désamorçages » (préventif) ;

— de personnels et de moyens de neutralisation de bases, de laboratoires, de réseaux.

Tout cela relève de la responsabilité des militaires, parmi eux d'abord des forces spéciales ; aussi — et d'abord — du renseignement. Là n'est pas notre spécialité et, compte tenu du bon niveau des services ci-dessus mentionnés, là n'est pas le problème majeur, l'enjeu décisif. Celui-ci se situe en amont. Au niveau du dévoilement, de la réflexion préalable ; au niveau même de la *philosophie* de l'action anti-criminelle — anti-terroriste. C'est là que les manques sont les plus criants, et paradoxalement, la réflexion jusqu'ici la plus pauvre.

Paradoxalement, car toute l'histoire de la progression technique de l'humanité — la médecine, les transports, à vrai dire tous les domaines de l'activité humaine — voit au long des siècles la phase de réflexion (en amont de la phase d'action) augmenter en durée, s'intensifier, s'approfondir pour finir aujourd'hui par occuper la majorité du temps imparti à un acte donné. Un seul exemple : en 1900 combien de temps passé aux investigations préalables, avant une opération chirurgicale ? On ausculte, puis on opère. En 2000, combien d'examens biologiques, de radiographies, scanners, etc. avant le moindre coup de bistouri ?

Tous les domaines de l'activité humaine — sauf un. Dès qu'il est question de crime ou de terrorisme, tout de suite, c'est la ruée sur le matériel, le gadget, la quincaillerie. La police parle gilets pare-balles et effectifs ; l'armée, engins et technologie coûteux, le renseignement, idem. Ce avant la moindre réflexion sérieuse sur la *nature* même de la lutte à entreprendre, sur *l'essence* de l'entité adverse. Pour l'essentiel et sans forcer le trait, on fonce sans réfléchir. Des sociétés parfaitement civilisées et évoluées se conduisent en l'occurrence comme un pitbull.

Or imagine-t-on de nos jours le moindre navire sans radar ? Sans « tableau de bord » ? Réduit à naviguer à l'aveuglette, à la sirène de brume ? Tel est cependant l'état du monde développé en 2003, face aux entités dangereuses du monde réel. Nous les voyons difficilement, nous les connaissons mal, nous ignorons presque tout de ce qui les stimule, de ce qui les effraie. Nous Français savons à l'unité près le nombre des gypaètes barbus évoluant dans les Alpilles, mais sommes incapables d'empêcher 25 000 ravers — toxicomanes potentiels encadrés par des dealers — d'occuper, à l'insu de tous, un terrain militaire dans l'est du pays.

Ce comportement est non seulement grotesque et contre-productif, il met aussi la France en contravention avec le « Programme d'action détaillé » de l'UE (de lutte contre le crime organisé) adopté en avril 1997. Celui-ci dispose que « les États-membres et la commission devraient instituer, si un tel dispositif n'existe pas encore, ou identifier, un système de collecte et d'analyse des données propres à fournir une vue d'ensemble de la situation de la criminalité organisée dans l'État-membre et à assister les autorités de répression dans leur lutte ».

Qui possède (en France et même au niveau de l'Union européenne) cette « vue d'ensemble » sur le crime organisé et le terrorisme ? À vrai dire personne. Et comment l'acquérir ? D'abord et avant tout, par une réflexion purement intellectuelle, précédant l'action, par un travail patient et méthodique d'approche des réalités criminelles ou terroristes. C'est un travail plutôt *lo-tech*, assez humble, ne demandant nul gadget d'avant-garde — ne permettant pas la moindre posture glorieuse au journal télévisé de vingt heures. Il s'agit de ne pas quitter du regard les entités dangereuses ; de traduire, d'approcher, d'apprendre, de comprendre. Et enfin — comme nous le verrons plus loin — d'accéder *au savoir qui pressent*.

Seuls cette réflexion et ce travail d'approche nous permettront de déceler les menaces de façon suffisamment précoce, pour les contrer avant tout passage à l'acte — exact pendant anti-criminel et antiterroriste de la médecine *préventive*.

PROTÉGER LES GRANDS GROUPES MONDIALISÉS

Échappant petit à petit au contrôle des États, les grandes entreprises mondialisées sont de fait confrontées à des dangers nouveaux, ou brutalement aggravés du fait du « nouveau désordre mondial ». Car s'ils n'ont plus grand-chose à craindre des États dont ils sont issus, les grands groupes font désormais face à des menaces bien plus importantes qu'un redressement fiscal (racket, terrorisme, infiltration par des organisations criminelles transnationales (mafias, cartels, etc.), blanchiment d'argent criminel, enlèvements de cadres et d'hommes d'affaires dans le tiers-monde), utilisation par la criminalité organisée des capacités de transport des grandes multinationales pour le transfert de cargaisons illicites, détournement et vol de cargaisons licites, contrefaçons diverses, vols de produits sophistiqués (électronique, etc.), espionnage industriel...

L'encadrement supérieur des entreprises à taille mondiale se compose en effet d'individus (mobiles et rapides) toujours plus autonomes, de moins en moins liés à l'État (stable et lent) dont ils sont originaires : résidence, foyer fiscal, domiciliations bancaires, assurances... À son insu, cette élite est d'une extrême fragilité face aux entités dangereuses du nouveau désordre mondial : mafias, guérillas dégénérées, sectes — elles aussi déterritorialisées et internationales, mais agissant en clans, en bandes souvent ethniques.

Face à ces menaces, les mesures de sécurité ordinaires (polices ou justices locales, vigiles, vidéosurveillance, etc.) sont le plus souvent dérisoires.

Dans ce contexte et depuis quelques années, les structures anglo-saxonnes de protection des personnes servent seules de protection aux entreprises, y compris françaises, faute de mieux. Qu'il s'agisse de la protection des expatriés, de la négociation ou de la libération en cas de prise d'otage, rares sont les structures qui ne soient pas anglaises ou américaines. La plupart d'entre elles disposent de cellules de veille ou d'analyse stratégique et la porosité naturelle entre privé et public dans l'espace anglo-saxon permet la mise sur pied de dispositifs affûtés. Un discret groupe d'assureurs et de réassureurs, complété par des gestionnaires de risques des multinationales américaines (M200), se réunit ainsi tous les six mois, rappelle *Le Monde* du 3 novembre 2001. D'autres groupes fonctionnent en s'appuyant sur les structures de l'American Society for Industrial Security (ASIS) ou de l'International Association of Chiefs of Police (IACP). Les traditions de transfert de responsables entre structures privées et publiques sont fréquentes aux États-Unis et permettent de maintenir des relations souvent efficaces, sur des sujets qui dépassent la courte vue. Emblématiques de ces échanges, Ray Kelly (ancien et futur chef de la Police de New York, expert ès renseignement et analyse), embauché un temps dans un grand cabinet d'investissement, mais surtout John O'Neill, longtemps numéro 2 du FBI à New York et responsable de l'analyse du terrorisme. Celui qui fut l'un des experts américains les plus lucides quitta un FBI qui ne l'écoutait guère, pour devenir directeur de la sécurité du World Trade Center peu avant les attentats. Il n'y survécut pas.

En matière de sécurité des grandes entreprises, la tradition française est tout autre. On s'appuie sur l'État qui doit prévenir, gérer, intervenir tout en affirmant hautement qu'il n'agit que dans l'intérêt public général, dans un climat de méfiance accentué. Il faut attendre le milieu des années 90 pour enfin voir apparaître quelques structures françaises de sécurité privée, aux moyens limités. Auparavant, seul le secteur pétrolier disposait-il de structures de sécurité bien organisées, mais dont les comportements et pratiques restaient très marqués par l'histoire coloniale...

En France, l'État ne se prête que difficilement au jeu de l'économie mixte de la sécurité. Obligatoire, la moindre recherche des antécédents judiciaires d'un agent de sécurité prend des mois. Vu le nombre de sociétés de gardiennage et le temps moyen de réponse de l'administration, un repris de justice peut travailler un bon siècle, avant d'avoir épuisé les possibilités d'embauche. Curieusement, la profession s'en préoccupe plus que l'État, qui annonce depuis des lustres une loi sur la sécurité privée, de longue date enlisée au Parlement. Il avait fallu au début des années 80 plusieurs dérapages de « milices » patronales ou la mort d'un SDF au Forum des Halles pour qu'une loi, toujours partiellement inappliquée, voie le jour en 1983. Sa réforme indispensable est reportée de session parlementaire en session parlementaire. Entre-temps, un texte voté dans l'urgence permet pour la première fois aux agents privés de sécurité de procéder à des palpations sur les personnes. Déjà, dans les aéroports (en 1990), puis dans les ports (en 1996), des sociétés privées remplaçaient les agents de l'État pour le contrôle des passagers et des bagages. Dans l'indifférence générale, les pouvoirs régaliens se rétractaient. L'épisode des quatre détournements réussis à New York a fait prendre conscience aux États-Unis des risques engendrés par une telle situation. Qui peut penser qu'il en aurait été autrement en France ?

Plus largement, tout aujourd'hui est devenu dangereux : investissements qui ressemblent à du blanchiment, rachats d'entreprises pouvant servir à du blanchiment, opérations financières avec les pays à risques, réseaux informatiques vulnérables, enlèvements de cadres ou de sous-traitants, menaces d'extorsion ou de rackets, faux courtiers en Bourse, transferts d'argent par des officines douteuses[1]... Ce, alors que se multiplient les détournements d'usage des procédures pénales. Un spectacle malsain autour du délit d'abus de bien social prend toujours plus le pas sur la répression des organisations criminelles. Bien sûr et au-delà du facteur médiatique, il est moins risqué de mettre en cause un grand patron que d'affronter les fort dangereux réseaux du crime organisé ou de la terreur.

1. Voir tout particulièrement *Entreprises, les treize pièges du chaos mondial*, de Xavier Raufer, PUF, 2000.

COMPRENDRE LES FILIÈRES FINANCIÈRES

Penser le crime, penser la guerre aujourd'hui signifie d'abord voir clairement, comprendre précocement la circulation de l'argent terroriste ou criminel. Car de même que son réseau sanguin irrigue l'homme tout entier et permet d'appréhender très précisément sa morphologie, de même le réseau financier d'une entité criminelle la révèle (au sens photographique) avec une clarté unique.

Or aujourd'hui, les efforts déployés par les États pour criminaliser d'abord, réprimer ensuite, le blanchiment d'argent, sont couronnés de peu de succès — dans la réalité des choses, sur l'échiquier même où jouent les criminels.

Pour être clair : aujourd'hui encore, les États, leurs lois, leurs systèmes répressifs et enquêtes, évoluent dans une dimension et les malfaiteurs, leurs réseaux, leurs systèmes pour faire circuler marchandises illicites et argent noir, dans une dimension autre. Toutes deux ne se rencontrant qu'exceptionnellement, lors de confiscations, d'arrestations ou de saisies qui ne gênent pas vraiment le monde terroriste ou criminel. Ces prises et captures, les entités dangereuses les considèrent avec indifférence. Se faire prendre 10 % de sa cocaïne ? Bah, c'est bien moins que l'impôt sur les sociétés. Se faire saisir un million de dollars sur les 2 milliards qu'on a récoltés pour le jihad ? Broutilles. Et les interpellations d'individus ? Elles relèvent de la volonté d'Allah. Ou favorisent la circulation des élites criminelles. Un peu comme une chasse intelligente contribue à la santé du gibier et ne le fait pas disparaître : c'est un fonctionnement darwinien (*survival of the fittest*).

Mener une guerre intelligente contre l'argent criminel ou terroriste suppose de maîtriser deux dimensions : l'espace, mais surtout le temps. Car aujourd'hui, le champ de bataille majeur est celui des interstices spatio-temporels, des espaces incontrôlés :

— Zones de non-droit, ou « zones grises », espaces intermédiaires entre les territoires réellement policés par les États-nations réels.

— Espaces en friche entre domaines ministériels, ou entre secteurs où opèrent des services, chacun sous un angle particulier (les stupéfiants ; le trafic d'êtres humains, le terrorisme, la contrebande, etc.).

Surtout, la bataille doit se mener contre le temps. Car contrairement aux terroristes islamistes (eux adeptes du *lo-tech*) les cartels de la drogue et narcoguérillas ont aujourd'hui une avance énorme dans le domaine temporel, sur les États lourds, lents, paralysés par l'inertie administrative et les arguties juridiques.

À l'inverse, l'entité criminelle ou terroriste opère-t-elle en majeure partie dans des zones hors-contrôle (jungle, mégapole anarchique, etc.). Elle récolte en permanence des sommes énormes en espèces (contributions au jihad dans un cas, commerce criminel de l'autre) qu'elle doit recycler dans l'économie légitime — ou « légaliser » un temps, pour préparer une opération. Pour cela, l'entité criminelle/terroriste dispose-t-elle de vrais professionnels de la finance, participant à nombre de ces conférences sur les placements *offshore* annoncées régulièrement dans les journaux financiers anglo-saxons. Ces « pros » explorent en permanence la planète pour rechercher des « niches juridiques » nouvelles, étudier les évolutions législatives intéressantes, avec un seul objectif : créer des sociétés-écran dissimulant efficacement le propriétaire réel des fonds, lorsque la société est constituée, un compte bancaire ouvert et que l'argent arrive.

Ces professionnels n'opèrent jamais eux-mêmes, mais *via* des nuées d'avocats et de conseillers financiers. Le « blanchisseur » parle à un avocat, qui ne s'adresse qu'à celui du notaire ou de la fiduciaire. Pour toute grosse transaction, une société *offshore* est créée un jour et « écrasée » le lendemain. Par un jeu d'écriture sur l'*offshore*-kleenex, l'argent devient fictivement « liquide » le temps d'une transaction et ainsi, la « piste » est coupée. Tout va très vite. Et ces « pros » usent désormais de cartes bancaires haut de gamme, anonymes et numérotées — officiellement pour raison de sécurité.

Parler à l'un de ces professionnels du blanchiment, c'est constater d'abord son total réalisme. Un blanchisseur qui rêve, c'est un blanchisseur mort, ou incarcéré — une logique, là encore, classiquement darwinienne. C'est comprendre ensuite que la répression les inquiète peu. D'abord, parce que les intentions des États sont claironnées à son de trompe — bien avant que les troupes étatiques ne s'ébranlent — ce, avec une sage lenteur. La parade est immédiatement recherchée, bientôt trouvée, les sociétés-écran supposées à risque « écrasées » et remplacées — le jour même, en quelques heures — par d'autres, plus étanches. En prime, existe une incitation puissante à ne pas se tromper. Le blanchisseur est responsable physiquement — lui-même et ses proches — des sommes qu'il gère pour le cartel ou la mafia. Et dans son monde, l'échelle des peines est très courte. À vrai dire, elle n'a qu'un seul barreau : la peine de mort. Plus incitatif que la décoration ou la prime de fin d'année...

Les professionnels du blanchiment savent aussi que les États — plus encore, les organisations internationales — ont une capacité de lassitude, d'oubli, très forte. À force de fréquenter le monde un peu virtuel des médias, les dirigeants politiques ont parfois tendance à considérer que tout problème évoqué par eux est ipso facto résolu. Voyez les grand-messes mondiales écologiques ou sociales : « dans cinq ans, les gaz à effet de serre auront diminué de 50 % », « dans cinq ans les plus pauvres des pauvres seront moitié moins nombreux ». Cinq ans après ? Bien sûr, rien n'a vraiment changé.

Un exemple. Au début de la décennie 90, le projecteur se braque sur certaines îles des Caraïbes et leurs casinos « en odeur de mafia ». Des équipes de télé débarquent sur place, des hommes politiques tempêtent, des ministres frappent sur la table — quelques poids lourds mafieux ou associés sont arrêtés. En l'an 2000 ? *Business as usual*. Les mafieux ont été libérés, le pipe-line d'argent sale fonctionne à fond, les politiciens locaux sont toujours aussi « myopes ». Il suffisait d'attendre un peu...

Mais alors, sur le vrai champ de bataille, celui de la réalité et non des effets d'annonce pour journal télévisé vespéral, que faire pour pénétrer d'abord, combattre efficacement ensuite, cette criminalité mouvante et mutante qu'est le blanchiment d'argent sale ?

Tout traitement passe par un diagnostic, compris et accepté par le patient. En l'occurrence, l'État doit d'abord prendre conscience — non pas « j'y pense et puis j'oublie » mais se pénétrer de l'idée que le blanchiment est mouvant et mutant par essence et ne peut être que ça. Car en réalité, les malfaiteurs ont muté depuis la fin de la Guerre froide. Voici plus d'un siècle, dans un texte intitulé *La Lutte des classes en France*, Karl Marx observait ainsi : « Le triomphe de la bourgeoisie a noyé les frissons sacrés de l'extase religieuse, de l'enthousiasme chevaleresque et de la sentimentalité à quatre sous dans les eaux glacées du calcul égoïste. » À l'aube du XXIe siècle, fini la libération nationale ! Oublié la révolution mondiale ! Place au Dollar ! Les eaux glacées du calcul égoïste sont précisément celles où nagent — et nagent fort bien — les malfaiteurs du nouveau désordre mondial.

Ensuite — ô combien cela agace la plupart des hauts fonctionnaires — il faudra imaginer, susciter, et mettre à l'œuvre des entités répressives elles aussi mouvantes et mutantes — tant il est vrai que *nihil contra venenum nisi venenum ipse* (pas de remède contre le poison, hormis le poison lui-même). Ce bien sûr dans le respect des lois de l'État de droit. Cela demande du travail mais c'est à la fois faisable et indispensable. Car sinon, on conservera une cavalerie lourde et lente, formée de chevaliers arrogants et sûrs de leur force. Face à nous, des archers furtifs se faufileront tout à loisir et nous cribleront de flèches quand on approchera trop d'eux. Le scénario ne vous rappelle rien ? C'est celui de la bataille d'Azincourt.

LA RECHERCHE FONDAMENTALE

> *Il arrive fréquemment qu'on soit contraint par l'adversaire à la passivité. L'important dans de tels cas est de reprendre rapidement l'initiative. Si l'on n'y parvient pas, on va inévitablement à la défaite.*
>
> MAO TSE-TOUNG [1]

Dans une guerre chaotique criminelle/terroriste, la technologie n'est pas déterminante, du moins pas sur le terrain. Il est donc raisonnable de ne pas investir tous les moyens dont on dispose dans le perfectionnement d'armes et de systèmes existants, déjà fort sophistiqués pour la plupart. Il faut aussi songer aux vrais dangers du monde réel d'aujourd'hui, et de ce fait à la recherche fondamentale portant sur des outils, ou totalement nouveaux, ou adaptés aux entités menaçantes de la période — ce désormais à l'échelle de l'Union européenne (UE).

Ainsi, la nécessité première — c'est une tâche *politique*, au sens noble du terme — est de s'efforcer d'abord de comprendre à quelle rationalité, à quelle logique obéissent les entités dangereuses du monde d'aujourd'hui. Comment en effet combattre quand on ne sait rien de la « culture », des motivations de celui qui vous fait face ? Comment affronter un ennemi dont on ne comprend pas la logique ?

Sans mathématiques pures, pas de progrès en informatique. Sans chimie fondamentale, pas de progrès en pharmacie. De même — ce surtout dans un

1. *Problèmes stratégiques de la guerre révolutionnaire*, décembre 1936.

monde complexe et chaotique comme le nôtre — sans recherche fondamentale sur les dangers réels du monde d'aujourd'hui, impossibilité de déceler les phénomènes dangereux lors de leur émergence, pas moyen de les analyser, de les comprendre — donc de les combattre.

Ceci est important car c'est la pensée, ce sont les concepts, qui nourrissent les ordinateurs, guident la technologie. Rien ne sert d'avoir les systèmes électroniques les plus perfectionnés, les capacités d'investigation les plus pointues, si l'entité qui les commande — donc qui les programme — est plongée dans l'erreur ou dans l'ignorance.

LE RENSEIGNEMENT DE L'AVENIR

> Wo aber Gefahr ist, wächst das rettende auch,
> *Mais où est le danger, croît aussi ce qui sauve.*
>
> FRIEDRICH HÖLDERLIN
> Patmos

Venons-en à l'essentiel, à ce que les appareils de renseignement ne font pas, en réalité, aujourd'hui : la détection précoce, le dé-cèlement. Où déceler ? Que déceler, et comment ? Usons d'une image, celle de la jeep sur la piste. Dans l'actuel chaos mondial, une multinationale, un État sont précisément dans cette situation : ils sont lancés à vive allure — voire à tombeau ouvert — sur un chemin défoncé, aux imprévisibles sinuosités. Sur une telle trajectoire, quel est pour la jeep le point sensible ? Une formule familière américaine dit *where the rubber meets the road*, « là ou le pneu touche la route ». C'est là que se contrôle la trajectoire, qu'on adhère au sol, qu'on évite de verser, de déraper. Pour un État, une multinationale, l'échange crucial, le danger extrême se situent aussi *where the rubber meets the road*. C'est là qu'il faut être. C'est une milliseconde *avant* qu'il faut avoir prévu, redressé la trajectoire, évité l'obstacle. Tout cela se faisant au réflexe, sinon le pneu quitte la route et c'est l'embardée, ou pire.

Dans le chaos mondial, alors que les menaces se révèlent de façon brutale — fulgurante parfois —, le renseignement doit opérer une refondation intellectuelle, s'approfondir. Il ne peut plus se borner à renvoyer les balles, à servir d'outil purement curatif. Il ne peut plus ignorer — il doit absolument prendre en compte — qu'il existe un futur intelligible ; qu'on peut (à certaines conditions) parvenir au *savoir qui pressent* ; qu'enfin, on peut optimiser la collecte et l'analyse de l'information stratégique, les rendre moins coûteuses, plus efficaces.

Depuis une décennie, les deux auteurs donnent dans diverses institutions de savoir des cours ou des conférences préparant étudiants ou professionnels ; qui à la rédaction de mémoires (ou de thèses) de fin d'études, qui à une orientation nouvelle. À tous (et classiquement) nous montrons d'abord combien le savoir scientifique diffère des connaissances immédiates, s'oppose aux idées reçues, etc. En quelque sorte, nous leur enseignons d'abord les règles de l'asepsie intellectuelle. L'exercice nous a permis de constater qu'en ce domaine, étudiants, policiers ou magistrats, professionnels de la défense et du renseignement, avaient des besoins méthodologiques analogues. Nous avons réalisé quelles difficultés ils éprouvaient à s'extraire de la gangue du quotidien, à s'orienter sur le long terme. Cela nous a permis de réaliser à quel point les qualités, l'entraînement nécessaire pour exercer des fonctions de policier ou de magistrat, ou pour encadrer un organisme de défense ou de renseignement, différaient radicalement de celles permettant de pressentir, déceler, projeter : ce qui qualifiait pour l'un ne qualifiait pas pour l'autre, au contraire.

Qu'apporter alors à ces experts, pour qu'ils puissent s'ouvrir à la démarche pressentir/déceler/projeter comme outil de renseignement ? Des outils philosophiques, notamment empruntés à l'œuvre de Martin Heidegger[1].

PREMIÈRE ÉTAPE : ENVISAGER LES DIFFICULTÉS DE L'ENTREPRISE

Savoir ce que l'on cherche ne donne pas forcément les moyens de le trouver. À cette fin, parvenir au *savoir qui pressent* nécessite de déjouer les pièges que nous tendent notre société même et sa représentation virtuelle, les médias.

1. Heidegger estimait lui-même manquer d'outils, de concepts (« On appelle concepts des représentations dans lesquelles nous menons devant nous un objet ou des domaines entiers d'objets en leur généralité. » Martin Heidegger, *Concepts fondamentaux*, Gallimard-NRF, Bibliothèque de philosophie, 1985), notamment dans la dimension temporelle (Être *et* temps), et passa une partie de sa carrière à tenter d'en forger.

Notre époque, ses pièges : l'affairement, l'utilitaire

« Ce qui est aujourd'hui marqué par la domination de l'essence de la technique moderne, domination qui, dans tous les domaines de la vie, se manifeste déjà par des caractéristiques aux noms multiples tels que la fonctionnarisation, la perfection, l'automation, la bureaucratisation, l'information, etc. De même que nous appelons biologie la représentation de ce qui est vivant, nous pouvons appliquer le terme de technologie à la description et à l'organisation complète de l'étant dominé par l'essence de la technique[1]. »

Aujourd'hui, la technologie permet et exprime l'ordre du monde développé. Ce qui est décisif, central dans ce monde, c'est « la sphère de la production et de la commande, de l'utile et du protégeable[2] ». Cette sphère est celle où règnent l'utilitaire et l'affairement.

Méfions-nous donc de la pensée utilitaire bornée, purement économique et *manageriale*, pensée myope privée de profondeur, interdisant l'approche pressentir/déceler/projeter. « Une pensée qui ne regarde qu'à l'utilité ne s'avise à vrai dire des manquements et des lacunes qu'au moment où un préjudice en résulte, lorsque la pénurie d'hommes capables et d'hommes de savoir compromet la maîtrise des tâches présentes et à venir » (*Concepts fondamentaux, op. cit.*). Ainsi, l'état d'esprit courant ne con-

1. M. Heidegger, *Identité et différence*, Questions I, Gallimard.
2. M. Heidegger, *Chemins qui ne mènent nulle part*, Gallimard (Classiques de la philosophie), 1962.

naît la chose qu'en ce qu'elle a de fonctionnel, dans son utilité instrumentale pour la vie de tous les jours : « Dans un monde où l'être de la chose a été effectivement réduit à cette instrumentalité, la connaissance qu'en a la mentalité commune... devient la seule connaissance adéquate[1]. » Une connaissance générée et véhiculée par les médias.

Notre époque : médias, « bavardage » et « homme américain »

Dès les années 50, Heidegger remarque : « Nous sommes plongés dans une foire culturelle qui tous les jours crie pour être approvisionnée de ce qu'il y a de plus nouveau, et qui cherche avec avidité ce qui l'excite... » (*Qu'appelle-t-on penser ?*, Quadrige-PUF, 1959). Et l'homme, producteur et organisateur, dans cette foire ? « L'homme d'aujourd'hui, dont la "culture" n'est souvent tirée que de mémentos ou de magazines illustrés, de reportages radiophoniques et de salles de spectacle, s'il sait encore, *cet homme purement américain* [c'est nous qui soulignons] ballotté dans un tel tourbillon, et s'il peut encore savoir, tout bonnement ce que lire veut dire » (*Concepts fondamentaux, op. cit.*). Dans ce monde spectaculaire, toute « nouveauté » authentique est ramenée au déjà connu, et l'opinion commune moyenne est acceptée non parce que vraie, mais parce que commune. L'individu est dominé par les opinions courantes.

Confusion, conformisme : on vante l'omniprésence des moyens de communication, leur accessibilité grandissante, mais de leur fait — et non en

1. *Chemins qui ne mènent nulle part, op. cit.*

dépit d'eux — le réel ne se rapproche pas : il s'éloigne, se perd dans le brouillard médiatique : « Aujourd'hui, où l'on sait trop, où l'on a trop rapidement son opinion, où l'on a déjà en un tour de main tout évalué et rangé aussitôt dit — aujourd'hui ne reste plus le moindre espoir que la présentation d'une chose ait assez de pouvoir pour mettre en route un commun effort de pensée, en faisant simplement voir la chose même » (*Qu'appelle-t-on penser ?, op. cit.*).

SECONDE ÉTAPE : LE BESOIN D'UNE FONDATION EXTÉRIEURE

C'est l'une des sentences philosophiques les plus fécondes du siècle : « La science ne pense pas (*Die Wissenschaft denkt nicht*) au sens de la pensée des penseurs » (*Qu'appelle-t-on penser ?, op. cit.*). Cette formule provocante ne signifie naturellement pas qu'une science, la physique par exemple, ne peut pas penser *à* son objet d'étude (ici : les phénomènes physiques). En revanche, cette science éprouve grand mal à *se* penser *elle-même*. « Il y a en toute science un autre côté auquel, en tant que science, elle ne peut jamais accéder. C'est celui de l'essence de son domaine » (*Qu'appelle-t-on penser ?, op. cit.*). « Les sciences "positives" s'occupent de déterminer l'étant d'un domaine à chaque fois particulier. [Elles] ont donc besoin (mais ce besoin, elles ne l'expérimentent pas comme tel, ou rarement : dans les moments de "crise") d'une fondation philosophique de leur domaine[1]. »

1. Cf. *Heidegger, Introduction à une lecture, op. cit.*

Ainsi, la fondation certaine du savoir est la tâche propre d'une discipline qui lui est extérieure : la philosophie. Plus largement, l'activité humaine requiert en général le regard extérieur. Même le geste le plus trivial : vérifier l'ajustement de sa cravate, ou l'état de sa coiffure, se fait plus vite et mieux grâce au regard critique de l'autre.

Mais ce que prône la philosophie la plus relevée, ce que le quotidien le plus banal fait sans malice, l'État peine à l'admettre, encore plus à le pratiquer En France notamment, l'État — surtout dans ses activités régaliennes — tolère mal le regard critique extérieur, que ce soit sur ses analyses ou sur ses entreprises. Or un tel regard est crucial, surtout pour le renseignement, mise en œuvre des moyens humains et techniques de l'État pour son information extérieure. Donc : un outil. Dans le registre des outils : le microscope choisit-il lui-même le microbe qu'il observe ? Le télescope, l'étoile sur laquelle il se braque ? Le bistouri décide-t-il seul de l'incision à pratiquer — non, bien sûr.

D'où, pour parvenir au savoir qui pressent, ce premier acquis : pressentir/déceler/projeter peut contribuer puissamment à orienter le renseignement, mais ne saurait émaner du renseignement lui-même, qui ne peut par construction se penser lui-même.

TROISIÈME ÉTAPE : EFFECTUER DEUX DISTINCTIONS CRUCIALES

Comment retrouver le réel, déceler le futur intelligible ? En fondant sa réflexion stratégique sur deux distinguo essentiels :

— l'*habituel* n'est pas le *proche*, mais son contraire,
— le *passé* n'est pas l'*initial*, mais son inverse.

L'habituel, contraire du proche

L'homme peine à sortir de la « zone des évidences courantes » car « ce que nous rencontrons tout d'abord, ce n'est pas le proche, mais toujours l'habituel. L'habituel possède en propre cet effrayant pouvoir de nous déshabituer d'habiter dans l'essentiel — et souvent de façon si décisive qu'il ne nous laisse plus jamais parvenir à y habiter ». Nous sommes souvent victimes de « l'ivresse de l'habituel » (*Qu'appelle-t-on penser ?, op. cit.*). C'est au contraire la proximité qui est passionnante, stratégique. Or celle-ci est paradoxale, « c'est seulement parce qu'elle est là, au plus proche, que nous avons de la peine à la découvrir ». Les plus hautes richesses sont ainsi « dans ce qui est le plus immédiatement, le plus évidemment "à portée de la main" ».

Ainsi, pour penser, faut-il impérativement « renoncer à l'usuel qui est en même temps la facilité » (*Concepts fondamentaux, op. cit.*). « Il faut d'abord que tombent les barrières de l'unanimement admis comme allant de soi et que soient écartés les pseudo-concepts habituels » (*Qu'appelle-t-on penser ?, op. cit.*). Il faut aussi savoir se concentrer sur les sujets simples et proches : « Le public mondial actuel vit toujours dans l'opinion que la pensée des penseurs devrait se comprendre de la même façon qu'on lit les journaux. Que tout le monde ne soit pas capable de restituer les processus de pensée de la physique contemporaine, on trouve cela dans l'ordre. Or apprendre la pensée des penseurs, c'est essentiellement plus difficile, non pas que cette pensée soit encore plus compliquée, mais parce qu'elle est simple, même trop simple pour les habitudes de représentation courantes » (*Qu'appelle-t-on penser ?*, *op. cit.*).

Le passé et l'initial

Heidegger avertit d'abord : « Aucune époque ne se laisse mettre de côté par une simple négation : celle-ci n'élimine que le négateur. » Et aussi « le retrait et l'écroulement d'un monde sont à jamais irrévocables »[1]. Cela nous engage à oublier la Guerre froide. Mais pas uniquement : à désapprendre aussi tout l'appareil conceptuel que cette époque a suscité. Penser dans la dimension pressentir/déceler/projeter nécessite d'éliminer tout ce qu'intellectuellement engendra l'ordre antérieur du monde. Là aussi, nous sommes prévenus : « C'est à l'inertie naturelle de l'homme qu'il revient de tout interpréter en fonction de l'antérieur, s'excluant ainsi lui-même du domaine du réel d'ores et déjà en vigueur et de ce qui y est essentiel » (*Concepts fondamentaux, op. cit.*). Car « toutes les interprétations de l'humanité et de sa destination empruntées aux anciennes “explications du monde” retardent d'entrée de jeu sur ce qui est ».

Comment alors parvenir au savoir qui pressent ? Sur quoi fonder une réflexion stratégique ? Sur un questionnement radical des liens qui unissent l'avenir et l'initial. Une démarche en deux temps :

1. Ces deux citations : *Chemins qui ne mènent nulle part, op. cit.*

— D'abord, un richissime renversement de perspective, édictant que « la primauté de l'avenir est le vrai sens du temps » et que « l'histoire vient de l'avenir ». « La primauté de l'avenir doit en effet s'entendre tout particulièrement à partir de sa modalité propre, le devancement ». Il faut donc considérer l'avenir « non comme pas-encore-présent, mais comme modalité d'un possible accomplissement »[1].

— Ensuite · qu'est-ce qui nous provient de l'avenir ? L'initial, le commencement « seuls l'inaugural et l'initial ont de l'avenir : l'actuel est toujours, d'emblée, périmé » (*Concepts fondamentaux, op. cit.*).

— « L'initial est bien quelque chose qui a été, mais rien de passé. Ce qui est passé n'est jamais que ce qui n'est plus, tandis que ce qui a été est l'être qui, encore, déploie son essence » (*Concepts fondamentaux, op. cit.*).

— « Que le commencement soit en retrait, cela ne signifie pas qu'il soit enseveli ; cela signifie seulement qu'il nous est singulièrement proche, encore que cette proximité ne soit pas éprouvée d'emblée, c'est-à-dire à partir d'évidences toutes faites » (*Concepts fondamentaux, op. cit.*).

— « L'aube originelle ne se montre à l'homme qu'en dernier lieu. Aussi s'efforcer, dans ce domaine de la pensée, de pénétrer d'une façon encore plus initiale ce qui a été pensé au commencement n'est pas l'effet d'une volonté absurde de ranimer le passé, mais le fait d'une disposition calme, où l'on

1. Sur la conception heidegerienne de l'avenir, voir *Heidegger, Introduction à une lecture, op. cit.*

est prêt à s'étonner de ce qui vient à nous de l'aube première[1]. »

QUATRIÈME ÉTAPE : LE POSSIBLE COMME ESSENCE : « PARVENIR AU SAVOIR QUI PRESSENT »

Ainsi :

— si nous avons bien dégagé le réel de ses gangues ;

— si nous sommes parvenus à l'initial, comme fondation solide ;

— si nous avons forgé de bons concepts.

Nous pouvons accéder au *possible*, ce troisième mode de la pensée humaine, certes le plus abstrait, mais celui qui offre aussi la portée la plus longue :

— l'existant ;

— le nécessaire ;

— le *possible*.

« Le possible n'est-il pas une modalité de l'être, à distinguer de l'existant et du nécessaire : il est l'être lui-même[2]. »... « Le possible est certes le non-encore réel, seulement ce non-encore réel n'est pour nous rien de nul. Même le possible “est”, son être a seulement un autre caractère que le réel » (*Concepts fondamentaux, op. cit.*).

Prendre le possible comme limite, comme ligne d'horizon : ce mode de pensée aussi riche que quasi inexploré en termes de renseignement nous amène

1. M. Heidegger, *La Question de la technique* (1953), in *Essais et conférences*, Tel-Gallimard.

2. Voir *L'Absolu technique, Heidegger et la question de la technique*, Jean-Philippe Milet, Kimé, 2000.

droit au *savoir qui pressent* : « La pensée dans le pressentiment, et pour lui, est par essence plus rigoureuse et plus exigeante que toute perspicacité conceptuelle formelle exercée en un quelconque secteur du comptabilisable » (*Concepts fondamentaux, op. cit.*). L'époque qui vient ? « Nous ne pouvons certes prévoir cette époque quant à son contenu ; mais il est possible de faire attention aux caractères de sa provenance et aux signes de sa venue » (*Qu'appelle-t-on penser ?, op. cit.*).

Cela, on peut le prouver. Deux exemples :

— Entre 1882 et 1888[1], Nietzsche (qui, le premier, pensa dans le mode du pressentiment) imagine les figures du travailleur et du soldat[2], « appellations qui portent déjà de façon décisive [pour le siècle à venir] les principales formes d'accomplissement de la volonté de puissance » (*Concepts fondamentaux, op. cit.*). Pour le XXe siècle à venir, « travailleurs et soldats donnent accès au réel. Ces termes se prêtent à désigner, en en ébauchant l'essence, la figure dans laquelle l'humanité est en train de se dresser sur la terre » (*Concepts fondamentaux, op. cit.*).

Quelle « puissance de calcul », quelle faculté de

1. Dans des esquisses réunies en un volume connu sous le titre de *La Volonté de puissance*.

2. « Ces deux noms ne sont pas, là, ceux d'une classe du peuple, d'une corporation ; ils désignent, en une singulière fusion, le type d'humanité réclamé de façon déterminante, du début jusqu'à l'achèvement de l'ébranlement actuel du monde, le type d'humanité qui donne au rapport à l'étant direction et disposition. Les noms de "travailleur" et de "soldat" sont par conséquent des statuts métaphysiques. Ils nomment la forme humaine d'accomplissement de l'être de l'étant devenu manifeste — cet être que Nietzsche a anticipé et conçu comme "la volonté de puissance". »

pressentir en effet : ces figures, Nietzsche les conçoit presque trente ans avant Weimar, époque où, en effet, « par-delà toutes les doctrines politiques au sens étroit du terme, le travailleur et le soldat déterminent de part en part l'aspect qu'offre le réel » (*Concepts fondamentaux, op. cit.*).

Imaginons brièvement (nous revenons là-dessus plus bas) un service de renseignement travaillant dès les années 1890 sur ces concepts. Quel monde de possibilités s'offrait à lui en termes d'anticipation, de détection précoce, de pré-positionnement !

— Dès 1951-52, Heidegger dépeint avec une prodigieuse précision cette « pensée unique » que la technologie rend inévitable. Une pensée dont il prévoit même le nom, puisqu'il la nomme, lui, « à voie unique » (comme une voie de chemin de fer). Une impitoyable définition, qui mérite d'être citée longuement :

La pensée à voie unique : « Celle-ci est quelque chose d'autre que la simple pensée bornée. Elle a une portée plus grande et une origine plus reculée... » « On a sur toute chose et sur chacune une croyance qui s'est formée d'après une même façon de croire. Chaque journal, chaque magazine illustré, chaque programme de radiodiffusion, offre tout aujourd'hui de la même façon à l'uniformité de la croyance. Les objets des sciences et la chose de la pensée sont traités avec la même uniformité... »

« Ce n'est qu'au niveau de la croyance bornée et uniforme que s'introduit la pensée à voie unique. Par là, tout est réduit à une unicité de signification, dans les concepts et les désignations, dont la précision non seulement répond à celle de la méthode technique, mais partage la même origine essentielle

[...] La pensée à voie unique ne s'identifie pas à la croyance bornée, mais elle se construit sur elle et du même coup la transforme » (*Qu'appelle-t-on penser ?, op. cit.*).

DERNIÈRE ÉTAPE : CONCEPTS — PROJETS — POSITIONNEMENTS PRÉCOCES

> *Aujourd'hui, le futur intelligible appartient moins que jamais à la pensée qui ne peut que méditer après-coup* (nachdenken) *et enrager après-coup* (nachwüten)*, mais à la volonté qui formule des projets et met des entreprises en route,* notait, dans
>
> L'Heure du crime &
> le temps de l'œuvre d'art,
> PETER SLOTERDIJK.

Le mode de pensée pressentir/déceler/projeter offre de considérables avantages dans la sphère du renseignement, ce surtout en Europe continentale :

— D'abord, il avantage l'Europe continentale, étant moins directement compréhensible dans un monde anglo-saxon purement pragmatique et cantonné à la « sphère du calculable ». Ce, au sens où un tableau, pourtant réel et visible, n'a pas de sens pour un aveugle de naissance.

— Il permet sans grave risque d'erreur la détection précoce des menaces (s'intéresser au bourgeon, pas au baobab) ; donc le pré-positionnement, le choix d'orientations majeures, la sélection dynamique de cibles très en amont du processus de décision. S'établir dans la proximité des choses même autorise les stratégies dans la profondeur ; facilite les embuscades de tous ordres.

— Évitant de tout balayer et vérifier systématiquement, il génère des économies et permet de concentrer ses forces sur des territoires, des populations à haut risque. Par croisement et échange d'informations, il évite aussi au renseignement d'errer vers des risques hypothétiques — ou illusoires.

— Il respecte enfin l'étanchéité du système, puisque la phase pressentir/déceler/projeter, autonome, use d'informations et de concepts ouverts (quoique complexes). Ceux qui opèrent à ce niveau n'ont à vrai dire nul besoin réel (hormis la curiosité...) de savoir comment leurs découvertes et analyses sont ensuite exploitées par leurs mandants.

Un cran en dessous : « Tout ce qui est visible, frappant, tout ce qui est placé au centre, vit de la préparation invisible effectuée par des auxiliaires situés derrière la scène et sur les côtés[1]. » Cela se décèle, cela permet de projeter, de façon précoce.

Partant de là, comment utilement alimenter le renseignement ? Attendu que :

— aucune menace, violente ou insidieuse, pesant aujourd'hui sur notre pays, notre société, nos entreprises vitales et au-delà, sur l'Europe, n'est vraiment aléatoire (mis à part l'acte isolé d'un dément, auquel nulle parade n'existe — même psychiatrique),

— ces entités ne peuvent donc subir que des agressions ayant un sens, une logique — donc ayant été planifiées,

— au milieu d'un chaos apparemment hostile, imprévisible et incompréhensible, existent toujours des éléments ordonnés, des rythmes interprétables et des logiques compréhensibles,

1. *L'Heure du crime & le temps de l'œuvre d'art, op. cit.*

— les méthodologies employées pour ces agressions sont toutes répétitives, ce qui les rend prévisibles...

Un appareil à pressentir/déceler/projeter s'intéressera à des périodes, des territoires, des populations sensibles ou dangereux. Réalisera ainsi des diagnostics permettant d'apprendre beaucoup de ce qui peut prévenir le danger — ou permettre de riposter. Ces diagnostics précoces permettront aussi au renseignement de braquer son télescope sur un secteur, un groupe, quand un danger précis se dessine — ce, avant tout passage à l'acte. Et si un acte hostile doit malgré tout se perpétrer, avoir posé un diagnostic correct permettra d'éviter qu'il ne se reproduise.

8

Et la France ?

Ainsi donc, et pour aller du général au particulier, du désordre mondial à la situation française :

Les créatures inventées pour gagner la guerre d'Afghanistan dans les années 80 ; pour préserver les équilibres au Pakistan après la chute du shah d'Iran — et même pour attaquer le régime libyen (le colonel Kadhafi fut le premier à émettre un mandat d'arrêt contre Oussama Ben Laden[1]) — ont échappé à leur marionnettiste — avant de l'attaquer. L'Alliance des croyants, fondée sur l'idée que « les ennemis de nos ennemis sont nos amis », a éclaté.

Mus par le fanatisme et le ressentiment, les groupes fédérés par al-Qaïda sont désormais devenus une mutuelle du terrorisme, un réseau franchisé des fondamentalismes, à l'œuvre — à vrai dire partout. Le nouveau terrorisme protoplasmique a essaimé ses noyaux et cellules à travers les continents : Afghanistan, Albanie, Algérie, Angola, Arabie saoudite, Birmanie, Bosnie, Égypte, Érythrée, États-Unis, Indonésie, Jordanie, Kenya, Kosovo, Liban,

1. Voir le livre de Guillaume Dasquié et Jean-Charles Brizard, *La Vérité interdite*, Denoël, 2001.

Libye, Ouzbékistan, Philippines, Qatar, Somalie, Soudan, Tadjikistan, Tanzanie, Tchétchénie, Turkménistan, Turquie — sans oublier l'Europe mais d'abord dans des pays échoués ou instables. La mondialisation du terrorisme est ainsi allée plus vite et plus loin que son modèle économique licite.

À cette première préoccupation plutôt géopolitique s'en ajoute une seconde, elle d'ordre intérieur. Abordons-la en rappelant d'abord certains événements d'un passé tout récent.

En septembre 2001, Safir Bghiouia attaque au lance-roquettes une voiture de patrouille de la police à Béziers. Il récidive devant le commissariat central de la ville puis tue le chef de cabinet du maire d'une rafale d'arme automatique avant d'être abattu par la police. On trouve dans son véhicule un lance-roquettes et deux projectiles, un fusil d'assaut, un fusil à pompe, des explosifs, mèches lentes et détonateurs. Connu comme délinquant (vols de voitures), Safir Bghiouia avait séjourné au Kosovo, en Albanie et en Macédoine et posait au musulman pratiquant.

En avril 2001, la police italienne arrête à Milan cinq Algériens et Tunisiens, soupçonnés d'appartenir à la nébuleuse al-Qaïda. Leur réseau avait prévu un attentat à la cathédrale de Strasbourg lors des fêtes de fin d'année 2000. Suspectés d'appartenir au même réseau, quatre autres individus avaient été interpellés par les policiers allemands à Francfort le 25 décembre 2000.

En novembre 2000, la Brigade de répression du banditisme (BRB) saisit 11 lance-roquettes d'origine yougoslave à Nanterre. Sur toute l'année, les services de police ont saisi 8 500 armes à feu dont 26 lance-roquettes et plus de 50 kalachnikovs.

Bandits ou fanatiques fondamentalistes musulmans ? La question reste posée sept ans après les événements du début 1996. Fin janvier, dans le nord de la France, une bande, armée de fusils d'assaut kalachnikovs, affronte des policiers et disparaît. Peu après, les mêmes individus attaquent un supermarché puis abattent un jeune Algérien qui refusait de leur remettre son véhicule. En mars 1996, la bande attaque à la grenade un fourgon blindé. Un attentat à la voiture piégée devant un commissariat de Lille lui est également attribué. À l'origine, les membres de la bande sont de jeunes Roubaisiens, ni plus ni moins remuants que les autres. Rachid Suindi, Saïd Laïhar, Tesli Ben Hachem, Amar Djouina ou Christophe Caze mourront dans les décombres incendiés de leur maison assiégée par le RAID ou sous les balles de la police belge. Des documents du FIS algérien sont retrouvés en leur possession.

En août 1995, la police identifie l'un des groupes de soutien français au GIA algérien. Dirigé par Khaled Kelkal, ce groupe de Vaulx-en-Velin complétait alors un ensemble de trois structures, les deux autres implantées à Lille et Chasse-sur-Rhône. Sous l'autorité de Rachid Ramda (« Abu Farès »), basé à Londres et sous le contrôle de Boualem Bensaïd (« Mehdi »), envoyé du GIA en France, ces noyaux terroristes sont suspectés d'avoir organisé les attentats de juillet-octobre 1995 (RER, station Saint-Michel ; RER, station musée d'Orsay ; TGV Lyon-Paris ; métro, station Maison-Blanche ; École juive de Villeurbanne ; Marché Richard-Lenoir à Paris ; assassinat de l'imam de la mosquée de la rue Myrha, à Paris ; tentative d'attentat à l'explosif, déjouée sur le marché de Lille ou place Charles-Vallin à Paris). Parmi les mis en cause du Groupe de Chasse-sur-Rhône, David Vallat et Joseph Jaime, deux jeunes convertis à l'islam dont le second a fait ses armes lors du conflit bosniaque. Khaled Kelkal est tué fin septembre 1995, dans un affrontement armé avec des gendarmes. Le lendemain de sa mort, cinquante véhicules et commerces flambent dans la région Rhône-Alpes (Vénissieux, Rochetaillée, Vaulx-en-Velin, La Ricamarie, Saint-Étienne).

DE LA DÉLINQUANCE AU TERRORISME ?

Le terrorisme et la petite délinquance paraissent souvent comme aux antipodes l'un de l'autre. C'est en général vrai pour les dirigeants et cadres des entités en cause. Mais sur le terrain, le lien apparaît plus fort. Petits délinquants et criminels en herbe peuvent être attirés vers les noyaux du protoplasme terroriste, comme vers les gangs de la nouvelle criminalité organisée. Cette appréciation n'est ni paranoïaque ni polémique ; pour preuve, tous les cas concrets d'activisme islamiste ou de « gangsterrorisme » évoqués plus haut.

La situation en France mérite donc qu'on s'y arrête. D'une part, les violences urbaines, les petites terreurs au quotidien, la délinquance et la criminalité reviennent à des niveaux inquiétants. D'autre part, des précédents terroristes ou proto-terroristes existent, comme on l'a vu ci-dessus. Quitte comme d'habitude à être qualifiés d'« alarmistes » par les derniers partisans de la culture de l'excuse, il nous faut donc ici briser un tabou et essayer de comprendre si, et comment, un passage peut s'opérer entre les « violences urbaines » d'une part et de l'autre, un terrorisme, aujourd'hui inspiré par le fanatisme islamiste.

LA RÉALITÉ DES VIOLENCES URBAINES

En France, les violences urbaines ne sont à l'origine ni révolutionnaires, ni porteuses d'espoir, ni l'instrument de revendications sociales claires. Elles sont d'abord destructrices du cadre de vie de leurs auteurs, et spécialement des équipements publics. C'est la crise de la ville, analysée par le rapport du comité présidé par Alain Peyrefitte[1] dès 1977, qui préfigure l'apparition des « violences urbaines ».

À la différence des États-Unis, de la Grande-Bretagne ou plus récemment de l'Europe centrale, les violences urbaines françaises sont à l'origine rarement communautaires ou ethniques. Loin d'échouer, le système d'intégration national semble alors presque fonctionner trop bien. Dans les années 80, les bandes sont généralement multiethniques et les affrontements se font quartier contre quartier, sans distinctions d'origine des populations. Ce, même si les politiques d'attribution des

1. Alain Peyrefitte, *Réponses à la violence*, Presses Pocket, 1977.

logements vont ensuite modifier cette donnée initiale.

Affectée aux Renseignements généraux, la commissaire Lucienne Bui Truong[1] donne en 1991 la dénomination « violences urbaines » au phénomène apparu en 1981 dans le quartier des Minguettes, durant ce qu'on appelle « l'été chaud ». Ces événements suscitent une politique « de la ville » qui, sous des noms divers, traverse les alternances politiques. De 1981 à 1990, la crise semble contenue, puis reprend à partir de 1991 un rythme quasi exponentiel.

Partant d'indications statistiques reformulées, la police commence alors à accepter l'idée de territoires secoués par des violences anti-institutionnelles, lesquelles passent d'environ 3 000 faits en 1993 à près de 30 000 en 1999. Après avoir contesté les chiffres recensés par les renseignements généraux, la sécurité publique, qui gère la sécurité sur le terrain et au quotidien, crée son propre dispositif statistique, le SAIVU[2], qui fournit des résultats plus alarmants encore (environ 40 000 faits pour l'année 1999, près de 50 000 en 2000) alors qu'il est réputé plus fiable. Cette territorialisation des violences touche plus de 1 000 quartiers en 2000 (moins de 500 en 1993) et s'accompagne d'une tribalisation des structures sociales locales.

Selon le SAIVU, 53 % des auteurs de violences urbaines étaient des mineurs (20 % pour la criminalité générale française), 30 % avaient moins de

1. Voir ses nombreuses contributions dans les cahiers de l'Institut des Hautes Études de la Sécurité intérieure, Documentation française (depuis 1990) et *Violences urbaines, des vérités qui dérangent*, Bayard, 2000.

2. Système d'analyse informatisé des violences urbaines.

16 ans. Les zones les plus touchées par ces violences sont d'abord les grands pôles urbains (Ile-de-France, Nord, Seine-Maritime, Rhône, Haute-Garonne) mais aussi les espaces limitrophes (Oise, Loire, Eure-et-Loir). Le ratio par habitants indique que les espaces rurbains sont nettement dominants (notamment l'Oise ou l'Eure-et-Loir). Dans les zones rurales, la progression est également forte : 800 faits en 1997, plus de 7 100 en 2000 selon la Direction générale de la Gendarmerie nationale.

Contrairement à la vision médiatique (et souvent ultra-médiatisée) des événements, les fauteurs de troubles ne cultivent pas une logique du désordre contre l'ordre, mais concurrencent les institutions républicaines en voulant installer un ordre parallèle, financé par une économie souterraine en général basée sur le trafic des stupéfiants. C'est le contrôle d'un marché local (stupéfiants, « marchés aux voleurs », etc.) qui génère le plus souvent les conflits entre bandes.

Or depuis le milieu de la décennie 90, et dans nombre de quartiers « sensibles » les violences urbaines des années 1988-1995 cèdent la place à une criminalité désormais hybride (trafic de stupéfiants, vols à main armée, racket, prostitution, trafics d'armes ou quêtes en faveur de rébellions, de l'Algérie à l'ex-Yougoslavie, etc.), des entités souvent liées à l'islam activiste s'intéressent également au contrôle social des territoires. Ainsi, un quartier tranquille n'est pas toujours un quartier sûr.

Preuve de cette évolution de la délinquance vers le crime, sur les territoires de la violence sociale : depuis le début de la décennie 90 l'homicide — activité criminelle par excellence — augmente fortement, surtout lors de conflits entre bandes : 10 en

1991, 61 en 1998, 386 en 10 ans dont plus de la moitié lors de règlements de comptes [1]. Ce pour un pays comptant moins d'un millier de meurtres par an en moyenne. De même et un cran plus bas, on constate depuis 1996 un brutal transfert de la violence vers les personnes, la proportion de victimes individuelles des violences urbaines passant, selon la Direction centrale des Renseignements généraux, de 48 % en 1997 à 68 % en 2000.

On constate également une forte augmentation des incendies volontaires, poubelles ou véhicules. De même, l'affrontement avec les forces de police vire au guet-apens organisé touchant tous les services publics (pompiers, agents des postes, transports publics). Or qu'est-ce qu'un incendie volontaire ou une embuscade visant le détenteur d'autorité, sinon un « attentat à basse intensité » ? Le détournement d'usage des espaces ou mobiliers publics est également un signe fort, qu'il s'agisse des halls d'immeubles ou des équipements collectifs. On assiste à la création de « zones libérées », à une véritable perte par les habitants du contrôle de leurs espaces collectifs, les parties communes d'immeubles, notamment, devenant des espaces hors-contrôle [2].

La violence entre aussi dans les établissements scolaires, le collège devenant l'épicentre des violences entre élèves, puis contre les enseignants et les personnels de surveillance. En 2000, 355 établisse-

1. Voir Christophe Nick, *Stop la violence*, Fayard, 1999.
2. Voir sur ces questions les études d'André Midol, *La Sécurité dans les espaces publics*, IHESI, 1996 ; de Paul Landauer et Danielle Delhomme, *Espace et sécurité dans les quartiers d'habitat social*, IHESI, 2000 et d'Alain Bauer, René Brégeon et autres, *Grands Équipements urbains et sécurité*, IHESI, 1997.

ments sont considérés comme « sensibles », 75 « à risques ». Les enseignants y sont affectés sur la base du volontariat. Environ 40 000 incidents y sont enregistrés par trimestre, dont 6 000 graves. 86 % des auteurs et 78 % des victimes sont des élèves[1].

Les transports publics deviennent également la cible d'opérations d'occupation illicite, de fraude ou d'agressions. 2 800 agressions en l'an 2000 contre les voyageurs (+ 17 % sur 1999), 1 200 contre les agents (+ 6,5 %) et 23 500 dégradations de biens dans les trains[2] ; 2 555 agressions contre les voyageurs et 2 790 contre les agents dans les transports publics de province[3] ; 4 275 agressions de voyageurs et d'agents à la RATP en 2000[4] sont ainsi recensées.

Le rajeunissement des auteurs d'actes de délinquance, la formidable poussée du nombre de mineurs mis en cause (toujours plus jeunes, puisque les 8-12 ans constituent désormais le moteur de la délinquance, toujours plus réitérants et toujours plus violents), modifient désormais la structure des populations à risque. Ajoutons la féminisation progressive des auteurs de violence, notamment les plus jeunes (l'enquête SAIVU indique que les filles représentent 4,5 % des mineurs interpellés pour les 13/18 ans, mais 11,8 % pour les moins de 13 ans).

Les violences urbaines ont donc un territoire, les « quartiers d'exil » ; génèrent des entités structurées, « un conformisme déviant »[5], autour de foyers so-

1. Enquête du ministère de l'Éducation nationale, 1999.
2. Source SNCF, 2001.
3. Étude UTP, avril 2001.
4. Source RATP, 2001.
5. Voir François Dubet et Didier Lapeyronnie, *Les Quartiers d'exil*, Le Seuil, 1992.

cialement destructurés et concentrés dans des espaces confinés accablés de handicaps sociaux. Réalité constatée par la plupart d'urbains et péri-urbains, les violences urbaines contribuent à l'émergence de territoires aux nouvelles dénominations (« cités interdites, zones de non-droit[1] ») échappant souvent au contrôle de l'État et des collectivités publiques. Cette situation, ainsi qu'une absence certaine de la justice, suggère qu'une véritable impunité protège les malfaiteurs. Le faible taux d'élucidation des services de police face à cette petite et moyenne délinquance (10 % en moyenne contre un peu moins de 30 % pour l'ensemble de la criminalité française) ; le taux élevé de classements sans suite (plus de 80 %) des procédures engagées ; l'existence d'un million de faits non enregistrés (pour 3,7 millions passant l'obstacle de la déclaration), renforcent cette impression.

QUELLE POLITIQUE ?

Otages de leur propre logement, les populations des banlieues en viennent souvent à passer de la fronde à la fraude, tout en réagissant violemment à des événements particuliers (mort d'un jeune, démantèlement d'un réseau de trafic de stupéfiants...). Dans ces lieux, la police est d'abord considérée comme une bande parmi d'autres, avec alternance de phases de confrontation physique et de moments

1. Voir le travail du Syndicat des commissaires et hauts fonctionnaires de la Police nationale sur cette question.

de calme. Là, on voit vers la fin de la décennie 90 se produire des passages toujours plus fréquents de la délinquance prédatrice au grand banditisme. Ce alors que cette grave dérive vers une criminalité de masse se trouve occultée par la bienséance et le négationnisme militant de nombre de grands médias. De ce fait, l'imminence d'une explosion criminelle est, vers la fin des années 90, constamment en deçà du seuil de compréhension générale. L'évolution criminelle reste pour l'essentiel illisible à la caste politico-médiatique, dans l'incapacité à imaginer même de possibles liens entre délinquance juvénile, criminalité organisée, trafics et terrorisme. La France officielle se place alors résolument sous le signe de l'autruche.

Ainsi et durant toute la parenthèse historique 1989-2001, pendant que les problèmes de sécurité intérieure et de défense s'interpénètrent toujours plus inextricablement, qu'il devient en réalité *impossible* d'envisager l'un sans l'autre, les sphères officielles françaises affirment ainsi et successivement : que la mafia n'existe pas dans notre pays ; qu'il n'y a pas d'islamistes en Algérie (ou alors très peu, et pas bien méchants...) ; enfin que la France n'est pas le Bronx.

Mais voilà la parenthèse historique refermée. Le monde post-11 septembre ne peut plus nier la guerre terroriste, la dialectique fief-diaspora ; la logique protoplasmique, acéphale, transnationale et déterritorialisée des nouvelles entités *vraiment* dangereuses du monde *réel* d'aujourd'hui, qu'elles soient criminelles, terroristes ou plus sûrement encore, mutantes. Voici le temps venu de l'hybridation, du gangsterrorisme, du déploiement horizontal des activités criminelles et terroristes.

Ainsi le moment est-il venu que le pouvoir politique fasse son travail et repense les missions et les modes d'organisation d'institutions agissant dans le domaine sécurité-défense-renseignement, élevées à l'école de la Guerre froide et des schémas traditionnels : ennemi identifié, connu, ausculté en permanence et stable. Le moment est venu que la classe politique cesse de confondre les lueurs de l'aube avec celles du crépuscule.

Que va-t-il se passer maintenant ? Possédant une longue pratique de la classe politique, de droite comme de gauche, les auteurs de ce livre en ont une idée. Ils savent qu'en général, les officiels préfèrent les scénaristes de films ou les auteurs de romans aux analystes et aux scientifiques. On croit peu aux prévisions et avertissements précoces de ces derniers, jusqu'après la catastrophe annoncée. Alors, par un mouvement de swing familier au milieu politique, on saute d'un extrême à l'autre et les « alarmistes » d'hier doivent s'employer à calmer de nouveaux croyants, d'autant plus intégristes que leur conversion est récente.

Dès lors, après avoir cru risible la possibilité même d'une *guerre* terroriste, nos officiels s'emploieront-ils frénétiquement à parer aux menaces d'hier, sans songer un instant à celles qui se profilent à l'horizon. Que faudra-t-il alors faire, pour prendre en compte les menaces d'aujourd'hui et de demain ? Sortir des illusions des modes, des expertises de dîners en ville et des négations puériles (« ça n'est pas vrai... c'est pas moi c'est l'autre... »).

Il faudra repenser l'appareil de défense, non plus en terme d'adoration des idoles passées — d'autant plus révérées pour la défense nucléaire qu'on les trahit joyeusement partout ailleurs — mais en fonction du principe de réalité. Selon ce qui est *vraiment* et *durablement* dangereux aujourd'hui.

Il faudra repenser un appareil de sécurité en fonction de la nature réelle de la criminalité d'aujourd'hui, des populations et des territoires criminels, non en fonction de combines électorales ou de lubies idéologiques.

Il faudra repenser l'appareil de renseignement en fonction de ses *vraies* cibles d'aujourd'hui, mouvantes, chaotiques, irrationnelles — souvent fugitives ; parfois même durablement invisibles.

Osons enfin regarder la réalité en face :

— Extension du problème : depuis le 11 septembre et jusqu'à la fin novembre, les rafles anti-al-Qaïda ont permis d'arrêter 360 individus dans 50 pays du monde (hors États-Unis) ; une centaine au Proche-Orient, une trentaine en Amérique latine ; une vingtaine en Afrique. Et plus de cent en Europe occidentale.

— Profondeur du problème : voici Jund Allah, les soldats de Dieu, réseau lié à la nébuleuse al-Qaïda depuis 1996 et démantelé à Madrid en novembre 2001. Il a pu fonctionner sept ans sans être sérieusement repéré. Palestiniens, Libanais ou Syriens d'origine, bien intégrés, dotés d'emplois stables et naturalisés espagnols, ou bien encore autochtones convertis à l'islam, les « soldats » font une intense propagande en faveur des jihad du monde : Palestine, Algérie, Égypte, Afghanistan, Bosnie — cette dernière guerre, plusieurs des « soldats de Dieu » l'ont d'ailleurs faite. Le réseau diffuse les textes d'Oussama Ben Laden et est lié à sa mouvance. De fait, les principaux membres du réseau multiplient au fil des années les voyages vers d'autres cellules du protoplasme terroriste : Belgique, Danemark,

Grande-Bretagne, Indonésie, Jordanie, Suède, Turquie, Yémen. Les « soldats de Dieu » fournissent aussi à leurs contacts de faux documents d'identité ; ils collectent encore des fonds pour le jihad — se financant par escroqueries aux cartes de crédit. Ils recrutent enfin de jeunes volontaires pour aller s'entraîner et combattre « dans la voie de Dieu ».

— Profondeur du problème encore — aux États-Unis mêmes. Depuis le 11 septembre, une enquête gigantesque a permis de réaliser l'existence, sur le sol américain même, de poches d'un humus proto-terroriste, au sein desquelles des cellules elles clairement terroristes ont pu apparaître et croître sans encombre. À Boston, au New Jersey, dans la banlieue de Washington, au Texas, en Californie du Sud et dans la région de Detroit-Dearborn, des enclaves à forte population moyen-orientale se sont ainsi développées depuis la décennie 80. En leur sein, de petits noyaux *jihadis* sont apparus. Leurs membres viennent d'Algérie, d'Arabie saoudite, d'Inde, de Jordanie, du Pakistan ou du Yémen. Ils vivent depuis des années aux États-Unis où ils sont invisibles, dans la masse des petites gens, des immigrés du Moyen-Orient et d'Asie occidentale. C'est eux qui ont fourni la logistique nécessaire aux « bombes humaines » du 11 septembre. Aucun d'entre eux n'avait même été repéré avant l'attaque. La plupart d'entre eux restent inconnus.

— Proximité du problème, encore. Début novembre 2001, cinq islamistes algériens sont arrêtés à Strasbourg ; tous d'anciens *jihadis* d'Afghanistan selon le service de sécurité d'un pays voisin de la France, qui les a signalés. À l'origine des interpellations : le démantèlement à Francfort (Allemagne), en décembre 2000, d'une cellule islamiste lourdement armée : deux pistolets-mitrailleurs, quatre pistolets automatiques, un revolver, deux carabines à lunette, etc. L'enquête menait à l'arrestation à Barcelone (fin juin 2001) d'un autre Algérien, lui directement lié à al-Qaïda. Et l'un des cinq individus interpellés en novembre à Strasbourg était connu des services français depuis cinq ans, comme ex-chef d'un réseau logistique du Groupe islamique armé algérien, dans la région marseillaise.

— Richesse du « terreau » proto-terroriste dans notre pays enfin. À la mi-novembre 2001, une attaque extrêmement violente de fourgon blindé de transport de fonds conduit peu après à l'arrestation de deux des gangsters en cause. Des caïds du milieu ? Pas du tout. Youssef a 21 ans et est fiché pour des actes mineurs de violences urbaines. Son complice (lui, originaire d'un pays de l'Est) est plus jeune encore et est connu du commissariat de Bondy (93) pour... vol de friandises. Or que trouve-t-on dans la planque du gang juvénile ? Quatre fusils d'assaut kalachnikovs, un lance-roquettes, des grenades à fragmentation, des explosifs et détonateurs, des gilets pare-balles, des brassards et des gyrophares de la police. Cet incroyable arsenal à disposition d'adolescents en passe de mal tourner... Oui, en France aujourd'hui et à partir de ces zones de non-droit inaccessibles aux forces de l'ordre et grouillant d'armes de guerres, assurer la logistique d'un réseau terroriste est, *stricto sensu*, un jeu d'enfant.

Par bienséance, par souci d'être sympa-jeune, la classe politique a laissé naître et prospérer la « culture de l'excuse ». Elle a subi l'explosion criminelle de l'an 2001 et la révolte de la police et de la gendarmerie. Qu'elle persévère dans cette voie et elle verra tout aussi sûrement s'implanter puis passer à l'acte un activisme islamiste aujourd'hui infiltré dans ces quartiers « en voie de sécession ».

Passer à l'action cela signifiera d'abord recruter pour le jihad, financer le jihad, servir le jihad par la logistique. Déjà ces réseaux existent partout ou presque en Europe. Depuis le 11 septembre, il en a été démantelé dans toute l'Union européenne et de tout type. Leurs militants provenaient de vingt pays — pour l'essentiel musulmans et liés au passé colonial de l'Europe. Ils vivaient dans ces mêmes zones hors contrôle de la périphérie des grandes métropoles d'Europe d'où provient aujourd'hui le plus gros du grand banditisme de notre continent – et puisqu'il faut dire les choses clairement, trop souvent des mêmes communautés. Laisser faire, par bienséance ou dogmatisme idéologique, c'est voir inéluctablement ces réseaux et noyaux se constituer d'abord, se développer ensuite. Et peut-être enfin passer à l'action violente en Europe, voire en France même, à la façon des « bombes humaines » de New York et de Washington.

Tel était déjà le projet des quatre moudjahidines du GIA, auteurs du détournement de l'Airbus d'Air France, en décembre 1994. Ce n'étaient sans doute pas les derniers de leur espèce. Empêcher les moudjahidines de 2005 de passer à l'acte, plus généralement prévoir et préparer la *guerre* terroriste ou criminelle est une mission politique par excellence. Que les politiques prennent conscience de la réalité des guerres terroristes-criminelles ; qu'ils décident d'agir et tout le reste, professionnels, experts, civils et militaires, suivra.

9

Une guerre qui ne fait que commencer

L'idée même de ce livre est de s'inscrire dans une perspective de détection précoce, de dévoilement — d'aller vers l'avant. C'est pourquoi et à proprement parler, nous ne pouvons le *conclure*. Il est en revanche possible de tirer des leçons du diagnostic effectué. Il faut enfin — loin de la boule de cristal et de l'inepte futurologie, mais enrichis du *savoir-qui-pressent* — tenter d'esquisser, de présenter, ces figures par lesquelles la violence, le crime, la terreur, se dressent sur la terre en ce début de siècle.

LE DANGER DES PARENTHÈSES HISTORIQUES

Au début de la décennie 80, l'explosion du narcotrafic, la prolifération des « zones grises » et des « guérillas dégénérées », ont signalé l'abolition imminente d'un ordre bipolaire structuré et reconnu.

Des zones hors contrôle ont alors surgi des forces destructrices menaçant la sécurité des États, des entreprises, des individus — l'unité du monde, même. Comme toujours dans l'histoire, c'étaient bien là les symptômes d'un désordre planétaire majeur : ces manifestations dispersées, ce chaos, annonçaient en effet l'abolition de l'ordre mondial.

Débuta alors une parenthèse historique de près de douze ans ; novembre 1989 (chute du Mur de Berlin) — septembre 2001 (chute des Twin Towers de New York). Une parenthèse, notons-le, qui n'est pas la première de notre histoire : du fait, pour une large part et déjà, de la politique isolationniste des États-Unis, il n'y a pas eu d'ordre international entre 1918 et 1939, période chaotique et belliqueuse entre toutes.

Or ces deux parenthèses historiques, l'une vers le début du XXe siècle, l'autre sur sa fin, se ressemblent de façon frappante. Ce sont des périodes d'illusion, d'insouciance, de bienséance, de confusion et d'oubli. Charlatans et illusionnistes y règnent en maîtres — alors même que se multiplient des présages toujours plus graves et explicites. Sous les prétextes les plus divers, le réalisme est banni.

Le politique y disparaît derrière des formes spectaculaires (propagande hier, communication aujourd'hui) ; le totalitarisme y règne (hier *hard* avec le talon de fer des dictatures ; aujourd'hui *soft* avec le « politiquement correct », la pensée unique et le conformisme médiatique) — citons ici comme unique exemple le culte politico-médiatique du « zéro-mort » ou du « zéro-accident ».

On veut oublier qui est l'ennemi *réel* — ou on ne sait plus le désigner, ce qui revient au même. La notion d'hostilité tombe dans la confusion et l'oubli.

La pré-vision devient impossible. La société avance en ne regardant que dans le rétroviseur.

Or un jour, inévitablement, le réel surgit, reprend ses droits, crève la bulle de savon. Plus profond était le rêve, plus forte est la détonation, plus graves sont les dégâts. Nous l'avons montré dès l'introduction : le prix, le seul hélas ! que paie toujours la société humaine pour sa légèreté et son impéritie est lourd : c'est une guerre.

En 1939, nous nous sommes réfugiés derrière une ligne Maginot physique, faite de moellons et de béton. En 2001, l'hyperpuissance américaine s'est laissé hypnotiser par une autre « ligne », elle virtuelle, associant électrons et « Échelon ». Comment *penser* aujourd'hui la guerre après que l'une très exactement comme l'autre, ces infranchissables lignes ont été contournées par des ennemis, certes fort divers, mais tous deux désagréables au point de déjouer les plans conçus par nos respectifs bureaucrates ?

À vue d'homme, la forme principale que prend la guerre est aujourd'hui celle d'un conflit terroriste, ou criminel. Ses champs de bataille sont les zones hors-contrôle de la planète, la « jungle de béton », les banlieues sauvages. Attentats-massacres, mutilations et enlèvements de masse sont le quotidien de ces « bandenkriege » (guerre de bandes). Face à celles des pays développés, les armées ont disparu ; ce ne sont plus que réseaux, protoplasmes, entités irrationnelles violentes, sectes, noyaux acéphales, guérillas dégénérées et mafias. Et aussi : desperados, « loups solitaires » et « amoureux du martyre ».

Retour au réel, avons-nous dit. Dans le vrai monde d'aujourd'hui et à vue humaine, quels sont les risques majeurs, les dangers à combattre à tout prix ?

DÉSORMAIS, UN RISQUE MONDIALISÉ

Le monde auquel nous commençons d'appartenir, hommes et nations, n'est qu'une figure semblable du monde qui nous était familier. Le système des causes qui commande à chacun d'entre nous, s'étendant désormais à la totalité du globe, le fait résonner tout entier à chaque ébranlement ; il n'y a plus de questions finies pour être finies sur un point.

PAUL VALÉRY [1]
1945

Avant l'économie et même avant la finance, aussi vite que le crime organisé ou le terrorisme, le risque catastrophique s'est mondialisé [2]. Acte intentionnel ou accidentel, le drame (hier d'ampleur locale ou régionale) est vécu en temps réel par des centaines de millions de téléspectateurs. Médiatiquement amplifiés, ses effets contaminent des continents entiers, voire le globe tout entier, du fait de la circulation toujours plus dense des biens et des services, de l'interdépendance entre économies.

Or — la nature le sait bien — dans un milieu dangereux, ce sont les géants les plus vulnérables. Des géants fragiles, sur notre terre, il y en a de deux sortes.

1. *Regards sur le monde actuel*, Gallimard, 1945.
2. Lire sur ce point l'article du Pr Elie Cohen « Les nouveaux fronts de la gestion du risque », *Le Figaro*, 26/11/01.

D'une part, les entreprises mondialisées, hier nommées « multinationales », que le professeur Elie Cohen définit ainsi : « ensembles à forte présence mondiale dont la vulnérabilité s'accroît à la mesure de leur visibilité universelle et de l'ampleur du patrimoine matériel ou immatériel qu'elles accumulent ».

D'autre part, les mégapoles, surtout celles situées au sud du monde, dont nous avons longuement parlé plus haut.

Ces géants fragiles, qui, aujourd'hui les surveille *en tant qu'ensembles* ? Ce devrait être la tâche de l'ONU : l'accomplit-elle ? Dans le cas de ces entités gigantesques et vulnérables, qui identifie systématiquement les risques ? Évalue leur plausibilité ? Installe des dispositifs de détection précoce des dangers avérés ? Personne, on peut le craindre.

LES ÉTATS ÉCHOUÉS

Qu'on les appelle « effondrés » ou « défaillants » ou « échoués », ces fantômes d'États représentent un danger majeur pour l'avenir du monde. Ces zones grises ou aires chaotiques ne sont en réalité que des foyers de maladies graves et d'épidémies, des centres d'innombrables trafics illicites, des sanctuaires pour pervers, criminels ou terroristes. Et d'abord et surtout, une calamité pour les malheureux tentant d'y survivre : un condensé de chaos politique, de corruption généralisée, de pauvreté extrême, de catastrophes sanitaires et de guerres (civiles ou tribales) élevées au rang de mode de vie.

Cela désormais, tous les dirigeants politiques du monde développé en ont conscience. Bien loin en effet est le début de la parenthèse historique 1989-2001 où, au nom du toujours moins d'État et de l'absolu laisser-faire, des libéraux-anarchistes illuminés se réjouissaient de l'emprise des milices sur le Liban (plus « libérales » que des armées...) et du retour à l'âge de pierre de la Somalie — enfin délivrée de l'insupportable carcan de l'État.

Aujourd'hui, on redécouvre les réalités tribales ou claniques, hier tues par « *political correctness* ». Et de fait : grattez le Taliban fondamentaliste : le Pashtoun n'est pas loin sous la surface... Désormais, et plus fort encore ! Le *Financial Times*[1] vante les bienfaits d'un « État puissant, respecté et bienveillant » !

Ces États échoués devront être « remis en marche ». Être dotés de gouvernements responsables. Immense autant que coûteuse, la tâche exige en priorité la redéfinition de ce qui constitue aujourd'hui encore la seule clé de voûte de l'ordre mondial : le concept de souveraineté nationale ; puis l'élaboration de formules de prises en charge, de renforcement de structures, voire de protectorats temporaires. Tout cela est dangereux, immense, hors de prix — peut-être. Mais qu'on néglige de l'accomplir et le désordre mondial s'installe — pour longtemps.

1. Lire « Pour une nouvelle forme d'impérialisme », *Courrier international Financial Times*, 22/11/01.

L'ERREUR CONCEPTUELLE

C'est plus qu'une impropriété grammaticale — presque une impuissance à *comprendre* ce qu'est une guerre —, une incapacité à réaliser qu'on ne combat jamais des abstractions ni des concepts, encore moins des produits chimiques — mais toujours des hommes.

Et que de ce fait, ce qu'on nomme aujourd'hui « guerre à la terreur » et qui consiste à aligner des victoires sur le champ de bataille afghan, face à une milice tribale primitive et fanatisée de quelque vingt mille hommes, risque fort d'être hors-sujet. Car face au terrorisme, l'exploit militaire est-il vraiment une réponse ? Y compris même l'action de forces spéciales surarmées et surentraînées ?

Certes, ces faits d'armes sont à court terme bons pour le moral de la population et la cote de popularité des dirigeants politiques. Mais considérons le cas d'Israël face au Hamas. L'une des toutes meilleures armées du monde contre une société secrète suprêmement rodée à la conspiration, héritière d'une tradition de soixante ans et plus de clandestinité, celle des Frères musulmans, et enracinée dans une plèbe misérable. Une entité opérant de plus sur un mouchoir de poche.

La première « mission de sacrifice » du Hamas date d'avril 1993. Jusqu'en 1998, il y en eut 37. De septembre 2000 (début de la seconde Intifada à novembre 2001), on en a compté 30. 250 Israéliens ont été tués, plus de 2 000 blessés. Entre le 1er et le 2 décembre, 30 Israéliens périssent, 200 sont blessés. Des scènes de cauchemar. Des hôpitaux submergés. Une interminable succession d'enterrements. Avec pour l'instant comme seule perspective — justement ce que veut le Hamas : la reconquête de l'autonomie palestinienne par l'armée d'Israël. Car aux yeux de ces fanatiques, Arafat a commis le suprême péché : vouloir signer avec Israël une paix définitive, ce qu'en son temps, le Prophète a toujours refusé de faire avec les tribus juives de la péninsule arabe.

Ainsi donc et même si l'assassinat ciblé des chefs terroristes connus continue (60 à ce jour), même si les blindés d'Israël tiennent en représailles les rues de toutes les villes palestiniennes ; même si bouclages et bombardements se multiplient encore, au risque de faire basculer toute la région dans le chaos, il semble clair que l'option militaire n'est pas, ne peut pas être décisive face à un terrorisme de masse, immergé dans des bidonvilles et soutenu par sa population.

DESPERADOS ET LOUPS SOLITAIRES

Théodore Kaczynski, surnommé « Unabomber » par le FBI — et bien d'autres encore, déracinés, aigris, violents, fanatisés — parfois déséquilibrés[1]. L'Amérique en compte des milliers, en marge des

1. Voir « Lone wolves pose terrorist threat », *Herald Tribune*, 27/7/98 ; « US intel. operations said inadequate lone extremists rather than radical organizations biggest threat to US », ERRI daily intelligence report, 24/04/1998.

groupes suprématistes blancs, des milices « patriotiques », des sectes fanatiques protestantes anti-avortement, et des paranoïaques tenant le gouvernement fédéral pour l'ennemi numéro 1 de l'Amérique. Ces « loups solitaires » n'adhèrent pas à ces entités (elles-mêmes marginales) ; ils ne reçoivent pas vraiment leurs ordres, mais subissent leur influence, vivent avec elles en une sorte de symbiose idéologique. Leur paysage mental ? La haine de Washington, une sympathie pour les milices — comme pour le groupe éco-terroriste Earth First ! — en prime, une fascination puérile pour les hors-la-loi.

Solitaires ou mini-hordes sauvages, tous sont indétectables avant le passage à l'acte. Furtifs, désocialisés, ils sont d'abord difficiles à identifier ou à intercepter ; à inculper et faire condamner après coup. Faute d'une coordination étroite, efficace et incessante, les organismes anti-terroristes « classiques » (fédéraux ou locaux) sont quasi impuissants, car peinant à former un filet à mailles assez étroites pour repérer, puis neutraliser, des noyaux minuscules ou, pire encore, des individus isolés. Ainsi, le FBI aura mis dix-sept ans à interpeller Kaczinski...

Est-ce parmi ces solitaires qu'il faut chercher l'auteur de la campagne de dispersion par la poste de lettres chargées de spores de bacille du charbon (« anthrax » en anglais) ? Une campagne qui a abouti à la contamination de dix-huit personnes et provoqué cinq morts, d'octobre à novembre 2001. La police fédérale américaine le pense et oriente ses recherches vers un microbiologiste solitaire connaissant les armes biologiques et ayant accès à un laboratoire spécialisé. Sans doute un illuminé voulant attirer l'attention du monde sur les dangers de l'arme biologique. Ou susciter la panique, on ne sait. En tout cas, sa volonté de tuer est nette : certaines enveloppes contenaient « des milliards de spores d'anthrax », assez pour tuer par inhalation des dizaines de personnes. L'homme aura profité des attaques du 11 septembre pour agir, bénéficiant ainsi d'une chambre d'écho mondiale. Ou encore, ces attentats auront fait basculer dans la folie homicide un esprit déjà torturé. Là aussi, un état d'esprit proche de celui des éco-terroristes — les activistes le sentent : il suffit de voir l'intérêt avec lequel ils suivent toute l'affaire.

Comment repérer à l'avenir ces desperados et autres loups solitaires ? Comment déjouer leurs plans sans empiéter sur les libertés fondamentales garanties par l'État de droit ? Difficile : déjà fort techniques et complexes, de telles enquêtes sont en outre sans précédent. L'actuelle, aux États-Unis, nécessite de tout inventer au fur et à mesure : procédure, modes d'intervention — le tout en évoluant dans un milieu que la police connaît fort peu. Encore un défi majeur pour les dirigeants politiques des grands pays développés. Sauront-ils le relever avant que n'advienne un drame majeur ?

LA BOMBE « SALE »

Ben Laden possède-t-il une bombe atomique ? Même une « petite » ? les officiels américains ne le pensent pas[1]. Ces experts soulignent en revanche

1. Voir « The threat of nuclear terror is slim but real », *USA Today*, 29/11/01.

que rien n'est plus aisé que de fabriquer une bombe « sale », associant des explosifs courants (dynamite, etc.) à des substances radioactives, dispersées par l'explosion. Dans un centre urbain, un tel attentat tuerait en peu de temps des centaines de passants, provoquerait une épidémie de cancers parmi les survivants — et rendrait inhabitables pour des décennies des quartiers entiers de la ville ainsi frappée.

Or de 1993 à l'an 2000, l'agence des Nations unies chargée de surveiller les stocks de matières fissiles a recensé 153 cas de vol de telles substances ; ainsi que 183 vols de substances radioactives, elles non susceptibles de servir à fabriquer une bombe atomique, mais utilisables pour une bombe « sale ».

Là encore, un fastidieux et incessant travail de renseignement, une coordination internationale sans faille sont désormais indispensables. Pour éviter qu'un jour, des millénaristes hantés par l'apocalypse ne finissent par obtenir les moyens de réaliser leur propre Hiroshima.

LA « CULTURE DU MARTYRE »

Le martyre — « chahadat » — est pour l'islam radical (sunnite ou chi'ite) aussi important que la sainteté pour les premiers chrétiens ; il s'oppose au suicide, qu'interdit le Coran. Le martyr — « chahid » — est un modèle, le moteur de l'action pour les croyants. Voila ce qu'en dit Ali Chariati, idéologue de la révolution islamique d'Iran, dans un texte écrit en 1972 :

« *Chahadat*, dans notre culture, dans notre religion, n'est pas un sanglant accident imposé à un moudjahid par l'ennemi. C'est une mort désirée, choisie dans la clarté, en état complet d'éveil, en toute logique, en pleine conscience... Soudain, en un élan révolutionnaire, un homme jette sa dépouille charnelle dans un brasier d'amour et de foi et se transforme en une sainte lumière.

À chaque génération, le martyre nous rappelle sa grande leçon : si vous le pouvez, tuez ! Si vous ne le pouvez pas, mourez ! Celui qui fait de la mort brûlante un symbole d'amour, un témoignage de vérité, celui-là est un martyr. Il vit, il est là, dans le giron de Dieu pour toujours mais aussi dans le cœur de la masse des fidèles. »

Voici deux ans, on vit apparaître des affiches curieuses sur les murs de Gaza, près des mosquées radicales. Ces affiches, on les voit désormais souvent dans les rues — dans les immeubles même et sur les baraques des bidonvilles. On en trouve désormais jusqu'en Cisjordanie. L'affiche représente des oiseaux volant dans le soleil couchant — ou levant ? Les oiseaux sont verts (la couleur sacrée de l'islam) et le crépuscule, pourpre. Ces oiseaux représentent symboliquement les martyrs (*chahid*), dans leur ascension vers le paradis. Ceux qui reposent pour l'éternité dans *beit al-Ridwan*, le jardin paradisiaque réservé aux Prophètes et à eux — les bombes humaines, l'arsenal humain du Hamas et du Jihad islamique[1].

1. Lire « Talking to the human bombs », Nasra Hassan, *The New Yorker*, 19/11/01.

Puis les calendriers ont fait leur apparition. Comme ceux qui exhibent des *pin-up* — mais de façon plus austère — ils présentent chaque mois en modèle un martyr différent. Tous ont disparu dans « l'explosion sacrée ». S'ajoute désormais à cette morbide panoplie de fort populaires chants de vengeance, vantant les exploits des *chahid*, leur courage indomptable, leur mépris de la mort. La joie qui les inonde quand ils pressent le détonateur. Car il est dit que celui qui meurt dans la voie du jihad ne ressent rien en offrant sa vie en sacrifice — pas même l'équivalent d'une piqûre de moustique. Et la première goutte de sang versée dans le jihad lave instantanément le *chahid* de tous ses péchés...

Ainsi et de proche en proche, suscitée par un classique effet de cocotte-minute psychologique, par le désespoir et l'absence de toute issue politique positive, une authentique « culture du martyre » s'installe-t-elle dans les taudis et bidonvilles de l'autonomie palestinienne, des territoires occupés — et même d'Israël.

D'un côté, une vie de quasi-esclave, dans un Bantoustan ravagé par la guerre et la répression. Et de l'autre ? Écoutez Nasra Hassan, elle-même musulmane et pakistanaise, opérant depuis de longues années dans les territoires occupés, au nom de l'ONU. Voici les propos des « bombes humaines » tenus — là est le plus tragique — avec béatitude : « Presser le détonateur, c'est ouvrir la porte du Paradis... C'est le chemin le plus court vers les cieux... Pour retrouver le Prophète et ses compagnons... Le Paradis est tout près, là, sous mon pouce, contre le détonateur. »

Ceux qui tiennent ces discours ne sont pas des benêts suicidaires ou dépressifs, mais de jeunes gens issus des classes moyennes palestiniennes, étudiants ou salariés bien intégrés, informés des réalités du monde extérieur. Parmi les *chahid* même, deux fils de milliardaire...

Et leurs familles ? Un père de martyr raconte calmement, avec fierté même, la fin horrible de son fils, parti au sacrifice avec un second moudjahid. Celui-ci fait exploser sa bombe le premier et est réduit en pièces ; le fils du narrateur contemple sans broncher la bouillie sanglante. Il attend plusieurs minutes que les sauveteurs accourent, pour presser son détonateur et causer ainsi le maximum de dégâts chez « l'ennemi »...

Le *chahadat* accompli, la famille du martyr organise un grand repas de fête, analogue à celui d'un mariage, pour fêter l'entrée au paradis de l'enfant sacrifié.

Telle est la « culture du martyre » et du sang. Loin d'être une tragique singularité du théâtre d'opérations palestinien, cette « culture » se répand. Voici vingt ans, les « missions de sacrifice » étaient pratiquées par le seul Hezbollah du Liban (chi'ite). Aujourd'hui, tout l'islam radical sunnite s'y est mis : Afghanistan, Algérie, Cachemire, Égypte, Kenya, Koweït, Liban, Pakistan, Palestine, Tanzanie, Tadjikistan, Tchétchénie, Yémen ont connu de telles opérations. Au moment même où s'écrit ce texte, des « Afghans arabes » meurent par dizaines ou même par centaines en Afghanistan. Des Saoudiens, des Koweïtiens, des Yéménites. Souvent, ils ont délibérément sacrifié leur vie face aux hommes de l'Alliance afghane du Nord. Des actes qui souvent imbibent la mentalité de leurs proches, dans leurs clans ou tribus d'origine. Qui risque de les façonner pour l'avenir.

Tel est l'objectif que visent en réalité aussi bien les dirigeants du Hamas que ceux d'al-Qaïda et Oussama Ben Laden lui-même. Ils attendent, ils anticipent la répression, la plus violente, la plus brutale possible. Ils espèrent fiévreusement une réaction excessive, aussi bien d'Ariel Sharon que de George Bush. Leur raisonnement est celui de l'ayatollah Khomeyni déclarant dans une cassette enregistrée en 1978 : « On dit parfois que le héros est le moteur de l'histoire. C'est faux. Le moteur, l'âme de l'histoire est le martyr. Ainsi, dénudez vos poitrines face à l'armée, car le shah fera usage de l'armée et celle-ci lui obéira... Si l'ordre est donné et qu'ils tirent sur vous, dénudez vos poitrines. Votre sang et l'amour que vous leur porterez en mourant les convaincront. Le sang de chaque martyr est comme le son d'une cloche qui éveillera mille êtres vivants. »

Est-ce un raisonnement risible ? Un espoir absurde ? Pas forcément. Dans notre culture même, dans l'histoire récente de l'Europe, un projet analogue a donné précisément le résultat voulu. Nous sommes à Dublin à Pâques 1916. Sans réel espoir de succès, le « Gouvernement provisoire de la république d'Irlande » lance l'insurrection. Rapidement, ce soulèvement est écrasé devant une population dublinoise plutôt indifférente. Mais ce que l'appel aux armes des patriotes n'a pas suscité, la férocité de la répression le provoquera. Thomas Clarke, Sean Mac Diarmada, Thomas Mac Donagh, P.H. Pearse, Eamonn Ceannt, James Connolly, Joseph Plunkett, sont fusillés. Leur sacrifice réveille l'Irlande. Réaction en chaîne : les volontaires affluent vers l'Armée républicaine irlandaise. Cinq ans plus tard, les vingt-six comtés de la République d'Irlande sont indépendants.

La « culture du martyre » est-elle soluble dans la répression militaire ? Sans doute pas. Là encore et de l'Afghanistan à la bande de Gaza, des solutions politiques sont à inventer puis à appliquer, des instruments de détection précoce sont à élaborer ; une pratique systématique de prévention est à favoriser. N'ayons pas d'illusions : d'essence terroriste ou criminelle, une nouvelle guerre a débuté le 11 septembre 2001. L'arrestation ou la mort d'Oussama Ben Laden, toute symbolique qu'elle puisse être, n'y changera rien. De nous dépend au moins que ce conflit nouveau soit le moins long, le moins sanglant, le moins traumatisant possible.

ANNEXES

La traque inachevée

février 1998 à mars 2003

La chronologie qui suit inclut toutes les informations en l'état, sur l'affaire Ben Laden, et en conséquence tous les lieux et les protagonistes dont ce livre propose l'analyse. On pourra donc la lire comme le récit d'une faillite. On en profitera, avant tout, pour en faire un exercice de lucidité retrouvée.

FÉVRIER 1998

Pakistan

Annonce de la création du « Front islamique de lutte contre les juifs et les croisés » suite à une réunion tenue à Peshawar le 23 février (voir chapitre 4, « Les forces en présence »).

MARS 1998

Arabie saoudite

Le site Internet islamiste (Azzam Publications) annonce que 820 islamistes ont été arrêtés dans le royaume saoudien au cours de la première quinzaine de mars. Les suspects sont saoudiens pour la plupart et ont combattu aux côtés des moudjahidines en Afghanistan, en Tchétchénie, en Bosnie, au Tadjikistan ou aux Philippines. Certains de ces vétérans s'apprêtaient à partir pour le Kosovo au moment de leur arrestation.

AVRIL 1998

États-Unis

Eyad Ismail, un des terroristes inculpés pour l'attentat contre le World Trade Center de New York en 1993, est condamné à 240 ans de prison. Eyad Ismail conduisait le véhicule dans lequel se trouvait la bombe. Ramzi Ahmed Youssef, considéré comme l'un des cerveaux de cet attentat, a également été condamné à 240 ans de prison.

MAI 1998

Égypte

Les autorités égyptiennes arrêtent Abd al-Fallah Fahmi, un activiste islamique qui tentait de rentrer en Égypte à partir de la Jordanie via Muwaybi port.

Afghanistan

Dans une interview à la chaîne de télévision ABC, Oussama Ben Laden déclare : « Nous pensons que les plus grands voleurs et les plus grands terroristes du monde sont les Américains. Le seul moyen de nous protéger de leurs assauts est de recourir aux mêmes moyens qu'eux. Nous ne faisons aucune différence entre ceux qui portent l'uniforme et les civils. Ils sont tous des cibles (...) Nous prédisons un jour noir pour l'Amérique. »

Bulgarie / Kosovo

L'Islamic Observation Center révèle qu'Essam Abdel a été arrêté le 10 mai 1998 dans un camp à la frontière entre le Kosovo et la Bulgarie. Arrivé en Bulgarie en novembre 1997, Essam Abdel entraînait des combattants de l'UCK. Il est extradé vers l'Égypte où il a été condamné à 25 ans de prison en 1990 pour sa participation à l'assassinat d'Hussain al-Bani Suwayf, un leader du Jihad islamique (Égypte).

JUIN 1998

Pakistan

Les autorités pakistanaises arrêtent dans la Province frontière nord-ouest (PFNO) Abu Abdullah (Égyptien). Il est présenté par la police comme un proche collaborateur d'Oussama Ben Laden.

Égypte

La police arrête à l'aéroport du Caire Sa'id Sayyid Salamah (Égyptien). Salamah, qui a quitté l'Égypte en 1990, appartient au Jihad islamique. Les autorités égyptiennes affirment que Salamah a travaillé directement avec Oussama Ben Laden et a voyagé dans plusieurs pays où il a rencontré des compatriotes et des activistes d'autres pays.

Thaïlande

Quatre suspects (détenteurs de passeports pakistanais), impliqués dans l'attentat du World Trade Center en 1993, sont arrêtés à Bangkok. D'après les autorités locales, ils préparaient des attentats contre le personnel de l'ambassade des États-Unis à Bangkok.

JUILLET 1998

Albanie

La police albanaise extrade vers l'Égypte cinq Égyptiens arrêtés en juin. Ces hommes sont notamment recherchés en Égypte pour leur participation à l'assassinat en 1990 de Rifaat el-Mahgoub (membre du Parlement égyptien) et une tentative d'attentat sur le marché Khan Khalili du Caire. Il s'agit de :

— Mohammed Hassan, ingénieur des Travaux publics, est arrivé en Albanie en 1992. Missionné par une organisation caritative saoudienne, il a épousé une Albanaise et dirige la Fondation pour la renaissance du Patrimoine de l'Islam (financée par l'ONG koweïtienne Joint Relief Committee). Dans un communiqué, la police signale qu'il fréquente régulièrement la mosquée de la place Skander Bey à Tirana ;

— Ahmed Ibrahim el-Majjar, déjà condamné à mort (par contumace) en Égypte pour une tentative d'assassinat d'un ancien Premier ministre du président Moubarak (Dr Atif Sidqi), travaillait pour Islamic Heritage Revival Charity ;

— les trois autres : Majid Mustafa, Muhammad Huda, Muhammad Hasan Mahmud travaillaient également pour l'ONG Islamic Heritage Revival Charity. D'après les enquêteurs, ils récoltaient des fonds pour le Jihad islamique (Égypte).

Égypte

Le Jihad islamique publie un communiqué menaçant les États-Unis de représailles après l'arrestation de sept fondamentalistes dans les Balkans :

« L'accusation portée contre nos frères est l'appartenance à un groupe qui proclame le jihad contre l'Amérique, Israël et leurs agents. Ils ont été accusés également de coopération avec les moudjahidines au Kosovo, en dehors de l'orbite américaine. (...) Nous voulons informer les Américains laconiquement que nous avons reçu leur message et que nous sommes en train de préparer la riposte et nous souhaitons qu'ils en prennent bien conscience, car nous allons l'écrire avec l'aide de Dieu dans le langage qu'ils comprennent. »

AOÛT 1998

Kenya / Tanzanie / Pakistan

Le 7 août, deux bombes de très forte puissance (plusieurs centaines de kilos de TNT) placées chacune dans un camion explosent simultanément devant les ambassades des États-Unis à Nairobi, au Kenya (bilan : 253 morts dont 12 Américains, plus de 5 000 blessés) et à Dar es-Salaam, en Tanzanie (bilan : 10 morts et plusieurs douzaines de blessés).

Le jour même, un Jordanien (d'origine palestinienne), Mohamed Saddiq Odeh, est arrêté à Karachi (Pakistan) en possession d'un faux passeport yéménite. Présenté comme un proche d'Oussama Ben Laden, il aurait été envoyé au Kenya pour apporter une aide technique et logistique à la préparation des attentats, avec ordre de quitter le pays avant le déclenchement de l'opération. Le 16 août, il est extradé vers le Kenya.

Le 8 août, un groupe jusqu'alors inconnu, l'« Armée islamique pour la libération des Lieux saints », revendique les deux attentats dans trois communiqués envoyés par fax à Radio France International (RFI).

Le premier annonce la formation de l'Armée islamique par de jeunes moudjahidines originaires de tous les pays musulmans pour lutter contre l'occupation des Lieux saints.

Le second revendique l'attentat de Nairobi sous le nom d'Opération de la sainte Kaaba (en référence à la grande mosquée de La Mecque).

Le troisième revendique l'attentat de Dar es-Salaam sous le titre d'opération mosquée Al-Aqsa.

Le 9 août, Mohamed Rashid Daoud al-Owhali (Saoudien) est arrêté à l'hôpital de Nairobi où il avait été hospitalisé après l'explosion. Les enquêteurs l'identifient comme le chauffeur du camion d'explosifs. Il est extradé vers les États-Unis.

Le 17 août, deux autres suspects dans ces attentats (un Soudanais et un Saoudien) sont arrêtés au Pakistan alors qu'ils s'apprêtaient à franchir la frontière vers l'Afghanistan.

Afghanistan / Soudan / Pakistan

Le 18 août, des inconnus tirent sur un minibus de l'ONU à Kaboul. Un Français et un Italien, membres de la Mission spéciale des Nations unies pour l'Afghanistan, sont blessés.

Le 20 août, moins d'une heure avant le début des frappes aériennes américaines sur l'Afghanistan, Oussama Ben Laden téléphone au quotidien pakistanais *The News* pour faire une déclaration : « Oussama Ben Laden appelle la communauté musulmane à poursuivre la guerre sainte contre les juifs et les Américains pour libérer les Lieux saints. »

Quelques heures plus tard, les États-Unis bombardent une usine de fabrication de produits chimiques au Soudan et des bases logistiques (Djalalabad) et d'entraînement (Khost) en Afghanistan. Le lendemain, l'ensemble des partis religieux pakistanais appelle à de grandes démonstrations de protestation à travers tout le pays.

Ainsi par exemple, les militants du Jamiat Ulema-I-Islam (JUI) et du Sepah-I-Sahaba Pakistan (SSP) défilent dans les rues de Karachi en scandant des slogans : « Allah est le plus grand », « Tuez Bill Clinton », « Oussama Ben Laden est notre héros », « À bas les États-Unis et l'Europe ». Des drapeaux américains et des portraits du président américain sont brûlés. Le représentant des Talibans, le maulana Kaleemullah, est présent à cette manifestation. Le chef du JUI qualifie l'attaque contre Oussama Ben Laden d'agression contre la oumma (communauté des musulmans) et proclame que celle-ci doit défendre ce « héros du jihad ». Il avertit : « Nous ne pardonnerons jamais à l'Amérique. C'est du suicide de la part des États-Unis. C'est sûr, nous réagirons » et menace également le gouvernement pakistanais : « Toute action visant l'Afghanistan ou tout autre pays musulman aurait pour lui de sérieuses conséquences, de la part du JUI et des Talibans. » L'émir Hafiz Mohammad Saeed, dirigeant du Dawat-wal-Irshad, déclare pour sa part : « Après l'attaque des missiles, l'Amérique est notre cible et chaque enfant du Pakistan participera à la guerre sainte (...) les États-Unis ont commencé la guerre et nous acceptons le défi. » Lors de cette manifestation, un message de Cheikh Omar Abdul Rahman[1] est lu publi-

1. Chef de la Jama'a islamiya, il a recruté de nombreux volontaires dans tous les États-Unis. Omar Abdul Rahman a été condamné aux États-Unis à la prison à perpétuité pour son

quement : « Détruisez leurs commerces, brûlez leurs compagnies, coulez leurs bateaux, abattez leurs avions et tuez-les sur terre, sur mer et dans les airs... » Le message est clair.

Le 22 août, la majorité du personnel de l'ambassade des États-Unis au Pakistan (480 Américains) est évacuée.

Le 24 août, les États-Unis rappellent leurs expatriés en Afghanistan.

Le chef des Talibans, mollah Mohammad Omar, déclare : « Rien ne peut forcer les Talibans à remettre Oussama Ben Laden aux USA ou au gouvernement pakistanais. (...) Nous ne remettrons jamais Oussama Ben Laden à qui que ce soit et nous le protégerons avec notre sang et à n'importe quel prix. » Et mollah Hassan Akhund, ministre des Affaires étrangères taliban : « Même s'il était prouvé qu'Oussama Ben Laden est derrière les attentats, il ne sera pas livré. »

SEPTEMBRE 1998

États-Unis

Wadih el-Hage (Américain d'origine libanaise, 38 ans en 1998) est arrêté aux États-Unis. Il est soupçonné d'être l'un des principaux organisateurs des attentats contre les ambassades américaines en Afrique.

Les États-Unis inculpent Haroun Fazil (Comorien, en fuite) pour l'attentat contre l'ambassade américaine de Nairobi. Au Kenya, Haroun Fazil

---

implication dans l'attentat du World Trade Center en 1993. Voir chapitre 5, « Un protoplasme mondialisé ».

louait une villa dans la banlieue de Nairobi depuis mai 1998. Jusqu'à la date de l'attentat, cette villa fut utilisée comme QG par les terroristes ; c'est là que la bombe a été fabriquée.

Haroun Fazil avait mis en place la surveillance de l'ambassade les jours précédant l'attentat et loué le camion utilisé pour l'explosion. Il participait aux réunions que tenaient les terroristes à l'hôtel Hilltop de Nairobi. Fazil a quitté le Kenya la veille de l'attentat, depuis on a perdu sa trace. Les États-Unis offrent 2 millions de dollars US de récompense pour sa localisation.

Ouganda

Le gouvernement ougandais annonce que 18 terroristes ont été arrêtés. Ils appartiennent tous au mouvement Tabligh (sous-continent indien) ; ils sont ougandais et somaliens. Parmi eux, deux sont présentés comme des proches d'Oussama Ben Laden, ils arrivaient du Kenya.

Ces hommes sont suspectés d'avoir préparé un attentat contre l'ambassade des États-Unis à Kampala ; l'explosion devait se produire en même temps que celles de Nairobi et Dar es-Salaam. D'après les enquêteurs, ils visaient également le Parlement, la grande poste, la banque d'Ouganda, des ambassades et des entreprises. Les suspects ont reconnu soutenir le régime islamique de Khartoum et Oussama Ben Laden.

Turquie

Rafet Yahya Alazab Abdau (38 ans en 1998) est arrêté par la police turque. Lié à Oussama Ben Laden, l'homme faisait l'objet de plusieurs mandats d'arrêt.

Venezuela

Le Venezuela reçoit un mandat d'arrêt d'Interpol concernant trois suspects qui seraient rentrés au Venezuela (ou dans d'autres régions des Caraïbes) avec des visas de tourisme. Il s'agit de Faraj Mikhail al-Alwan (Libyen, professeur de technologie, 29 ans en 1998), Faraj al-Chalabi (32 ans), Faez Abu Leid al-Warjali (30 ans).

Allemagne

Dans le cadre de l'enquête sur les attentats contre les ambassades américaines en Afrique, la police allemande arrête Mamdouh Mahmud Salim (Soudanais). Il est présenté comme l'un des principaux responsables du financement et de l'approvisionnement en armes des réseaux terroristes d'Oussama Ben Laden (voir plus bas, interview d'Oussama Ben Laden en décembre 1998).

Grande-Bretagne

La police interpelle Khalid al-Fawwaz (président d'Advice and Reform Committee, Londres), également suspecté d'avoir participé à l'organisation des attentats contre les ambassades des États-Unis au Kenya et en Tanzanie. Dans les bureaux de l'ARC, la police saisit un fax en date du 4 août 1998 (soit trois jours avant les attentats) où l'on peut lire : « Nous allons parler aux Américains dans le langage qu'ils comprennent. » Les enquêteurs découvrent également des copies des fax envoyés à RFI et revendiquant les attentats (voir plus haut, août 1998). Al-Fawwaz avoue avoir ouvert à Londres en 1994, en liaison avec le commandant militaire d'al-Qaïda, un Media Information Office destiné à la couverture des activités militaires d'al-Qaïda.

Six autres suspects (tous Égyptiens) sont arrêtés ; il s'agit d'Adel Abd-al-Majid Abdul Bari (Égyptien, cadre de l'ARC, condamné à mort en Égypte pour sa participation à la tentative d'attentat sur un marché du Caire), d'Hani al-Sibai, d'Abdul Mageed Fahni, d'Abu Mussab al-Souri, de Sayyed Ahmed Abdel Maqssoud et de Sayyed Ajami (les cinq derniers sont relâchés peu après).

Le quotidien arabophone *Al Quds al Arabi* (publié à Londres) révèle qu'Adel Abd-al-Majid a été interpellé à Londres ; membre du Jihad islamique (Égypte), il a été condamné à mort en Égypte en 1997 et travaillait au moment de son arrestation avec l'ONG Islamic Human Rights Organization.

Afghanistan

Le chef des services secrets saoudiens, le prince Turki bin Fayçal, rencontre les Talibans pour négocier l'extradition d'Oussama Ben Laden.

Espagne / Algérie

Au sommet d'Interpol sur le terrorisme international à Palma de Majorque (Espagne), le directeur de la police judiciaire algérienne présente un rapport dans lequel Oussama Ben Laden est décrit comme le principal soutien des fondamentalistes algériens.

OCTOBRE 1998

Grande-Bretagne / Afghanistan

L'organisation islamiste londonienne Advice and Reform Committee (ARC) publie une déclaration menaçant directement le gouvernement britannique en raison de sa politique hostile au peuple musulman. L'ARC exige la libération immédiate de Khalid al-Fawwaz et annonce que l'organisation a décidé de fermer ses bureaux à Londres pour protester contre la politique de la Grande-Bretagne.

Le communiqué a été expédié de Kandahar (fief des Talibans et d'Oussama Ben Laden en Afghanistan) au journal londonien *Al Quds al Arabi*. Parallèlement, 33 associations islamiques exigent, dans une lettre ouverte au gouvernement britannique, la libération de Khalid al-Fawwaz.

Afghanistan

Le 12 octobre, le Movement for Islamic Reform in Arabia (Mouvement pour la résurgence islamique en Arabie saoudite / Al-Hawli al-Awdah) annonce sur son site Internet que les Talibans, en coopération avec les hommes d'Oussama Ben Laden, ont arrêté des mercenaires (Saoudiens, Afghans, Pakistanais et d'autres Arabes) qui préparaient des opérations de sabotage en Afghanistan et projetaient d'assassiner Oussama Ben Laden.

Italie

Trois suspects liés à la nébuleuse al-Qaïda sont arrêtés en Italie.

États-Unis / Tanzanie / Kenya

Mustafa Mahmoud Said Ahmed (Égyptien) est arrêté en Tanzanie pour son implication dans l'attentat contre l'ambassade des États-Unis à Dar es-Salaam.

La presse révèle que les services de renseignement américains avaient reçu neuf mois avant les attentats des informations détaillées sur les projets terroristes visant les deux ambassades.

En janvier 1998, Mustafa Mahmoud Said Ahmed s'est en effet rendu à l'ambassade des États-Unis à Nairobi pour dénoncer la préparation de l'attentat ; il aurait même précisé à ses interlocuteurs qu'un groupe islamique voulait faire exploser une bombe placée dans un véhicule stationné dans un garage voisin de l'ambassade.

Le Département d'État américain dit ne pas avoir reçu de menaces spécifiques concernant cette ambassade, mais reconnaît avoir reçu de la CIA deux rapports au sujet de Mustafa Mahmoud Said Ahmed et avoir demandé le renforcement des mesures de sécurité autour de l'ambassade pendant quelques semaines (rien ne s'étant passé, les mesures de sécurité ont été levées). Les autorités américaines admettent également qu'elles ont reçu, quelques jours avant l'attentat, une note de l'ambassadeur en poste à Nairobi qui demandait le déménagement de l'ambassade dans un immeuble offrant plus de sécurité.

Après un interrogatoire par les autorités kenyanes, Mustafa Mahmoud Said Ahmed est expulsé vers l'Égypte. Peu de temps après, il retourne en Tanzanie et intègre la cellule terroriste préparant les attentats de Nairobi.

Albanie

Salah Muhamed el-Said, lié à la nébuleuse d'Oussama Ben Laden, est assassiné à Tirana où il avait trouvé refuge.

Afrique du Sud

Le quotidien saoudien *Al-Hayat* (publié à Londres) révèle que trois Égyptiens (Tariq Ali

Mursi, Jamal Shu'ayb, Abd al-Mun'im) ont été arrêtés en Afrique du Sud et extradés vers l'Égypte où ils sont recherchés pour terrorisme.

NOVEMBRE 1998

Arabie saoudite

Dans une interview, le ministre de l'Intérieur saoudien, le prince Mayif bin Abd al-Aziz, déclare : « Oussama Ben Laden n'est pas impliqué dans les attentats de 1995 et 1996[1], mais peut-être (...) ceux qui ont adopté ses idées. »

États-Unis

Suite aux attentats contre les ambassades des États-Unis en Afrique, Oussama Ben Laden est inculpé par la justice américaine pour « conspiration contre les citoyens américains à l'étranger » ; les États-Unis offrent une prime de 5 millions de dollars US pour tout renseignement permettant sa capture. La CIA annonce qu'une quarantaine de suspects ont été arrêtés de par le monde depuis le 7 août 1998. Washington dit avoir reçu depuis cette date plus de 300 informations sur de possibles attaques terroristes (215 visaient le gouvernement des États-Unis, des centres commerciaux, touristes, ONG...). Selon les responsables américains, près de la moitié étaient associés à la nébuleuse d'Oussama Ben Laden.

1. 13 novembre 1995 : 5 Américains et 2 Indiens sont tués dans un attentat visant un bâtiment de la Garde nationale saoudienne à Riyad. 25 juin 1996 : un camion bélier rempli d'explosifs détruit une installation militaire américaine à Dharan – 19 militaires américains sont tués.

DÉCEMBRE 1998

Tchétchénie

Le 12 décembre, les autorités tchétchènes annoncent l'arrestation d'Arbi Baraev (25 ans en 1998). Arbi Baraev, qui se présente lui-même comme « un combattant du jihad contre les ennemis de l'étranger », serait impliqué dans l'enlèvement puis le meurtre des 4 ingénieurs occidentaux (3 Britanniques, un Néo-Zélandais — dont les têtes coupées sont retrouvées le 10 décembre 1998), ainsi que dans l'enlèvement du Français Vincent Cochetel (enlevé en Ossétie et libéré le 10 décembre 1998 après 317 jours de captivité). D'après des témoignages recueillis par l'Agence France Presse (AFP), Oussama Ben Laden aurait demandé à ses alliés tchétchènes de tuer les 4 otages occidentaux. La société qui les employait avait proposé de payer une rançon de 10 millions de dollars US pour leur libération, Oussama Ben Laden aurait offert 30 millions pour leur exécution.

Jordanie

Plusieurs cellules terroristes liées à Oussama Ben Laden sont démantelées en Jordanie.

Yémen

Un commando de 14 combattants de l'Armée islamique d'Aden Abyane enlève 16 touristes occidentaux (12 Anglais, 2 Américains, 2 Australiens) au Yémen. Les motivations du commando ne sont pas claires. Dans un premier temps, il est question de la « levée de l'embargo frappant l'Irak » et de la « libération d'un responsable islamiste yéménite (Saleh

Haydara Alwania) contre la libération des otages ». Ensuite, la police déclare que les ravisseurs exigent la libération de jeunes islamistes britanniques qui s'apprêtaient à commettre des attentats antioccidentaux à Aden et qui ont été arrêtés quelques jours plus tôt dans le plus grand secret. Les forces de l'ordre donnent l'assaut pour libérer les otages : 4 touristes sont tués (3 Anglais et un Australien)

Inde

Les autorités indiennes arrêtent Sayed Abu Nasir (Bengali). Lié à Oussama Ben Laden, il serait impliqué dans la préparation d'attentats contre les missions diplomatiques américaines en Inde.

Allemagne

Mamdouh Mahmud Salim, un des principaux suspects dans l'organisation des attentats contre les ambassades des États-Unis en Afrique, est extradé vers les États-Unis (il avait été arrêté en Bavière en septembre 1998).

Afghanistan

L'hebdomadaire *Times* (États-Unis) et le quotidien saoudien *Al-Hayat*, qui cite des sources émanant des services secrets afghans, affirment qu'un commando de 4 hommes qui voulait assassiner Oussama Ben Laden a été arrêté par les Talibans. Il s'agirait de Humayun Taqi (ancien commandant du Hezb-i-Islami — Afghanistan), Ali Gul Parwand, Khawar Malyar et d'un certain « Zaman » (ingénieur).

Entre le 23 et le 25 décembre, Oussama Ben Laden accorde quatre interviews. Ses déclarations font le tour du monde et sont reprises par la plupart des médias (agences de presse, TV, radios, quotidiens...).

Dans un entretien accordé à la chaîne de télévision qatarie Al-Jazira, Oussama Ben Laden réitère ses menaces contre les militaires et les civils américains, mais dément son implication dans les attentats du 7 août 1998 en Afrique.

Dans l'interview publiée par le quotidien *Asharq al-Awsat* :

— il déclare à propos de l'Irak et de la Palestine : « Les peuples britannique et américain ont appuyé les décisions de leur chef d'agresser l'Irak, de même que les juifs de Palestine occupée (...) ce qui fait de chacun de ces ressortissants des guerriers que tout musulman doit combattre et tuer » ;

— concernant les attentats en Afrique, il réaffirme son « admiration pour ces attaques et [son] appui à l'auteur de toute action militaire contre les forces américaines ». Au sujet de Mamdouh Mahmud Salim (voir plus haut), il déclare c'est « un des meilleurs hommes (...) il conduisait la prière des Arabes à la mosquée de Peshawar (...) et travaillait avec les associations de secours. (...) Je pense qu'il a reçu un entraînement en Afghanistan (...) Mais de l'aveu même des enquêteurs des États-Unis, on lui a arraché les ongles lors de l'interrogatoire au Kenya et au Pakistan, et sous la torture, on avoue des choses qu'on ignore absolument » ;

— à propos des rumeurs sur son mauvais état de santé, il déclare : « Je parcours chaque jour plus de 70 kilomètres à cheval... Le Pentagone tente seulement de rassurer les Américains en leur faisant croire que leur ennemi numéro 1 va mourir. »

Dans le quotidien pakistanais *The News*, il accuse le gouvernement saoudien et le prince Salman bin

Abdul Aziz d'avoir planifié son assassinat : « Le gouvernement saoudien a offert 267 000 dollars US pour mon assassinat. Mais les trois mercenaires de Riyad (Siddiq Ahmad et ses deux complices) ont échoué. »

Devant la chaîne de télévision ABC News, il dément de nouveau être derrière les attentats contre les ambassades américaines en Afrique, mais admet connaître et soutenir les auteurs de ces attaques.

Yémen

Le 23 décembre, 5 hommes (4 Anglais d'origine pakistanaise et un Français d'origine arabe, coiffeur, installé à Londres), liés à l'organisation londonienne Ansar al-Sharia'ah (connue comme l'antenne anglaise de l'Armée islamique d'Aden Abyane, Yémen) sont arrêtés au Yémen. Parmi eux, Mohamed Mustafa (gendre d'Abu al-Hamza al-Masri, le chef d'Ansar al-Sharia'ah). Officiellement, ces hommes sont venus au Yémen pour étudier ou passer des vacances ; en réalité, ils sont là pour suivre un entraînement militaire dans les camps de l'Armée islamique d'Aden Abyane dans les montagnes Abyane (au sud du pays). Dans leurs bagages, la police découvre des vidéos de propagande d'Ansar al-Sharia'ah et une liste de cibles d'attentats. Les enquêteurs pensent que le groupe planifiait des attentats à la bombe pour Noël et le jour de l'an. Les attaques visaient principalement des lieux fréquentés par des Américains et Anglais à Aden : l'hôtel Aden, l'hôtel Shadrawar, le restaurant et le night-club Happy Land, un bâtiment des Nations unies, l'église Bayadi, le consulat britannique à Aden... Quatre membres du commando échappent au coup de filet, parmi eux : Muhammad Mustafa Kamil, le fils d'Abu al-Hamza al-Masri.

États-Unis

Le 14 décembre, le magazine américain *Time* et le quotidien pakistanais *The News* rapportent que 200 policiers américains ont participé à un entraînement à Washington ; le but de cet exercice baptisé « Poised Response » est de préparer les policiers de la ville à des attaques terroristes organisées par des hommes d'Oussama Ben Laden, en riposte aux bombardements américains en Afghanistan. Quatre scénarios sont étudiés :

— une tentative d'assassinat du Secrétaire d'État américain, Madeleine Albright ;

— un attentat à la voiture piégée dans le centre de la ville ;

— une attaque chimique lors d'un match de football de l'équipe des Redskins à Washington ;

— l'explosion d'une bombe dans un immeuble fédéral de Washington.

Pakistan

Les principaux partis et organisations religieuses pakistanais organisent de grandes manifestations dans tout le pays pour protester contre les bombardements américains et britanniques en Irak. À cette occasion, Naib Amir Liaqat Balouch déclare : « Les mouvements islamiques dans le monde entier prendront pour cible les ambassades des États-Unis et chaque Américain, si Clinton n'arrête pas immédiatement ses attaques contre l'Irak (...) Ce n'est pas une attaque contre l'Irak, c'est une attaque contre l'humanité. »

Égypte

Dans un communiqué intitulé « A world of truth » (« Un monde de vérité »), le Jihad islamique (Égypte) proclame que l'Amérique est le « plus grand ennemi de l'islam » et prédit une « très longue bataille ».

États-Unis

18 décembre, les États-Unis annoncent la fermeture, pour vingt-quatre heures, de quarante de leurs représentations diplomatiques en Afrique sub-saharienne ainsi que de leur ambassade à Amman (Jordanie). Les mesures de sécurité sont renforcées en Arabie saoudite où un couvre-feu est instauré pour le personnel consulaire et les forces militaires présentes dans le royaume (en 1998, plus de 40 000 Américains vivent en Arabie saoudite). Le Secrétaire à la Défense, William Cohen, déclare : « Il y aura des tentatives d'attentat et des attentats. Nous en sommes conscients depuis quelque temps. [Nous avons] des informations fiables et sérieuses. »

JANVIER 1999

Malaisie

7 Afghans en possession de faux passeports italiens sont arrêtés en Malaisie dans le cadre de l'enquête sur les attentats d'août 1998 contre les ambassades américaines en Afrique.

Uruguay / Brésil

Toujours dans le cadre de l'enquête sur les attentats d'août 1998, un couple d'Égyptiens et un Jordanien (en possession de faux passeports malais) sont arrêtés alors qu'ils s'apprêtent à franchir la frontière entre l'Uruguay et le Brésil.

France

La police interpelle Ahmed Loudaïni (Français d'origine algérienne, 30 ans en 1999) à la gare du Nord à Paris alors qu'il s'apprête à embarquer dans l'Eurostar pour Londres, où il s'est installé après avoir quitté son domicile de Montfermeil (Seine-Saint-Denis). Il est mis en examen en février 1999 pour « association de malfaiteurs en relation avec une entreprise terroriste ».

Bangladesh

47 militants du Harakat ul Jihad al Islami (Bangladesh) sont arrêtés après avoir tenté d'assassiner le poète bengali Shamsur Rahman à Dacca. Parmi eux : Ahmed Sidiq Ahmed (Sud-Africain d'origine indienne) qui est présenté comme un « ami personnel d'Oussama Ben Laden » ; Mohammed Sajjid (Pakistanais) qui a avoué aux enquêteurs avoir reçu d'Oussama Ben Laden 20 millions de takas (400 000 dollars US) pour recruter et entraîner des moudjahidines du Bangladesh.

Albanie

Maks Cicikus (Albanais) est arrêté par la police à Tirana. Il est soupçonné d'avoir organisé la surveillance de l'ambassade des États-Unis et du centre culturel américain de Tirana. Maks Cicikus, qui a rencontré Oussama Ben Laden pendant ses études universitaires en Arabie saoudite, serait depuis resté en contact avec le milliardaire saoudien. Maks Cicikus affirme qu'Oussama Ben Laden et une délégation d'hommes d'affaires saoudiens lui ont rendu visite à Tirana en avril 1994. Il est également proche d'Abdul Saleh (arrêté en novembre 1999, voir plus bas).

Pakistan

Al Babour Habib (Tunisien, en possession d'un faux passeport français), qui est présenté comme un proche d'Oussama Ben Laden, est arrêté à l'aéroport de Karachi, alors qu'il arrive du Koweït.

États-Unis

Kelvin Smith (Américain) est condamné à un an de prison pour « faux témoignage devant le juge » — il avait en effet nié avoir fourni une aide logistique pour l'entraînement du groupe d'Abdul Rahman (voir plus haut, août 1998) aux États-Unis.

Afghanistan

Dans une interview accordée à l'hebdomadaire américain *Time*, Oussama Ben Laden déclare : « Si l'incitation au Jihad contre les juifs et les croisés est un crime, que l'histoire témoigne que je suis un criminel. (...) Notre devoir est d'inciter [au Jihad] et, par la grâce de Dieu nous l'avons fait et certaines personnes ont répondu. » Il affirme une nouvelle fois ne pas être impliqué dans les attentats d'août 1998 et déclare que Rashed al-Owahli et Wadih el-Hage (tous deux incarcérés aux États-Unis pour ces attentats) sont innocents. Il admet connaître Wadih el-Hage mais affirme ne pas l'avoir vu depuis plusieurs années. Il précise encore que les efforts américains pour désorganiser ses finances n'ont que peu d'effet. Le journaliste du *Time* dit avoir rencontré le milliardaire saoudien le 22 décembre 1998 à Kandahar (Afghanistan).

Afghanistan / Pakistan

Dans une déclaration écrite publiée par l'hebdomadaire pro-taliban *Larh-e-Momin*, Oussama Ben Laden réaffirme sa loyauté envers le chef des Talibans, mollah Omar. Lors d'une interview accordée au journal londonien *Asharq al-Awsat*, Mohamed Atef (connu comme le commandant militaire d'al-Qaïda, voir chapitre 4) déclare que ni lui ni Oussama Ben Laden ne sont impliqués dans les attentats d'août 1998, mais admet connaître Mamdouh Mahmud Salim (arrêté en Allemagne en septembre 1998, voir plus haut).

Yémen

Ouverture du procès des 5 membres de la cellule d'Ansar al-Sharia'ah (4 Anglais et 1 Français) arrêtés en décembre 1998 à Aden (voir plus haut). Ils sont accusés « de complot terroriste contre des intérêts américains et anglais » dans la capitale yéménite. Trois membres de ce groupe qui avaient échappé au coup de filet de décembre sont arrêtés. Il s'agit de : Muhammad Mustafa Kamil (fils du chef d'Ansar al-Sharia'ah), d'Iyab Hussayn (Anglais) et d'Ali Muhsin Jaza'iri (Français résidant à Londres).

Début du procès du commando de l'Armée islamique d'Aden Abyane qui avait enlevé des touristes occidentaux en décembre 1998 (voir plus haut) : seulement 5 des ravisseurs (sur 14 identifiés) sont présents dans le box des accusés, les 9 autres, encore en fuite, sont jugés par contumace. Peu après l'ouverture du procès, 2 membres de ce commando sont arrêtés : Abdullah Salih al-Junaydi (Yéménite) et Mohammed Salih Abu Hurayrah (Algérien se présentant comme Tunisien).

FÉVRIER 1999

Ouzbékistan

Le 16 février 1999, une série de six explosions, dont cinq voitures piégées, secoue la capitale, Tachkent, faisant 15 morts et 150 blessés. Les trois premières bombes explosent à une centaine de mètres du siège du gouvernement où le président ouzbek, Islam Karimov, est attendu ; les trois autres touchent respectivement une école, un magasin, et l'aéroport. Les autorités ouzbeks dénoncent ces actes « préparés à l'extérieur du pays » et réaffirment leur détermination à lutter contre les extrémistes wahhabites. Trente militants wahhabites, soupçonnés de complicité dans ces attentats, sont arrêtés au Kazakhstan en mars 1999 ; selon l'agence russe Interfax ils étaient en possession de billets d'avion pour les Emirats arabes unis, le Pakistan, la Tchétchénie et l'Azerbaïdjan.

Bangladesh

Sept personnes sont arrêtées pour avoir publié et diffusé sans autorisation le livre *America and the Third World War* attribué à Oussama Ben Laden.

Kenya

Un des principaux suspects dans les attentats d'août 1998, Saddiq Odeh (Jordanien d'origine palestinienne), est arrêté au Kenya. Il est considéré comme le chef de la cellule terroriste de Nairobi. Saddiq Odeh est un proche d'Ayman al-Zawahiri (connu comme le bras droit d'Oussama Ben Laden, voir chapitre 4).

Yémen

Six combattants de l'Armée islamique d'Aden Abyane sont arrêtés, ils sont poursuivis pour « sabotages et enlèvements ».

Uruguay

Sa'id Hasan Ali Muhammed Mukhlis (Égyptien, en possession d'un faux passeport malaisien), connu comme un membre du Jama'a islamiya (Égypte) est arrêté, alors qu'il s'apprête à quitter le pays. En Égypte, Muhammed Mukhlis est notamment recherché pour son implication dans le massacre de Louxor (Égypte) en novembre 1997. En Argentine, il est poursuivi pour une escroquerie de plus de 2 millions de dollars US. Mukhlis avait ouvert deux comptes en banque (richement provisionnés) à Ascencion et à Ciudad del Este au Paraguay.

Albanie

Le ministre de l'Intérieur albanais annonce que la police a arrêté deux étrangers qui avaient mis en place un « réseau terroriste extrémiste dans le pays ».

Yémen

Le 23 février, les extrémistes yéménites publient une déclaration menaçant de mort tous les Américains et Anglais vivant dans le pays, le communiqué précise que ces ressortissants « ont dix jours pour quitter le pays ». La déclaration est signée par trois groupes : Suicide Group (Majmu'at al-Intihaiy), Bin Ladin Forces (Quwwat Bin Ladin) et Chemical

Weapons Group (Majmu'at al-Aslihah al-Kimawiyah).

Émirats arabes unis (EAU)

Trois militants musulmans égyptiens sont arrêtés aux EAU et expulsés vers l'Égypte.

Où est Ben Laden ?

En février 1999, les articles sur le sujet abondent. Toutes les hypothèses sont passées en revue par les médias : il est en Afghanistan, il a quitté ce refuge pour s'installer en Tchétchénie, aux Philippines, en Irak... Oussama Ben Laden est introuvable...

MARS 1999

Yémen / Grande-Bretagne

Abu al-Hamza al-Masri, chef de l'organisation londonienne Ansar al-Sharia'ah est interpellé par la police britannique dans le cadre de l'enquête sur l'enlèvement de 16 touristes occidentaux au Yémen en décembre 1998 (voir plus haut). Il est relâché quelques jours après.

Mauritanie

Cinq personnes soupçonnées d'appartenir à la nébuleuse d'Oussama Ben Laden sont arrêtées en Mauritanie. Parmi elles : Mohammad Yahya Ould Saad (Mauritanien, 25 ans en 1999, a séjourné pendant quatre ans — 1993-1997 — dans les camps afghans) ; Mohamed Moustapha (Mauritanien, 25 ans, a séjourné en Afghanistan, est rentré en Mauritanie en 1997 pour y ouvrir une boutique de vente de téléphones portables).

France

La police française arrête David Courtailler (Français domicilié à Londres, 23 ans en 1999), membre du « gang de Roubaix ». Il figure sur la liste des terroristes (une trentaine de noms) recherchés par les États-Unis et transmise par la CIA aux autorités françaises.

Bangladesh

Une manifestation de soutien à Oussama Ben Laden réunit environ 15 000 personnes à Dacca. Les manifestants demandent la libération de 20 militants islamistes arrêtés en janvier 1999. Le même jour, deux bombes explosent lors d'un spectacle culturel à l'ouest de la ville (district de Jessore) : 7 morts et 200 blessés.

Grande-Bretagne

Dans une déclaration publiée par *Al-Hayat*, Abu al-Hamza al-Masri, profère des menaces de mort à l'encontre des « ambassadeurs des États-Unis et de Grande-Bretagne présents au Yémen ».

AVRIL 1999

États-Unis

La police arrête Ali Abul-Saoud Mustafa (Égyptien), membre du Jama'a islamiya (Égypte) dans le cadre de l'enquête sur les attentats contre les ambassades américaines en Afrique.

Égypte / Grande-Bretagne

Dans une interview accordée à *Al-Hayat*, Salama Mabrouk, qui se présente comme le commandant militaire du Jama'a islamiya, déclare qu'Oussama Ben Laden détient des armes bactériologiques et chimiques et qu'il projette de les utiliser contre des cibles américaines et israéliennes. Il affirme que le « Front islamique mondial pour la lutte contre les juifs et les croisés » a planifié une centaine d'opérations contre des cibles américaines et israéliennes et des personnalités, dans diverses parties du monde. D'après le quotidien, ces plans ont été découverts par la CIA lors de la saisie de l'ordinateur de Salama Mabrouk après son arrestation en Azerbaïdjan (en septembre 1998).

Égypte

Ouverture devant la Haute Cour militaire égyptienne du procès dit « des Albanais » (*Returnees from Albania*) : 107 militants islamistes inculpés (71 jugés par contumace, 36 présents dans le box des accusés) ; 12 des 13 principaux accusés ont été arrêtés en Albanie et extradés en Égypte. À l'issue du procès : 9 accusés sont condamnés à mort par contumace (parmi eux, Ayman al-Zawahiri et son frère Mohammed) ; 11 sont condamnés à des peines de travaux forcés, allant de trois ans à la perpétuité (8 condamnés par contumace dont Yasser Tawfiq al-Siri et Abdel Abdel Meguid Abdel Bari déjà condamnés à mort dans une autre affaire) ; 67 sont condamnés à des peines de prison (de cinq à quinze ans) et 20 sont acquittés.

En Égypte et depuis 1992 : les violences liées à l'islamisme armé ont fait 1 300 morts ; 119 condamnations à mort pour ces actes ont été prononcées (dont celles reprises ci-dessus) et 82 exécutées.

Pakistan

Les autorités pakistanaises expulsent Abu Khalil (Somalien en situation irrégulière résidant à Peshawar). Il est présenté par Islamabad comme « un proche conseiller » d'Oussama Ben Laden.

MAI 1999

Afghanistan

Oussama Ben Laden donne une conférence de presse à Kandahar.

Yémen

Verdict du procès des islamistes responsables de l'enlèvement de 16 touristes occidentaux en décembre 1998 (voir plus haut) : Zayn al-Abidin al-Midhar (alias Abu al-Hasan, chef de l'Armée islamique d'Aden Abyane) est condamné à mort ; Husayn Muhammad al-Salih bin Umar (alias Mohammed Salih Abu Hurayrah), Ahmad Muhammad Atif et Abdullah Muhsin Salih al-Junaydi (alias Abu Hudhayfah) sont condamnés à vingt ans de prison. L'Armée islamique d'Aden Abyane menace de tuer tous les étrangers présents au Yémen si son chef n'est pas libéré.

Jordanie / France

Fethi Kemal (Algérien, possédant aussi la nationalité canadienne) est arrêté. Il est extradé vers la France. Il est considéré comme un membre important du Jihad ayant des liens avec de nombreux groupes islamiques armés. Il est soupçonné d'avoir appartenu au « gang de Roubaix » et d'avoir participé aux attentats de décembre 1996 à Paris.

États-Unis

Ali Mohammed (Américain d'origine égyptienne, ancien sergent des forces spéciales américaines, 46 ans en 1999, lié au Jihad islamique et proche d'Oussama Ben Laden) est inculpé à New York pour sa participation au « complot dirigé par Oussama Ben Laden, visant à tuer des Américains à l'étranger », « à la préparation d'assassinats de militaires en Arabie saoudite et en Somalie » et « aux attentats d'août 1998 contre les ambassades des États-Unis en Afrique ». Oussama Ben Laden est inculpé par défaut pour ces attentats.

Le même mois, la police américaine arrête à Orlando (Floride) Ihab M. Ali (Américain, 30 ans en 1999), il est suspecté d'être « en relation avec le réseau Oussama Ben Laden ».

Égypte

Les autorités égyptiennes accusent Oussama Ben Laden d'avoir financé le massacre des touristes à Louxor (1997) et Mustafa Hamza (connu comme le président de la Jama'a islamiya, réfugié en Afghanistan) d'avoir ordonné cet attentat.

JUIN 1999

États-Unis

Le FBI annonce avoir placé Oussama Ben Laden sur la liste des criminels les plus recherchés et offre 5 millions de dollars US pour toute information pouvant conduire à son arrestation — un record en terme de récompense pour quelqu'un figurant sur cette liste.

Le Secrétaire d'État américain, Madeleine Albright, annule son voyage à Tirana (Albanie) pour des raisons de sécurité.

Qatar

Le 10 juin, dans une interview accordée à la chaîne de télévision qatarie Al-Jazira, Oussama Ben Laden déclare que sa mission est d'inciter les musulmans à se rebeller contre l'occupation américaine en Arabie saoudite et exprime son admiration pour les terroristes qui s'en sont pris aux intérêts des États-Unis en Arabie saoudite en 1995 et 1996.

États-Unis / Grande-Bretagne / Afrique

En juin, pour faire face à une éventuelle menace terroriste, les États-Unis et la Grande-Bretagne ferment à titre temporaire six ambassades en Afrique (Gambie, Liberia, Madagascar, Namibie, Sénégal et Togo) que les « hommes d'Oussama Ben Laden auraient surveillées d'un peu trop près ».

JUILLET 1999

États-Unis / Albanie

Le Secrétaire à la Défense américain, William Cohen, annule à son tour sa visite en Albanie pour des raisons de sécurité.

AOÛT 1999

États-Unis

Depuis un an, par crainte de nouveaux attentats, 1 265 représentations diplomatiques et consulaires (dont 68 ambassades) des États-Unis dans le monde ont été fermées à titre temporaire pour des raisons de sécurité.

Yémen

L'Armée islamique d'Aden Abyane revendique la destruction en vol d'un avion militaire yéménite et un attentat à la grenade sur un marché de Sanaa (plus de 17 morts).

À la fin du mois, l'Armée islamique d'Aden Abyane revendique deux autres attentats qui ont fait ± 8 morts et précise que le mouvement veut ainsi « sanctionner l'État yéménite qui continue d'emprisonner les islamistes et protester contre les raids américano-britanniques menés quasi quotidiennement en Irak ».

SEPTEMBRE 1999

États-Unis / France

Suite aux investigations conduites après les attentats d'août 1998 en Afrique, la CIA transmet à ses homologues français une liste de trente noms liés à la mouvance d'Oussama Ben Laden.

France

Ouverture à Paris du procès d'une cellule de soutien logistique au Groupe islamique armé algérien (procès Koussa).

Jordanie

Raed Hijazi (Jordanien) est arrêté à Amman. Il est suspecté d'avoir organisé la préparation d'attentats pour la célébration du millénaire. Il reconnaît, au cours de son interrogatoire, qu'il travaille pour Oussama Ben Laden.

Égypte

Farid Kadwani, connu comme le commandant militaire de Jama'a islamiya, et trois de ses « aides » sont tués au cours d'affrontements avec la police dans le district de Giza's Umraniyah au sud du Caire.

Turquie

Mahrez Amdouni (Bosniaque d'origine tunisienne), lié à la nébuleuse d'Oussama Ben Laden, est arrêté à l'aéroport d'Istanbul. Mahrez Amdouni a combattu dans les rangs de la 7e brigade de l'armée bosniaque et acquis la nationalité bosniaque en 1997. Il faisait l'objet d'un mandat d'arrêt international depuis 1998. Il est recherché en Italie pour fabrication et recel de fausse monnaie. La police turque dit rechercher six autres militants liés à Oussama Ben Laden (4 Kurdes, 2 Algériens) qui seraient rentrés sur le territoire pour perpétrer des attentats contre les intérêts américains, russes et britanniques.

Mauritanie

Sidi Ould Walled est arrêté à Nouakchott. Il est soupçonné d'appartenir aux réseaux d'Oussama Ben Laden. Il est relâché peu après, faute de preuves.

Plusieurs autres suspects arrêtés pour les mêmes raisons, en mars, sont également libérés.

Ce mois-là, le ministre de l'Intérieur marocain, Driss Basri, rencontre son homologue mauritanien afin de coordonner leurs actions pour appréhender les membres des réseaux d'Oussama Ben Laden qui tentent d'infiltrer leurs deux pays.

OCTOBRE 1999

Yémen

Le chef de l'Armée islamique d'Aden Abyane, Zayn al-Abidin al-Midhar, condamné à mort pour l'enlèvement de 16 touristes occidentaux (voir plus haut, mai 1999), est exécuté. Ses partisans au Yémen et à Londres crient vengeance.

Nations unies

Dans sa résolution 1 267 du 15 octobre 1999, le Conseil de sécurité exige des Talibans « qu'ils remettent Oussama Ben Laden (...) [qui est] poursuivi par la justice des États-Unis, notamment pour les attentats à la bombe d'août 1998 à Nairobi et Dar es-Salaam ».

NOVEMBRE 1999

Albanie

Abdul Saleh (Égyptien, membre des Frères musulmans) est arrêté par la police albanaise et extradé vers l'Égypte. Abdul Saleh est arrivé en Albanie en 1990 (juste après la chute du régime communiste). Il est présenté comme « une personnalité importante » qui agit dans le cadre des aides aux États islamiques pour la construction de mosquées. Il apparaît lié aux militants égyptiens extradés en 1998.

DÉCEMBRE 1999

Canada / États-Unis

Ahmed Ressam (Franco-Algérien) est arrêté à Port Angeles (État de Washington). Il venait de Victoria (Colombie britannique) et tentait de faire rentrer aux États-Unis 50 kg d'explosifs et de quoi fabriquer au moins quatre bombes. Il est suspecté de préparer un attentat contre l'aéroport de Los Angeles à l'occasion du passage à l'an 2000.

Le même mois, la police américaine arrête Lucia Garofalo (Canadienne, liée à l'Algerian Islamic League) et Bouabid Chomchi (Algérien) dans l'État du Vermont, alors qu'ils tentent de passer la frontière. Le mari de Lucia Garofalo, Yamin Rachezk (Algérien), a été expulsé du Canada où il se trouvait en possession d'un faux passeport (fin 1999, il vit en Italie). Arrêté à Londres en 1996 en possession d'un faux passeport grec, puis relâché, Yamin Rachezk est arrêté peu après en Allemagne pour vol. La police le suspecte d'être un faussaire du GIA (Algérie).

Philippines

Abdessalem Balanouar (Français) est arrêté à l'aéroport de Manille en possession d'explosifs. Il appartiendrait au Front Moro de Libération islamique (MILF) et servirait d'intermédiaire entre des réseaux islamistes européens et sud-asiatiques (notamment philippins). Les enquêteurs découvrent que Balanouar a utilisé pour certains de ses déplacements le passeport algérien de Lahar Djelili (Franco-Algérien, 25 ans en 2000).

Jordanie

14 membres d'une cellule terroriste (12 Jordaniens, 1 Irakien, 1 Algérien) qui préparaient des attentats contre les sites touristiques de Bethany (près du Jourdain) et du Mount Nebo (à Madaba, 35 km d'Amman) pour le nouvel an 2000 sont arrêtés — 14 autres membres de cette cellule sont encore en fuite. D'après les premiers éléments de l'enquête, la cellule était dirigée par Khadar Abu Hoshar (membre du Jaish Mohamad, Jordanie) et financée par Abu Qutada (responsable de l'organisation londonienne Al-Islah wal Tahadi).

Pakistan / Jordanie

Le Pakistan extrade vers la Jordanie Umar Khalil al-Sayyid (alias Khalil al-Dik). Il est considéré comme l'un des membres de la cellule terroriste démantelée en Jordanie en décembre 1999 (voir ci-dessus). En décembre 1999, Islamabad déclare avoir arrêté environ 200 personnes liées à Oussama Ben Laden et saisit les avoirs de deux banques afghanes au Pakistan.

JANVIER 2000

Sénégal

Mohambedou Ould Slahi (Mauritanien vivant au Canada) est arrêté à l'aéroport de Dakar alors qu'il arrive du Canada. Il serait lié à la cellule canadienne d'Ahmed Ressam (voir plus haut, décembre 1999). Mohambedou Ould Slahi est le beau-frère de

Mahfouz Ould Walid (alias Abu Hafs al-Mauritani, connu comme une des lieutenants d'Oussama Ben Laden) et est un proche de Mokhtar Haouari (voir plus bas, janvier 2001). Il aurait, par ailleurs, eu de très nombreux contacts avec une des sociétés possédées par Oussama Ben Laden à Khartoum (Soudan). Mohambedou Ould Slahi est extradé vers la Mauritanie, mais relâché un mois après faute de preuves...

France

La police arrête Djilali Bender (Français résidant à Marseille, 27 ans en 2000). Bien connu des services de sécurité français, Djilali Bender a été condamné par contumace à trois ans de prison ferme en septembre 1999 (procès Koussa, voir plus haut, décembre 1999).

FÉVRIER 2000

Mauritanie

Quatre suspects (tous Mauritaniens) sont arrêtés en Mauritanie, ils seraient liés à la nébuleuse d'Oussama Ben Laden. Ils sont relâchés une semaine après, faute de preuves.

MARS 2000

Canada

Tariq Adli Khafaji (Égyptien résidant à Montréal où il avait obtenu le droit d'asile en 1998) est arrêté au Canada. Il est suspecté d'avoir préparé un attentat contre la légation d'Israël à Montréal.

Pakistan

Un mois avant la visite au Pakistan du président américain Bill Clinton, quatre terroristes liés à Oussama Ben Laden sont arrêtés. Il s'agit d'un Pakistanais, d'un Afghan, d'un Algérien et d'un Danois d'origine égyptienne : Mohamed Shaaban Mohamed Hassanein (36 ans en 2000) qui a obtenu le droit d'asile au Danemark en juillet 1996 et a été condamné à mort en Égypte pour la tentative d'assassinat de l'ancien Premier ministre égyptien Atif Sidqi.

L'organisation londonienne Islamic Observation Center, dirigée par Yasser al-Serri, demande aux autorités danoises d'intervenir pour que Mohamed Shaaban Mohamed Hassanein ne soit pas extradé vers l'Égypte.

Nouvelle-Zélande

À l'occasion d'une perquisition effectuée dans un pavillon d'Auckland et qui visait à démanteler un réseau d'immigration clandestine et de fabrication de faux papiers, la police met au jour un complot terroriste.

Dans la maison d'Auckland, la police découvre un « véritable PC opérationnel » et saisit une carte détaillée de la région de Sydney, où sont soulignés l'emplacement de la centrale nucléaire de Lucas Heights (± 20km de Sydney) et les routes pour y accéder. Quatre personnes (d'origine iranienne et afghane) sont arrêtées ; les enquêteurs n'excluent pas que le groupe d'Auckland ait préparé un attentat contre la centrale nucléaire de Sydney. En 1996, lors des jeux Olympiques d'Atlanta, une centrale similaire, proche du lieu des épreuves, avait été fermée par mesure de précaution en raison des risques d'attentat.

AVRIL 2000

Afghanistan

Les Talibans annoncent avoir arrêté 3 hommes (dont un Irakien et un Syrien) qui voulaient assassiner Oussama Ben Laden. L'un des hommes déclare avoir reçu pour ce travail 275 000 dollars du prince saoudien Salman bin Abdul Aziz. La presse rapporte qu'Oussama Ben Laden aurait remplacé depuis tous ses gardes du corps arabes par des Afghans, des Pakistanais (parmi lesquels des membres du mouvement cachemiri Harakat ul Mudjahidin) et des Bengalis.

Jordanie

Ouverture devant la Cour de sécurité de l'État du procès de la cellule terroriste qui préparait des attentats en Jordanie, lors des festivités de l'an 2000 (voir plus haut, décembre 1999). En tout, 28 personnes sont jugées dans le cadre de cette affaire : 15 déjà arrêtées (12 Jordaniens, un Irakien, un Algérien, un Yéménite) et 13 toujours en fuite, par contumace.

Italie

Hamami Kamal, présenté comme un proche d'Oussama Ben Laden, est arrêté à Rome en possession d'un faux passeport français acheté en Europe.

MAI 2000

Grande-Bretagne

La Grande-Bretagne extrade vers les États-Unis deux Égyptiens, membres du Jihad islamique (Ibrahim Hussein Abdel Hadi Eidaraw et Abdel Mohammed Bany Abdul Almagid) qui sont impliqués dans les attentats de Nairobi et Dar es-Salaam (voir plus haut, août 1998).

Jordanie

Jamal Abd-al-Majid Mahmoud al-Tahrawi (Jordanien d'origine palestinienne) est arrêté à Amman. Il appartient à la cellule terroriste qui préparait des attentats lors des festivités de l'an 2000 en Jordanie (voir plus haut, avril 2000).

Pakistan / Égypte

Le Pakistan extrade vers l'Égypte Mohamed Shaaban Mohamed Hassanein (Danois d'origine égyptienne, voir plus haut mars 2000). L'organisation londonienne Islamic Observation Center dénonce « un acte criminel contraire au droit international ».

Liban

Ouverture du procès d'une cellule terroriste liée à Oussama Ben Laden et démantelée au Liban. La cellule comprenait 11 personnes (Égyptiens, Palestiniens, Soudanais et Syrien). Le Liban demande à l'Égypte l'extradition du chef de ce groupe, un Égyptien du nom de Ayman Kamal al-Din (alias Jamal al-Tantawi). Ce dernier, qui est poursuivi en Égypte pour « actes terroristes et atteinte à la sûreté de l'État », a été libéré sous caution.

Pakistan

La police pakistanaise arrête Shabbir Alam (Afghan en possession d'un faux passeport) à l'aéroport de Karachi : après avoir séjourné à Bangkok, il arrivait d'Istanbul (Turquie). Les enquêteurs découvrent que son « faux passeport » provient d'un stock de 3 000 « passeports blancs » volé au consulat afghan de Karachi quelques mois plus tôt. Un réseau de contrebande de faux documents, impliquant un certain « Abdullah » (résidant à Peshawar), est mis au jour... mais l'organisateur du trafic échappe à la police.

JUIN 2000

Philippines

Les Philippines extradent vers la France Abdessalem Balanouar (Français arrêté à l'aéroport de Manille en décembre 1999).

Jordanie

Le gouvernement américain avertit les autorités jordaniennes d'un risque d'attentat contre l'ambassade des États-Unis à Amman. La police jordanienne arrête 12 suspects à Salt (Gouvernorat de Balqa) — 8 sont relâchés peu après.

JUILLET 2000

Israël / Autorité palestinienne

Le Shin Beth (service de sécurité intérieure d'Israël) annonce le démantèlement d'une cellule terroriste liée à Oussama Ben Laden. D'après les responsables, le groupe planifiait des attentats à la bombe, des bombardements aux lance-roquettes de colonies juives et des enlèvements de soldats israéliens ; basé à Gaza, il était dirigé par Nabil Awkel et Ahmed Yassim (un leader du Hamas).

Canada

Les autorités canadiennes annoncent avoir arrêté Mohamed Zeki Mahjoub (alias Mohamed Zeki, Égyptien), qui se présente lui-même comme un membre du mouvement égyptien Takfir wal-Hijra. Il est soupçonné d'être l'un des financiers d'Oussama Ben Laden. Il a notamment travaillé entre 1992 et 1993 pour une des compagnies du milliardaire saoudien, Al-Damazin Farms, au Soudan. Arrivé au Canada en 1995 avec un faux passeport saoudien, il a obtenu par la suite l'asile politique.

Koweït

Un Arabe (dont la nationalité n'est pas révélée) est arrêté au Koweït, alors qu'il s'apprête à quitter le pays avec un stock de faux papiers d'identité destinés à Oussama Ben Laden. L'homme déclare à la police qu'Oussama Ben Laden a effectué une visite secrète au Koweït en 1996 et qu'il aurait été reçu par une des grandes familles de l'Émirat.

Jordanie

Amman annonce qu'un groupe d'extrémistes qui préparaient des opérations de sabotage en Jordanie a été arrêté.

AOÛT 2000

Afghanistan

Quatrième mariage d'Oussama Ben Laden avec une jeune Yéménite de 18 ans qui appartient à une grande famille yéménite de la région d'Ibb. Oussama Ben Laden a déjà 20 fils et une fille de ses premiers mariages.

Dans une interview, Abu Daoud, qui se présente comme instructeur militaire d'al-Qaïda, annonce que plusieurs centaines de combattants arabes et afghans sont partis se battre aux côtés des unités tchétchènes depuis dix-huit mois. Selon ses dires, le dernier groupe (400 hommes) est parti en juin 2000.

SEPTEMBRE 2000

Jordanie

Verdict du procès des « attentats du millénaire en Jordanie » (voir plus haut, avril et mai 2000). Sur 28 inculpés (16 présents dans le box des accusés, 12 jugés par contumace) : 6 sont condamnés à mort dont 2 présents au procès (Abu Hoshar et Osama Sammar) et 4 par contumace (Munir Maqdah du Hamas-Liban, Abd al-Fattah Ahmad al-Awaysihah, Ibrahim Abu-Hulaywah et Muhammed Sadiq Ibrahim toujours en fuite) ; 2 sont condamnés à la prison à perpétuité (dont Saed Hijazi) ; 14 à des peines de réclusion allant de 7 à 15 ans et 6 acquittés.

OCTOBRE 2000

Yémen

Le 12 octobre, dans le port d'Aden, le destroyer américain *USS Cole* est la cible d'un attentat suicide : un canot pneumatique à moteur chargé de 200 kg d'explosifs est précipité contre le navire, provoquant une gigantesque explosion qui fait 17 victimes. Le lendemain, une grenade explose dans l'enceinte de l'ambassade britannique à Sanaa, sans faire de victimes. Les services de sécurité du Gouvernorat d'Abyane (à 70 km à l'est d'Aden) arrêtent Ali Ahmad Haydarah (alias Ismshi Bin), membre de l'Armée islamique d'Aden Abyane, et déjà condamné par contumace en 1999 pour l'enlèvement des touristes occidentaux.

Égypte

Deux militants de la Jama'a islamiya sont tués lors d'un raid de la police à Assouan, un troisième est blessé.

NOVEMBRE 2000

Koweït

Arrestation au Koweït de 14 islamistes qui préparaient des attentats contre des bâtiments américains au Koweït, un bureau commercial d'Israël au Qatar et l'ambassade d'Israël en Jordanie. Les suspects sont koweïtiens (10 dont 2 policiers), syriens (2), égyptien (1) et bosniaque d'origine yéménite (1). La police dit rechercher un Marocain qui serait rentré au Koweït fin octobre et qui est présenté comme un des lieutenants d'Oussama Ben Laden. Après ces arrestations, un groupe islamique, The Young Koweïti Believers, menace le gouvernement du Koweït dans une déclaration intitulée « Premier et dernier avertissement », publiée dans *Asharq al-Awsat.* Trois autres membres koweïtiens de cette cellule sont arrêtés à la fin du mois. Dans une interview donnée à *Asharq al-Awsat*, un islamiste de Londres déclare que le leader Muhammad Abdallah D. (Koweïtien arrêté le 31 octobre 2000) appartient au Jihad Group.

Afghanistan

Dans un communiqué, le ministre des Affaires étrangères des Talibans affirme que les Talibans « n'extraderont jamais Oussama Ben Laden ».

Grande-Bretagne

La police antiterroriste arrête trois islamistes à Birmingham ; parmi eux : Abu Abdullah (Algérien arrivé du Yémen deux ans plus tôt pour recruter des volontaires pour le jihad).

Égypte

Le hold-up de la National Bank of Egypt à Al-Maraqha (450 km du Caire), commis par des membres de la Jama'a islamiya, fait 13 morts. Les braqueurs s'emparent de 340 000 dollars US et s'enfuient dans un véhicule en tirant sur les passants.

DÉCEMBRE 2000

Allemagne

Cinq individus (dont 2 Irakiens, un Français, un Algérien) liés au Groupe salafiste pour la prédication et le combat (Algérie) sont arrêtés à Francfort. Ils préparaient des attentats à Strasbourg pendant les fêtes de Noël 2000. La police découvre dans leur appartement une cassette vidéo de repérage, un important arsenal (armes de poing, fusils, mitrailleuses, grenades, 97 kg de permanganate de potassium permettant la fabrication de bombes), ainsi que des faux documents.

Parmi eux, Alain Dubois (alias Fouhad Sabour, Français, 36 ans en 2000), déjà arrêté en France en 1996 et condamné par contumace à trois ans de prison dans le cadre du procès Koussa en 1999 (voir plus haut, septembre 1999).

Turquie

En décembre, les États-Unis ferment définitivement leur consulat d'Istanbul par mesure de sécurité.

Nations unies

Dans sa résolution 1 333, le Conseil de sécurité exige de nouveau que « les Talibans remettent Oussama Ben Laden aux autorités compétentes du pays où il a été inculpé ».

JANVIER 2001

Yémen

Cinq suspects (dont 2 Égyptiens et 2 Yéménites) impliqués dans l'attentat contre le destroyer *USS Cole* sont arrêtés.

Canada

Mokhtar Haouari (Algérien arrivé au Canada en 1993, résidant à Montréal) est arrêté par la police canadienne. Mokhtar Haouari est présenté comme le responsable pour le secteur de New York de la cellule algérienne qui préparait des attentats à Los Angeles à l'occasion des festivités de l'an 2000 (voir plus haut, décembre 1999). En Algérie, il est notamment recherché pour son appartenance au Front islamique du salut (FIS).

FÉVRIER 2001

Grande-Bretagne

Dix individus (dont 6 Algériens), liés à Oussama Ben Laden, sont arrêtés à Londres. Ils sont soupçonnés d'avoir préparer un attentat au gaz sarin dans le métro de Londres. Parmi les suspects interpellés : Moustafa Labsi, un membre du « gang de Roubaix », condamné en France par contumace. Aux domiciles des suspects, la police saisit des équipements électroniques, ainsi que des cartes de crédit volées, des faux documents d'identité et de l'argent liquide. Abu Qutada (voir plus haut, décembre 1999) est interpellé par la police, puis relâché.

États-Unis

Ouverture à Manhattan du procès des quatre premiers inculpés dans les attentats contre les ambassades américaines au Kenya et en Tanzanie.

MARS 2001

États-Unis

Ouverture du procès d'Ahmed Ressam (voir plus haut, décembre 1999) en Californie. Abdelghami Meskini (dit le New-Yorkais, Nigérien, 33 ans en 2001, chauffeur de taxi) est inculpé pour complicité avec Ahmed Ressam.

AVRIL 2001

Italie

La police italienne interpelle 6 suspects (Tunisiens, Algériens et Libyens) à Milan et met au jour une cellule terroriste dirigée par Essid Samir ben Khemais (alias Saber, Tunisien, 33 ans en 2001).

Yémen

En avril, 15 suspects impliqués dans l'attentat contre le destroyer *USS Cole* (voir plus haut, octobre 2000) sont arrêtés au Yémen. Depuis l'attentat, 31 personnes ont été interpellées dans le cadre de cette affaire.

MAI 2001

Jordanie

Khalil Ziyad al-Dik, qui est présenté comme un membre d'al-Qaïda (voir plus haut, décembre 1999), est relâché après dix-sept mois de détention, il est autorisé à quitter le pays.

JUIN 2001

Bangladesh

Maulana Akbar Hussain, un des leaders du Harakat ul Jihad Party (Bangladesh), est arrêté pour l'attentat à la bombe commis pendant le concert donné à Dacca le 14 avril 2001 (premier jour de l'an au Bangladesh). Il avoue que son groupe a été entraîné par les Talibans en Afghanistan.

Yémen

Neuf nouveaux suspects, appartenant à l'Armée islamique d'Aden Abyane, sont arrêtés dans le cadre de l'enquête sur l'attentat contre l'*USS Cole*.

États-Unis

Face à un « risque accru d'une action terroriste par des groupes extrémistes », Washington place en état d'alerte maximale ses forces armées dans le Golfe et lance un appel à la vigilance de tous ses ressortissants à l'étranger.

Espagne

Mohammed Bensakhria (Franco-Algérien) est arrêté à Alicante. Il est considéré comme l'un des principaux lieutenants d'Oussama Ben Laden en Europe. Il avait échappé de peu au coup de filet lancé par la police allemande en décembre 2000 (voir plus haut). Il sera extradé vers la France.

Canada

La police canadienne interpelle un Égyptien en provenance de Milan, où il est installé depuis vingt ans. Les enquêteurs découvrent dans ses bagages des plans du World Trade Center. Ce mystérieux « suspect », qui serait membre du Jihad islamique, est relâché.

AOÛT 2001

Au début du mois, la CIA détecte une agitation suspecte dans la mouvance islamiste pro-Ben Laden. Aussitôt, la direction de la CIA contacte les services amis et alliés pour obtenir des précisions sur la menace, une indication du lieu d'un (gros) attentat à venir. Échec. À ce moment-là, nul à la CIA n'imagine un attentat en Amérique même – ni l'ampleur de l'attaque du 11 septembre.

Ultime mesure (protégeant plus la CIA d'un désastre attendu que l'Amérique d'une attaque meurtrière), le directeur de la CIA exige la tête du prince Turki bin Fayçal, chef des services spéciaux saoudiens, et l'obtient – dix-huit jours avant le 11 septembre.

Emirats arabes unis (EAU)

Djamel Beghal (Franco-Algérien, 36 ans en 2001) est arrêté à l'aéroport de Dubaï alors qu'il est en transit pour le Maroc. Djamel Beghal, qui se réclame du Takfir wal-Hijra, revenait d'Afghanistan.

La police révèle que ce terroriste dirige une cellule terroriste européenne qui préparait un attentat suicide contre l'ambassade des États-Unis à Paris.

États-Unis

Le 17 août, Zacarias Moussaoui (Franco-Marocain) est arrêté aux États-Unis.

Indonésie / Malaisie

Taufik Abdul Halim (alias Dani, Malais, 26 ans en 2001, arrivé en Indonésie en juin 2000) est arrêté à Djakarta avec la bombe qu'il s'apprêtait à déposer dans un centre commercial de la ville. Ancien élève de l'université de technologie de Mara (Jahor Bahru Malaisie), « Dani » a participé pendant trois ans à la « guérilla religieuse » au Pakistan. Il appartient au Kumpulam Mudjahidine Malaysia KMM. Dix membres du KMM (dont son chef : Nik Adli Adul Aziz) sont arrêtés en Malaisie. Le KMM est accusé d'un attentat à la bombe contre une église de Djakarta.

Au cours du mois, des arrestations à Djakarta et Kuala Lumpur (Malaisie) permettent de découvrir des liens entre le KMM et un autre groupe malaysien, le Majelis Mudjahidine Indonesia (MMI). Ce dernier est responsable d'une série d'attentats contre des églises en décembre 2000 et juillet 2001.

SEPTEMBRE 2001

Afghanistan

7 septembre, le commandant Ahmed Shah Massoud est victime d'un attentat suicide perpétré par deux faux journalistes arabes (à Kwaja Bahauddin, Afghanistan). Ces journalistes, d'origine marocaine

— selon leurs déclarations — et porteurs de passeports belges munis des visas du Pakistan et des Talibans, affirmaient œuvrer pour une association culturelle à Londres et une chaîne de télévision inconnue. Leur comportement n'avait rien révélé d'anormal aux agents de Massoud.

États-Unis

11 septembre, deux Boeing 767 d'American Airlines et United Airlines (vols Boston-Los Angeles), détournés par des kamikazes avec, respectivement, 92 et 65 passagers et membres d'équipage à bord, sont précipités, à dix-huit minutes d'intervalle, sur les deux tours du World Trade Center de New York, qui s'embrasent et s'écroulent totalement. Peu après, un Boeing 757 d'American Airlines (vol Washington-Los Angeles), avec 64 passagers et membres d'équipage à bord, est précipité par des kamikazes sur le Pentagone à Washington, et un Boeing 757 d'United Airlines (vol Newark-San Francisco), avec 45 passagers et membres d'équipage à bord, s'écrase près de Shanksville en Pennsylvanie. En début de soirée, à New York, un troisième immeuble de 47 étages, voisin du World Trade Center, s'effondre à son tour. Le 28 décembre, le bilan provisoire s'élève à 307 morts et 5 960 disparus (ramené à ± 3 000 morts fin décembre 2001).

12 septembre, le quotidien saoudien *Al-Hayat* publie une déclaration du porte-parole des Talibans, Abdel Haye Motmaein : « Oussama Ben Laden n'est pas à l'origine de ces attentats, ces actions sont l'œuvre d'une organisation gouvernementale bien plus importante et bien mieux structurée que celle des Talibans qui n'ont pas les moyens d'accomplir ce genre d'attentats. »

Deux hommes d'origine indienne en possession de cutters et d'une importante somme d'argent sont arrêtés dans un train au Texas. Leurs noms figurant sur la liste des passagers d'un vol contraint d'atterrir à Saint Louis (Missouri), l'hypothèse d'un sixième groupe de kamikazes est avancée.

Nabil al-Marabh (Koweïtien, 34 ans en 2001, ancien chauffeur de taxi) est arrêté à Burbank (Californie). Il est soupçonné d'être le relais des terroristes à Boston. Deux de ceux-ci l'auraient fréquenté peu de temps avant le 11 septembre.

Arrestation à Detroit de trois Maghrébins en possession de documents suspects se rapportant notamment à une base des États-Unis en Turquie. Deux d'entre eux étaient les employés d'une société chargée de la restauration dans les avions.

16 septembre, le président américain George W. Bush déclare : « Le temps est maintenant venu de gagner de manière décisive la première guerre du XXIe siècle. Cette croisade, cette guerre contre le terrorisme demandera du temps (...) Nous projetons une action d'envergure contre le terrorisme. Le conflit dont il s'agit est d'une nature différente, contre un ennemi lui aussi de nature différente. C'est un conflit sans champ de bataille et sans postes avancés, un conflit avec des ennemis qui se croient invisibles. (...) Notre réponse doit être massive, prolongée et efficace. (...) Il va vous falloir être patients parce que ce conflit ne sera pas bref. Il va vous falloir être déterminés parce que ce conflit sera dur (...) [Oussama Ben Laden] est le principal suspect. Aucun doute à ce sujet. »

18 septembre, George W. Bush affirme : « Les Américains veulent Oussama Ben Laden mort ou vif. » Une prime de 5 millions de dollars US est of-

ferte. Le 23 septembre, elle est portée à 25 millions de dollars US. Le président américain appelle « tous ceux qui portent l'uniforme » à se tenir prêts pour une longue « croisade contre le terrorisme ».

États-Unis / Afghanistan

19 septembre, Washington annonce le déclenchement de l'opération « Justice sans limites » (vaste branle-bas militaire et diplomatique). L'ensemble de la presse rapporte que « la riposte américaine peut survenir à tout moment » (*Le Point*) ; « le président américain a désigné les cibles prioritaires de sa lutte contre le terrorisme international. Sur place, une formidable armada a déjà convergé pour prendre l'Afghanistan en étau : quatre porte-avions américains accompagnés d'une impressionnante escorte croisent dans les eaux du Golfe et en Méditerranée. Des centaines d'avions de chasse F-15 et F-16 mais aussi des bombardiers B-1 et B-52 se sont déployés sur les bases de la région, en Arabie saoudite et au Koweït. À quoi s'ajoutent 18 bâtiments de guerre britanniques en route vers les eaux du Golfe. Voilà pour le visible, mais à terre les forces spéciales seraient déjà à pied d'œuvre pour préparer l'assaut et la traque finale » (*Time*).

25 septembre, l'opération est rebaptisée « Liberté immuable » : il s'agit d'éviter des interprétations malencontreuses de l'expression « Justice sans limites », dans le sens « d'une justice divine, dont seul Allah est capable ». Le Secrétaire à la Défense, Donald Rumsfeld, explique que le nouveau nom de l'opération signifie « qu'il n'y aura pas de solution rapide, que cela ne sera pas terminé en cinq minutes ou cinq mois et que cela prendra des années ».

États-Unis

21 septembre, le président américain, George W. Bush, déclare que la « Justice sera faite » et exhorte les gouvernements étrangers à faire un choix : « Soit vous êtes avec nous, soit vous êtes avec les terroristes. Le monde civilisé se rallie aux côtés de l'Amérique (...) [J'utiliserai] tous les moyens, y compris les armes de guerre nécessaires [pour écraser] les réseaux planétaires de terreur (...). Les Talibans doivent agir et agir immédiatement. Ils livreront les terroristes ou ils partageront leur sort. Ces exigences ne sont pas susceptibles d'être négociées ou discutées. »

24 septembre, George W. Bush annonce le gel, dans le monde entier, des avoirs de 27 organisations et individus soupçonnés d'être liés à Oussama Ben Laden : Abd al-Hadi al-Iraqi (alias Abu Abdallah), Abu Hafs the Mauritanian (alias Mahfouz Ould al-Walid, Khalid al-Shanqiti), Abu Sayyaf Group, Abu Zubaydah (alias Zayn al-Abidin Muhammad Husayn, Tariq), Al Qaida/Islamic Army, Al Rashid Trust, Al-Itihaad al-Islamiya (AIAI), Al-Jihad (Egyptian Islamic Jihad), Armed Islamic Group (GIA), Asbat al-Ansar, Ayman al-Zawahiri, Harakat ul Mudjahidin (HUM), Ibn Al-Shaykh al-Libi, Islamic Army of Aden, Islamic Movement of Uzbekistan (IMU), Libyan Islamic Fighting Group, Makhtab al-Khidamat/Al-Kifah, Mamoun Darkazanli Import-Export Company, Muhammad Atif (alias Subhi Abu Sitta, Abu Hafs al-Masri), Muhammad Salah (alias Nasr Fahmi Nasr Hasanayn), Salafist Group for Call and Combat (GSPC), Sayf al-Adl, Shaykh Sai'id (alias Mustafa Muhammad Ahmad), Tariq Anwar al-Sayyid Ahmad (alias Fathi, Amr al-Fatih), Thirwat

Salah Shihata, Oussama Ben Laden, Wafa Humanitarian Organization.

Grande-Bretagne

À la demande du FBI, la brigade antiterroriste de Scotland Yard arrête Lofti Raisi (un pilote algérien accusé d'avoir été l'instructeur d'au moins 4 des 19 kamikazes) et Abu Imard (arrivé des États-Unis en avril 2001).

Belgique

13 septembre, Nizar Trabelsi (Tunisien, 31 ans, ancien footballeur professionnel en Allemagne, résidant en Belgique depuis 1995) est arrêté à Bruxelles. La police découvre notamment à son domicile à Uccle (Belgique) une formule chimique permettant la fabrication de bombes et chez l'un de ses amis, Abdelkrim el-Hadou (Marocain, 27 ans en 2001, également arrêté), tenancier du bar Le Nil à Bruxelles, les produits nécessaires à cette fabrication (50 litres d'acétone, 65 kg de sulfate, 100 kg de soufre). Membre du « réseau Beghal » il devait participer à l'attentat contre l'ambassade des États-Unis à Paris et était en contact avec la cellule espagnole du Groupe salafiste pour la prédication et le combat (GSPC, Algérie) démantelée en septembre 2001.

Pays-Bas

13 septembre, cinq suspects liés au « réseau Beghal » sont arrêtés à Rotterdam : Jérôme Courtailler (alias Salam, Français, 27 ans en 2001), Abdelkader Rabia (Algérien), Abel Tobbichi (Algérien), Saad Ibrahim (Éthiopien, a acquis la nationalité néerlandaise) et Mohamed Berkous (Français). Au domicile des suspects, la police saisit notamment des casset-

tes vidéo de propagande islamiste et des manuels de fabrication d'explosifs.

France

21 septembre, la DST arrête six individus soupçonnés d'appartenir au « réseau Beghal » en région parisienne (Corbeil, Vigneux-sur-Seine, Chilly-Mazarin dans l'Essonne et Bezons dans le Val-d'Oise). Il s'agit de Johann Bonté (Français converti, beau-frère de Djamel Beghal) ; Jean-Marc Grandvizir, Nabil Bounour, Abdelkarim Lefkir, Tahar Reteri, Rachid Benmessahel.

Grande-Bretagne / Monde arabe

16 septembre, le journal arabophone *Asharq al-Awsat* rapporte qu'Oussama Ben Laden aurait rencontré un homme d'affaires bulgare et lui aurait proposé un million de dollars pour obtenir de l'uranium produit par une centrale bulgare.

16 septembre, le *Sunday Telegraph* titre « La cellule Ben Laden de Grande-Bretagne avait des plans pour attaquer le Parlement européen avec des gaz toxiques ». D'après le quotidien, une attaque dévastatrice sur le Parlement européen avec du gaz sarin avait été projetée, lors de la session parlementaire du 11 au 14 février 2001. Cet attentat devait être le premier d'une série d'assauts contre des bâtiments importants situés en Europe. L'article précise que des terroristes basés à Londres avaient élaboré leurs projets avec ceux de Francfort et de Milan, mais que le complot a échoué suite à l'intervention de la police allemande et britannique. Le *Sunday Time* qui cite des responsables de la sécurité britannique affirme que « près de 5 000 jeunes musulmans pourraient soutenir Ben Laden (...) La plupart d'en-

tre eux lui apportent une aide financière régulière et l'on suppose qu'un de ces jeunes sur cinq a suivi une formation militaire active à l'étranger. Nombreux sont également ceux qui ont participé à des sessions d'entraînement militaire secret en Grande-Bretagne, plusieurs douzaines sont morts en Tchétchénie, en Bosnie et en Afghanistan ».

Grande-Bretagne

25 septembre, Kamel Daoudi (Franco-Algérien, 27 ans en 2001) est arrêté à Leicester (où il avait trouvé refuge après le coup de filet de la DST en banlieue parisienne) avec deux autres complices : Baghdad Meziane (Algérien, 36 ans en 2001) et Brahim Benmezouga (Algérien, 30 ans en 2001). Kamel Daoudi est extradé vers la France le 29.

Espagne

Après deux ans d'enquête dans cinq pays européens (Espagne, France, Italie, Pays-Bas, Allemagne), la police espagnole annonce le démantèlement d'une cellule du GSPC, opérant à partir de la région de Valence. D'après les enquêteurs, une des spécialités du groupe est la fabrication de « faux » (papiers d'identité, visas, cartes de crédit, etc.). Six Franco-Algériens sont arrêtés à Valence, Almería, Huelva, Murcie et Pampelune, il s'agit de Mohammed Boualem Khouni (dit Abdallah, identifié comme le chef de la cellule, ancien du GIA, officiellement, ouvrier agricole mais change souvent d'emploi), Mohammed Belaziz, Hakim Zerzour, Majid Sahouane (dit Abderamane, présenté comme le numéro 2, propriétaire d'une boucherie halal à Pampelune, il fait souvent les marchés – d'où ses nombreux allers-retours avec la France...), Hocine Khouni et Yassine

Seddiki. Parfaitement intégrés à la société espagnole, ils sont tous « membres » du GSPC algérien. Certains étaient en contact avec des membres de la « cellule de Milan », du « groupe Francfort » (« réseau Méliani »), du « réseau Beghal » (par l'intermédiaire de Jérôme Courtailler et de Nizar Trabelsi) et Ahmed Ressam[1].

Monde arabe

24 septembre, dans une cassette vidéo (produite par « Jihad Media Center in Afghanistan ») diffusée par la chaîne de télévision qatarie Al-Jazira, Oussama Ben Laden, Ayman al-Zawahiri et Rifa Ahmad Taha exigent la libération de leurs frères emprisonnés aux États-Unis (Cheikh Omar Abdul Rahman, Sayyid Nosair...) : « J'appelle les musulmans pakistanais à combattre les forces de la croisade américaine. (...) Je vous annonce, mes frères bien-aimés, que nous sommes inébranlables sur le chemin du jihad avec le peuple afghan héroïque et fidèle, sous la direction du mollah Mohammed Omar » (certains passages sont peu audibles).

Afghanistan

25 septembre, dans une interview à la chaîne Al-Jazira, le ministre taliban adjoint à la Défense, Mollah Nour Ali, déclare : « Les Américains menaient une guerre sainte contre les musulmans (...) Quiconque nous attaque ou aide à une attaque est notre ennemi et nous l'attaquerons. » Les Talibans affirment avoir mobilisé 300 000 hommes pour le jihad

1. Il a rencontré deux fois Mohammed Boualem Khouni et son frère Hocine à Tarragone et Alicante.

et annoncent s'être emparés des bureaux de l'ONU à Kandahar.

Ouganda

Arrestation à l'aéroport d'Entebbe de 7 Pakistanais et d'un Zambien qui s'y trouvaient en transit, en provenance du Rwanda. Ils seraient liés à Oussama Ben Laden et sont soupçonnés de trafic de drogue.

Jordanie

Raed Hijazi (Américain d'origine palestinienne) est arrêté pour sa participation à la préparation des « attentats du millénaire » à Amman.

OCTOBRE 2001

France

2 octobre, ouverture devant la cour d'appel de Douai du procès de trois des membres du « gang de Roubaix », démantelé en mars 1996. Sont présents dans le box des accusés : Hocine Bendaoui (24 ans en 2001), Mouloud Bouguelane (31 ans), Omar Zemmin (35 ans). Sont encore en fuite : Seddik Benbahlouli, Lionel Dumont (alias Abu Hamza).

Afghanistan

7 octobre, début des bombardements américains et britanniques. Parallèlement, largage de rations de beurre de cacahuète et de tracts.

8 octobre, début des manifestations antiaméricaines dans tout le monde arabo-musulman.

11 octobre, se disant impressionné par ces manifestations, le président américain, George W. Bush,

déclare : « Je ne peux pas le croire car je sais combien nous sommes bons ».

Monde arabe

7 octobre, la chaîne de télévision qatarie Al-Jazira diffuse (au moment même où débute l'intervention militaire en Afghanistan) un enregistrement vidéo d'Oussama Ben Laden qui annonce : « Voilà l'Amérique frappée par Allah dans son point le plus vulnérable (...) Je jure par Dieu que l'Amérique ne connaîtra plus jamais la sécurité avant que la Palestine ne la connaisse et avant que toutes les armées occidentales ne quittent les terres saintes. »

10 octobre, Sulaiman Abu Gaith (connu comme le porte-parole d'al-Qaïda) lance un appel au jihad : « La tempête des avions ne s'arrêtera pas là, si Dieu le veut (...) car des milliers de jeunes de notre nation veulent autant mourir que les Américains veulent vivre. »

14 octobre, nouveau message : « Nous recommandons aux musulmans aux États-Unis et en grande Bretagne, et à ceux qui rejettent la politique américaine, de ne pas prendre l'avion et de ne pas vivre dans des tours et des immeubles élevés. »

France

7 octobre, au lendemain du match de football « France-Algérie », quatre hommes sont interpellés à Sartrouville (Yvelines) et Saint-Denis (Seine-Saint-Denis). Parmi eux : Charles Beterki, présenté comme un proche de l'émir des Gardiens de la prédication salafiste — GPS (c'est la première apparition de ce groupe en France), Rabieh Chenine et Masserdine Mamache. Des manuels de fabrication d'explosifs, du matériel de faussaire, des armes de

poing (dont un stylo pistolet) et des communiqués de revendication d'actions terroristes commises en Algérie sont saisis.

Inde

Un attentat suicide contre le Parlement indien de Srinagar (Jammu, Cachemire) fait 40 morts et plusieurs dizaines de blessés. L'attentat est attribué au Jaish-i-Mohamed (Pakistan).

Italie

Suite à des écoutes téléphoniques, 3 Tunisiens, un Égyptien et un Libyen sont arrêtés à Milan. Ils sont accusés de trafic d'armes et de substances chimiques, recel, falsification de documents et violation de la loi sur l'immigration.

Bosnie

Les autorités bosniaques extradent vers l'Égypte Al-Husseyni Aman Ahmed (alias Al-Masri, Égyptien) et Al-Sharf Hassan Mahmoud Saad (alias Shakr). Détenteurs de faux passeports bosniaques, les deux hommes sont suspectés d'activités terroristes.

La police et les forces de l'OTAN arrêtent 3 Égyptiens (2 font l'objet d'un mandat d'arrêt international dont al-Halim Hassam Khafagi) et un Jordanien (Hamed Abdel Rahim al-Jamal) dans un hôtel du quartier de Ildiza de la banlieue de Sarajevo.

Quelques jours plus tard, Bensayah Belkacem (Algérien-Yéménite), qui avait échappé au coup de filet, est arrêté à Zenica. Il est présenté par la police internationale comme un « bon client ». Il possède une demi-douzaine de passeports et serait en contact avec de proches lieutenants d'Oussama Ben

Laden ainsi qu'avec l'ONG Saudi High Commission, réputée proche de la nébuleuse al-Qaïda.

L'analyse des conversations téléphoniques de Belkacem révèle qu'il a parlé à plusieurs reprises à Abu al-Maid (plus connu sous le nom d'Abu Zubaydah) qui est connu comme un des lieutenants d'Oussama Ben Laden — au cours de l'une des conversations il était question de la fourniture de passeports étrangers. Par mesure de précaution, les États-Unis et la Grande-Bretagne ferment leur ambassade à Sarajevo.

Suite à ces arrestations, la police découvre que deux projets d'attentats contre les forces armées américaines en Bosnie (environ 3 000 hommes) étaient en préparation depuis plusieurs mois. Les terroristes voulaient utiliser de petits avions ou des hélicoptères de l'aéroport de Visoko (au nord-ouest de Sarajevo) pour attaquer Eagle Base, à Tuzla (Bosnie) et le camps Connor (près de Srebrenića, république de Srpska).

Égypte

83 activistes du Jihad islamique (dont trois Russes originaires du Daghestan) et 170 militants de la Jama'a islamiya sont déférés devant la justice militaire. Une partie de ces militants étaient en prison depuis plusieurs années pour des attentats contre des touristes, des policiers, des coptes et des églises.

Allemagne

Heni ben Lased (Libyen, voyage avec un passeport tunisien, 32 ans en 2001) et deux de ses comparses tunisiens sont arrêtés à Munich. Heni ben Lased logeait dans un foyer de demandeurs d'asile à Munich-Freising et touchait une allocation sociale. Il est présenté comme le véritable responsable du groupe de la cellule de Milan (démantelée en avril 2001, voir plus haut).

Italie

Trois Tunisiens et un Égyptien liés à la cellule de Milan (voir plus haut) sont arrêtés en Lombardie. D'après les enquêteurs, ils préparaient, pour la fin de l'année 2001, l'enlèvement d'importants hommes d'affaires américains de passage en Italie.

Inde

Quatre combattants du Lashkar-i-Tayyaba (Pakistan) sont abattus par la police au moment où ils s'apprêtent à lancer une attaque suicide contre l'aéroport militaire d'Avantipur (sud de Srinagar). Depuis le 11 septembre 2001, les violences ont fait ± 150 morts au Cachemire.

Italie

Le 24 octobre 2001, Riizk Amid Rafi (Égyptien, a acquis la nationalité canadienne, recherché pour activités terroristes) est arrêté dans un port de Calabre. L'homme était enfermé dans le conteneur (sous scellés des douanes) d'un cargo en provenance d'Alexandrie. Le passager clandestin, en costume cravate, avait avec lui des téléphones cellulaires, une caméra vidéo, du matériel informatique dernier cri, de l'argent liquide, des visas et un billet d'avion aller-retour « Le Caire-Rome-Montréal ». La police découvre également dans ses bagages des cartes magnétiques permettant de franchir les enceintes de sécurité de plusieurs aéroports canadiens, des plans de ces mêmes aéroports et du matériel informatique donnant accès à leurs systèmes opérationnels. Rafid possède une licence de pilote d'avion de tourisme, un carnet de vol et a suivi pendant deux ans des cours de mécanique aéronautique au Canada...

Grande-Bretagne

23 octobre, Yasser al-Serri (Égyptien, président de l'organisation londonienne Islamic Observation Center, IOC) est arrêté à Londres. Il est inculpé de : « complicité de meurtre [d'Ahmed Shah Massoud], soutien à une organisation interdite (...) collecte de fonds pour des activités terroristes (...) incitation à la haine raciale ». Les faux journalistes, auteurs de l'attentat contre Massoud, étaient en possession d'une lettre d'introduction de l'IOC signée de la main de Yasser al-Serri. En mai 2002, Yasser al-Serri est relâché faute de preuve (les procédures contre lui sont abandonnées).

Les autorités britanniques gèlent les avoirs d'Abu Qutada (chef de l'organisation londonienne Al-Islah wal Tahadi, il est considéré comme un des chefs spirituels d'al-Qaïda pour l'Europe). La Jordanie demande son extradition ; Abu Qutada qui vit libre en Grande-Bretagne a en effet été condamné par contumace à la prison à perpétuité en Jordanie pour sa participation à plusieurs attentats à la bombe attribués au Jaish-i-Mohamed (Jordanie) et dans le cadre des projets d'attentats à l'occasion des festivités de l'an 2000. Le nom d'Abu Qutada est également évoqué dans le cadre de l'enquête sur les attentats contre les ambassades américaines en Afrique (août 1998).

États-Unis / Afghanistan

20 octobre, le *Washington Post* révèle que des commandos terrestres des forces spéciales américaines sont entrés en action dans le sud du pays.

22 octobre, le Front uni épaulé par les États-Unis lance une offensive contre les Talibans. Donald Rumsfeld confirme la présence de soldats américains au sol, dans le nord.

25 octobre, dans un entretien à *USA-Today*, Donald Rumsfeld reconnaît que les Talibans opposent une résistance plus forte que prévu et affirme à propos de la capture d'Oussama Ben Laden : « Je ne sais tout simplement pas si nous réussirons. »

26 octobre, le commandant Abdul Haq, chef pachtoun rallié à l'ancien roi Zaher Shah, et deux de ses lieutenants sont faits prisonniers et exécutés par les Talibans au sud de Kaboul.

27 octobre, les Talibans annoncent la capture et la pendaison dans le nord du pays de cinq autres commandants de l'opposition.

Pakistan

28 octobre, trois hommes masqués tirent sur les fidèles d'une église catholique à Bahawalpur (près de la frontière indienne) : 16 morts. L'attentat est attribué au Jaish-i-Mohamed.

Jamil Qasim Saeed Mohamed (Yéménite, 27 ans en 2001, étudiant en microbiologie à l'université de Karachi depuis 1993) est arrêté au Pakistan. Il est soupçonné d'avoir participé à l'attentat contre l'*USS Cole* au Yémen (octobre 2000). D'après la police locale, il s'agit du premier suspect arrêté hors du Yémen.

Novembre 2001-mars 2003 : l'art délicat de la chasse au protoplasme

NOVEMBRE 2001

Pakistan

1er novembre, dans une lettre manuscrite Oussama Ben Laden exhorte les Pakistanais à s'opposer à la « croisade contre l'Islam » : « Il s'agit d'une guerre religieuse à sa base (...) les musulmans d'Afghanistan se font tuer et le gouvernement pakistanais s'est rangé derrière la bannière chrétienne (...) la croisade contre l'islam s'est intensifiée. Le monde est coupé en deux : une moitié du monde est placée sous la direction de George Bush ; l'autre partie combat sous la bannière de l'islam (...) se lever contre le mal nous renforcera. »

Qatar

3 novembre, dans une nouvelle cassette vidéo, Oussama Ben Laden affirme : « Il s'agit d'une guerre religieuse à sa base (...) ceux qui veulent résoudre nos tragédies aux Nations unies sont des hypocrites (...) Ceux qui prétendent être des dirigeants arabes et dont les pays sont membres de l'ONU sont des mécréants qui ont renié le Coran et la tradition du Prophète (...) Ceux qui soutiennent la croisade de Bush en Afghanistan sont des apostats pour l'islam. »

Somalie / États-Unis

Le président américain, George W. Bush, annonce la fermeture des bureaux des sociétés Al-

Taqwa et Al-Barakat (Somalie) qui sont présentées comme des éléments du « réseau financier de soutien du terrorisme lié à Oussama Ben Laden ». Le Département américain du Trésor annonce que fin novembre 2001, plus de 56 millions de dollars US d'avoirs liés au réseau al-Qaïda et au régime des Talibans ont été gelés dans le monde (120 pays) depuis les attentats terroristes du 11 septembre (dont 27 millions aux États-Unis, 29 millions pour le reste du monde).

En novembre, Al Barakat (la plus grande société financière somalienne) doit suspendre ses activités. Elle est accusée par Washington de « lever, gérer, investir et distribuer des fonds au profit d'al-Qaïda ».

Espagne

En novembre 2001, la police espagnole lance un nouveau coup de filet (opération Datil), 17 suspects sont interpellés à Madrid, Grenade et Barcelone (3 sont relâchés peu après) et met au jour une nouvelle cellule terroriste liée à la nébuleuse al-Qaïda opérant à partir de Madrid. Dirigée par Imad Eddine Barakat Yarbas (plus connu sous le nom d'Abou Dahdah et d'origine syrienne, la quarantaine, il aurait rencontré Oussama Ben Laden à deux reprises), la cellule avait fait de la mosquée Abu Baker (la plus grande de Madrid) un de ses QG. Sept membres du groupe sont identifiés (tous arrêtés) : Jasem Mahboul (vétéran de Bosnie, marié à une Espagnole, effectue plusieurs séjours au Yémen et en Afghanistan), Luis Jose Galan Gonzalez (alias Yousuf Galan, Espagnol converti, 39 ans en 2003, fils d'une bonne famille madrilène, marié à une Marocaine, travaille dans une compagnie de téléphonie mobile), Basam Dalati Satut, Mohammed Zaher Asade, Oussama Dharra, Saïd Chedadi, Mohamed Seedl Acait. D'origine algérienne, tunisienne ou syrienne, les sept hommes ont tous acquis la nationalité espagnole.

Belgique / France

Dans le cadre de l'enquête sur l'assassinat du commandant Ahmed Shah Massoud, les services antiterroristes français et belges lancent une opération conjointe : deux suspects sont arrêtés en région parisienne et dans le nord de la France (l'un d'eux, Youssef Aoun, est connu des services de police) ; 12 autres suspects sont interpellés à Bruxelles, Mons et Louvain (Belgique).

Pakistan

10 novembre, dans un entretien publié par le quotidien pakistanais *Dawn*, Oussama Ben Laden déclare : « L'Amérique et ses alliés nous massacrent en Palestine, en Tchétchénie, au Cachemire, en Irak. Les musulmans ont le droit d'attaquer l'Amérique en représailles. (...) Je souhaite dire que si l'Amérique usait d'armes chimiques ou nucléaires contre nous, nous pourrions alors riposter par des armes nucléaires et chimiques. »

Syrie / Allemagne

28 novembre, les autorités allemandes annoncent que Mounir al-Motassadeq (Marocain, recherché pour complicité dans les attentats du 11 septembre) a été arrêté en Syrie. Il est extradé vers l'Allemagne où il doit être jugé (voir plus bas octobre 2002).

DÉCEMBRE 2001

Afghanistan

1er décembre, arrestation du « Taliban américain » John Walker Lindh (Américain, 20 ans en 2001, issu d'une famille bourgeoise de Washington).

Inde

Début décembre 2001, New Delhi annonce « qu'un des maillons d'al-Qaïda en Inde », Mohamed Afroz Abdul Razzak, a été arrêté à Bombay un mois plus tôt. Arrivé de New York au lendemain des attentats du 11 septembre, Abdul Razzak est soupçonné d'appartenir au mouvement Student's Islamic Movement of India (SIMI) ; ce groupe lui aurait financé des cours de pilotage en Australie en 1997-1998. D'après le ministère de l'Intérieur indien, le suspect aurait déclaré à propos des attentats du 11 septembre : « Al-Qaïda ne visait pas uniquement le territoire américain (...) des attaques similaires avaient été préparées en Australie, au Canada ou encore contre le Parlement indien. » Le journal indien *Hindustan Times* précise qu'Abdul Razzak aurait avoué qu'il devait faire s'écraser un avion de British Airways sur le Parlement britannique le 11 septembre 2001 et n'avoir pu mener à bien sa mission en raison de l'annulation des vols après les attentats de New York et Washington. Razzak aurait également parlé d'un autre projet d'attentat visant les tours Rialto (immeubles de 55 étages où travaillent 10 000 personnes) à Melbourne.

Italie

2 décembre, la police des frontières interpelle à l'aéroport Rome-Fiumicino Samir Kishk (alias Hammada, Égyptien, 43 ans en 2001). Il arrivait du Caire et était en transit pour Paris (il possède un logement à Belleville). Samir Kiskh, qui fait l'objet d'un mandat d'arrêt international italien, serait le principal pourvoyeur en faux documents des cellules européennes d'al-Qaïda.

Koweït

4 décembre, le quotidien koweïtien, *Kuwait's al Qabas*, publie une interview de Sulaiman Abu Gaith (porte parole d'al-Qaïda) : « Le jihad continuera même si Oussama Ben Laden meurt (...) un nouvel Oussama reprendra le flambeau. »

Afghanistan

9 décembre, l'Alliance du Nord arrête un « Taliban australien », David Hicks (26 ans en 2001).

États-Unis

13 décembre, le ministère de la Défense américain publie un enregistrement vidéo à peine audible, « découvert » par les forces spéciales américaines dans une maison de Djalalabad (Afghanistan). Le film montre Oussama Ben Laden racontant à un mufti saoudien la préparation des attentats du 11 septembre 2001, il dit ne pas avoir osé espérer que les tours s'effondreraient ainsi et se déclare encore plus optimiste que tous « ses collègues » après les attentats de New York et de Washington. Pour les autorités américaines, ce document prouve la

culpabilité d'Oussama Ben Laden dans les attentats du 11 septembre.

Inde (Cachemire)

13 décembre, des hommes armés ouvrent le feu à l'intérieur du Parlement à New Delhi. Bilan : 11 morts (6 membres des forces de sécurité, un jardinier et les 4 terroristes). L'attaque n'est pas revendiquée. Les autorités indiennes accusent le Jaish-i-Mohamed, tandis que d'autres responsables désignent le Laskhar-i-Tayyaba.

Grande Bretagne

Huit islamistes sont arrêtés à Londres, dont Djamel Ajouaou (Marocain), présenté comme « activiste des divers groupes terroristes liés à Oussama Ben Laden ».

Belgique

18 décembre, Tarek Maaroufi (Belge d'origine tunisienne) est arrêté à Bruxelles. Connu comme coordinateur européen du Groupe salafiste pour la prédication et le combat (GSPC, Algérie), Tarek Maaroufi est un proche d'Abu Qutada (chef de l'organisation londonienne Al-Islah wal Tahadi). Il aurait recruté l'un des assassins du commandant Shah Massoud, Abderrahmane Abd Essatar (qui a vécu à Bruxelles entre 1990 et 1999 avant de rejoindre la Grande-Bretagne en juin 2000).

Pakistan

Quelques jours après avoir critiqué les islamistes radicaux, le frère du ministre de l'Intérieur pakistanais, Ehteshamuddin Haider, est assassiné à Karachi. Le meurtre est attribué au Laskhar-i-Jhangvi.

France / États-Unis

22 décembre, l'équipage et les passagers d'un vol Paris-Miami d'American Airlines neutralisent Richard Colvin Reid (Anglais) alors qu'il tente de faire détoner des explosifs dissimulés dans les talons de ses chaussures.

24 décembre, la police interpelle Saïd Ahmed Laïdouni (Français d'origine algérienne, déjà arrêté en 1999 dans le cadre de l'enquête sur les « filières afghanes »). Recruté à Londres, il a combattu en Bosnie puis en Afghanistan avant de revenir en Europe pour organiser un réseau terroriste.

Afghanistan

25 décembre, annonce de la découverte peu auparavant du corps d'un « Taliban-Français », Hervé Djamel Loiseau (28 ans), mort de faim et de froid dans les montagnes de Tora Bora. Le 26, la presse pakistanaise rapporte que les corps de 5 autres combattants français auraient également été découverts.

Qatar

26 décembre, la chaîne de télévision qatarie Al-Jazira diffuse une partie d'une nouvelle cassette vidéo d'Oussama Ben Laden, enregistrée au début du mois : « L'Occident déteste l'islam et les musulmans. Notre terrorisme contre les États-Unis est béni, il dissuade l'oppresseur pour que l'Amérique cesse son soutien à Israël qui tue nos enfants. » Le 27, diffusion de la totalité de la cassette : Ben Laden appelle à « frapper l'économie américaine par tous les moyens ».

Kenya / Tanzanie

18 personnes liées aux réseaux d'Oussama Ben Laden sont arrêtées à Mandera, parmi eux l'imam de la mosquée de la ville.

JANVIER 2002

Malaisie

4 janvier, les autorités malaises annoncent avoir arrêté 13 islamistes liés au Kumpulam Mudjahidin Malaysia (KMM) ; ils sont soupçonnés d'avoir rencontré Zacarias Moussaoui lors de ses séjours en Indonésie en septembre et octobre 2000. Parmi eux, Yazid Sufaat (ancien capitaine de l'armée malaise) responsable de la Jemaah islamiya en Malaisie. Il est impliqué dans de très nombreuses affaires terroristes dont la vague d'attentats contre des églises chrétiennes en décembre 2000. Il reconnaît avoir rencontré Zacarias Moussaoui lors de ses séjours en Malaisie et lui avoir versé environ 35 000 dollars pour financer ses cours de pilotage aux États-Unis. Il a par ailleurs reçu deux des kamikazes du 11 septembre, Khalid Almidar et Nawaq Alhazmi, à Kuala Lumpur en janvier 2000. Kuala Lumpur annonce avoir identifié 50 autres individus (dont 3 Indonésiens) liés à al-Qaïda et opérant en Malaisie (15 sont soupçonnés d'avoir été en relation avec Zacarias Moussaoui).

19 janvier, la police annonce l'arrestation de 7 autres islamistes du KMM.

Indonésie

9 janvier, Mohammed Saad Iqbal Madni (ou Havis Mohammed Sasa Iqbal, Égyptien, 24 ans en 2002) est arrêté à Djakarta. Arrivé du Pakistan en novembre 2001, il avait obtenu un visa du consulat indonésien au Pakistan. Il serait lié à Richard Reid (voir plus haut, décembre 2001). Le 11, il est extradé vers l'Égypte.

Cuba / États-Unis / Afghanistan

11 janvier, arrivée à la base américaine de Guantanamo des premiers prisonniers capturés en Afghanistan. Le 28, *Le Figaro* fait état d'une note de la CIA indiquant que parmi ces prisonniers figurent 6 Français. Le 30, Paris confirme la présence de 2 Français.

Pakistan

12 janvier, dans un discours à la nation pakistanaise, le président Pervez Musharraf annonce notamment l'interdiction de quatre organisations islamistes sunnites (Jaish-i-Mohamed, Lashkar-i-Tayyaba, Sipah-i-Sahaba Pakistan, Tehrik Nifaz-i-Shariat-i-Mohammadi) et d'un parti chi'ite (Tehrik-i-Jafria Pakistan — son bras armé, le Sipah-i-Mohamed, avait été interdit le 14 août 2001) ainsi qu'une série de mesures destinées à contrôler les mosquées et les madrasa (écoles coraniques).

Singapour

13 janvier, la police de Singapour révèle que 15 hommes (14 Singapouriens, un Malais) liés à des mouvements islamistes malais et indonésien ont été arrêtés entre le 9 et le 24 décembre 2001 (2 ont été

relâchés). Ils sont soupçonnés de préparer des attentats terroristes. Au domicile des suspects, la police découvre des photos et des vidéos de bâtiments diplomatiques (dont l'ambassade des États-Unis à Singapour), des documents sur la fabrication de bombes artisanales, des faux passeports... Dans un communiqué, le gouvernement singapourien déclare que ces hommes préparaient des attentats contre les intérêts américains (assassinats de militaires, attentats contre l'ambassade des États-Unis, des navires de guerre et des multinationales[1] implantées à Singapour). Il précise que 13 de ces hommes appartiennent à la Jemaah islamiya et que 8 ont avoué avoir suivi un entraînement militaire dans les camps d'al-Qaïda en Afghanistan, entre 1991 et 2000.

Italie

13 et 14 janvier, 3 Marocains liés à la nébuleuse al-Qaïda sont arrêtés dans la banlieue sud-est de Rome. Les policiers découvrent à leur domicile des faux papiers et des plans de l'ambassade de Grande-Bretagne à Rome.

France

14 janvier, Abdelrahmane Ameroude (Algérien) et un Tunisien (identité non révélée) sont arrêtés. Ils sont soupçonnés d'avoir fourni des faux passeports aux assassins du commandant Shah Massoud.

1. La police dit avoir trouvé chez l'un des suspects une liste de 200 sociétés américaines implantées à Singapour.

Philippines

15 janvier, 4 hommes liés à la cellule de Singapour sont arrêtés aux Philippines alors qu'ils s'apprêtent à quitter le pays pour la Thaïlande ; il s'agit de Fathur Rohman al-Ghozy (alias Mike, 31 ans en 2002, connu comme instructeur du Front de libération islamique Moro sous le nom de Randy Ali, et de la Jemaah islamiya sous le nom de Mike[1]), Mohammad Malagat, Amuchtar Malagat et Mualidin Malagat.

Nations unies

16 janvier, le Conseil de sécurité adopte la résolution 1390 qui impose une série de sanctions extraterritoriales contre « les membres d'al-Qaïda et tout autres personnes, groupes, entreprises et entités associées au réseau ». La résolution prévoit notamment le gel des avoirs financiers, interdit le déplacement des individus, impose un embargo sur les armes. Au cœur du dispositif une liste de 221 noms d'individus et de 74 entités (banques et institutions financières liées à al-Qaïda).

Grande-Bretagne

Entre le 17 et le 19 janvier, 15 suspects originaires d'Afrique du Nord sont arrêtés à Londres et à Leicester, dans le cadre de la nouvelle loi antiterroriste. Ils sont poursuivis pour « avoir levé des fonds pour al-Qaïda » et « appartenance à une organisation impliquée dans des actes terroristes ». Parmi eux : Baghada Meziane et Brahim Benmerzoug. Ce

1. En avril 2002, il est condamné aux Philippines à douze ans de prison pour « détention illégale d'explosifs ».

dernier serait notamment impliqué dans la tentative d'attentat contre l'ambassade américaine à Paris (« réseau Beghal », voir plus haut, septembre 2001).

Espagne

19 janvier, Najib Chaib Mohammed (Marocain, 35 ans en 2002) et Atmane Resali (Marocain naturalisé espagnol, 31 ans en 2002) sont interpellés à Hospitalet (près de Barcelone). Ces deux hommes qui figurent sur une liste internationale des personnes liées à al-Qaïda avaient échappé au coup de filet de novembre 2001. Najib Chaib Mohammed est suspecté d'avoir réalisé des manuels d'explosifs. Atmane Resali est relâché le lendemain, faute de preuves.

Bosnie

19 janvier, les 6 Algériens arrêtés en Bosnie en octobre 2001, pour tentative d'attentats contre les intérêts américains à Sarajevo, sont livrés aux autorités américaines et transférés sur la base de Guantanamo Bay.

Inde

22 janvier, des hommes armés ouvrent le feu à l'intérieur du centre d'information américain de Calcutta : 4 policiers tués, 20 blessés. L'assaut est revendiqué par téléphone par le Harakat ul Jihad ul Islami (Bangladesh).

Pakistan

23 janvier, le journaliste Daniel Pearl (Américain d'origine juive, envoyé spécial du *Wall Street Journal* en Asie du Sud) est enlevé à Karachi. Pendant quelques jours, Daniel Pearl fait l'objet d'un chantage

(par courrier électronique) de la part d'organisations islamistes pakistanaises (mal identifiées) : la vie du reporter contre la libération des prisonniers sur la base de Guantanamo Bay.

États-Unis

31 janvier, CNN diffuse une interview (enregistrée par un reporter de la chaîne de télévision qatarie Al-Jazira en octobre 2001) au cours de laquelle Oussama Ben Laden affirme : « La bataille s'est déplacée à l'intérieur de l'Amérique. Nous poursuivrons cette bataille jusqu'à ce que nous rencontrions Dieu. »

FÉVRIER 2002

France

4 février, Yacine Aknouche et deux de ses complices sont arrêtés dans les Hauts-de-Seine. La police les suspecte d'appartenir au groupe de Francfort ; ils sont mis en examen pour « association de malfaiteurs en relation avec une entreprise terroriste ».

États-Unis / Arabie saoudite

L'ancien chef des services secrets saoudiens, le prince Turki bin Fayçal, déclare lors d'une interview diffusée par la chaîne de télévision américaine CNN : « Oussama Ben Laden est toujours en course (...) il n'est pas mort (...) d'après les dernières nouvelles que j'ai eues de lui (il y a quelques mois) il était en bonne santé. »

Lors d'une audience au Sénat, le directeur de la CIA, George Tenet, avoue ne pas savoir « si Oussama Ben Laden est encore en vie » mais « pense que mollah Omar est vivant ». Il estime que la guerre contre le terrorisme est loin d'être terminée et qu'al-Qaïda a tenté d'obtenir des armes de destruction massive (nucléaire, biologique, chimique, NBC) : « Les leaders d'al-Qaïda sont encore en fuite et tentent de reconstituer leur organisation et de poursuivre leurs opérations terroristes (...) il y a des risques importants contre les installations militaires et diplomatiques américaines et plus spécialement en ce qui concerne celles situées en Israël, en Arabie saoudite et en Turquie. »

États-Unis

11 février, le gouvernement américain lance une nouvelle alerte concernant les risques d'attentats (la quatrième depuis le 11 septembre 2001) : « Des renseignements qui nous sont parvenus récemment laissent penser qu'un attentat pourrait être commis aux alentours du 12 février sur le territoire des États-Unis ou contre les intérêts américains au Yémen. » Ces renseignements auraient été fournis par un Yéménite d'origine saoudienne, Fawaz Yahya al-Rabeei (emprisonné à Guantanamo). Le FBI met en ligne sur son site Internet la liste des noms de 16 de ses complices (Yéménites pour la plupart) et diffuse la photo de 12 d'entre eux.

États-Unis

12 février, pour la première fois un haut responsable américain du Département du Trésor porte des accusations précises contre al-Taqwa devant le Congrès : « Al-Taqwa a soutenu financièrement al-Qaïda et Oussama Ben Laden jusqu'en septembre 2001 (...) 60 millions de dollars destinés au Hamas

[palestinien] ont transité sur des comptes de la banque aux Bahamas. »

Pakistan

12 février, Ahmed Omar Saeed Sheikh (alias sheikh Omar, Anglais d'origine pakistanaise, 29 ans en 2002) est arrêté à Karachi. La police l'accuse d'être l'organisateur de l'enlèvement de Daniel Pearl. Proche du maulana Massoud Azhar (chef du Jaish-i-Mohamed), sheikh Omar est arrêté une première fois en Inde pour l'enlèvement de 3 Anglais et d'un Américain en octobre 1994 ; en décembre 1999, il est relâché, en échange de la libération des 155 passagers et membres d'équipage d'un avion de ligne indien pris en otage par un commando de moudjahidines.

Yémen

14 février, Samir Ahmed Mohammed al-Hada est tué dans l'explosion d'une grenade qu'il s'apprêtait à lancer sur un poste de police. La police devait l'interroger sur ses liens avec la nébuleuse d'Oussama Ben Laden, et plus particulièrement sur son implication dans l'attentat contre l'*USS Cole*.

États-Unis

15 février, Fox News et CNN évoquent la possibilité qu'Oussama Ben Laden ait été tué dans les bombardements en Afghanistan ; des restes de corps auraient été envoyés aux États-Unis pour expertise ADN.

Géorgie

Dans une interview à la télévision géorgienne, le chargé d'affaires américain à Tbilissi, Philip

Remler, déclare : « Plusieurs dizaines de moudjahidines qui ont fui le Pakistan se cachent dans le Caucase (...) selon nos informations plusieurs ont trouvé refuge dans les gorges de Pankissi et sont en contact avec Khattab (voir Tchétchénie) qui lui-même reste en liaison avec Oussama Ben Laden. Les gorges de Pankissi sont un endroit extrêmement dangereux en Géorgie. » Quelques jours plus tard, l'envoyé plénipotentiaire géorgien en Russie reconnaît que « Tbilissi vient d'interpeller 5 Afghans ». Le chef d'état-major russe estime qu'il y aurait 2 000 combattants armés et deux hélicoptères en état de marche dans cette zone.

Iran / Belgique

Mi-février, Mohammed Sliti (Belge d'origine tunisienne) est arrêté en Iran. En 1998, Mohammed Sliti s'installe (avec sa femme et ses cinq enfants) en Afghanistan. Dans ce pays, il s'occupe du recrutement et de l'entraînement de jeunes recrues pendant plusieurs années. Il est suspecté d'avoir participé à l'organisation de l'assassinat du commandant Shah Massoud. Il est extradé en Belgique.

Pakistan

19 février, la police désamorce 4 bombes visant l'aéroport international de Karachi (Sind) utilisé par les troupes américaines et alliées (2 visaient un terminal, 2 sont trouvées à proximité d'un hôtel hébergeant les troupes présentes sur l'aéroport).

Italie

19 février, 5 suspects d'origine marocaine sont arrêtés à Rome. Ils sont soupçonnés d'avoir voulu empoisonner l'eau d'un réservoir approvisionnant l'am-

bassade américaine à Rome. Le communiqué publié par la police italienne indique : « Ils avaient chez eux 4 kg de ferrocyanure (dont on extrait relativement facilement du cyanure), 7 kg de fumigènes (pour réchauffer le mélange) et six cartes détaillées des réseaux souterrains d'eau, de gaz, d'électricité et du téléphone. » Sur une des cartes (introuvable dans le commerce), deux cercles rouges indiquaient des bouches d'égout situées devant l'ambassade des États-Unis. Interrogé par l'hebdomadaire américain *Time*, un enquêteur milanais estime : « C'est le premier signe depuis un an que les cellules terroristes européennes ne sont plus juste impliquées dans des activités comme la production de faux documents, mais préparent aussi de nouveaux attentats (...) ils ne sont peut-être pas aussi puissants qu'avant le 11 septembre, mais ils sont mieux organisés qu'ils ne l'étaient l'année dernière » (*Time*, 28 octobre 2002).

Mohammed et Saïd Ikbal, deux des Marocains qui avaient échappé au coup de filet de la police en janvier, se rendent.

Premières condamnations en Italie : 4 Tunisiens (membres de la cellule de Milan démantelée en avril 2001) sont condamnés par le tribunal de Milan à des peines de quatre à cinq ans de prison. Ils sont accusés d'« association de malfaiteurs en vue de trafics d'armes, d'explosifs, d'agents chimiques et de faux papiers ». Parmi eux, Essid Sami ben Khemais qui est considéré comme le coordinateur des opérations al-Qaïda en Europe. La justice italienne indique qu'une dizaine d'islamistes attendent encore un jugement à Milan.

Pakistan

21 février, Washington et Islamabad annoncent que Daniel Pearl a été égorgé et décapité par ses ravisseurs. Ces derniers ont fait parvenir au consulat américain de Karachi une cassette vidéo présentant sa mise à mort.

États-Unis

23 février, le *New York Times* — qui cite de hauts responsables américains — affirme : « Il est presque certain qu'Oussama Ben Laden est en vie et nous pensons qu'il est quelque part entre le Pakistan (régions frontalières de la Province frontière nord-ouest et Baloutchistan) et l'Afghanistan (sud-est du pays). »

MARS 2002

Afghanistan

4 au 18 mars, début de l'offensive terrestre américaine contre une poche de résistance de combattants talibans et d'al-Qaïda dans la région de Shahicot au sud de Kaboul (opération Anaconda). Affrontant un millier de combattants (et non quelques dizaines comme ils le pensaient), les Américains perdent 8 soldats et 2 hélicoptères, dès les premières heures. Les combats se prolongent jusqu'au 18, 700 islamistes auraient été tués.

Pakistan

7 mars, amnistie conditionnelle pour les islamistes arrêtés. La majorité de ces 2 000 activistes est relâchée après signature d'une simple déclaration

promettant de renoncer aux activités extrémistes. Sont ainsi libérés le chef du Jaish-i-Mohamed, le maulana Massoud Azhar et celui du Lashkar-i-Tayyaba, Hafiz Mohamed Said.

États-Unis / Arabie saoudite

11 mars, le Département du Trésor américain annonce que les États-Unis et l'Arabie saoudite ont gelé les comptes bancaires des branches bosniaque et somalienne de l'ONG saoudienne Al Haramain Charity. Cette ONG serait liée à al Itihad al Islamiya (Somalie) et à la Jama'a islamiya (Égypte).

Bosnie

La police bosniaque perquisitionne les locaux de l'ONG Bosnian Ided Future (aussi connue sous le nom de Benevolentia International Foundation) et saisit armes, plans de bombes, faux passeports, etc. Le lendemain, après avoir reçu des menaces d'attentats, l'ambassade américaine à Sarajevo est fermée.

Soudan

11 mars, la presse annonce que 10 suspects liés à la nébuleuse al-Qaïda ont été arrêtés au Soudan. Parmi eux figureraient : un membre du réseau Ressam (identité non révélée) et Abu Anas al-Liby, connu comme un proche lieutenant d'Oussama Ben Laden en Afghanistan. Abu Anas al-Liby (dont le nom figure sur la liste des 22 terroristes les plus recherchés au monde par le FBI) est notamment poursuivi pour son implication dans l'organisation des attentats contre les ambassades américaines en Afrique, en août 1998. Abu Anas al-Liby aurait été arrêté au Soudan en février 2002, et remis aux autorités américaines en mars 2002. D'après le *Washing-*

ton Post, il est également recherché pour sa participation à la tentative d'assassinat d'Hosni Moubarak en 1995. Le ministre de l'Intérieur soudanais, Abdel Rahim Mohammed, affirme que le suspect arrêté « s'appelle Abu Anas et est égyptien. Il a été condamné par contumace en Égypte à sept ans de prison mais il ne s'agit pas d'un leader d'al-Qaïda (...) il y a bien un proche d'Oussama Ben Laden qui s'appelle Anas al-Liby, ce que je peux dire c'est qu'il n'est pas au Soudan ». Dans son édition du 24 mars, le quotidien *Al-Hayat* affirme que le lieutenant d'Oussama Ben Laden connu sous le nom d'Abu Anas al-Liby a été tué en Afghanistan, avant le 11 septembre 2001.

Yémen

12 mars, une bombe explose devant un bâtiment municipal à Sanaa : aucun blessé.

16 mars, une bombe explose devant un immeuble hébergeant la direction générale de l'aviation civile et une direction des services secrets à Sanaa (aucune victime). Un groupe non identifié se disant proche d'al-Qaïda revendique cet attentat et celui du 12 mars 2002. Le groupe menace de perpétrer d'autres attentats si 173 militants islamistes emprisonnés ne sont pas relâchés.

Pakistan

17 mars, deux hommes armés pénètrent pendant un office à l'intérieur d'un temple protestant (essentiellement fréquenté par des Occidentaux) situé au centre de l'enclave diplomatique d'Islamabad et lancent sur les fidèles une demi-douzaine de grenades. Bilan : 5 morts (dont 2 Américains — la femme d'un employé de l'ambassade américaine et sa fille

de 17 ans ; un Pakistanais — le fils du gardien de l'église qui jouait dans la cour et un Afghan) et 46 blessés (dont 33 étrangers, parmi lesquels 10 Américains et l'ambassadeur du Sri Lanka). Deux mois après l'attentat, les coupables n'ont pas été arrêtés. D'après un expert pakistanais interviewé par le quotidien *Dawn* : « Il faut chercher les auteurs de cette opération parmi les nombreux Talibans afghans et combattants d'al-Qaïda qui ont fui l'Afghanistan et se sont réfugiés au Pakistan (...) cet attentat vise à adresser un message clair aux Américains : nous allons prendre notre revanche par tous les moyens. »

Afghanistan

19 mars, une centaine de soldats qui stationnaient à l'aéroport de Khost sont attaqués par des hommes armés.

Pakistan

28 mars, Abu Zubaydah (Saoudien d'origine palestinienne, 31 ans en 2002) est arrêté à Faisalabad (Pendjab). Zubaydah est connu comme un proche lieutenant d'Oussama Ben Laden en Afghanistan. Avant l'automne 2001, il était responsable de la formation des nouvelles recrues, du recrutement de moudjahidines pour combattre dans les Balkans et de la coordination de cellules terroristes à travers le monde (notamment les réseaux européens et maghrébins).

AVRIL 2002

Pakistan

1er avril, le porte-parole du ministère des Affaires étrangères pakistanais déclare que 5 élèves pilotes soudanais ont été arrêtés à Peshawar. Ces hommes seraient liés à la nébuleuse al-Qaïda.

4 avril, 23 Pakistanais et 2 Tunisiens liés à al-Qaïda sont encore arrêtés. Venant de suivre un entraînement militaire au Pakistan, ils allaient rejoindre l'Afghanistan.

Iran / États-Unis

2 avril, le Secrétaire d'État à la Défense américain, Donald Rumsfeld, déclare : « Oussama Ben Laden et les forces d'al-Qaïda ont utilisé l'Iran comme point de transit pour fuir le Pakistan et y ont parfois trouvé refuge avant de se disperser à travers le monde. » Le directeur de la CIA, George Tenet, précise qu'Ahmad Fadeel al-Khalayled, alias Abu Musab Zarqawi, a pu se réfugier en Iran. D'après la CIA, Abu Musab Zarqawi serait un des 25 hauts responsables d'al-Qaïda (?) ; il serait impliqué dans les projets d'attentats lors des festivités de l'an 2000 en Jordanie[1].

1. En décembre 1999, 14 membres d'une cellule terroriste (12 Jordaniens, 1 Irakien, 1 Algérien) qui préparaient des attentats contre les sites touristiques de Bethany (près du Jourdain) et du Mount Nebo (à Madaba, 35 km d'Amman) pour le nouvel an 2000 sont arrêtés en Jordanie. D'après les enquêteurs, la cellule était dirigée par Khadar Abu Hoshar (membre du Jaish-i-Mohamed, Jordanie) et financée par Abu Qutada (responsable de l'organisation londonienne Al-Islah wal Tahadi).

Qatar

5 avril, la chaîne qatarie Al-Jazira diffuse des extraits d'un film présenté comme le testament d'Ahmed al-Haznawi al-Ghambi (Saoudien), un des kamikazes du 11 septembre 2001 (avion qui s'est écrasé en Pennsylvanie). Le message aurait été enregistré six mois avant les attentats : « Nous les avons tués en dehors de leur terre grâce à Dieu et nous allons les tuer chez eux (...) il est temps que nous prouvions que les États-Unis se trompent quand ils pensent pouvoir affronter les moudjahidines. » La seconde partie de la vidéo est une interview d'Oussama Ben Laden et d'Ayman al-Zawahiri : pour le FBI, il s'agit d'un montage enregistré en 2001.

Irak

8 avril, 3 militants du Jund al-Islam sont arrêtés dans le nord de l'Irak (Kurdistan). Ils sont accusés d'avoir tenté d'assassiner le chef du Patriotic Union of Kurdistan (PUK), Barham Salih, le 2 avril 2002.

Afghanistan

8 avril, une mine télécommandée (au bord de la route de l'aéroport) explose peu avant le passage du convoi du ministre de la Défense afghan, Mohammed Qassim Fahim (également chef de l'Alliance du Nord), à Djalalabad (est du pays). Le ministre en réchappe de justesse, l'explosion fait 4 morts et 19 blessés. Quatre engins similaires sont retrouvés près des installations de la Force internationale d'assistance et de sécurité (ISAF). Le 11 avril, le « réseau al-Qaïda » (?) revendique l'attentat dans un appel publié par le journal *Al-Hayat*, et en promet d'autres

contre les forces étrangères présentes en Afghanistan et les Afghans coopérant avec elles.

Tunisie / Allemagne / France

11 avril, un kamikaze fait exploser un camion transportant des bonbonnes de gaz devant la synagogue de la Ghriba, au sud de Djerba : 19 morts (dont 14 touristes allemands, 3 Tunisiens et 2 Français). Le 23, les autorités tunisiennes indiquent dans un communiqué que l'attentat a été « perpétré par un Tunisien, Nizar ben Nasr Nawar, en complicité avec l'un de ses parents vivant en Tunisie ». L'oncle de Nizar Nawar est arrêté. Au domicile de celui-ci, la police saisit le téléphone satellite que Nizar Nawar a utilisé peu avant l'attentat pour joindre à Duisburg (Allemagne) un certain Christian G. (alias Abu Ibrahim, un rapatrié allemand de Pologne, converti à l'islam, 35 ans en 2002) et Khaled Sheikh Mohammed (présenté comme un des cerveaux des attentats du 11 septembre), à Karachi (Pakistan). Pour les enquêteurs français, l'attentat « a été impulsé par al-Qaïda, monté par Nizar Nawar, avalisé par un proche d'Oussama Ben Laden (Khaled Sheikh Mohammed) le matin même [1] ».

15 avril, la police allemande perquisitionne l'appartement de Christian G. et y découvre un numéro de compte bancaire appartenant à Mounir al-Motassadeq (arrêté à Hambourg pour complicité dans les attentats du 11 septembre). Au cours de son interrogatoire, Christian G. reconnaît avoir rencontré

1. L'analyse des appels passés et reçus par Nizar Nawar à partir de son téléphone satellite, retrouvé chez son oncle à Djerba, révèle que « le dernier numéro de téléphone qu'il a composé avant de passer à l'action correspond à la ligne de Khaled Sheikh Mohammed à Karachi ».

Nizar Nawar au Pakistan, et avoir suivi avec lui un entraînement militaire en Afghanistan en 2001.

Chez un coreligionnaire de Christian G., Karim M., la police retrouve le numéro de téléphone à Hambourg de Ramzi Binalshib (complice des kamikazes du 11 septembre, arrêté à Karachi le 11 septembre 2002, voir plus bas). Karim M. et Christian G. fréquentaient la mosquée Al-Taqwa de Duisburg.

16 avril, les deux quotidiens londoniens *Al-Hayat* et *Al Quds al Arabi* publient une revendication (faxés d'Islamabad au Pakistan), sur en-tête de « La base du Jihad » : « Nizar ben Mohammed Nawar a effectué cette opération au nom du commandement de l'armée islamique : le martyr Nizar a préparé cette opération de sa propre initiative à titre d'exemple pour prouver à la nation qu'un homme seul pouvait réaliser une opération aussi spectaculaire en dehors de la terre de Palestine. Le héros a étudié la cible, il l'a photographiée et il a choisi l'endroit où elle devait être touchée. » Un testament du « martyr » à sa famille (émigrée en France, installée à Saint-Priest près de Lyon) daté du 5 juillet 2000 est joint, il invite son frère à « terminer le travail ».

18 avril, le frère cadet de Nizar Nawar, Walid, est interpellé par la police à Lyon.

22 avril, le *Journal du dimanche* (citant les services de renseignements français) révèle que les services spéciaux tunisiens ont démantelé, dix jours avant l'attentat, un réseau islamiste qu'ils avaient infiltré. Une douzaine de personnes auraient été arrêtées à Sfax et Zarzis (sud du pays).

Espagne

14 avril, 4 Français (identités non révélées) et un Algérien, Ahmed Ibrahim (ingénieur au chômage, 58 ans en 2003) sont arrêtés à Barcelone. Ahmed Ibrahim est présenté comme un des principaux « trésoriers de la nébuleuse d'al-Qaïda en Espagne » où il réside depuis plus de quinze ans. À la tête de divers petits négoces en Espagne et en Afrique du Nord (enclave espagnole de Ceuta), il est soupçonné d'avoir utilisé ses entreprises pour financer des groupes islamiques radicaux. D'après les enquêteurs, il était notamment en contact avec Mamoun Darkanzali[1] (alias Abu Illyas, Syrien, naturalisé allemand en 1990, 60 ans en 2003, homme d'affaires). Ahmed Ibrahim est également recherché pour sa participation à l'organisation des attentats contre les ambassades américaines en Afrique (août 1998).

23 avril, la police arrête à Madrid Mohammed Galeb Kalaje Zouaydi (alias Abu Thala, Syrien naturalisé Espagnol, déjà arrêté en novembre 2001), Ghaloub al-Abrash al-Ghalyoun (alias Ghusub, Syrien naturalisé Espagnol) et un autre complice (identité non révélée). D'après les enquêteurs, ces 3 hommes sont liés à Ahmed Ibrahim. Abu Thala est présenté par les enquêteurs espagnols comme un important financier de la nébuleuse al-Qaïda.

1. Après les attentats du 11 septembre 2001, les États-Unis demandent aux autorités allemande de geler les comptes de Mamoun Darkanzali. Il est arrêté par la police allemande en septembre 2001, puis relâché peu après « faute de preuves ».

Monde arabe

16 et 18 avril, la chaîne Al-Jazira et la télévision saoudienne Middle East Broadcasting (MBC) diffusent des extraits d'une vidéo inédite d'Oussama Ben Laden et le testament d'un kamikaze du 11 septembre 2001. L'enregistrement de Ben Laden aurait été fait en décembre 2001 ; extraits : « Les pertes de Wall Street ont atteint 16 % et les Américains ont reconnu que c'était un record depuis l'ouverture du marché voici 230 ans (...), selon des études américaines, 70 % des Américains souffrent encore aujourd'hui de dépression et de troubles mentaux suite aux attentats du World Trade Center et du Pentagone (...), au moins 1 000 milliards de dollars ont été perdus (...), grâce à Dieu et grâce à ces coups réussis et bénis (...) on a annoncé il y a deux jours que des compagnies aériennes licenciaient au moins 170 000 personnes (...) Nous prions Dieu d'accepter nos frères martyrs dans son paradis. »

Dans une deuxième partie diffusée par MBC, Sulaiman Abu Gaith (connu comme le porte-parole d'al-Qaïda) déclare : « Nous sommes capables de toucher au cœur les infidèles qui jour et nuit combattent l'islam. »

L'enregistrement du kamikaze aurait été réalisé à Kandahar (Afghanistan) au printemps 2001 : « Les États-Unis prétendent être une superpuissance et pensent pouvoir faire tout ce qu'ils veulent. La vérité est que nous les combattrons sur leur propre sol (...) le temps est venu de tuer des Américains sur leur sol. »

Malaisie

19 avril, 14 suspects liés à al-Qaïda (dont une femme ayant hébergé des kamikazes du 11 septembre) sont arrêtés à Kuala Lumpur et dans les sultanats de Selangor et de Johor (sud-ouest de la Malaisie). La police découvre chez un suspect un cahier d'écolier (écrit en anglais et en bahasa) détaillant les méthodes de fabrication d'explosifs, et plusieurs plans d'action. Des cartes annotées de la ville et du port de Kelang (± 50 km à l'ouest de Kuala Lumpur) sont également saisies. Depuis décembre 2001, 38 personnes liées à al-Qaïda ont été arrêtées en Malaisie.

Allemagne

23 avril, les responsables allemands annoncent que 12 membres d'un mouvement islamique terroriste ont été arrêtés en Allemagne. Trois sont relâchés le 25, 9 sont mis en examen pour « attentats terroristes contre les intérêts américains et israéliens en Allemagne ». Parmi eux : Mohamed Abu Dhess (alias Abu Ali, Jordanien) et Shadi Abdullah (Jordanien, 25 ans en 2002). Ces hommes sont soupçonnés d'appartenir à une cellule terroriste qui serait supervisée par Abu Musab Zarqawi (voir plus bas, 5 février 2003). Au cours de ses interrogatoires, Shadi Abdullah, qui se présente comme un « repenti », parle beaucoup[1]... Il raconte son parcours et té-

1. Les transcriptions de ces interrogatoires représentent environ six cents pages. Voir notamment à ce sujet : « A Qaeda informant helps investigators follow group's trail in Europe and elsewhere », *New York Times*, 17 février 2003 ; « Captured operative providing an inside of Al Qaeda », *Herald Tribune*, 18 février 2003.

moigne sur plusieurs douzaines d'islamistes « membres d'al-Qaïda » — dont Mohamed Atef, Zacarias Moussaoui, Mounir al-Motassadeq, etc. Pour lui par exemple, Zacarias Moussaoui (alias Sahrawi) n'est pas un marginal, mais un des « hommes de confiance » d'Oussama Ben Laden ; il raconte que Moussaoui s'occupait du camp de Kalden (Afghanistan) et était responsable d'une « base » située près de l'aéroport de Kandahar, et qu'il accueillait et orientait les nouvelles recrues.

Selon son témoignage, Abu Musab Zarqawi est responsable de l'organisation Al Tawhid. Composée surtout de Jordaniens et de Palestiniens, celle-ci partage les mêmes principes qu'al-Qaïda, mais pas les mêmes priorités quant aux cibles à atteindre — le premier but d'Al Tawhid étant d'abattre la monarchie jordanienne.

Il confesse aussi avoir rencontré Abdelghani Mzoudi, Mounir al-Motassadeq et Ramzi Binalshib (tous trois membres de la cellule de Hambourg ayant planifié les attentats du 11 septembre 2001) en Afghanistan fin 1999. Les enquêteurs allemands confirment que les trois hommes étaient bien en Afghanistan à l'époque.

Monde arabe

28 avril, Al-Jazira diffuse un nouvel enregistrement (non daté) dans lequel Oussama Ben Laden déclare que les Américains ne seront jamais en sécurité tant que les Palestiniens ne vivront pas en paix.

MAI 2002

Indonésie

4 mai, la police arrête Jafar Umar Thalib (connu comme le chef des Laskar Jihad) à Sukabaya (Java).

Pakistan

5 et 7 mai, à Miranshar (agence du Waziristan, Province frontière nord-ouest), des hommes tirent au lance-roquettes sur un collège où vivent des militaires américains.

8 mai, un kamikaze fait exploser une bombe de 3 à 5 kg, placée sous son véhicule, le long du bus des techniciens français de la DCN[1] à l'hôtel Sheraton (Karachi) : 14 morts (dont 11 Français), plus de 20 blessés.

9 mai, les autorités pakistanaises annoncent l'arrestation de 264 individus : ils appartiennent (pour la plupart) au Jaish-i-Mohamed, au Sepah-i-Sahaba et au Lashkar-i-Tayyaba et ont été interpellés au Pendjab (plus de 50), dans la Province frontière nord-ouest (35), au Baloutchistan (30) et dans le Sind (15). La police déclare avoir identifié les auteurs de l'attentat grâce au numéro de moteur de la voiture. Déclarée volée six mois plus tôt, la Toyota Corolla a été achetée en liquide 100 000 roupies, la veille de l'attentat, par trois individus que le vendeur décrit en ces termes : « Le premier portait un costume traditionnel, il parlait l'ourdou avec un accent du Pendjab ; les deux autres étaient vêtus à l'occidentale : l'un avait des lunettes noires et une

1. Ils participent à la construction d un sous-marin de type Agosta.

barbe taillée en fin collier, l'autre une barbe fournie. » Le vendeur ajoute que les trois hommes n'ont pas attendu que la batterie du véhicule soit changée et l'ont poussé pour qu'il démarre. Les trois hommes laissent au vendeur un numéro de carte d'identité et un numéro de téléphone portable (faux).

10 mai, la police diffuse dans la presse le portrait-robot des trois hommes et promet 2 millions de roupies de récompense. Les suspects auraient séjourné à Orangi (district ouest de Karachi).

12 mai, les enquêteurs annoncent avoir arrêté 5 personnes proches des 3 suspects.

14 mai, la police déclare avoir interrogé, entre le 8 et le 13 mai, 398 individus (dont une cinquantaine de religieux liés à la nébuleuse al-Qaïda, libérés après l'amnistie).

19 mai, dans un message envoyé à la presse, une organisation inconnue, le Hezbollah Allami, revendique l'attentat.

Maroc

11 mai, 3 Saoudiens (Hilal Jaber Aouad Alassiri, Zuber Hilal Mohammed al-Tbaiti, Abdellah M'Sefer Ali al-Ghambi — âgés de 25 à 35 ans) [1] et 4 complices Marocains (dont les trois femmes des Saoudiens) sont arrêtés à l'aéroport de Rabat. Ils sont soupçonnés d'avoir préparé une série d'attentats suicide contre :

— des navires de guerre américains (ou de l'OTAN) en transit dans le détroit de Gibraltar ou au mouillage dans la base militaire britannique de Rocca ;

1. L'un des trois hommes aurait été relâché en septembre 2002.

— un autocar marocain et un café de la place Jamaa el-Fna (Marrakech).

Les enquêteurs pensent que l'équipe était en contact avec d'autres cellules « dormantes » en Afrique et projetait sans doute d'autres attentats en Europe (l'un des trois hommes possédait un visa Schengen valable six mois).

Inde (Cachemire)

14 mai, à quelques heures de l'arrivée du Sous-Secrétaire d'État américain pour l'Asie du Sud, trois hommes déguisés en soldats indiens et installés dans un autocar transportant les familles de militaires ouvrent le feu sur les passagers. Bilan : 35 morts (dont une dizaine de jeunes enfants), plus de 60 blessés. Peu après, un groupe inconnu baptisé al Mansoorian revendique l'attentat. Pour les services spéciaux indiens al Mansoorian serait le nouveau nom du Lashkar-i-Tayyaba (Pakistan).

États-Unis

15 mai, la chaîne CBS News révèle que le président américain, George W. Bush, avait été averti, peu avant les attentats du 11 septembre, qu'al-Qaïda préparait des détournements d'avions américains. Le FBI aurait aussi été averti de la présence d'élèves suspects dans plusieurs écoles de pilotage américaines. Le soir même, la Maison Blanche admet que le « président a été informé de cette menace mais on ne parlait que de "détournements classiques" » et non de l'utilisation d'avions comme des missiles ». Le 16, le porte-parole de la Maison Blanche confirme l'existence d'une note de la CIA datée du 6 août 2001.

19 mai, le vice-président américain, Dick Cheney,

déclare qu'une « attaque contre le territoire américain, aussi meurtrière que le 11 septembre, est quasi certaine ».

États-Unis / Asie du Sud-Est

17 mai, le ministre de l'Intérieur de Singapour déclare devant le Parlement que « les terroristes arrêtés au début de l'année à Singapour avaient reçu le feu vert d'al-Qaïda dès 1997 pour organiser des attentats contre les forces militaires américaines stationnées dans la ville ».

Monde arabe

17 mai, les quotidiens arabes *Asharq al-Awsat* et *Arab News* publient une interview du mollah Omar (d'après eux, la première depuis deux ans) : « Grâce à Dieu, sheikh Oussama est toujours vivant, et cela tourmente Bush qui a promis à son peuple de l'assassiner, sans savoir que la vie est entre les mains de Dieu (...) la guerre n'a pas pris fin en Afghanistan, en Palestine ou ailleurs dans les pays musulmans. Pour l'Afghanistan, je dis que le feu de la guerre a été attisé et touchera la Maison Blanche, siège de l'injustice et de la tyrannie. L'avenir de l'Amérique en Afghanistan, c'est le feu, l'enfer et des pertes importantes comme cela fut le cas avec l'Union soviétique. » Sur les attentats du 11 septembre il déclare : « Il y a des actes grandioses. Et ils seront répétés si les États-Unis n'éliminent pas les causes. » Ces propos auraient été recueillis par l'intermédiaire de l'un des conseillers du mollah, qui a transmis les questions au chef suprême des Talibans et reçu les réponses.

18 mai, *Asharq al-Awsat* publie une déclaration d'Abdel Azim el-Moujahar. Se présentant comme un

responsable d'al-Qaïda, ce dernier affirme que l'auteur de l'attentat suicide contre la synagogue de la Ghriba à Djerba (Tunisie) appartenait au réseau d'Oussama Ben Laden et annonce de nouveaux attentats.

Grande-Bretagne / Oussama Ben Laden

20 mai, le *Sunday Times* annonce en grand titre une cassette de 40 minutes (datant de deux ou trois mois), dans laquelle Oussama Ben Laden se compare à Richard Cœur de Lion combattant les Infidèles du Moyen Âge : « C'est une guerre entre nous et les juifs », affirme-t-il. La cassette contient deux interviews :

— dans la première (tournée il y a deux mois), Oussama Ben Laden, émacié, apparaît en treillis militaire avec un turban, il discute avec un combattant de la guerre sainte et loue les mérites du martyre ;

— dans la seconde (datant d'octobre 2001), il désigne la Grande-Bretagne, les États-Unis, Israël et tous les États qui les soutiennent comme des cibles pour des attentats à venir : « C'est une guerre entre nous et les juifs (...) tout pays qui se range du côté des juifs ne doit s'en prendre qu'à lui-même. » Cette vidéo est diffusée par plusieurs chaînes de télévision dont la britannique Sky News.

États-Unis

21 mai, les États-Unis ajoutent huit organisations terroristes à la liste jointe à son rapport annuel sur le terrorisme : Jama'a islamiya, al Muqatilah bi Libya (Libye), Al Itihad al Islamiya (Afrique), Harakat ul Jihad i Islami (Pakistan), Islamic Army of Aden (Yémen), Kumpulan Mujahidin Malaysia (Ma-

laisie, Indonésie, Philippines), Tunisian Combattant Group (Tunisie), Turkish Hezbollah (Turquie).

Afghanistan

27 mai, dans un entretien accordé au *New York Times*, le commandant des troupes américaines en Afghanistan, le général Franklin Hagenbeck, affirme que les renseignements recueillis au cours des dernières semaines permettent de penser que « les principaux responsables d'al-Qaïda et des Talibans ont quitté l'est de l'Afghanistan pour les zones tribales pakistanaises avec 100 à 1 000 combattants "non afghans" (Tchétchènes, Ouzbeks, Ouïgours) (...) quelques-uns sont revenus en Afghanistan pour préparer des attentats suicide ou à la voiture piégée (...) ils préparent des opérations de guérilla pour saboter la rencontre des gouverneurs locaux qui doit se tenir en juin à Kaboul ».

Le même jour, deux anciens chefs talibans : Fazul Rabi Saïd Rahman (en charge de la police de Paktia) et Obeidullah (assistant de l'ancien chef des renseignements Qari Ahmadullah — tué lors des bombardements américains), affirment dans une interview à Associated Press (AP) : « Les Talibans se réorganisent secrètement au Pakistan (...) mollah Omar et Oussama Ben Laden sont en vie (...) nous les avons rencontrés dans les montagnes d'Afghanistan il y a deux mois (...) tous travaillent ensemble, le Harakat ul Jihad, le Harakat ul Mudjahidin et al-Qaïda (...) le mollah Omar remet en ordre de bataille les Talibans qui ont été rebaptisés Al Emarah Islamia Afghanistan (Émirat islamique d'Afghanistan). » Ils précisent que le mollah Omar a désigné comme successeurs — au cas où il décéderait — le mollah Usmani (ancien commandant militaire de Kandahar) et Agha Jan Mohtasim (ancien ministre des Finances) à la tête du mouvement de survivance idéologique.

Pakistan

30 mai, arrestation à Peshawar (PFNO) de 2 Algériens liés à al-Qaïda. D'après la police, l'un d'eux, identifié comme Abu Abdallah, « est un membre influent de l'organisation d'Oussama Ben Laden, il dirige depuis quinze ans des écoles coraniques dans l'est de l'Afghanistan (...) il a fui les bombardements en décembre 2001 et vivait depuis à Peshawar ». La police déclare avoir saisi chez le suspect 1 400 dollars en liquide et plusieurs dizaines de kalachnikovs.

Allemagne

30 mai, à l'occasion de la conférence des polices européennes, le directeur des services antiterroristes allemand, Hans Beth, estime : « Oussama Ben Laden est encore en vie et al-Qaïda reste capable d'organiser des attaques (...) [ces derniers temps] les communications sont devenues plus actives (...) nous croyons qu'Oussama Ben Laden lui-même essaye de donner une impulsion à des attaques. »

JUIN 2002

États-Unis

5 juin, la presse annonce que le cerveau des attentats du 11 septembre a été identifié. Il s'agirait de Khalid Sheikh Mohammed (Koweïtien[1], 37 ou

1. Les autorités koweïtiennes affirment qu'il ne possède pas la nationalité koweïtienne et qu'il appartient à l'ethnie baloutche (Pakistan).

38 ans en 2002). Dans un entretien publié par le quotidien américain *Los Angeles Times*, un responsable de l'administration américaine (sous couvert de l'anonymat) déclare : « Nous avons des raisons de croire que le plan concernant les quatre détournements d'avions était son idée et qu'il en a parlé à Oussama Ben Laden. »

6 juin, dans une interview accordée au *Washington Post*, le directeur du FBI Robert Mueller confirme cette information et précise que Khalid Sheikh Mohammed est un parent de Ramzi Youssef (Pakistanais, condamné à la prison à perpétuité aux États-Unis pour son implication dans le premier attentat contre le World Trade Center en 1993 et dans l'opération Bojinka[1]) et est également recherché dans le cadre de l'opération Bojinka.

Indonésie

5 juin, la police arrête Omar al-Farouq (Koweïtien) près de Djakarta et le remet aux autorités américaines, qui le transfèrent sur leur base de Bagram (Afghanistan). D'après les enquêteurs américains, il aurait avoué (le 9 septembre) avoir été envoyé en Asie du Sud-Est pour orchestrer une série d'attentats (notamment contre les ambassades américaines et les églises chrétiennes) et unifier les mouvements islamistes de la région. Il aurait reçu sur place l'assistance de la Jemaah islamiya.

1. Ce plan imaginé et mis sur pied par Ramzi Youssef a été découvert en janvier 1995. Il s'agissait de faire exploser 11 avions de ligne appartenant à de grandes compagnies américaines (United Airlines, Northwest, Delta) reliant l'Asie à la côte californienne au-dessus du Pacifique. Nombre de victimes attendues ? Environ 4 000 morts en moins de 48 heures.

France

8 juin, la police annonce avoir arrêté un Franco-Algérien de 28 ans lié au groupe de Francfort (projet d'attentat qui visait la cathédrale de Strasbourg, découvert en décembre 2000). Il s'agirait d'un membre important des réseaux al-Qaïda en Europe.

Afghanistan

26 juin, dans une interview accordée au *Washington Times*, le Secrétaire à la Défense, Donald Rumsfeld, déclare : « Les troupes américaines ont découvert des chargements d'équipements militaires destinés à al-Qaïda et aux Talibans (...) il s'agit de matériel professionnel neuf encore sous emballage (...) les flux d'argent et d'armes ne sont pas taris. » Interrogé sur la provenance de ces équipements, Donald Rumsfeld répond « de partout » : « Les passeports arrivent de plusieurs endroits, les équipements médicaux et les armes d'autres lieux... »

Pakistan

12 juin, les autorités pakistanaises annoncent avoir arrêté (six semaines auparavant), à la frontière afghano-pakistanaise, une demi-douzaine de suspects liés à al-Qaïda qui tentaient de rejoindre les zones tribales (PFNO). Parmi eux . des Pakistanais et deux hommes détenteurs de passeports américains (dont un certain « Benjamin », alias Ahmed Mohammed, qui se serait converti à l'islam lors d'un séjour en prison aux États-Unis). La plupart ont étudié dans une madrasa de Bannu (district de la Province frontière nord-ouest) dirigée par Mohammed Ilitima.

France

12 juin, 3 Français (d'origine maghrébine) sont arrêtés dans le quartier du Val-Fourré à Mantes-la-Jolie (Yvelines) et deux Pakistanais à Évry (Essonne). Ils sont soupçonnés d'avoir fourni une assistance logistique à Richard Reid (projet d'attentat du vol Paris-Miami, voir plus haut, décembre 2001). Deux Français et un Pakistanais (Ghulam Mustafa Rama) sont mis en examen dans le cadre de cette affaire.

Pakistan

14 juin, un véhicule explose devant le consulat américain de Karachi : 12 morts (tous Pakistanais, dont 3 femmes se trouvant dans une auto-école), 51 blessés (dont 6 Pakistanais travaillant au consulat) ; les vitres des bâtiments situés à plus de 500 mètres à la ronde volent en éclats.

Les premiers éléments de l'enquête révèlent que :

— la bombe de très forte puissance (20 à 30 kg) était placée dans une auto-école à l'insu des propriétaires et a été déclenchée à distance ;

— l'individu chargé d'actionner le détonateur a été repéré par les caméras de surveillance du consulat peu avant l'explosion, alors qu'il tentait d'obtenir des informations sur la localisation de différents bureaux. Il se serait ensuite rendu dans une rue voisine (non équipée de caméras de surveillance) ;

— le véhicule aurait dû exploser un peu plus loin, au milieu de la façade du bâtiment. Les enquêteurs pensent que le terroriste, trop engagé dans une rue perpendiculaire, a perdu de vue le véhicule et actionné le détonateur un peu trop tôt.

L'attentat est revendiqué[1] par un groupe inconnu, le Tarjuman Al Qanoon (porte-parole de la Loi) : « Nous revendiquons l'attentat (...) Les Américains, leurs alliés et leur marionnette — le gouvernement pakistanais — doivent se préparer à de nouvelles attaques (...) cette attaque n'est que le début du jihad d'Al Qanoon au Pakistan. »

19 juin, le chef du Laskhar-i-Jangvi pour Karachi, Qari Atta ur Rehman (alias Naeem Bukhari) et Faisal Bhatti (alias Zubair Chishti, autre responsable du Laskhar-i-Jangvi) sont arrêtés à Karachi. Naeem Bukhari est présenté comme le « cerveau » de l'attentat contre les personnels de DCN en mai 2002[2].

22 juin, la police annonce avoir arrêté plus de 100 activistes du Sepah-i-Sahaba et du Laskhar-i-Jhangvi dans la seule province du Pendjab (52 interpellations dans la seule ville de Lahore) ; une vingtaine sont relâchés peu après leur interpellation.

Maroc

18 juin, la chaîne de télévision marocaine ABC révèle qu'un haut responsable d'al-Qaïda est détenu au Maroc depuis deux semaines. Il s'agirait d'Abu Zoubair al-Haili (dit « L'ours »). D'après les services spéciaux américains, il aurait participé à la réorganisation des réseaux al-Qaïda après les bombardements sur l'Afghanistan.

Arabie saoudite

18 juin, le ministre de l'Intérieur saoudien annonce que 6 Saoudiens et un Soudanais, liés à la

1. Par fax envoyé à plusieurs organes de presse.
2. Il aurait notamment payé la voiture qui a servi à l'attentat.

mouvance al-Qaïda, ont été arrêtés : « Le Soudanais a lancé avec l'aide d'un complice un missile type SAM-7[1] sur un avion militaire américain qui s'apprêtait à décoller de la base de Prince Sultan, à Kharj (80 km au sud de Riyad). » D'après la presse, l'incident se serait produit en décembre 2001. La cellule comprenait 13 membres : 11 Saoudiens, un Soudanais et un Irakien (tous arrêtés). Ces hommes sont soupçonnés d'avoir préparé des attentats à la bombe contre des bases américaines en Arabie saoudite et envisageaient d'abattre des avions militaires de la base de Prince Sultan à l'aide de missiles sol-air.

Maroc / Syrie

20 juin, la presse révèle que Mohammed Haider Zammar (Syrien né à Alep, naturalisé allemand) a été arrêté au Maroc et extradé vers la Syrie, où il est détenu depuis. Mohammed Haider Zammar était lié à Mohammed Atta à Hambourg. Après les attentats du 11 septembre, il est interrogé par la police allemande, puis relâché. Le 27 octobre 2001, il quitte l'Allemagne pour le Maroc (prétexte du voyage : divorcer de sa femme marocaine).

Monde arabe

23 juin, la société Assihab diffuse un enregistrement audio de Soleiman Abu Gaith. Il menace de frapper une nouvelle fois les États-Unis et affirme que les terroristes doivent tuer au moins 4 millions d'Américains (dont un million d'enfants) pour parvenir au nombre de victimes causées par Washington, en Afghanistan, dans les territoires palesti-

1. Missile sol-air portable de fabrication russe.

niens, au Soudan, aux Philippines, en Bosnie, au Cachemire et en Irak. Il déclare par ailleurs que le réseau al-Qaïda est prêt à utiliser des armes non conventionnelles pour atteindre son objectif.

Extraits : « Les attaques du 11 septembre ne sont qu'un début (...) eu égard au nombre de musulmans tués par les Américains directement ou indirectement, nous ne sommes qu'au début de la route dans la lutte antiaméricaine (...) huit mois après la guerre américaine contre l'Afghanistan sheikh Oussama Ben Laden, Ayman al-Zawahiri et le mollah Omar sont en vie. Ils sont en bonne santé contrairement aux rumeurs disant qu'ils avaient été touchés à Tora Bora (...) Les dirigeants d'al-Qaïda sont sortis à 98 % indemnes des bombardements en Afghanistan. Ni son appareil militaire ni ses capacités médiatiques ou économiques n'ont été touchés. Le monde entier et les amis moudjahidines dans le monde musulman vont bientôt avoir le plaisir de découvrir Oussama Ben Laden sur les chaînes de télévision (...) L'Amérique doit se préparer et serrer ses ceintures de sécurité. Nous allons frapper là où les Américains ne l'attendent pas. Nous allons mener des attaques, mais au moment opportun, à l'endroit que nous choisirons et de la manière que nous voulons. » A propos de l'attentat contre la synagogue de Djerba : « Il est vrai que l'attentat contre la synagogue de Djerba en avril dernier est une opération menée par un jeune de l'organisation al-Qaïda. Ce jeune ne supportait plus de voir ses frères palestiniens tués, massacrés, leur sang versé et leur honneur violé, et de voir que pendant ce temps des juifs se promènent, s'amusent et accomplissent librement leurs rites. »

Cet enregistrement est diffusé par Al-Jazira, par

un site Internet réputé proche d'al-Qaïda (alneda.-com), et repris par le journal saoudien *Asharq al-Awsat*.

Pakistan

28 juin, la police annonce avoir arrêté à Peshawar 12 militants liés à al-Qaïda : 6 appartiennent au Tabligh Jamaat, 3 sont afghans.

29 juin, la police arrête Mohamed Ajmal (alias Akram Lahori, « commandant suprême » du Laskhar-i-Jhangvi, tête mise à prix : 2,5 millions de roupies, dans les provinces du Pendjab et du Sind) et 4 de ses complices (Tasadduq Hussain alias Shaikh, Ataullah alias Qasim, Mohammed Azam alias Sharif, Anwar alias Usman Baloch). Devant la presse, Akram Lahori revendique son implication dans des attentats sectaires au Pakistan[1] et déclare « avoir temporairement abandonné ses actions contre les chiites pour se consacrer à des attentats antioccidentaux ». Les autorités pakistanaises affirment qu'il est impliqué dans les attentats suicides contre les techniciens de DCN et le consulat américain de Karachi (cf. mai 2002).

29 juin, la presse pakistanaise publie une liste des 10 terroristes les plus recherchés par la police (têtes mises à prix pour un total de 330 000 dollars). Plusieurs appartiennent au Laskhar-i-Jhangvi. D'après

1. Akram Lahori est recherché pour 30 attaques terroristes au Pendjab (dont l'assassinat de 6 militaires iraniens à Rawalpindi en 1991 et le massacre de 25 fidèles chiites qui étaient rassemblés dans un cimetière de Mominpura à Lahore) et pour 38 assassinats dans la seule ville de Karachi (dont celui du frère du ministre de l'Intérieur pakistanais en décembre 2001 et celui du directeur de la régie pakistanaise des pétroles).

les autorités, ils sont impliqués dans l'assassinat de Daniel Pearl, dans les attentats contre les employés de DCN et le consulat américain de Karachi, etc. Parmi eux : Asif Ramzi (ancien chef du groupe, impliqué dans l'assassinat de Daniel Pearl, tête mise à prix 50 000 dollars), Abdul Rehman (complice dans l'enlèvement du journaliste américain), Sharib (tête mise à prix 1,5 million de roupies, impliqué dans l'attentat contre les employés de DCN et le consulat américain de Karachi), Naveedul Hassan (tête mise à prix 2 millions de roupies, impliqué dans l'attentat contre le consulat américain de Karachi).

Canada

Fin juin, Adel Tobbichi est arrêté à Montréal, il est soupçonné d'avoir fourni de faux documents d'identité aux membres du réseau Beghal (projet d'attentat contre l'ambassade américaine à Paris découvert en septembre 2001, voir plus haut). Les enquêteurs pensent que son véritable nom est Amine Mezbar (Algérien, 34 ans en 2002) ; il aurait vécu à Rotterdam avec deux membres du réseau Beghal (entre 2000 et 2001). Les Pays-Bas demandent son extradition.

JUILLET 2002

Pakistan

2 juillet, 12 militants du Sepah-i-Sahaba qui préparaient un attentat à Rawalpindi sont arrêtés dans cette ville, la police saisit d'importantes quantités d'armes (pistolets, lance-roquettes, grenades, etc.).

Afghanistan

6 juillet, assassinat par des inconnus, dans le centre de Kaboul, d'un des vice-présidents du gouvernement de transition, également ministre des Travaux publics, Haji Abdul Qadir. Les auteurs (2 ou 3 hommes) réussissent à prendre la fuite.

Pakistan

8 juillet, 3 combattants du Harakat ul Mudjahidin al Aalmi (présenté comme une émanation du Harakat ul Mujahedeen) sont arrêtés à Karachi. D'après la police, ils sont impliqués dans l'attentat contre les employés de DCN, celui contre le consulat américain de Karachi et la tentative d'assassinat du président pakistanais Pervez Musharraf. Il s'agit de Mohamed Imran Bhai, Mohamed Hanif, Shaikh Mohamed Ahmed (alias Danial). Devant la presse, Mohamed Hanif reconnaît : « Mes amis et moi avons participé à l'attentat contre DCN et à celui contre le consulat américain » ; Mohamed Imran Bhai déclare, pour sa part, ne pas avoir participé à ces opérations mais en avoir été tenu informé.

Monde arabe

10 juillet, mise en ligne sur un site Internet proche de la mouvance salafiste d'une interview audio de Sulaiman Abu Gaith : « Al-Qaïda organisera des attaques à l'intérieur et à l'extérieur du territoire américain, au moment où nous le choisirons, à l'endroit que nous choisirons et contre les objectifs que nous voulons (...) [les cibles sont] américaines et juives (...) nos arrogants ennemis (...) notre bataille avec les États-Unis ne sera jamais finie, il n'y aura jamais de fin parce qu'il ne s'agit pas d'une bataille

personnelle mais d'une lutte entre le vrai et le faux, un combat entre le bien et le mal (...) Je peux vous assurer que 98 % [des proches de Ben Laden] vont bien (...) mon message pour les jeunes musulmans est que les combattants d'al-Qaïda ne sont pas les seuls à devoir combattre les juifs, c'est la liberté de tous les musulmans de se lever et de défendre leur religion (...) les prochaines attaques contre les Américains auront lieu dans un laps de temps pas si éloigné. » Le site publie, par ailleurs, une déclaration attribuée à Abu Laith al-Libi, dans laquelle il appelle les musulmans à se préparer à la guerre.

Italie

12 juillet, 8 suspects liés à al-Qaïda sont arrêtés à Milan, dont Mohamed Kazdari (Marocain, 37 ans en 2002) et son frère Saïd Kazdari (32 ans). Arrêtés en août 2001 pour détention de faux documents, les deux frères avaient été relâchés peu après. Ils sont soupçonnés d'avoir fourni des faux papiers à Essid Samir ben Khemais (arrêté, responsable d'une cellule du GSPC à Milan, voir plus haut avril 2001).

Pakistan

15 juillet, Ahmed Omar Saeed Sheikh est condamné à mort pour l'assassinat de Daniel Pearl.

Trois suspects liés à la mouvance al-Qaïda sont arrêtés à Karachi, parmi eux Sheikh Ahmed Saleem (Soudanais), présenté comme un des conseillers financiers d'Oussama Ben Laden. Sheikh Ahmed Saleem dit s'être réfugié à Karachi après l'intervention américaine en Afghanistan, en octobre 2001.

Allemagne

14 juillet, interrogé par le journal *Welt am Sonntag*, le chef des services de renseignements allemands, August Hanning, estime qu'Oussama Ben Laden est sain et sauf et qu'il a échappé aux bombardements. Selon lui, il se trouve toujours dans la région frontalière afghano-pakistanaise : « Il se déplace peu et, lorsqu'il le fait, c'est de manière très discrète. » Il estime qu'« environ 5 000 combattants liés à al-Qaïda et aux Talibans sont encore présents dans cette région et qu'ils préparent de nouvelles attaques à partir de nouvelles bases (...) les autres [combattants] ont pour la plupart regagné leur pays d'origine ».

Grande-Bretagne

15 juillet, dans une interview accordée à Associated Press, l'éditeur du quotidien *Al Quds al Arabi*, Abdel Bari Atwan[1], estime : « [les combattants d'al-Qaïda] attaqueront à l'intérieur des États-Unis, ils veulent le maximum de publicité (...) ils se regroupent après les attaques américaines (...) Oussama Ben Laden a été blessé par une bombe américaine l'an dernier mais est en bonne santé ». Selon lui, Oussama Ben Laden « ne veut pas apparaître juste pour dire des mots (...) il apparaîtra seulement (...) après que ses hommes auront encore frappé les États-Unis. » Il ajoute que les rumeurs sur la maladie d'Oussama Ben Laden sont fausses.

1. Un des rares à avoir obtenu une interview d'Oussama Ben Laden, c'était en 1996.

Espagne

16 juillet, la police arrête trois suspects d'origine syrienne dans la banlieue de Castellón (nord de Valence) et de Madrid : Gashoub Abrash Ghalyoun (déjà arrêté en avril 2002), Mohammed Khair al-Saqq[1] (arrêté une première fois en avril 2002, relâché faute de preuves) et Abdelrahman Alarnoat[2]. Au domicile des suspects, elle saisit des vidéos dans lesquelles sont filmés sous tous les angles les tours du World Trade Center (New York), des studios de cinéma (Hollywood), la Sears Tower (Chicago), le Golden Gate (San Francisco), la statue de la Liberté (New York), Disneyland (Californie)... Ces hommes seraient liés à la cellule d'Abu Dahdah (démantelée en novembre 2001, voir plus haut).

Pakistan

21 juillet, l'un des biographes d'Oussama Ben Laden affirme que le chef d'al-Qaïda est vivant et circule entre le Pakistan, le Cachemire et l'est de l'Afghanistan. Il serait entouré de 30 à 60 gardes du corps et aurait 9 sosies.

AOÛT 2002

Sultanat d'Oman

3 août, Mohamed Mansour Jabarab (alias « Sammy », Koweïtien, naturalisé Canadien) est arrêté. Il serait l'un des cerveaux de la cellule de Singapour

1. Ancien membre des Frères musulmans en Syrie, présenté comme « un financier d'al-Qaïda ».
2. Vétéran de la guerre de Bosnie, il aurait été formé dans un camp d'entraînement à Zenica.

(projet d'attentats antioccidentaux, voir plus haut, 19 janvier 2002). Lors de ses interrogatoires, Jabarab déclare avoir reçu de Khaled Sheikh Mohammed de l'argent et des ordres pour organiser les attentats (voir plus bas, 1er mars 2003). Il est extradé vers les États-Unis. Son frère, Abdulrahman (22 ans), est également recherché.

Pakistan

5 août, 3 hommes ouvrent le feu dans une école chrétienne accueillant environ 150 enfants de 16 nationalités différentes, à Muree (station climatique à 56 km au nord-est d'Islamabad) : 6 morts (Pakistanais).

9 août, 3 hommes armés de grenades attaquent la chapelle d'un hôpital chrétien affilié aux Églises presbytériennes pakistanaise et américaine à Taxila (± 20 km d'Islamabad) : 3 infirmières tuées (Pakistanaises), 23 blessés. L'administrateur de l'hôpital déclare qu'il n'y avait aucun étranger dans l'établissement (ni parmi les employés ni parmi les patients) lors de l'attentat, mais, précise-t-il, « les terroristes ne s'embarrassent pas de tels détails (...) pour eux, tous les Blancs sont des chrétiens ».

Afghanistan / Pakistan

9 août, un officier de renseignement afghan interrogé par *The Monitor* estime : « Les gens d'al-Qaïda sont rassemblés (avec des ex-Talibans et des combattants cachemiris) au Pakistan, vers la province de Kunar (...) Ayman al-Zawahiri dirige les opérations depuis le village de Shah Salim (à 48 km à l'ouest de Chitral, près de la frontière afghane) ; une autre base est établie dans le village de Murkushi (145 km au nord de Gilgit, près de la frontière chinoise), ils cherchent à obtenir des missiles antiaé-

riens en Chine pour abattre des avions américains. »

Afghanistan

17 août, dans une interview à l'agence Reuters, le ministre des Affaires étrangères afghan, Abdullah Abdullah, estime : « Oussama Ben Laden et le mollah Omar sont vivants (...) ils doivent vivre en Afghanistan ou dans un pays voisin (...) Oussama Ben Laden n'est sans doute plus en Afghanistan mais il est très probablement dans la région (...) nous savons qu'il a survécu aux bombardements de Tora Bora. »

Pakistan

21 août, interrogé par l'Agence France Presse (AFP), le président pakistanais, Pervez Musharraf, déclare qu'il se peut que le mollah Omar et Oussama Ben Laden soient au Pakistan « mais il est plus probable qu'ils sont toujours en Afghanistan. Ben Laden se déplace avec 100 à 200 hommes en protection. Un tel groupe ne pourrait se cacher au Pakistan (...) Aujourd'hui, les partisans de Ben Laden circulent entre les frontières ; peut-être viennent-ils du côté pakistanais (...) [l'Afghanistan] est un pays tribal, avec des seigneurs de guerre contrôlant divers secteurs. Les mêmes groupes de Talibans et d'al-Qaïda peuvent encore se reformer, car le gouvernement afghan ne contrôle pas tout le territoire ».

Norvège

26 août, le quotidien norvégien *Verdens Gang* rapporte que les services spéciaux norvégiens (PST) enquêtent sur quatre étrangers résidant dans le

royaume et soupçonnés d'être liés à al-Qaïda. L'enquête concernerait le mollah Krekar (chef du groupe islamiste kurde Ansar al Islam, réfugié en Norvège depuis dix ans), un autre Kurde irakien, un Afghan et un Maghrébin.

États-Unis / Grande-Bretagne

27 août, le directeur du journal arabophone *Al Quds al Arabi* (publié à Londres), Abdel Bari Atwan, affirme : « Al-Qaïda a souffert des bombardements américains en Afghanistan et Oussama Ben Laden a eu du mal à garder le contrôle. Il a maintenant repris les commandes (...) ils se sont regroupés et réorganisés (...) Oussama Ben Laden est en bonne santé et hors de danger et planifie de nouvelles attaques contre les États-Unis (...) Oussama Ben Laden et Ayman al-Zawahiri sont entourés de gardes qui les protègent (...) j'ai le sentiment que les nouvelles attaques coïncideront avec les frappes contre l'Irak (...) il [Oussama Ben Laden] souhaite capitaliser sur les appels aux populations arabes qui suivront l'attaque contre l'Irak. »

28 août, dans une interview à CNN, le président de la commission du renseignement au Sénat, Bob Graham, admet qu'Oussama Ben Laden est sans doute encore en vie : « Je crois d'après ce que m'ont dit les meilleurs analystes des services secrets américains (...) qu'Oussama Ben Laden est encore en vie (...) et vit entre l'Afghanistan et les zones tribales [Pakistan]. »

29 août, le quotidien américain *Herald Tribune* titre : « Des officiers américains qui traquent Ben Laden pensent qu'il est encore en vie ». Les officiers interrogés par le journal (sous couvert de l'anonymat) estiment qu'Oussama Ben Laden s'est enfui à

cheval et a échappé à la surveillance aérienne en « ne se déplaçant que la nuit par temps couvert ». Pour eux, il peut se trouver dans quatre régions afghanes (Konarha, Nangarhar, Paktia ou Paktika) ou dans les zones tribales au Pakistan.

Iran

28 août, le *Washington Post*, citant des services spéciaux arabes, affirme que les autorités américaines savent que d'importants cadres d'al-Qaïda se cacheraient en Iran : Saif al-Adil (Égyptien, présenté comme chef de la sécurité d'Oussama Ben Laden, impliqué dans les attentats contre les ambassades américaines en Afrique, en août 1998) et Mahfouz Ould al-Walid[1] (alias Abu Hafs, Mauritanien, présenté comme un conseiller spirituel d'Oussama Ben Laden, notamment impliqué dans les attentats d'août 1998 en Afrique et les projets d'attentats aux États-Unis, à l'occasion du passage à l'an 2000 – « cellule Ahmed Ressam »). Un autre individu, identifié comme Abu Musab Zarqawi, se serait également réfugié dans ce pays après le début des frappes américaines en Afghanistan ; depuis, il aurait quitté l'Iran (en février 2003, les autorités américaines affirment qu'il est en Irak). En tout, une douzaine de cadres d'al-Qaïda seraient réfugiés en Iran (notamment dans les villes de Mashad et de Zabol sises à la frontière de l'Afghanistan et du Turkménistan). D'après le quotidien, les services spéciaux estiment qu'al-Qaïda « a planifié cette année [2002] des attaques en Europe, en Afghanistan,

1. D'autres sources affirmaient précédemment qu'il avait été tué sous les bombardements américains en Afghanistan en janvier 2002.

au Moyen-Orient et dans les pays du Golfe — notamment contre un navire américain à Bahreïn ». Pour Donald Rumsfeld, les responsables d'al-Qaïda sont en Iran, en Irak et dans une douzaine d'autres pays.

SEPTEMBRE 2002

Afghanistan / Pakistan

1er septembre, dans une interview à Associated Press, Abdullah Abdullah, ministre afghan des Affaires étrangères, réaffirme qu'Oussama Ben Laden est au Pakistan. Un responsable des renseignements afghan, Rehmat Shah, précise qu'il est installé dans l'agence du Sud-Wazaristan (zones tribales, Pakistan) depuis juin 2002.

Pour l'ancien ministre de l'Intérieur des Talibans, le mollah Mohammed Khaksar : « Oussama Ben Laden est parti juste après le 11 septembre 2001 et a voyagé dans le pays, ne restant jamais 24 heures au même endroit ; il s'est ainsi rendu à Kaboul, Khost, Jozjan, Faryab et dans les provinces de Helmand, Ghor et Badghus pour visiter des camps arabes (...) lorsque les Américains ont commencé à bombarder, le 7 octobre 2001, il était à Kandahar avec le mollah Omar (...) mollah Omar a envoyé sa famille à Maruf et Oussama Ben Laden a mis la sienne à l'abri au Pakistan. » Un général pakistanais en retraite, interrogé par Associated Press, estime qu'Oussama Ben Laden était à Kandahar le 11 septembre 2001. Des habitants de Djalalabad (capitale de la province de Nangarhar) disent avoir « encore vu sheikh Ben Laden le 19 novembre 2001 » (soit trois jours avant que les Talibans n'abandonnent la ville).

Un Afghan, qui se présente comme l'ancien chauffeur d'Oussama Ben Laden, dit que quatre passeports ont été apportés à Ben Laden après le 11 septembre 2001. Il pense qu'ils proviennent des services spéciaux pakistanais, mais ne sait pas de quelles nationalités étaient ces papiers. D'après un ancien responsable taliban de la sécurité, maulvi Mohammed Towha : « Ben Laden a fui avec le maulvi Abdul Kabir [ancien gouverneur des Talibans et Premier ministre adjoint] le 16 septembre 2001 avec 2 500 hommes, dont de très nombreux Arabes et Pakistanais ainsi que des combattants de mouvements associés (...) certains ont gagné le nord-est de l'Afghanistan, la province de Kunar puis ont traversé la frontière pour rejoindre le Pakistan, d'autres ont rejoint le sud et l'est du pays en passant par Tora Bora. »

Des villageois de Tora Bora témoignent que plusieurs centaines d'Arabes ont fui le pays par les montagnes : « Beaucoup d'Arabes sont venus ici, dit un habitant, les gens les ont cachés, ils étaient heureux de le faire (...) nul ne doit livrer un homme à l'Amérique... Pendant plusieurs jours nous les avons gardés dans nos maisons (...) mais personne ici n'a vu Oussama Ben Laden. » De nombreux Arabes ont fui les bombardements et gagné le Pakistan en passant par les villages de Suleiman Khiel et Milawa où ils ont payé des guides pakistanais pour passer la frontière.

1er septembre, lors d'une conférence de presse, le commandant des forces américaines en Afghanistan, le général Tommy Franks, déclare : « Nous n'avons pas de preuves formelles indiquant qu'Oussama Ben Laden et Ayman al-Zawahiri sont morts. » Où sont-ils maintenant ? « Je ne peux pas vous le dire. Je pourrais vous donner des indications, mais cela risquerait de les alerter (...) je pense que s'ils sont en vie il y a beaucoup de pays intéressants [pour se réfugier] (...) je terminerai en disant que s'il [Oussama Ben Laden] est encore en vie, ce n'est qu'une question de temps. »

4 septembre, le quotidien américain *Herald Tribune* titre : « Frustrées, les unités d'élites pensent qu'Oussama Ben Laden est mort ». Selon cette version, Ben Laden serait mort dans les bombardements de Tora Bora en décembre 2001.

Monde arabe

5 et 12 septembre, Al-Jazira diffuse une interview de « deux dirigeants » d'al-Qaïda : le Koweïtien Khaled Sheikh Mohammed et le Yéménite Ramzi Binalshib (tous deux recherchés pour les attentats du 11 septembre). L'entretien a été réalisé par un de ses reporters en juin 2002 à Karachi (Pakistan). Le journaliste dit avoir pu enregistrer et filmer les deux hommes « très librement » ; mais il n'a pu récupérer la cassette vidéo — « ses hôtes » devant la lui renvoyer après avoir « gommé » leurs visages sur les images, et ne l'ayant pas fait. Il n'a reçu que la bande sonore des conversations (celle diffusée par la chaîne en deux parties de 45 et 70 minutes).

Dans l'enregistrement, Khalid Sheikh Mohammed se présente comme le « chef du comité militaire d'al-Qaïda » et Ramzi Binalshib comme le « coordinateur du mardi saint » (le 11 septembre 2001). Sur les attentats du 11 septembre, ils déclarent qu'al-Qaïda avait d'abord envisagé de frapper « deux installations nucléaires », puis avait renoncé à ce projet « par crainte que ce ne soit pas contrôlable ». Ils racontent que la décision de frapper les

États-Unis a été prise début 1999 par le « comité militaire d'al-Qaïda » avec l'aval d'Oussama Ben Laden : « L'attaque avait été baptisée "opération martyre en Amérique" (...) nous n'avons jamais manqué de martyrs potentiels. À vrai dire, nous avons un département des martyrs (...) L'attaque visait à faire le plus de morts possibles et de grands ravages et à infliger une "grosse claque" à l'Amérique sur le sol américain (...) La direction opérationnelle des attaques a été confiée à Mohammed Atta. À l'automne 1999, un conseil de guerre a eu lieu à Kandahar (Afghanistan), Atta y a participé avec trois des futurs pilotes kamikazes : Hani Hanjour, Marwan al-Shehhi et Nawaz al-Hazemi [présenté comme le bras droit de Mohammed Atta]. » Les deux hommes disent que, pour ne pas attirer l'attention sur leurs visas pakistanais, trois des pilotes (dont Atta) ont déclaré le vol de leurs passeports en rentrant dans leur pays de résidence. Dans les six mois qui ont suivi la réunion de Kandahar, al-Qaïda a envoyé « au moins quatre unités de reconnaissance » aux États-Unis. À l'été 2000, les quatre futurs kamikazes ont commencé leurs leçons de pilotage, trois d'entre eux en Floride et un quatrième (Hanjour, pilote déjà entraîné) en Arizona. Au printemps 2001, les autres « martyrs », en majorité des Saoudiens, ont débuté leur entraînement en Afghanistan. Selon Khaled Sheikh Mohammed : « Ils savaient qu'il s'agissait d'une opération martyre, mais n'en connaissaient pas tous les détails. » En juillet 2001, une réunion s'est tenue à Madrid pour finaliser l'opération ; il était convenu que Mohammed Atta déciderait seul du choix des cibles et du moment des attaques. Après avoir décidé, Mohammed Atta devait en informer Ramzi Binalshib, via Internet, dans un message codé rédigé en allemand : Atta devait « être » un étudiant américain qui contacte « Jenny », sa petite amie en Allemagne ; les cibles devaient être désignées comme des bâtiments universitaires (la « faculté des Arts » : le Pentagone, la « faculté d'Urbanisme » : les tours jumelles, la « faculté de Droit » : le Capitole). Les deux hommes précisent que l'avion qui s'est écrasé en Pennsylvanie visait le Capitole et non la Maison Blanche comme cela a été dit. Ramzi Binalshib raconte qu'environ trois semaines avant les attentats, Mohammed Atta lui a envoyé un message Internet rédigé en ces termes : « Deux lycées et deux universités. Dix-neuf certificats et quatre examens » (autrement dit « les deux tours, le Pentagone et le Capitole »), puis l'a appelé une dernière fois à Hambourg (le 29 août 2001) pour lui communiquer (en arabe cette fois) la date des attentats sous la forme d'une devinette : « Deux bâtons, un tiret et un gâteau avec une queue, qu'est-ce que c'est ? » Lors de l'entretien, Ramzi Binalshib précise qu'il voulait être le vingtième pirate de l'air, mais son visa d'entrée aux États-Unis lui a été refusé (à chaque fois pour motif de sécurité). La date des attentats connue, Ramzi Binalshib dit avoir ordonné l'évacuation de toutes les cellules d'al-Qaïda actives aux États-Unis et en Europe, et quitté l'Allemagne pour le Pakistan.

Le journaliste rapporte que Ramzi Binalshib a rédigé en arabe un document de 112 pages intitulé « La réalité de la nouvelle guerre des croisades ». Dans ce texte, il justifie les attentats du 11 septembre et appelle « un millier d'autres opérations de ce type pour enflammer les cœurs des musulmans contre l'Amérique ». Binalshib aurait confié ce document au reporter, lui demandant de le faire traduire en anglais et de le transmettre à la bibliothèque du Congrès à Washington.

Qatar

9 septembre, la chaîne de télévision qatarie Al-Jazira diffuse un enregistrement sonore attribué à Oussama Ben Laden (non daté) et une vidéo qui, selon les termes de la chaîne, a « apparemment été préparée par al-Qaïda pour le premier anniversaire des attaques du 11 septembre, elle montre certains des auteurs de ces attaques en train d'effectuer des exercices techniques (...) pour échapper aux contrôles d'embarquement dans les aéroports ».

Dans le premier document, Oussama Ben Laden déclare : « Lorsque nous évoquons les conquêtes de New York et Washington, nous parlons de ces hommes qui ont changé le cours de l'histoire et purifié la nation [arabo-islamique] de la souillure des dirigeants traîtres et de leurs acolytes (...) Ces grands hommes ont enraciné la foi dans le cœur des croyants, confirmé l'allégeance à Dieu et fait voler en éclats tous les desseins des croisés et de leurs laquais, les dirigeants de la région. » Il cite ensuite les noms de certains des kamikazes dont celui « de Mohammed Atta qui a dirigé le groupe qui a détruit la première tour (..) Ziad al-Jarrah, du Liban, Marwan al-Shehhi, des Émirats arabes unis qui a détruit la deuxième tour et Hani Hanjour, de Taef en Arabie saoudite qui a détruit le Pentagone ». Un responsable de la CIA (sous couvert de l'anonymat) affirme à l'AFP (11 septembre 2002) qu'il a reconnu la voix d'Oussama Ben Laden.

Les images du second reportage sont confuses : elles montrent quatre individus, dont on ne voit pas le visage et qui, d'après le présentateur, seraient des pirates kamikazes. Ils sont rassemblés dans une pièce d'aspect rustique, un ordinateur et quelques livres en anglais sont visibles sur des bureaux, l'un des hommes pointe du doigt le bâtiment du Pentagone sur une carte de Washington. Al-Jazira identifie ces hommes comme étant : Wail al-Sheri, Hamza al-Ghambi, Saïd al-Ghambi et Ahmad al-Nami — dont les noms figurent sur la liste des auteurs des attentats.

D'après la chaîne, la même cassette contient le testament de Abdel-Aziz al-Omari (Saoudien), un des pirates de l'air du 11 septembre, qui déclare : « Ce message est adressé à l'Amérique pour qu'elle (...) cesse de soutenir Israël (...) que Dieu récompense tous ceux qui m'ont entraîné et ont été à l'origine de cet acte glorieux, et je cite notamment le combattant et Moujahid Oussama Ben Laden, que Dieu le protège » (l'enregistrement non daté aurait été réalisé à Kandahar).

Pakistan

11 septembre, la police prend d'assaut deux appartements d'un immeuble moderne du quartier de Defence Society (Karachi). À l'arrivée des forces de l'ordre, les occupants (8 Yéménites dont Ramzi Binalshib — voir plus haut —, un Égyptien, un Saoudien) ouvrent le feu. Les tirs durent trois heures : 3 policiers et 2 terroristes tués dans l'opération. Dans la résidence des terroristes, un arsenal (pistolets, mitraillettes, grenades...), cinq ordinateurs dernier cri reliés à Internet, un graveur de cédéroms, des téléphones satellites et plus de 500 CD de propagande « fabrication maison ».

18 septembre, la police annonce que 7 islamistes

ont encore été arrêtés à Karachi. Parmi eux : « Sharib » (dont l'arrestation avait déjà été annoncée le 2 juillet 2002), considéré comme un des cerveaux des attentats contre les employés de la DCN et le consulat américain de Karachi. D'après la police, « Sharib », membre du Harakat ul Mudjahidin al-Alaami, avait transformé en forteresse l'appartement où il vivait avec Muffi Zubair (gardes armés, snipers sur les toits, lance-roquettes...).

États-Unis

13 septembre, 5 Américains d'origine yéménite (âgés de 24 à 29 ans) sont arrêtés à Lackawanna[1] (nord de l'État de New York). Il s'agit de Albaneh Mosed (ou Shafal Mosed), Faysal Galab, Sahim Alwan, Yasein Taher, Yahya Goba. Ces hommes auraient apporté un soutien matériel à des terroristes liés à al-Qaïda, ils ont tous suivi un entraînement militaire dans le camp al Farouk (près de Kandahar en Afghanistan), entre avril et mai 2001. Un sixième homme de la cellule, Mukhtal al-Bakri (22 ans en 2002), qui s'était rendu dans le sultanat du Bahreïn pour se marier se serait rendu aux autorités locales et aurait été remis au FBI. D'après les enquêteurs, deux autres membres du groupe (Kamal Derwish, 29 ans en 2002 et Jaber Elbaneh) se seraient réfugiés au Yémen. Kamal Derwish, le recruteur du groupe, aurait convaincu ses compatriotes de suivre au Pakistan l'enseignement religieux du Tablighi Jamiat[2] (TJ).

1. Ancienne ville minière, 20 000 habitants, 10 % de la population est d'origine yéménite.

2. Créé en 1925 à New Delhi, le TJ est un mouvement de prédication et de réislamisation des individus, fondé sur un retour aux sources (l'islam doit être débarrassé de tous les ra-

Singapour

16 septembre, les autorités annoncent que 21 islamistes liés aux projets d'attentat de Singapour ont été arrêtés en août 2002 : 19 sont liés à la Jemaah islamiya et deux appartiennent au Moro Islamic Liberation Front (Philippines). Les suspects sont tous singapouriens, ils n'ont pas d'antécédents, ont de bons métiers (boucher, taxi, vendeur de voitures, podologue...). Parmi les cibles d'attentats visées par les terroristes : un pipeline d'eau situé au nord de la Malaisie.

États-Unis

21 septembre, la chaîne de télévision ABC rapporte qu'Oussama Ben Laden aurait subi une transplantation rénale au Pakistan et chercherait à rejoindre le Yémen.

Pakistan

21 septembre, 10 Algériens (âgés de 25 à 40 ans) sont arrêtés à Karachi et dans l'agence de Kurram (zones tribales, Pakistan). D'après les enquêteurs, les suspects sont tous liés à la nébuleuse al-Qaïda : 8 sont membres du Groupe salafiste pour la prédication et le combat (GSPC, Algérie) et 2 appartiennent au Harakat ul Mudjahidin. La police pakistanaise les identifie comme Hassen Majama Rabiî, Moutiî Sadek Ahmed, Ahmed Bensalah, Ibdali Moh,

---

jouts populaires et folkloriques) et sur l'observance d'une stricte discipline de vie. Le TJ est un mouvement transnational, l'un des plus importants mouvements islamiques à l'échelle mondiale : il est présent dans plus de 100 pays (dont la France où il est installé depuis la fin des années 60) et comptait 3 millions de militants en 1986.

Mohamed Abdelkeddid, Mohamed Abdennow, Abou Qubeida el-Djazaïri, Abdelaziz Djallil Nadji, Fethi Bousha, Ahmed Taleb el-Kasbani (alias Abdellah).

Pakistan

27 septembre, lors d'une conférence de presse clandestine, l'ancien premier secrétaire de l'ambassade des Talibans aux Émirats arabes unis affirme avoir « vu le mollah Omar il y a quinze jours et être toujours en contact avec Oussama Ben Laden ».

OCTOBRE 2002

Liban

1er octobre, 2 Libanais et un Saoudien, soupçonnés d'entretenir des liens avec la nébuleuse al-Qaïda, sont arrêtés à Beyrouth. Selon les enquêteurs, les trois hommes cherchaient à mettre en place une nouvelle base pour accueillir des membres d'al-Qaïda et des fondamentalistes du mouvement Esbat al Ansar.

Arabie saoudite / Grande-Bretagne

6 octobre, l'ancien chef des services secrets saoudiens, le prince Turki bin Faiçal, déclare dans le journal arabophone *Asharq al-Awsat* (édité à Londres) : « Je crois qu'Oussama Ben Laden est vivant (...) et attend le moment pour apparaître (...) ce sera par surprise comme il l'a déjà fait. » Il estime par ailleurs que 5 000 militants d'al-Qaïda sont en fuite.

Yémen

6 octobre (à une semaine près de l'anniversaire de l'attentat contre le destroyer américain *USS Cole*), une embarcation bourrée d'explosifs percute le pétrolier français *Limburg* qui s'amarrait à la bouée de chargement d'Ash-Shir (principal terminal pétrolier du Yémen)[1]. Le pilote du Zodiac chargé de la manœuvre s'approche du bâtiment et actionne l'explosion : la double coque du super-tanker est éventrée : les 26 hommes d'équipage (8 Français, 18 Bulgares) réussissent à quitter le navire en flammes (12 blessés, un marin bulgare est retrouvé noyé).

10 octobre, l'Armée islamique Aden Abyane (Yémen) revendique l'attentat dans la presse arabophone de Londres : « Le pétrolier français allait approvisionner la cinquième flotte américaine pour frapper les frères en Irak (....) la frappe était en fait dirigée contre une frégate américaine proche du pétrolier français. »

Afghanistan

6 octobre, le président afghan, Hamid Karzaï, déclare à CNN : « Le mollah Omar est sans doute encore en vie, nous avons failli l'arrêter plusieurs fois (...) mais il est difficile d'attraper un homme comme lui car nul ne connaît son visage. Je crois qu'il est la plupart du temps en Afghanistan (...) Oussama Ben Laden est probablement mort, mais il pourrait être encore en vie... »

1. Ce pétrolier, d'une capacité de 300 000 tonnes (plein aux trois quarts), devait compléter son chargement en Malaisie.

Arabie saoudite

6 octobre, le ministre de l'Intérieur saoudien, le prince Nayef, reconnaît qu'au moins 100 Saoudiens ont été arrêtés en Afghanistan depuis le début de l'offensive américaine contre le réseau al-Qaïda : « Le nombre exact, c'est difficile à dire ; au moins 100, si ce n'est plus. »

États-Unis

7 octobre, le Secrétaire à la Défense américain, Donald Rumsfeld, déclare : « À l'heure actuelle, je n'ai rien vu depuis décembre me permettant de dire à coup sûr qu'Oussama Ben Laden est en vie (...) il peut être en vie et en bonne santé, en vie et malade, ou mort. »

Koweït

8 octobre, deux Koweïtiens attaquent des militaires américains en manœuvre sur l'île de Failaka (au large de Koweït City) : un Marine est tué et un autre blessé. Les attaquants sont abattus. Le gouvernement koweïtien identifie les terroristes comme Anas Ahmad Ibrahim Kandori (21 ans en 2002), Jassem Mubarrak Hajri (26 ans) et Khalid Odah (parent d'un des 12 Koweïtiens détenus à Guantanamo). Le 10 octobre, le Pentagone attribue l'attaque à des combattants d'al-Qaïda, formés en Afghanistan.

14 octobre, deux hommes armés, à bord d'un pick-up, ouvrent le feu sur des Marines américains dans le nord-ouest du pays. En tout, plus de 50 personnes sont arrêtées après ces attentats. Début novembre, les autorités koweïtiennes déclarent cette région zone militaire fermée.

Monde arabe

10 octobre, Al-Jazira diffuse une déclaration, attribuée à Oussama Ben Laden, où il se félicite des attaques contre les Marines américains au Koweït et contre le pétrolier français au large du Yémen, et condamne les plans américains visant l'Irak : « Nous félicitons (...) du jihad héroïque de nos braves enfants qui ont conduit au Yémen les attaques contre le pétrolier français et au Koweït celles contre l'occupant américain (...) Au nom d'Allah, les enfants d'Allah préparent pour vous [les Américains] des choses qui rempliront vos cœurs de terreur et frapperont vos organes économiques jusqu'à ce que vous arrêtiez votre oppression et votre agression. »

Début octobre, Al-Jazira diffuse une bande sonore attribuée à Ayman al-Zawahiri (la date et l'origine de l'enregistrement non mentionnées). Ayman al-Zawahiri est interrogé sur l'actualité par un inconnu : « L'Amérique et ses alliés devraient savoir que leurs crimes ne passeront pas sans châtiments et nous leur conseillons de quitter rapidement la Palestine et l'Afghanistan et tous les pays musulmans avant qu'ils ne perdent tout (...) Nous avons envoyé certains messages aux amis de l'Amérique pour qu'ils cessent leur implication dans sa croisade (...) la jeunesse combattante a prévenu l'Allemagne et la France (...) si les doses ne suffisent pas, avec l'aide de Dieu, nous les augmenterons. » Il dénonce par ailleurs « la campagne contre l'Irak » dont « le premier objectif est de détruire toutes forces militaires autour d'Israël ». Le rédacteur en chef de *Al Quds al Arabi*, Abdel Bari Atwan, assure avoir reconnu la voix de Ayman al-Zawahiri. Des responsables américains (anonymes) déclarent que des services spécialisés « pensent que c'est sa voix (...) la bande a sans doute été enregistrée entre le mois d'août et il y a quelques semaines ».

14 octobre, publication d'une déclaration attribuée à Oussama Ben Laden dans laquelle il loue les auteurs des attaques antiaméricaines au Koweït et au Yémen et menace les États-Unis et Israël « d'un plus grand carnage ».

Liban

10 octobre, la presse (qui cite des sources judiciaires) révèle que 2 Libanais et un Saoudien liés à la nébuleuse al-Qaïda ont été arrêtés au mois de septembre 2002. Un des suspects libanais aurait reconnu appartenir à al-Qaïda et avoir reçu de l'argent pour établir une cellule dormante dans le pays, acheter une maison et héberger des membres d'al-Qaïda en fuite.

Allemagne

10 octobre, Abdelghani Mzoudi (Marocain, 29 ans en 2002) est arrêté en Allemagne. Il aurait apporté une aide active à la préparation des attaques du 11 septembre, et notamment procédé à plusieurs virements bancaires au profit des terroristes qui suivaient une formation aux États-Unis. Abdelghani Mzoudi aurait été mis en cause par Shadi Abdullah (Palestinien interpellé en Allemagne le 23 avril 2002 avec une dizaine d'islamistes). Selon Shadi Abdullah, Abdelghani Mzoudi aurait séjourné dans les camps afghans d'al-Qaïda en 2000.

Indonésie

12 octobre, une voiture piégée explose devant une discothèque (le Sari Club) de Kuta Beach (Bali), fré-

quentée essentiellement par des Occidentaux. L'incendie se propage au bar restaurant, aux commerces et aux immeubles voisins. Les vitres sont soufflées dans un rayon de plus de 2 km. Bilan : ± 187 morts, ± 326 blessés. D'après les premiers éléments de l'enquête, les terroristes ont utilisé la technique de l'attentat à « double détente » : la première explosion créant un effet de panique et attirant le maximum de personnes près du lieu prévu pour l'explosion principale — déclenchée peu après par une voiture piégée. D'après les enquêteurs, il s'agit d'un « attentat planifié et exécuté de manière professionnelle ». Pour le Département d'État américain, « l'attentat a été exécuté par une équipe locale avec l'aide de spécialistes venus de l'étranger, chargés du repérage et de la planification ». En fait, 3 bombes ont explosé successivement : la première (de faible puissance) à l'intérieur d'un bar populaire, le Paddy's Irish Bar ; la seconde (un peu plus puissante), quelques secondes plus tard devant le Sari Club, et la troisième (de très forte puissante : une camionnette Mitsubishi L300 bourrée d'explosifs), alors que les clients terrorisés s'enfuyaient.

Selon le quotidien indonésien *Koran Tempo* (citant une source policière), une équipe de 8 personnes, dans 2 véhicules, a opéré. Les terroristes ont d'abord simulé la panne de leur camionnette devant la boîte de nuit, embouteillant ainsi l'étroite rue Jalan Legian. Peu après, les occupants abandonnent leur véhicule et s'enfuient en trombe dans une voiture, peu avant l'explosion. La bombe principale était composée de C4 (un plastic militaire, non détectable par les portiques à rayons X des aéroports) et de nitrate d'ammonium, couplés à des bonbonnes de gaz.

19 octobre, le chef de la Jemaah islamiya, Abu Bakar Bashir, est arrêté.

Allemagne

22 octobre, ouverture du procès de Mounir al-Motassadeq à Hambourg. C'est le premier procès directement lié aux attentats du 11 septembre. Selon l'acte d'accusation, Mounir al-Motassadeq était membre d'« un groupe qui s'est constitué au plus tard au cours de l'été 1999 et qui avait pour objectif le meurtre ». Motassadeq est inculpé pour « assistance à meurtre de masse » (3 116 cas, nombre présumé des victimes du 11 septembre). Le procès doit durer plusieurs mois ; 160 témoins seront entendus (voir plus bas, février 2003).

Grande-Bretagne

23 octobre, Abu Qutada (chef du Al-Islah wal Tahadi et considéré comme un des chefs spirituels d'al-Qaïda pour l'Europe) est arrêté à Londres.

28 octobre, la Grande-Bretagne ajoute à la liste des 21 groupes terroristes interdits en 2001 : la Jemaah islamiya (Asie du Sud-Est), le groupe Abu Sayyaf (Philippines), Esbat al Ansar (Liban) et le Mouvement islamique d'Ouzbékistan (Asie centrale).

Jordanie

28 octobre, Laurence Foley, diplomate américain (travaillant pour l'Agence américaine du développement), est abattu devant son domicile à Amman. Deux suspects sont arrêtés : Salem saad Salembin Saeed (Libyen) et Yasser Fathi Ibrahim (Jordanien). Le 18 décembre, le gouvernement jordanien accuse Abu Musab al-Zarqawi (alias Fadeel Nazzal al-Kha-

layled, Jordanien, voir plus bas, 5 février 2003) d'avoir commandité cet assassinat ; d'après Amman, Zarqawi serait réfugié au nord de l'Irak dans la zone contrôlée par Ansar al Islam. Il aurait aussi provoqué deux tentatives d'assassinat ayant visé un agent secret jordanien (Ali Bourjaq) le 20 février 2002 et un responsable kurde à Sulaimaniya (nord de l'Irak) le 2 avril 2002.

Italie

28 octobre, 5 Tunisiens, soupçonnés d'être liés à la nébuleuse al-Qaïda, sont arrêtés en Italie. Pour un enquêteur milanais, interrogé par l'hebdomadaire américain *Time*, « c'est le premier signe depuis un an que les cellules terroristes européennes ne sont plus juste impliquées dans des activités comme la production de faux documents mais préparent aussi de nouveaux attentats (...) ils ne sont peut-être pas aussi puissants qu'avant le 11 septembre mais ils sont mieux organisés qu'ils ne l'étaient l'année dernière » (*Time*, 28 octobre 2002).

France

30 octobre, le ministère de l'Intérieur annonce qu'un islamiste (identité inconnue) de 38 ans a été interpellé à la gare du Nord (Paris). Il descendait d'un train en provenance de Rotterdam (Pays-Bas). La police a saisi dans ses bagages une trentaine de faux passeports français, fabriqués en Thaïlande. Le suspect avait été condamné le 30 novembre 2001 à trois ans de prison (une partie de la peine avec sursis), lors du procès de 24 islamistes poursuivis pour « association de malfaiteurs et assistance logistique au maquis algérien » (lors du procès, la plupart des

prévenus avaient avoué appartenir au Takfir wal-Hijra).

NOVEMBRE 2002

États-Unis

1er novembre, le directeur du FBI, Robert Mueller, dit : « Je pense que nous avons détruit le sanctuaire d'al-Qaïda en Afghanistan et que ses hommes se sont dispersés dans le monde entier (...) Je crois aussi que nous avons désorganisé leurs communications, leurs déplacements et leurs mécanismes de soutien financier (...) mais désorganiser ne veut pas dire éliminer (...) Le réseau al-Qaïda a été désorganisé mais peut encore organiser de multiples attaques coordonnées. »

Yémen

3 novembre, 6 combattants liés à al-Qaïda sont tués dans l'explosion de leur voiture, atteinte par un missile tiré d'un drone américain. Parmi ceux-ci : Ali Qaed Senan al-Harthi (alias Abu Ali, présenté comme l'organisateur de l'attentat contre l'*USS Cole*, serait, selon les autorités américaines, l'un des dix principaux dirigeants d'al-Qaïda), et Kamal Derwish (alias Ahmed Hijazi, Américain, 29 ans en 2002, serait le chef de la cellule de Buffalo. Voir plus haut, septembre 2002).

6 novembre, le Pentagone confirme que la frappe a bien été conduite par un drone de la CIA. Les États-Unis annoncent la fermeture (pour une durée illimitée) de leur ambassade au Yémen pour raisons de sécurité.

États-Unis / Europe / menaces d'attentats

4 novembre, interviewé par la chaîne de télévision allemande ZDF, le chef des services spéciaux extérieurs allemand, August Hanning, déclare : « Nous sommes d'avis que non seulement Oussama Ben Laden est vivant, mais aussi qu'il agit (...) Nos renseignements indiquent que les hommes d'al-Qaïda s'apprêtent à s'affronter aux troupes occidentales ; nous savons aussi que des actions précises sont en préparation. » D'après lui, il est possible qu'il y ait encore des « attaques de grande ampleur » dans des centres touristiques internationaux, mais aussi en Allemagne.

7 novembre, dans un discours prononcé au King's College à Londres, le responsable de la sécurité de la Maison Blanche, Tom Ridge, déclare que les États-Unis et les services secrets étrangers détiennent environ 2 700 membres présumés du réseau terroriste al-Qaïda. Il affirme aussi que ces réseaux tentent de se procurer des armes chimiques, bactériologiques et radiologiques.

7 novembre, dans une interview à la BBC, le chef d'état-major des Armées américaines, Richard Myers, estime que : « Al-Qaïda est toujours assez forte, toujours capable de mener une autre opération terroriste d'envergure [probablement] déjà planifiée (...) Nous savons positivement avoir déjoué certains projets [d'Al-Qaïda] et en avoir sans doute déjoué d'autres sans le savoir. Je pense qu'il s'agit toujours d'une organisation puissante, que nous ne pouvons prendre à la légère... »

7 novembre, le secrétaire général d'Interpol, Ronald Noble, affirme au *Figaro* : « Le champ de bataille d'al-Qaïda s'étend désormais à tous les pays et

mobilise plusieurs groupes terroristes », sans que cela signifie pour autant qu'il existe « une alliance au sommet » ou « un accord formel » entre ces divers groupes croyant « à l'efficacité de la terreur » et ayant « un même ennemi à abattre ». « Nul pays ne doit se croire à l'abri (...), la menace terroriste est aujourd'hui au moins aussi importante qu'avant le 11 septembre. » Par ailleurs, il déclare que selon lui Oussama Ben Laden est sans doute encore vivant.

Indonésie

15 novembre, les autorités indonésiennes disent avoir identifié l'organisateur de l'attentat de Bali et 5 de ses complices. D'après elles, le « cerveau » de l'attaque est Abdul Aziz (alias Iman Samundra, Indonésien, originaire de l'ouest de Java, 35 ans en 2002, expert en informatique et membre de la Jemaah islamiya).

21 novembre, Iman Samundra est arrêté à Java avec deux de ses gardes du corps, alors qu'il va embarquer sur un ferry reliant Java à Sumatra. Il est présenté par la police indonésienne comme le bras droit d'Hambali (chef opérationnel présumé de la Jemaah islamiya, en fuite) qu'il aurait rencontré en même temps qu'Abu Bakar Bashir en Malaisie (dans les années 90). Ces trois hommes seraient impliqués dans des séries d'attentats à la bombe entre 1999 et 2000. Iman Samundra aurait aussi « visité » l'Afghanistan à l'époque des Talibans. D'après les enquêteurs, il est resté quatre jours à Bali après l'attentat ; la police l'aurait repéré par son téléphone portable. Elle pense que l'attentat a été préparé lors de réunions tenues à Solo (fin août 2002) et auxquelles participaient des collaborateurs d'Abu Bakar

Bashir. À ce stade de l'enquête, nulle preuve d'unc participation étrangère n'a été établie, 8 suspects liés à cette affaire sont encore recherchés.

Monde arabe

12 novembre, Al-Jazira diffuse une bande sonore, attribuée à Oussama Ben Laden. Le message est adressé « Aux peuples des pays alliés du gouvernement américain » : « Toutes les opérations montées contre les Allemands en Tunisie, contre les Français à Karachi, contre les Australiens et les Britanniques à Bali, contre le pétrolier français au Yémen et contre les Marines américains à Faïlaka (Koweït), ainsi que la dernière prise d'otages à Moscou, ne sont que la riposte de musulmans soucieux de défendre leur religion (...) Vous serez tués comme vous nous tuez et serez bombardés comme vous nous bombardez (...) L'Australie a été mise en garde pour sa participation [à la guerre] en Afghanistan et sa contribution ignoble à la séparation du Timor-Oriental. Mais elle a ignoré cet avertissement jusqu'au jour où elle a été réveillée à Bali. » À l'opinion publique en Occident, il demande : « Lorsque vous regardez vos tués et ceux de vos alliés en Tunisie, à Karachi, à Faïlaka, Bali et Amman, rappelez-vous nos tués, parmi les enfants en Palestine, en Irak (...) et en Afghanistan (...) Lorsque vous regardez vos tués à Moscou, rappelez-vous aussi les nôtres en Tchétchénie (...) Jusqu'à quand la peur, les massacres, les destructions, la dispersion, l'orphelinat, le veuvage vont-ils demeurer notre lot à nous, alors que la sécurité, la stabilité et la joie restent votre apanage ? (...) c'est un partage révolu. Il est grand temps que l'égalité soit rétablie (...) vos gouvernements ne savent-ils pas que la clique de la Maison Blanche est

formée des plus grands assassins du siècle. » Dans cette déclaration, George W. Bush est qualifié de « pharaon du siècle » et le Secrétaire à la Défense américain, Donald Rumsfeld, de « boucher du Vietnam qui a tué plus de deux millions de personnes ». Le chef du bureau Al-Jazira au Pakistan, Ahmad Muaffaq Zaidan, dit que l'enregistrement lui a été remis par un inconnu à Islamabad, deux jours plus tôt ; il se dit « sûr à 100 % qu'il s'agit de Ben Laden ».

14 novembre, le responsable de la sécurité de la Maison Blanche, Tom Ridge, confirme que la voix de la cassette est celle d'Oussama Ben Laden. Le 18, le porte-parole de la Maison Blanche, Scott McClellan, déclare : « Les experts des services spéciaux croient que c'est sa voix et que l'enregistrement est authentique. »

États-Unis

15 novembre, le FBI alerte : « Dans le choix de ses prochaines cibles, des sources indiquent qu'al-Qaïda pourrait privilégier des attaques spectaculaires remplissant plusieurs critères : forte valeur symbolique, nombreuses victimes, dégâts importants contre l'économie des États-Unis et un traumatisme psychologique maximum. L'aviation, le pétrole et le nucléaire demeurent en tête des priorités, de même que les grands sites touristiques. » Le même jour, les autorités américaines annoncent l'arrestation d'un « important » responsable d'al-Qaïda (sans plus de précision).

Belgique

15 novembre, dans une longue interview téléphonique accordée à la RTBF, Nizar Trabelsi (arrêté le

13/09/01, « réseau Beghal », voir plus haut) avoue avoir préparé un attentat contre la base américaine de Kleine Brogel (Limbourg belge) mais nie avoir visé l'ambassade américaine à Paris. Il dit avoir rencontré Oussama Ben Laden dans des camps afghans (entre 2000 et 2001) : « Je l'aime beaucoup, comme mon père. »

Koweït

16 novembre, les autorités koweïtiennes annoncent l'arrestation de Moshen al-Fadhi qui préparait un attentat contre un hôtel de Sanaa. Vétéran de la guerre d'Afghanistan, Moshen al-Fadhi est présenté comme le principal financier des actions terroristes dans le Golfe.

Monde arabe

16 novembre, Al-Jazira diffuse un nouveau communiqué de trois pages attribué à al-Qaïda : « Nous avons le droit d'attaquer ceux qui nous attaquent, de détruire les villages et les villes de ceux qui détruisent nos villages et nos villes (...) Nous avons le droit de détruire l'économie de ceux qui ont volé notre richesse, et de tuer les civils du pays qui ont tué les nôtres. »

16 novembre, Scotland Yard annonce que 3 individus soupçonnés de préparer un attentat à Londres (arrêtés le 8 novembre 2002) ont été inculpés pour « possession d'objets destinés à la préparation, à l'instigation et l'exécution d'actes terroristes ». Les autorités britanniques affirment n'avoir nulle preuve qu'ils projetaient, comme l'a dit la presse, un attentat au cyanure dans le métro de Londres. Âgés d'une vingtaine d'années, Rabah Chekat-Bais, Karim Kadouri et Rabah Kadri, alias Toufik, sont ori-

ginaires du Maroc et de Tunisie, ils vivaient en Grande-Bretagne sans domicile fixe et étaient chômeurs. Ils seraient liés aux 6 islamistes arrêtés à Londres début novembre ; ces derniers (dont les identités sont inconnues) auraient voulu importer des produits chimiques destinés à une attaque au gaz ; mais la police précise que nul produit chimique n'a été retrouvé lors des perquisitions chez eux et que 3 d'entre eux ont été relâchés et placés sous contrôle judiciaire. Le 25, Rabah Kadri reconnaît avoir été entraîné en Afghanistan avec Ahmed Ressam. Pour les enquêteurs, Rabah Kadri serait l'un des principaux correspondants du réseau Ben Laden en Angleterre et l'un des pivots des envois de volontaires islamistes en Afghanistan et en Tchétchénie. En décembre, 4 des 6 Algériens arrêtés en novembre sont inculpés pour « activités terroristes » par un tribunal londonien.

Australie

19 novembre, la police australienne arrête Jack Roche (né en Grande-Bretagne, 49 ans en 2002) à son domicile proche de Perth (dans l'État d'Australie-Occidentale). Il est soupçonné d'avoir voulu détruire l'ambassade d'Israël à Canberra et le consulat israélien à Sydney. Converti à l'islam au début des années 90, Jack Roche reconnaît avoir suivi une formation au maniement des explosifs en Afghanistan. D'après le quotidien *The Australian*, il aurait également avoué avoir rencontré à Banting (Malaisie) Riduan Isamuddin (dit Hambali, l'un des responsables majeurs de la Jemaah islamiya) qu'il présente comme un représentant de Ben Laden en Asie du Sud-Est. Lors de son séjour, Hambali lui aurait

demandé de recruter en Australic « 3 ou 4 Caucasiens » pour y former une cellule d'al-Qaïda.

France

22 novembre, Ridouane Daoud (Algérien, 25ans en 2002) est arrêté près de la gare du Nord à Paris. Incarcéré aux Pays-Bas (le 24 avril 2002) avec trois autres Algériens membres du Groupe salafiste pour la prédication et le combat (GSPC, Algérie), Ridouane Daoud avait réussi à s'échapper de la prison de Breda (sud des Pays-Bas) le 5 juin 2002. Il faisait depuis l'objet d'un mandat d'arrêt international néerlandais. Les services de sécurité considèrent Ridouane Daoud comme l'un « des cerveaux » d'al-Qaïda aux Pays-Bas ; selon eux, il était notamment lié à l'équipe ayant organisé l'assassinat du commandant Massoud, en Afghanistan. Lors de son interpellation, Ridouane Daoud venait de contacter 4 islamistes impliqués dans un réseau de fourniture de faux papiers et de cartes bancaires contrefaites. D'après le ministère de l'Intérieur : « Daoud et ses complices détenaient la photo d'identité d'un individu impliqué dans l'assassinat du commandant Massoud [1] (...) Daoud était en train de reconstituer un réseau terroriste [2]... » Il est mis en examen pour « association de malfaiteurs en relation avec une entreprise terroriste ».

23 et 24 novembre, de nouveaux « coups de filet » à Antony et Colombes (Hauts-de-Seine) et à Villejuif (Val-de-Marne) permettent notamment d'arrêter

1. Ces documents ont été saisis par la police néerlandaise lors de l'arrestation de Daoud en avril 2002 aux Pays-Bas.

2. Déclaration du ministre de l'Intérieur, Nicolas Sarkozy, séances des questions d'actualité, Assemblée nationale, 22 novembre 2002.

Mounir Cheurfi, connu des services antiterroristes pour ses liens avec la cellule terroriste démantelée en 1998 avant le début de la Coupe du Monde de football (« réseau Saïki »).

25 novembre, la police arrête 3 islamistes dans un appartement de Montfermeil (Seine-Saint-Denis). Parmi eux : Slimane Khalfaoui (Franco-Algérien, 27 ans en 2002), il est soupçonné d'appartenir au « réseau Méliani » (« groupe de Francfort » qui préparait un attentat à Strasbourg pendant les fêtes de Noël 2000) ; il serait également proche d'Ahmed Ressam (arrêté aux États-Unis alors qu'il préparait des attentats lors des festivités de l'an 2000 à Los Angeles) et de Rabah Kadri (arrêté le 16 novembre 2002 à Londres, voir plus haut).

États-Unis

21 novembre, les responsables américains annoncent qu'Abdel Rahim al-Nashiri (Saoudien, né à La Mecque, la trentaine) a été arrêté voici trois semaines et est détenu sous le contrôle de la CIA dans un pays étranger[1]. Abdel Rahim al-Nashiri, qui figure sur la liste des 20 terroristes les plus recherchés (?), est présenté par les États-Unis comme le « dirigeant d'al-Qaïda dans le Golfe et la péninsule arabique ». D'après les autorités américaines, il est l'un des « cerveaux » de l'attaque suicide contre l'*USS Cole* et a entraîné des terroristes ayant préparé les attentats contre les ambassades américaines en Afrique. Selon un responsable américain : « Il a été très actif

1. Selon les sources policières citées par le *Washington Post*, l'homme aurait été arrêté dans un aéroport au Yémen, alors qu'il s'apprêtait à quitter le pays pour se rendre en Malaisie. Selon d'autres sources, il aurait été interpellé au Koweït.

pour préparer et coordonner plusieurs complots dans le Golfe et dans la péninsule arabique » et est l'instigateur de l'opération Gibraltar (projets d'attentats découverts en mai 2002). D'après le *New York Times*, Abdel Rahim al-Nashiri serait également impliqué dans l'attentat contre le pétrolier français *Limburg*. Les enquêteurs américains estiment que ses liens avec Oussama Ben Laden remontent aux années 80. À l'automne 2001, il aurait fui l'Afghanistan et se serait réfugié dans les zones tribales pakistanaises avant de rejoindre le Yémen. Au Yémen, il aurait établi un réseau de soutien logistique pour planifier de nouveaux attentats.

Allemagne

22 novembre, le chef des services spéciaux extérieurs allemands, August Hanning, déclare : « Oussama Ben Laden est un personnage symbolique fort pour leur groupe, mais ce n'est pas un personnage opérationnel. L'éliminer affaiblirait al-Qaïda. Mais cela ne résoudra pas le problème al-Qaïda. »

Kenya

28 novembre, des terroristes tirent deux missiles (SAM-7 d'origine russe) sur un Boeing de la compagnie israélienne Arkia, peu après son décollage de Mombasa — l'appareil n'est pas touché. Quelques minutes plus tard, 3 kamikazes font exploser leur voiture devant l'hôtel Paradise de Mombasa, surtout fréquenté par des Israéliens : 13 morts (10 Kenyans et 3 Israéliens). Le jour même, 11 étrangers (dont 6 Pakistanais et 4 Somaliens) sont arrêtés. Ils seraient arrivés au Kenya, le 25 novembre, à bord d'un boutre en provenance de Somalie.

DÉCEMBRE 2002

2 décembre, Soleiman Abu Gaith revendique à son tour les attentats de Mombasa dans une cassette audio diffusée par Al-Jazira : « Les deux opérations à Mombasa sont l'œuvre d'al-Qaïda (...) La nature de notre action nous a précédemment interdit de revendiquer nos actions de jihad contre l'alliance croisée, mais nous nous trouvons aujourd'hui dans de meilleures circonstances nous permettant de le faire (...) La libération de nos Lieux saints et de nos pays, et à leur tête la Palestine et la terre des deux Lieux saints [l'Arabie saoudite], est la cause pivot et l'objectif le plus noble pour lequel doivent se conjuguer tous les efforts. [Il faut] utiliser l'arme de l'épouvante contre l'ennemi, en menant des opérations éclair et précises contre lui partout dans le monde, pour qu'il sente le danger, l'insécurité et l'instabilité sur terre, sur mer et dans les airs. Si Dieu le veut, l'alliance des croisés et des juifs ne sera plus à l'abri des attaques de moudjahidines partout où elle se trouve. Nous allons frapper ses objectifs vitaux et ses projets stratégiques par tous les moyens disponibles. (...) Les hommes de la oumma, les prédicateurs, les penseurs, les jeunes et toutes les autres composantes de la société, notamment les mouvements islamiques et jihadistes, doivent se préparer sérieusement à la prochaine étape, qui sera la plus dangereuse et la plus importante. » Évoquant l'Irak, il affirme : « Ce que les États-Unis et leurs alliés préparent contre l'Irak et son peuple ne se limite pas au renversement d'un régime apostat et oppressif, mais vise à tuer des musulmans, vieillards, femmes et enfants, à diviser ce grand

pays, à piller ses ressources et à occuper une partie vitale de notre monde arabe qui leur permettra de protéger directement les occupants juifs qui pourront ainsi bâtir leur grand État, s'étendant du Nil à l'Euphrate. Les peuples doivent le savoir pour ne pas permettre à l'occupant américain de mettre ses pieds sur leur sol, même si les gouvernements stipendiés l'acceptent. »

Irak

4 décembre, les combattants islamistes de Jund al-Islam lancent une offensive contre les positions de l'Union patriotique du Kurdistan (UPK)[1] sur les deux collines de Girdi (Drozni et Tapa Koero)[2] ; une vingtaine de militants de l'UPK sont tués.

France

9 décembre, la DST interpelle 3 autres islamistes à Corbeil-Essonnes et à Grigny (Essonne). D'après la police, 2 des suspects sont liés au « réseau de Djamel Beghal » (voir plus haut, septembre 2001) : Abdelkrim F. avait un rôle de « soutien logistique » et Abdallah el-Hariri des « fonctions plus spirituelles ».

Pakistan

14 décembre, 3 islamistes suspectés de préparer un attentat suicide contre 2 diplomates américains sont arrêtés à Karachi. D'après la police, Asif Zaheer, Sohail Noor et Mohamed Youssouf appartiennent au

1. Depuis la fin de la guerre du Golfe, l'UPK et le parti démocratique du Kurdistan contrôlent de facto le nord de l'Irak.
2. Le contrôle de ces hauteurs est un point clé pour sécuri ser la fertile vallée d'Halabja.

Harakat ul Mudjahidin al Alaami. Les 3 hommes avaient placé au moins 10 kg d'explosifs dans une voiture qu'ils voulaient faire exploser au passage des Américains. Asif Zaheer avoue avoir participé à l'attentat contre les employés de la DCN en mai 2002 : « Il a reconnu (...) qu'il avait lui-même placé les explosifs dans la voiture qui a servi à l'attentat », indique le procureur en charge de l'affaire.

Canada

16 décembre, les autorités canadiennes annoncent l'arrestation de Mohamed Harkat (Algérien, 34 ans), présenté comme un proche d'Abu Zubaydah (un des principaux lieutenants d'Oussama Ben Laden en Afghanistan). La police aurait saisi, au domicile du suspect et d'un de ses complices, des photos du Parlement canadien et de la Cour suprême à Ottawa. Dans un communiqué, les responsables précisent que Mohamed Harkat est arrivé de Malaisie (via la Grande-Bretagne) le 6 octobre 1995 en utilisant un faux passeport saoudien. En 1997, il obtient le statut de réfugié politique au Canada. Pour les services spéciaux canadiens, cette arrestation confirme que le réseau al-Qaïda est « opérationnel » au Canada et capable de soutenir des actions terroristes dans tout le continent nord-américain.

France

16 décembre, la DST arrête 3 hommes (Merouane Benahmed, Mohamed Merbah et Ahmed Belhoud) et une femme (Saliha Lebik-Benahmed, épouse d'un des suspects) dans un logement de la « cité des 4 000 » à La Courneuve (Seine-Saint-Denis). La police saisit deux bonbonnes de gaz vides, du matériel pour fabriquer de faux documents et du matériel

électronique[1], une cassette vidéo sur lcs combats en Tchétchénie, une combinaison NBC (contre les risques nucléaire, biologique et chimique), deux fioles contenant des produits chimiques[2]. Le ministère de l'Intérieur indique que la police a découvert dans l'appartement « une liste manuscrite de produits chimiques, avec quantités nécessaires et prix. Les produits figurant sur la liste, rédigée par une des personnes interpellées, permettent la fabrication d'explosifs et de gaz toxiques de type cyanuré ». L'artificier du groupe et principal suspect, Merouane Benahmed (Français, 29 ans en 2002), est connu des services de police. Après avoir fui l'Algérie, cet ex-émir du GIA a séjourné en Afghanistan, puis dans les gorges de Pankissi en Géorgie. Merouane Benahmed avoue qu'il s'est entraîné à la confection d'engins explosifs pour pouvoir frapper les Russes en Tchétchénie et les Israéliens en Palestine. Un autre suspect explique que le groupe voulait commettre des attentats contre les intérêts russes en France, notamment contre l'ambassade de Russie à Paris. Le 20, le groupe est écroué et mis en examen pour « association de malfaiteurs liée à une entreprise terroriste ».

21 décembre, un autre membre du groupe, Nourredine Merabet (Algérien, 28 ans), est interpellé à la frontière espagnole (vers Perpignan), alors qu'il

1. « Des systèmes confectionnés, qui étaient en état de marche, permettant la mise à feu d'engins explosifs avec un déclenchement à distance à l'aide de téléphones portables », précise le communiqué du ministère de l'Intérieur.

2. L'analyse des deux fioles confiée aux spécialistes du laboratoire militaire du Bouchet (Essonne) révèle que les substances, notamment du perchlorure de fer, ne pouvaient pas permettre la confection d'une bombe chimique.

tente d'entrer en France. Merabet a, lui aussi, séjourné dans les gorges de Pankissi ; il est mis en examen le 24 décembre pour ses liens avec le « groupe de La Courneuve ».

24 décembre, un nouveau coup de filet dans deux appartements de Romainville (Seine-Saint-Denis) permet d'interpeller 4 autres personnes liées au « groupe de La Courneuve ». La police découvre, caché dans une cheminée de l'appartement de Romainville, du matériel de fabrication de faux papiers, des circuits imprimés, une liste de produits pouvant servir à la fabrication d'explosifs. Parmi les interpellés, Menad Benchellali (dit Akim, 28 ans en 2002), lui aussi connu des services de police. En 2001, il a organisé le voyage en Afghanistan de son frère, Mourad, et d'un autre Français, Nizar Sassi (deux hommes détenus à Guantanamo depuis décembre 2001). Le père de Menad Benchellali, imam de la « mosquée » Abu Bakr [1] à Vénissieux, est également connu : en 1992, une de ses filles est exclue du collège car elle refuse d'enlever son foulard ; en 1993, il part en Bosnie avec le Secours islamique « pour porter des médicaments » aux musulmans ; à son retour, en 1994, il est interpellé avec une kalachnikov et un vieux fusil ; en 1996, une autre de ses filles est à son tour renvoyée après être venue en classe toute voilée de noir ; en 2001, il est de nouveau repéré par la police – cette fois pour avoir collecté des fonds « pour la Tchétchénie » avec son troisième fils, Hefed.

1. Salle de prière, située au rez-de-chaussée de la tour 63 du boulevard Lénine, dans le quartier des Minguettes.

Grande-Bretagne

18 décembre, 7 Algériens proches d'al-Qaïda sont arrêtés à Londres et à Édimbourg (Écosse). Il s'agit de : Abdellah Abdelhafid (33 ans en 2002), Mourad Idir Abbès (27 ans), Ghalem Belhadji (36 ans), Karim Benamghar (31 ans), Salah Moullef (32 ans), Hakim Ziem (31 ans) et de Sofiane Lahmar Hassim Ziem (29 ans). Ils sont soupçonnés d'avoir préparé des attentats terroristes en Grande-Bretagne. Depuis le 11 septembre 2001, la police britannique déclare avoir placé en détention 200 terroristes soupçonnés d'être liés à la nébuleuse al-Qaïda.

Yémen

30 décembre, un homme armé d'une kalachnikov ouvre le feu sur le personnel médical de l'hôpital baptiste de Jibla (170 km au sud de Sanaa) : 3 médecins américains (dont 2 femmes) sont tués et un quatrième grièvement blessé. Selon les enquêteurs, l'auteur de l'attentat, Abed Abdel Razzak al-Kamel (32 ans en 2002), fait partie de la cellule des 5 islamistes qui ont assassiné le numéro 2 du parti socialiste yéménite, Jarrallah Omar (28 décembre 2002). Ces hommes ont tous fréquenté l'université Al-Imam dirigée par cheikh Abdel Majid al-Zindani (un des idéologues du parti Al Islah). D'après un responsable yéménite, Abdel Razzak al-Kamel a avoué « être membre du Jihad islamique » et dit « avoir tiré sur les Américains car ils prêchaient la chrétienté dans un pays musulman ».

JANVIER 2003

Égypte

5 janvier, le quotidien égyptien *Al Ahram* (semi-officiel) rapporte que 43 personnes suspectées d'appartenir au Jihad islamique ont été arrêtées dans plusieurs villes d'Égypte. D'après le journal, elles planifiaient des attentats contre des intérêts étrangers au Caire et visaient plusieurs personnalités et des « installations vitales ». Un individu identifié comme Ehab Ismail serait le cerveau de ce complot qui devait être mis en œuvre par trois cellules clandestines *ad hoc*.

Grande-Bretagne

5 janvier, 6 hommes (originaires d'Afrique du Nord) sont arrêtés à Londres. Dans l'appartement des suspects, la police découvre des traces de ricine (un poison mortel). Le 14, dans le cadre de cette enquête, un policier est assassiné à l'arme blanche et 4 autres sont blessés près de Manchester, plusieurs suspects sont arrêtés. Le 20, la police perquisitionne la mosquée de Finsbury Park à Londres : des documents sont saisis et 7 islamistes interpellés.

6 janvier, le quotidien saoudien *Al-Hayat* publie un courrier électronique attribué à Ayman al-Zawahiri[1] : « Par Dieu, n'empêchez pas les nouvelles âmes musulmanes qui vous font confiance d'opter pour le jihad qui consiste à tuer tous les Améri-

1. Le courrier adressé à l'avocat égyptien du Jihad islamique, Mountasser al-Zayat, a été transmis par ce dernier au quotidien.

cains, comme ils nous tuent tous (...) Je sais que le jihad contre les ennemis de Dieu qui nous tuent partout a un prix, mais ce prix est dérisoire s'il s'agit de satisfaire Dieu (...) La sainte bataille du 11 septembre a dévoilé le visage arrogant de l'Amérique (...) Sachez que le nombre de jeunes gens qui ont adopté l'islam (...) a augmenté de manière incroyable, en très peu de temps. Ne vous interrogez pas sur un acte dont la fin est le paradis (...) Arrêter les opérations en Égypte tient de la sagesse (...) Le changement doit venir de l'intérieur et non de l'extérieur. »

Pakistan

9 janvier, les autorités pakistanaises annoncent que 3 suspects (un Pakistanais, un Yéménite et un Marocain) liés à al-Qaïda ont été arrêtés à Karachi — d'après la police, ce coup de filet « très important » est le troisième en moins d'un mois. Le Pakistanais, Mohamed Bashir (membre du Harakat ul Mudjahidin al Alaami), serait impliqué dans l'attentat contre les employés de DCN ; le 25, il est inculpé avec Asif Zaheer (arrêté en décembre 2002) dans cette affaire. Quelques semaines plus tard, les responsables révèlent que l'opération visait Khaled Sheikh Mohammed, mais que ce dernier, blessé par balle, a réussi à prendre la fuite (voir plus bas, 1er mars 2003).

Allemagne / États-Unis

10 janvier, 2 islamistes, présentés par la presse allemande comme des « trésoriers de la nébuleuse d'Oussama Ben Laden », sont arrêtés à Francfort. Mohamed Hassan al-Moayed (Yéménite) et son associé Mohamed Mohsen Yahya Zayer (Yéménite)

sont recherchés par la justice américaine. Washington les accuse d'avoir récolté des fonds aux États-Unis pour financer les activités du Hamas et d'al-Qaïda. « Les autorités yéménites demandent au gouvernement allemand de lui remettre les deux hommes et de ne les livrer à nulle autre partie (...) si les parties américaines disposent de preuves impliquant ces deux citoyens yéménites dans de quelconques actes terroristes, elles doivent les présenter aux autorités yéménites », dit un responsable de Sanaa cité par l'AFP.

Koweït / Arabie saoudite

21 janvier, 2 entrepreneurs américains, travaillant pour l'armée américaine au Koweït, sont attaqués par des hommes armés de kalachnikovs, alors qu'ils circulent à bord de leur véhicule sur une autoroute près du camp militaire américain de Doha (30 km de Koweït-city) : l'un est tué sur le coup, l'autre, grièvement blessé. Le 22, le porte-parole du ministère de l'Intérieur saoudien annonce que l'un des meurtriers, Sami Mohamed Marzouq Obaid al-Mutairi (Koweïtien, 25 ans en 2003, sociologue), a été arrêté alors qu'il s'apprêtait à s'infiltrer en Arabie saoudite ; 3 autres suspects qui lui auraient fourni les armes sont aussi interpellés.

28 janvier, dans une déclaration publiée par le journal *Asharq al-Awsat*, un groupe islamique clandestin, Daa'wa and Jihad, revendique l'attaque et promet de nouvelles opérations pour « libérer le Koweït des colonisateurs ». Dans une interview accordée au journal, Abu Oussama al-Koweïti, qui se présente comme le chef du Daa'wa and Jihad, déclare : « Nous combattons pour chasser les infidèles de la péninsule arabique, pour libérer le Koweït des colo-

nisateurs et libérer nos prisonniers à Cuba. Nous soutenons nos frères en Irak, en Afghanistan et en Palestine (...) nous avons décidé d'unifier nos efforts sous le nom de Daa'wa and Jihad et nous conduirons de nouvelles attaques contre les équipements de l'ennemi (...) Nous considérons le cheikh Oussama Ben Laden comme notre leader et nous travaillons suivant ses directives (...) mais n'avons pas de contact direct avec lui. » Abu Oussama al-Koweïti affirme par ailleurs que, contrairement à ce qu'ont annoncé les autorités koweïtiennes, Al-Mutairi n'a pas participé à cette attaque, qui était la mission de Abu Hadhifa al-Koweïti, également membre de Daa'wa and Jihad.

Espagne

25 janvier, la police espagnole perquisitionne une quinzaine d'appartements dans les provinces de Barcelone, Gérone et Castellón. Le ministre de l'Intérieur précise que le réseau était composé de deux groupes, l'un basé à Barcelone, l'autre à Gérone. Seize suspects sont arrêtés, surtout algériens ; ils seraient liés au GSPC (Algérie). Le chef du gouvernement espagnol déclare que « le réseau démantelé est lié à des terroristes arrêtés récemment en France et au Royaume-Uni, qui préparaient des attentats avec des explosifs et du matériel chimique ». Depuis le 11 septembre, 35 suspects liés au GSPC et/ou à al-Qaïda ont été arrêtés en Espagne. Les autorités indiquent encore que « du matériel explosif, chimique et électronique ainsi qu'un appareil de transmission prêt à être expédié en Algérie et/ou en Tchétchénie ont été saisis ».

Allemagne

26 janvier, dans un entretien à Associated Press (AP) le porte-parole de la police fédérale allemande indique que ses services « enquêtent sur la possibilité qu'une vingtaine de terroristes entraînés en Afghanistan gagnent l'Allemagne, la France, la Grande-Bretagne et la Tchétchénie ». L'hebdomadaire allemand *Bild* précise que les services secrets auraient lancé l'alerte sur cinq groupes de terroristes venant d'Afghanistan avec des passeports pakistanais et tentant de rejoindre l'Europe via Bahreïn. À Washington, le ministre de l'Intérieur allemand, Otto Schily, déclare : « Après un long silence, les hauts responsables d'al-Qaïda recommencent à donner des instructions à leurs cellules (...) la menace est au moins aussi importante qu'avant le 11 septembre. »

Afghanistan

Fin janvier, dans tout l'Afghanistan, des tracts dénonçant la présence étrangère et appelant au jihad contre « les infidèles et leurs suppôts [le gouvernement et les soldats afghans combattant avec les Américains] » sont distribués massivement. Un haut responsable taliban affirme : « Abdel Rahim et Sarajedine [ancien commandant taliban de Shindan] ont commencé à recruter voici un mois (...) ils font du porte-à-porte, invitent les jeunes à rejoindre les Talibans pour chasser les Américains d'Afghanistan et, sans emploi et sans ressources, beaucoup acceptent. » En janvier, les forces spéciales américaines stationnées le long de la frontière afghano-pakistanaise sont quotidiennement la cible de tirs de roquettes. Il ne se passe plus de jours sans qu'une attaque ne soit signalée contre les troupes américaines, un bureau des Nations unies ou une ONG...

29 janvier, une charge explosive est lancée contre les bureaux de l'ONG française Action contre la faim, à Kandahar : pas de victimes. Plusieurs mines explosent devant le quartier général des forces armées américaines à Bagram, qui est également la cible de plusieurs tirs de roquettes.

30 janvier, un inconnu lance une grenade dans le jardin d'un bâtiment des Nations unies à Mazar-i-Sharif. Trois hommes impliqués dans une série d'attentats à la bombe contre des bâtiments des Nations unies sont arrêtés à Kaboul. Les militaires américains estiment que 90 % de ces attaques sont le fait de groupes basés au Pakistan.

FÉVRIER 2003

Nations unies

5 février, devant le Conseil de sécurité des Nations unies, le Secrétaire d'État américain Colin Powell détaille les informations recueillies par les États-Unis sur les liens entre l'Irak et al-Qaïda. Selon ses termes : « L'Irak abrite aujourd'hui un réseau terroriste dirigé par Abu Musab Zarqawi, proche d'Oussama Ben Laden, et l'un des dirigeants d'al-Qaïda. » Zarqawi aurait passé deux mois à Bagdad en mai et juin 2002 et s'y serait fait amputer d'une jambe après avoir été blessé lors des bombardements américains en Afghanistan. Colin Powell affirme que « durant ce séjour, une demi-douzaine d'extrémistes se sont rendus à Bagdad, pour y établir une base d'opération. Ils opèrent librement dans la capitale depuis huit mois ». Il précise que

Zarqawi aurait établi un camp d'entraînement « aux armes chimiques » dans la zone contrôlée par Ansar al Islam, qui serait « sous l'influence des services secrets irakiens ». Toujours selon Colin Powell, le réseau dirigé par Zarqawi s'est montré fort actif ces derniers mois. Les Américains pensent qu'al-Qaïda et Saddam Hussein ont conclu un pacte de coopération dès 1993. D'après eux, un membre d'al-Qaïda d'origine irakienne, Abu Abdallah al-Iraqi, a servi d'intermédiaire, entre 1997 et 2000, pour obtenir de l'aide dans l'utilisation des gaz de combat. Une unité des services secrets irakiens a envoyé des experts en Afghanistan. Un autre membre d'al-Qaïda d'origine irakienne, Mamdouh Mahmud Salim (Soudanais, suspecté d'avoir participé aux attentats contre les ambassades américaines en Afrique en août 1998, arrêté en Allemagne en septembre suivant), appelé aussi Abu Hajer al-Iraqi, aurait également servi de lien avec les services secrets irakiens dans les années 90. Mahmud Salim était chargé de fournir à al-Qaïda des armes NBC, et aurait été impliqué, au début des années 90, dans des essais d'armes chimique au Soudan.

Cette démonstration de Colin Powell ne semble pas avoir fait l'unanimité, une partie de la presse se montrant franchement sceptique. Ainsi, *Le Monde* (« Les services de renseignement européens doutent de la démonstration de Colin Powell », 9 février 2003) rapporte que « le nom de Zarqawi n'apparaît dans les dossiers détenus par les services des Quinze que comme un cadre secondaire. Il aurait un moment été chargé de recruter dans les pays du Golfe des candidats à des opérations suicides ». Pour le quotidien *Al-Hayat* citant des sources jordaniennes, Zarqawi est « le premier responsable financier des opérations d'al-Qaïda dans le Golfe, en Jordanie et au Yémen, et est un dirigeant de deuxième classe de cette organisation ».

Peu après, les autorités allemandes donnent aux médias les extraits de l'interrogatoire de Shadi Abdullah (repenti arrêté en Allemagne le 23 avril 2002)[1] : selon lui, Abu Musab Zarqawi est le chef d'un groupe baptisé Al Tawhid, il projetait des attentats contre la monarchie jordanienne et les intérêts américains en Allemagne. Difficile de se faire une idée sur le rôle exact de cet énigmatique individu (toujours en fuite), décrit comme « un important cadre d'al-Qaïda » par les uns et comme « un second couteau » par les autres.

Le nom d'Abu Musab Zarqawi apparaît pour la première fois dans la presse en avril 2002, le directeur de la CIA, George Tenet, déclare alors qu'un « haut responsable d'al-Qaïda prénommé Ahmad Fadeel al-Khalayled (alias Abu Musab Zarqawi) a pu trouver refuge en Iran ». Il présente Abu Musab Zarqawi comme un des 25 hauts responsables d'al-Qaïda et précise que l'homme est recherché pour son implication dans la tentative d'attentats à l'occasion des festivités de l'an 2000 en Jordanie (voir plus haut, 2 avril 2002).

Toujours en avril, les responsables allemands annoncent que 13 membres d'un groupe terroriste supervisé par Abu Musab Zarqawi ont été arrêtés en Allemagne (voir plus haut, 23 avril 2002).

1. Les transcriptions de ces interrogatoires représentent environ 600 pages. Voir notamment à ce sujet : « A Qaeda informant helps investigators follow group's trail in Europe and elsewhere », *New York Times*, 17 février 2003 ; « Captured operative providing an inside of Al Qaeda », *Herald Tribune*, 18 février 2003.

En décembre, le gouvernement jordanien accuse Abu Zarqawi d'avoir commandité l'assassinat d'un diplomate américain à Amman (voir plus haut, 28 octobre 2002).

5 février, devant le Parlement, le Premier ministre britannique, Tony Blair, déclare : « Nous savons qu'il existe des liens entre l'Irak et al-Qaïda mais nous ne connaissons pas leur étendue exacte (...) Nous n'avons pas de preuve de ces liens concernant les attentats du 11 septembre. »

6 février, le chef d'Ansar al Islam, mollah Krekar, dément : « Colin Powell veut établir des liens inexistants, Saddam Hussein est mon ennemi. Je n'ai jamais rencontré de membres d'al-Qaïda. »

9 février, pour démentir les accusations de Colin Powell, Ansar al Islam invite des journalistes à visiter le camp d'entraînement cité par le Secrétaire d'État américain, censé abriter des installations « pour fabriquer des poisons et des explosifs[1] ».

Grande-Bretagne

6 février, la police britannique arrête 7 islamistes à Londres (2), Édimbourg (2), Manchester (1) et Glasgow (2).

Allemagne

6 février, 3 islamistes sont interpellés à Munster et Minden. Selon la police, 2 des suspects (identités non communiquées) avaient créé une cellule pour monter des attentats (fin 2001-début 2002) contre les intérêts américains à Francfort, notamment la

1. Voir notamment « Reporters find little in camp Powell cited : rundown buildings but non poison-making factory », *Herald Tribune*, 10 février 2003.

base aérienne de Rhein-Main. Le troisième aurait apporté un soutien logistique à cette cellule. La justice allemande estime qu'au moins l'un de ces hommes a été lié aux membres de la « cellule de Hambourg » (attentat du 11 septembre).

Afghanistan

10 février, lors d'une conférence de presse donnée à Kaboul, l'envoyé spécial des États-Unis en Afghanistan estime que le Pakistan est la principale base arrière des combattants d'al-Qaïda qui ont fui les bombardements américains en Afghanistan. Il reconnaît, par ailleurs, que les récents combats dans le sud du pays montrent que l'insécurité en Afghanistan reste un problème majeur.

États-Unis

11 février, le directeur du FBI, Robert Mueller, estime devant le Congrès américain que « malgré les grands progrès enregistrés dans la lutte contre le terrorisme, al-Qaïda reste la plus grave menace pour les États-Unis dans un avenir prévisible (...) le réseau al-Qaïda est un ennemi impitoyable et plein de ressources qui a la capacité de commettre d'autres attaques contre les intérêts américains aux États-Unis et dans le reste du monde ». Le directeur de la CIA, George Tenet, qui décrit al-Qaïda comme « un gigantesque réseau modulable » annonce qu'il faudra « encore des années d'efforts déterminés pour en venir à bout ». Il reconnaît, par ailleurs, que bien que la présence d'al-Qaïda en Afghanistan ait été désorganisée par les bombardements américains, le réseau est encore bien présent dans le pays.

Monde arabe

11 février, Al-Jazira diffuse une bande sonore attribuée à Oussama Ben Laden. Dans un message adressé « Aux frères musulmans d'Irak », Oussama Ben Laden déclare : « Cette guerre de croisés concerne tous les musulmans, que Saddam [Hussein] reste au pouvoir ou pas. » Oussama Ben Laden justifie dans son message la légitimité de mener une guerre populaire et de longue haleine contre les États-Unis et leurs alliés dont la volonté est de conquérir Bagdad, ancienne capitale de l'Islam. Il engage les musulmans à s'armer fortement et préconise l'intensification des attentats suicides qui ont, dit-il, « fait leurs preuves aux États-Unis et en Israël[1] ».

16 février, une bande audio de cinquante-trois minutes attribuée à Oussama Ben Laden est diffusée par le site islamiste Jihad forum[2]. Oussama Ben Laden, qui qualifie George Bush de « stupide » et de « pharaon du siècle », assure que les musulmans ont « la possibilité de vaincre les Américains ». Il dénonce « les croisades » menées par les États-Unis contre les pays arabes, pour lui « la guerre en Irak ne sera qu'une première étape dans une série d'agressions préparées pour diviser d'autres pays, comme la Syrie, l'Iran, l'Égypte et le Soudan ». Il affirme que l'objectif de Washington est de permettre la création d'« un grand Israël » incluant des parties de l'Irak, de l'Égypte, de la Syrie, du

1. La traduction de cette déclaration est notamment publiée par agence de presse AP et la BBC.

2. En février 2003, le texte de cette déclaration était disponible à l'adresse suivante : http ://yahoo.com/group/abubanan-/message/1261.

Liban, de la Jordanie, « la Palestine dans son ensemble, ainsi que de grandes parties de la terre des saintes mosquées » [l'Arabie saoudite]. Le quotidien *Al-Hayat* publie la déclaration dans ses colonnes et affirme qu'elle a été authentifiée par plusieurs responsables islamistes.

Pakistan

13 février, Abdul Rahman (Égyptien, 35 ans environ, membre du Laskhar-i-Jhangvi Pakistan, selon certains médias il s'agirait du fils de Cheikh Omar Abdul Rahman) est arrêté à Quetta (Baloutchistan). Interrogé par les services secrets pakistanais et le FBI, l'homme, qui a longtemps résidé à Lahore (Pendjab), avoue ses contacts fréquents avec des hauts dignitaires d'al-Qaïda (dont Khaled Sheikh Mohammed et Ramzi Binalshib, arrêtés à Karachi en septembre 2002). Les enquêteurs déclarent que, « sans être lui-même un opérateur important, Abdul Rahman connaît bien le réseau al-Qaïda ».

Allemagne

15 février, au terme du premier procès directement lié aux attentats du 11 septembre (voir plus haut, 22 octobre 2002), Mounir al-Motassadeq est condamné à quinze ans de prison pour appartenance à une organisation terroriste et assistance à meurtre de masse (3 116 cas, nombre présumé des victimes du 11 septembre).

Pakistan

17 février, le journal local de Peshawar *Wadhdat* publie une fatwa portant la signature du mollah Omar : « Faites le jihad contre les Américains et

leurs alliés, et si vous ne pouvez le faire, quittez votre travail et prenez vos distances avec eux (...) Videz les bureaux des ministères, des administrations locales pour marquer la différence entre musulmans et croisés. Quiconque sera trouvé à travailler ou à aider les Américains mérite la mort (...) Des millions de personnes ont sacrifié leur vie dans leur pays et pour l'islam en détruisant le communisme, et maintenant certains collaborent avec les barbares américains et leurs alliés pour détruire le nom de l'islam dans leur pays (...) Si quelqu'un est découvert travaillant avec les Américains après cet avertissement, il sera responsable devant l'islam, le peuple et l'histoire, et sera puni comme les Américains par les moudjahidines aux termes de cette fatwa. »

Kenya

22 février, la presse[1] révèle que les enquêteurs ont découvert « des connexions entre les attentats contre les ambassades américaines en 1998 et ceux de Mombasa » : des experts américains estiment qu'au moins deux suspects recherchés pour les attentats de 1998 (figurant sur la Most Wanted List) pourraient être les kamikazes de l'attentat contre l'hôtel Paradise à Mombasa (voir plus haut, 28 novembre 2002).

Irak

26 février, un kamikaze d'Ansar al-Islam fait exploser sa voiture piégée devant un poste de contrôle situé à l'entrée d'Halabja : deux policiers sont tués.

1. Voir notamment : « Embassy bomber tied to 2002 Kenya attacks », *Herald Tribune*, 22 février 2003.

Pakistan

28 février, un inconnu ouvre le feu sur des policiers pakistanais en faction devant le consulat américain de Karachi : 2 morts, 6 blessés (5 plantons et un civil). L'assaillant est arrêté.

Ouverture du procès des 5 islamistes inculpés dans l'attentat contre le consulat américain de Karachi.

Dans une interview (cf. *Herald Tribune*), un officiel pakistanais déclare qu'Ayman al-Zawahiri, qui s'était réfugié à Khost (petite ville au sud-est de l'Afghanistan) en octobre 2001, a pu quitter le pays récemment via le Golfe persique et rejoindre le Moyen-Orient ou l'Afrique du Nord.

MARS 2003

Pakistan

1er mars, la police pakistanaise arrête Khaled Sheikh Mohammed (Koweïtien, porteur d'un passeport pakistanais, 39 ans en 2003) à Rawalpindi (près d'Islamabad) et deux de ses complices, Moustafa al-Hawsawi (Saoudien) et Ahmad Abdul Qadus (Pakistanais). Selon les officiels pakistanais, Khaled Sheikh Mohammed avait échappé deux fois aux traquenards de la police : le 10 septembre 2002 à Karachi, et à nouveau en janvier 2003, encore à Karachi. Les experts américains le disent l'un des cerveaux des attentats du 11 septembre (voir plus haut) ; il serait aussi impliqué dans les attentats antiaméricains majeurs de ces dix dernières années (opération Bojinka, attentat visant le World Trade Center en 1993, l'*USS Cole* en 2000...). Récemment, il aurait participé à l'attentat contre la synagogue de Djerba (avril 2002) et contre la discothèque de Kuta Beach à Bali (octobre 2002). Pour le porte-parole de la Maison Blanche : « Cette arrestation est considérable (...) Oussama Ben Laden symbolise la terreur et Khaled Sheikh Mohammed est l'ultime planificateur de la terreur. »

Moustafa al-Hawsawi est présenté par les États-Unis comme un des principaux trésorier d'al-Qaïda. Selon les enquêteurs, il aurait financé les opérations du réseau au Soudan entre 1991 et 1996 et financé les attentats du 11 septembre en transférant aux États-Unis et en Allemagne 500 000 dollars pour les terroristes.

Ahmad Abdul Qadus (42 ans en 2003), militant du Jamaat Islami Pakistan (JIP), est décrit par sa famille comme « lent d'esprit et incapable de faire du mal » ; sans emploi, il vivait avec ses parents. La mère d'Ahmad Khadus, Mahhlaqa, est la responsable de l'aile féminine du JIP. Le frère d'Ahmad Qadus, Adel, major dans l'armée pakistanaise, est assigné à résidence à Kohat où il est affecté.

Le chef du JIP, Qazi Hussein Ahmad, déclare : « Notre gouvernement a vendu notre souveraineté (...) nulle agence américaine ne devrait être autorisée à mener des opérations au Pakistan. Tous ceux qui participent au jihad en Afghanistan, qui refusent le diktat américains sont des héros de l'islam. »

Pakistan / États-Unis

6 mars, dans un entretien accordé au quotidien américain *New York Times*, un haut responsable pakistanais déclare : « Oussama Ben Laden est vivant

et bien portant (...) nous avons trouvé [chez Khaled Sheikh Mohammed] des documents montrant qu'il est dans la région. » Des responsables pakistanais et américains, cités par la chaîne ABC, affirment avoir « désormais une bonne idée de l'endroit où il se trouve ».

9 mars, d'après un haut responsable taliban interrogé à Kandahar et cité par *Le Monde*, Oussama Ben Laden aurait été vu fin décembre dans l'agence tribale du Sud-Waziristan (Pakistan). Pour l'ancien commandant militaire taliban de Paktia : « Le Sheikh [Oussama Ben Laden] se déplace tout le temps. Il communique par lettres, messages, jamais par téléphone, avec ses fidèles. » Selon une autre source pakistanaise, citée par le même journal, Khaled Sheikh Mohammed (voir plus haut, 1er mars 2003) aurait affirmé, lors de ses interrogatoires, avoir vu Oussama Ben Laden il y a plusieurs semaines dans la zone frontalière afghano-pakistanaise.

Espagne

7 mars, le ministre de l'Intérieur espagnol annonce que la police a interpellé 5 islamistes (4 Espagnols et un Pakistanais) et perquisitionné dans une douzaine d'appartements à Madrid. Ces hommes sont suspectés d'avoir organisé un réseau de soutien et de financement d'al-Qaïda. Ils seraient liés à la cellule impliquée dans l'attentat contre la synagogue de Djerba. Officiellement, 40 suspects liés à al-Qaïda ont été arrêtés en Espagne depuis le 11 septembre.

Afghanistan

27 mars, un délégué du Comité international de la Croix-Rouge (CICR) est abattu dans la province de Kandahar (au sud). Le mollah Dadullah Akhund, ancien haut responsable de l'administration des Talibans, revendique l'assassinat et lance un appel à la révolte des Afghans « contre les envahisseurs et les incroyants » et ordonne à ses combattants de relancer les hostilités. Un responsable européen, cité par l'AFP, estime : « On peut parler désormais d'un regain d'activité militaire et d'une possible offensive coordonnée. »

29 mars, 2 soldats américains en patrouille de reconnaissance sont tués dans une embuscade dans la province d'Helmand (au sud-ouest). Le 1er avril, une roquette de 122 mm est tirée sur le centre-ville de Kaboul.

Publications et événements clé de la mobilisation antiterroriste des États-Unis après le 11 septembre 2001

2001

Dès le mois d'octobre 2001, les garde-côtes ont développé leurs activités de surveillance des ports américains, et disposent de 35 000 agents actifs.

Le 15 novembre, le Congrès décide d'instaurer un programme de sécurité des 361 ports maritimes des États-Unis.

Le même mois, est créée la *Transport security administration*, disposant de 64 000 agents dans 529 aéroports des États-Unis et d'un budget de 5 milliards de dollars.

À la fin 2001, le FBI a augmenté de 40 % ses effectifs affectés à l'antiterrorisme et dispose de 66 équipes antiterroristes locales.

2002

En février 2002, la Maison Blanche publie sa *National drug control strategy* (12 des 28 groupes définis comme terroristes par le Département d'État US se financent, tout ou partie, par le trafic de stupéfiants).

Le 6 juin 2002, le président Bush propose la création d'un ministère de la Sécurité intérieure, de rang gouvernemental.

En juillet 2002, la Maison Blanche publie sa *National strategy for homeland security*.

Le même mois, les ministères US des Finances et de la Justice publient conjointement leur *National money laundering strategy*.

En septembre 2002, la Maison Blanche publie sa *National security strategy of the United States of America*.

En octobre 2002 l'état-major général (*Joint chiefs of staff*) publie son *National military strategic plan for the war on terrorism*.

Le 25 novembre 2002, le président Bush signe la loi créant le nouveau ministère de la Sécurité intérieure.

En décembre 2002, la Maison Blanche publie sa *National strategy to combat weapons of mass destruction*.

2003

Les dépenses militaires progressent de 300 milliards dc dollars dans le budget 2000, à 379 milliards pour celui de 2003.

En février 2003, la Maison Blanche publie sa *National strategy for combatting terrorism*.

Le même mois, la Maison Blanche publie sa *National strategy to secure cyberspace*.

Le même mois, la Maison Blanche publie sa *National strategy for the physical protection of critical infrastructures and key assets*.

En mars 2003, l'*US General Accounting Office* publie *Combatting terrorism : observations on national strategies related to terrorism*.

ORIENTATION BIBLIOGRAPHIQUE

Balencie Jean-Marc et de La Grange Arnaud, *Mondes rebelles, l'encyclopédie des conflits*, Éditions Michalon, Paris, 2001 (3e édition).

Conquest Robert, *Reflections on a Ravaged Century*, John Murray, London, 1999.

Der Derian James, *Virtuous War*, Westview Press, Boulder Co., 2001.

Didier Anne-Line et Marret Jean-Luc, *États échoués, mégapoles anarchiques*, PUF, 2001.

Hackworth David, *Hazardous Duty*, Avon Books, New York, NY, 1997.

Kaplan Robert, *The Coming Anarchy*, Random House, New York, NY, 2000.

Kerry John, *The New War*, Simon & Schuster, New York, NY, 1997.

Labévière Richard, *Les Dollars de la terreur*, Grasset, Paris, 1999.

Lagadec Patrick, *Ruptures créatrices*, Éditions d'Organisation, Paris, 2000

Muray Philippe, *L'Empire du bien*, Les Belles Lettres, Paris, 1998.

Rashid Ahmed, *Taliban*, I. B. Tauris, London, 2000.

Raufer Xavier (éd.), *Dictionnaire technique et critique des nouvelles menaces*, PUF, 1998.

Schmitt Carl, *Le Nomos de la terre*, PUF-Léviathan, Paris, 2001.

Shawcross William, *Deliver us from Evil, Warlords and Peacekeepers in a World of Endless Conflict*, Bloomsbury, London 2000.

Taylor Max et Horgan John, *The Future of Terrorism*, Frank Cass, London, 2000.
Van Creveld, *The Transformation of War*, The Free Press, New York, NY, 1991.

DES MÊMES AUTEURS

Aux Éditions Lattès

LA GUERRE NE FAIT QUE COMMENCER (Folio documents n° 13)

Aux Presses universitaires de France

VIOLENCES ET INSÉCURITÉS URBAINES

D'Alain Bauer

Aux Éditions Denoël

GRAND O : LES VÉRITÉS DU GRAND MAÎTRE DU GRAND ORIENT DE FRANCE (Folio document n° 3)

Aux Presses universitaires de France

LES POLICES EN FRANCE *(en collaboration avec André-Michel Ventre)*

L'AMÉRIQUE, LA VIOLENCE, LE CRIME : LES RÉALITÉS ET LES MYTHES (en collaboration avec Émile Perez)

De Xavier Raufer

TERRORISME, MAINTENANT LA FRANCE ? Pauvert-Garnier, 1982.

SUR LA VIOLENCE SOCIALE, Pauvert-Alésia, 1983.

TERRORISME-VIOLENCE : RÉPONSES AUX QUESTIONS QUE TOUT LE MONDE SE POSE, Pauvert-Carrère, 1985.

LE CIMETIÈRE DES UTOPIES, Pauvert-Suger, 1986.

LA NÉBULEUSE : LE TERRORISME DU MOYEN-ORIENT, Fayard, 1987.

ATLAS MONDIAL DE L'ISLAM ACTIVISTE, La Table Ronde, 1991.

LE CHAOS BALKANIQUE (avec François Haut), La Table Ronde, 1992.

LES SUPERPUISSANCES DU CRIME, ENQUÊTE SUR LE NARCO-TERRORISME, Plon, 1993.

DICTIONNAIRE TECHNIQUE ET CRITIQUE DES NOUVELLES MENACES, PUF, 1998.

VIOLENCES ET INSÉCURITÉ URBAINES (avec Alain Bauer), « Que sais-je ? », PUF, 1999-2003.

LE CRIME ORGANISÉ (avec Stéphane Quéré), « Que sais-je ? », PUF, 2000-2003.

LA MAFIA ALBANAISE (avec Stéphane Quéré) Favre éd., Lausanne, 2000.

ENTREPRISES : LES 13 MENACES DU CHAOS MONDIAL, PUF, 2000.

L'EXPLOSION CRIMINELLE, Valmonde, 2002.

Composé par Nord Compo à Villeneuve-d'Ascq

Composition Nord Compo.
Impression Société Nouvelle Firmin-Didot
à Mesnil-sur-l'Estrée, le 5 septembre 2003.
Dépôt légal : septembre 2003.
Numéro d'imprimeur : 65172.

ISBN 2-07-030159-1/Imprimé en France.

124033